高等院校人文素质教育课程规划教材

现代汉语

主　编　辛　菊
副主编　武玉芳　孟德腾

清华大学出版社
北京

内 容 简 介

本书是一本适合高等院校及高职高专院校学习现代汉语课程的教材，是编者在多年从事高等院校现代汉语课程教学研究的基础上编写而成的。

全书包括绪论、汉字、语音、语词、语法、修辞六章内容。各章前有"章首语"，各节前有"学习要点"，后有思考和练习题。语音部分结合普通话水平测试标准，对音节的声母、韵母、声调以及语流音变现象和朗读技巧进行了有针对性的指导；语词部分将"语"和"词"并立而论，强调语汇在语言交际中的重要作用；语法部分吸收了近年来语法研究的新成果。

本书封面贴有清华大学出版社防伪标签，无标签者不得销售。
版权所有，侵权必究。举报：010-62782989，beiqinquan@tup.tsinghua.edu.cn。

图书在版编目(CIP)数据

现代汉语/辛菊主编. --北京：清华大学出版社，2014（2024.8重印）
高等院校人文素质教育课程规划教材
ISBN 978-7-302-37448-0

Ⅰ. ①现… Ⅱ. ①辛… Ⅲ. ①现代汉语—高等学校—教材 Ⅳ. ①H109.4

中国版本图书馆 CIP 数据核字(2014)第 170766 号

责任编辑：桑任松
装帧设计：杨玉兰
责任校对：周剑云
责任印制：丛怀宇

出版发行：清华大学出版社
    网　　址：https://www.tup.com.cn, https://www.wqxuetang.com
    地　　址：北京清华大学学研大厦 A 座　　邮　编：100084
    社 总 机：010-83470000　　邮　购：010-62786544
    投稿与读者服务：010-62776969, c-service@tup.tsinghua.edu.cn
    质量反馈：010-62772015, zhiliang@tup.tsinghua.edu.cn
    课件下载：https://www.tup.com.cn, 010-62791865

印 装 者：三河市龙大印装有限公司
经　　销：全国新华书店
开　　本：185mm×260mm　　印　张：21　　字　数：506 千字
版　　次：2014 年 9 月第 1 版　　印　次：2024 年 8 月第 6 次印刷
定　　价：49.00 元

产品编号：060834-02

Preface 前言

现代汉语课是高等院校文科学生的一门专业基础课。该课程系统地讲授现代汉语的基础理论和基本知识,加强基本技能的训练,培养和提高学生理解、分析、运用现代汉语的能力,为学生将来从事语言文字工作、语文教学工作和现代汉语的研究工作打下良好基础。

学生要想学好现代汉语,教师就必须教好现代汉语,要调动学生的学习兴趣,将知识性、科学性与趣味性熔于一炉,让学生自觉自愿、积极主动地去学习语言知识,而不能让学生把学习现代汉语课当作一种负担和任务,这样才能积极引导学生正确地使用祖国的语言文字,准确地表达思想感情。

要教好现代汉语课,选用教材是关键。高质量的教材是培养高质量人才的基本保证,教材作为知识载体和教学的基本工具,直接关系到高等院校能否为一线岗位培养符合要求的实用性人才。为此我们组织了多年从事现代汉语教学和科研的优秀专家、教授,成立了《现代汉语》教材编写组,结合学生实际情况,编写了这本《现代汉语》教材。本教材具有科学性、针对性、实用性的特色。

(1) 本教材由经验丰富的专业教师参加编写,是《现代汉语》教材编写组成员集体研究的成果。具有较高的理论水平。山西师范大学现代汉语教研室是山西师大优秀教学团队,现代汉语课程是校级精品课程,主编辛菊教授是该校校级教学名师。

(2) 本教材内容新颖,吸取近年来语言研究的新成果,使教材体现出时代性。其内容难易适中,符合学科课程结构与教学内容体系要求。在编写过程中,本着"够用为度、注重实践"的原则,分散难点,加强重点,力求做到深入浅出,基本理论与语言训练相结合。每章前有"章首语",每节前有"学习要点",后附思考和练习题,便于及时检测学生掌握知识的程度。

(3) 本教材主要讲述现代汉语系统的各个方面,它包括绪论、汉字、语音、语词、语法、修辞。先讲汉字,然后再讲语言的三要素语音、语词、语法,最后讲修辞。

现行教材版本或者不能及时反映新理论,或者与校培养目标不相适应,更缺少相应的语言基本功的训练,导致学生就业后不能学以致用或学非所用。使用本教材,通过理论讲授基本概念、思考练习技能训练、课堂讨论教学难点、媒体投影辅助教学,一定能够培养出更多的具有扎实的语言学功底的优秀人才。

由于时间仓促,书中难免存在缺点和不足之处,恳请专家及同行批评指正!

本书是在清华大学出版社编辑的策划和指导下,由《现代汉语》教材编写组成员集体完成的成果。本书编写者分工如下。

绪论:辛菊(山西师范大学文学院)
汉字:侯向阳(山西师范大学临汾学院中文系)、景建军(山西运城农业职业技术学院)
语音:亢秀芳、李繁(山西师范大学临汾学院中文系)
语词:孟德腾、辛菊(山西师范大学文学院)
语法:武玉芳(山西师范大学文学院)

修辞：冯雨森、高松(山西师范大学临汾学院中文系)

教学与考试大纲：翟维琦(山西师范大学文学院)

本书由辛菊教授统审全书初稿，武玉芳博士审阅第一、三、五章，孟德腾博士审阅第二、四、六章，最后由主编、副主编统一修改定稿。

本书第一次将"语词"作为专章论述，在编写过程中，著名语言学家温端政先生对本书提出了宝贵的意见，清华大学出版社编辑为本书的出版做了很多工作，在此一并表示衷心的感谢！最后，我们欢迎关心和使用本书的朋友们对书中存在的问题提出宝贵意见，以便以后不断进行修改完善。

《现代汉语》教材编写组

目 录

第一章 绪论 ... 1
第一节 现代汉语概述 ... 1
- 一、现代汉语的含义 ... 1
- 二、现代汉语的地位 ... 2
- 三、现代汉民族共同语和方言 ... 5

思考和练习一 ... 10

第二节 现代汉语规范化和推广普通话 ... 10
- 一、历史的回顾 ... 10
- 二、现代汉语规范化的含义和目标 ... 11
- 三、推广普通话 ... 15

思考和练习二 ... 16

第三节 现代汉语课的性质、任务和内容 ... 16
- 一、现代汉语课的性质、任务 ... 16
- 二、现代汉语学习的主要内容 ... 16

第四节 如何学好现代汉语 ... 17

思考和练习三 ... 19

第二章 汉字 ... 20
第一节 汉字概述 ... 20
- 一、汉字的起源和汉字的特点 ... 20
- 二、汉字的性质和汉字的作用 ... 23

思考和练习一 ... 25

第二节 汉字的形体 ... 26
- 一、汉字的形体演变 ... 26
- 二、现行汉字的形体 ... 27

思考和练习二 ... 28

第三节 汉字的结构 ... 28
- 一、汉字的结构系统 ... 28
- 二、汉字的结构方式 ... 35

思考和练习三 ... 37

第四节 汉字的标准化 ... 37
- 一、汉字的定量标准 ... 37
- 二、汉字的定形标准 ... 39
- 三、汉字的定音标准 ... 40
- 四、汉字的定序标准 ... 41

思考和练习四 ... 42

第五节 正确使用汉字和汉字的信息处理 ... 42
- 一、汉字音形义的关系 ... 42
- 二、纠正错别字 ... 44
- 三、汉字的计算机输入法 ... 47

思考和练习五 ... 48

第三章 语音 ... 49
第一节 语音概述 ... 49
- 一、语音的性质 ... 49
- 二、语音的基本概念 ... 53

思考和练习一 ... 54

第二节 声母 ... 55
- 一、声母的发音部位及其类型 ... 55
- 二、声母的发音方法及其类型 ... 55
- 三、声母的发音训练 ... 57
- 四、声母辨正 ... 59

思考和练习二 ... 62

第三节 韵母 ... 63
- 一、韵母的构成及分类 ... 63
- 二、韵母的发音 ... 66
- 三、韵母辨正 ... 70

思考和练习三 ... 72

第四节 声调 ... 72
- 一、声调的性质和作用 ... 73
- 二、普通话声调的发音 ... 74
- 三、声调辨正 ... 75

思考和练习四 ... 77

第五节 音节 ... 77
- 一、音节的结构 ... 77
- 二、声母韵母的配合关系 ... 79
- 三、音节的拼读 ... 81
- 四、音节的拼写规则 ... 82

目录

思考和练习五 ... 85
第六节　音变 ... 86
　　一、轻声 ... 86
　　二、变调 ... 88
　　三、儿化 ... 90
　　四、语气词"啊"的音变 ... 91
思考和练习六 ... 92
第七节　语言知识在朗读中的运用 ... 93
　　一、朗读的作用和要求 ... 94
　　二、朗读的基本技巧(停连、重音、语速、句调) ... 94
　　三、不同文体作品的朗读 ... 100
思考和练习七 ... 100
第八节　语音规范化 ... 101
　　一、异读词读音的规范 ... 101
　　二、纠正"误读字"的错误读音，掌握正确读音 ... 102
　　三、轻声、儿化的规范 ... 103
　　四、推广普通话与普通话水平测试 ... 104
思考和练习八 ... 108

第四章　语词 ... 110

第一节　语词概述 ... 110
　　一、词和词汇 ... 110
　　二、语和语汇 ... 111
　　三、语的分类系统 ... 112
　　四、词汇学和语汇学 ... 117
思考和练习一 ... 118
第二节　词和语的构成 ... 118
　　一、词的构成 ... 118
　　二、语的构成 ... 126
思考和练习二 ... 129
第三节　词和语的意义 ... 129
　　一、词义和语义的性质 ... 129
　　二、词义和语义的类别 ... 135
　　三、词义和语义的聚合 ... 139
思考和练习三 ... 144

第四节　词汇和语汇 ... 144
　　一、基本词汇与一般词汇 ... 144
　　二、常用语与非常用语 ... 146
　　三、古词和古语 ... 146
　　四、新词和新语 ... 147
　　五、方言词和方言语 ... 148
　　六、外来词和外来语 ... 149
　　七、行业语词和科技语词 ... 150
思考和练习四 ... 153
第五节　词汇和语汇的发展 ... 153
　　一、新词新语和旧词旧语的兴衰 ... 153
　　二、词义和语义的演变 ... 154
思考和练习五 ... 157

第五章　语法 ... 158

第一节　语法概述 ... 158
　　一、语法和语法学 ... 158
　　二、语法的性质 ... 159
　　三、语法单位 ... 159
　　四、学习语法的目的和途径 ... 161
思考和练习一 ... 162
第二节　实词 ... 162
　　一、词类的划分 ... 162
　　二、实词及其运用 ... 163
思考和练习二 ... 182
第三节　虚词 ... 183
　　一、虚词及其运用 ... 183
　　二、词类小结 ... 199
思考和练习三 ... 201
第四节　短语 ... 201
　　一、短语及其分类 ... 202
　　二、短语的分析方法 ... 208
　　三、多义短语 ... 210
　　四、短语小结 ... 212
思考和练习四 ... 213
第五节　句法成分 ... 214
　　一、主语 ... 214
　　二、谓语 ... 216

Contents 目录

  三、动语 219
  四、宾语 219
  五、补语 222
  六、定语 228
  七、状语 231
  八、中心语 234
  九、独立语 235
  十、句法成分小结 236
 思考和练习五 238
 第六节 句子及其分类 239
  一、句子概说 239
  二、句类 240
  三、句型 246
  四、常见的句式 251
 思考和练习六 261
 第七节 复句 262
  一、复句概说 262
  二、复句的类型 263
 思考和练习七 274
 第八节 句群 275
  一、句群概说 275
  二、句群类型 276
 思考和练习八 276
 第九节 常见的语法错误 276
  一、搭配不当 277
  二、残缺和多余 278
  三、语序不当 281
  四、句式杂糅 281
 思考和练习九 282

第六章 修辞 283

 第一节 修辞概述 283
  一、修辞和修辞学 283
  二、修辞原则 284
  三、修辞方式 285

 思考和练习一 286
 第二节 词语的选择 286
  一、选择词语的要求 286
  二、词语选择的范围 287
 思考和练习二 289
 第三节 句子的选择 289
  一、选择句子的要求 289
  二、句子选择的范围 291
 思考和练习三 295
 第四节 辞格的运用(上) 296
  一、比喻 296
  二、比拟 299
  三、借代 301
  四、夸张 304
 思考和练习四 306
 第五节 辞格的运用(下) 307
  一、双关 307
  二、移就 309
  三、拈连 310
  四、仿词 311
  五、对偶 313
  六、排比 315
  七、顶真 316
  八、回环 318
  九、通感 320
  十、错综 321
 思考和练习五 322
 第六节 辞格的综合运用 322
  一、兼用 323
  二、套用 323
  三、连用 324
 思考和练习六 325

参考文献 326

二、动词	219
四、形容词	219
五、副词	222
六、冠词	226
七、介词	231
八、代词词	234
九、连接词	235
十、句子成分小结	236
思考和练习五	238
第六节 句子及其各类	239
一、句子概念	239
二、句类	240
三、句型	246
四、常见的句式	251
思考和练习六	261
第七节 句群	262
一、句群概述	262
二、句群类型	263
思考和练习七	274
第八节 句调	275
一、句调概念	275
二、句调类型	276
思考和练习八	276
第九节 常见的语病及修改	276
一、用词不当	277
二、成分残缺多余	278
三、搭配不当	281
四、句式杂糅	281
思考和练习九	282
第六章 修辞	283
第一节 修辞概述	283
一、语言和修辞	283
二、语境	284
三、语言要素	285
思考和练习一	286
第二节 词语的锤炼	286
一、选择词语的要求	286
二、同义词的选用	287
思考和练习二	289
第三节 句子的选择	289
一、句式的变换	289
二、句式的选用	291
思考和练习三	295
第四节 常用的辞格(上)	296
一、比喻	296
二、比拟	299
三、借代	301
四、夸张	304
思考和练习四	306
第五节 常用的辞格(下)	307
一、双关	307
二、仿词	309
三、排比	310
四、回环	311
五、对偶	312
六、顶真	313
七、回文	316
八、婉曲	318
九、通感	320
十、错综	321
思考和练习五	322
第六节 辞格的综合运用	322
一、兼用	322
二、套用	323
三、连用	324
思考和练习六	325
参考书目	329

第一章 绪 论

本章讲述现代汉语的定义、特点，现代汉语规范化，国家语言文字工作的方针任务和政策法规，以及现代汉语课的性质、内容和学习方法。

第一节 现代汉语概述

学习要点：了解现代汉语的含义、现代汉民族共同语和方言的关系、现代汉语的特点。

现代汉语课是高等学校汉语言文学专业的一门基础课。本课程的教学任务是：以马克思主义为理论指导，以国家的语言文字政策法规为依据，贯彻理论联系实际的原则，系统地讲授现代汉语的基本理论和基础知识，加强基本技能的训练，培养和提高学生理解、分析、运用现代汉语的能力，为学生将来从事语言文字工作、语文教学工作和现代汉语的研究工作打下良好基础。

一、现代汉语的含义

汉语，按历史发展阶段可以分为古代汉语、近代汉语(13～19 世纪)和现代汉语(20 世纪五四运动至今)三部分。

现代汉语是现代汉民族使用的语言。广义的现代汉语，包括现代汉民族共同语(普通话)和现代汉民族所有的方言；狭义的现代汉语，专指现代汉民族共同语。本课程使用狭义的现代汉语的含义。现代汉民族共同语简称为现代汉语，俗称为普通话。

1. 现代汉语的定义

现代汉语是以北京语音为标准音，以北方话为基础方言，以典范的现代白话文著作为语法规范的普通话。

2. 现代汉语的功能变体——口语和书面语

口语和书面语是语言的功能变体，现代汉语的口语和书面语有着不同的含义。通常认为说出来的话就是口语，用文字写下来的话是书面语。但从语言学的角度看，它们的区别在于风格：口语的特点是亲切自然、句子简短，常有省略，具有日常交谈的风格；而书面语的特点是用词精密，结构谨严、逻辑性强，具有严谨的风格。口头表达的也可能是书面语，如电台广播的报纸社论，大会发言时念的讲稿；用文字写下来的也可能是口语，如一些剧本的对话。

现代汉语

二、现代汉语的地位

汉语属于汉藏语系的语言，是世界上最为发达、历史最为悠久、使用人数最多的一种语言。无论过去还是现在，汉语在国内外都有很大的影响，处于很重要的地位。

(一)现代汉语的在国内的地位

1. 汉语使用的人数最多

汉语是我国使用人数最多的语言，说汉语的人占全国人口的 90%以上。今天，现代汉语不仅是我国汉族人们的交际工具，也是我国各民族之间的交际工具。

2. 汉语通行的地区最广

我国五十多个少数民族的语言仅仅通行于东北、西北及西南的一些边远地区，总的面积虽然不小(约占全国总面积的 50%)，但就某一民族语言而言，范围仍然比较狭窄。如维吾尔语只通行于新疆及甘肃的一部分地区，而汉语则除中国大陆及港澳台外，又流行于海外华侨所在地。就中国大陆来说，使用汉语的地区连成一片，语言一致性很强。汉语中的最大方言——北方方言区，通行的地区北起黑龙江，南到云南，占全中国(除内蒙古、新疆、西藏外)的面积的五分之四。

3. 历史最悠久，保存的文献最丰富

汉族的得名起于汉朝，但汉语却绝非从汉朝起才有的。古文字证明了汉语历史的悠久。今天能看到的最古的汉字是殷代的甲骨文，已有 3300 多年的历史，但甲骨文还不是原始文字，原始文字的出现当然要更早。汉字所记录的文献极为丰富，不仅是少数民族所比不上的，而且是世界上其他任何民族都比不上的。例如：清代修《四库全书》，把当时收集到的经、史、子、集四部书结集起来，编成一部大丛书，共收书一万余种，十七万余卷。一个人如果每日读一卷，可以读四百六十多年，仅此一端，我们就不难推想汉语所记录的文献是多么丰富了。

4. 汉语本身的优点最多

1951 年 6 月 6 日《人民日报》社论《正确地使用祖国的语言，为语言的纯洁健康而斗争！》中指出："我们的语言经历过多少千年的演变和考验，一般地说来，是丰富的、精练的。我国历史上的文化和思想界的领导人物一贯地重视语言的选择和使用，并且产生过许多善于使用语言的巨匠……我国现代语言保存了我国语言所固有的优点，又从国外吸收了必要的新的词汇成分和语法成分。因此我国现代语言是比古代语言更为严密、更富于表现力了。毛泽东同志和鲁迅先生，是使用这种活泼、丰富、优美的语言的模范。在他们的著作中，表现了我们现代语言的最熟练和最精确的用法。"(注：此社论中所说的祖国的语言主要是指汉语。)这与汉语本身的优点是分不开的。例如：汉语的语音，声调铿锵，且有多种变化，富于音乐美；词汇丰富，构词灵活；语法条理简明，组织机动；就记录语言的

文字来说，也有整齐简练的好处。

5．汉语为各民族之间的相互学习和协作做出了很大的贡献

现代汉语已成为中国境内各民族间通用的交际语言。

汉族和各民族之间互相学习语言的现象在历史上早已存在，所以汉语和各兄弟民族语言都有不少借词。

早在宋代汉语中就从蒙古语中借了音译词"站"，然后又用它构成新词：站台、站台票、始发站、发电站、站立、站着、站稳、站队、站柜台、水电站、站岗、站住、站住脚等。

为了介绍少数民族的风土民情、宗教信仰，汉语还吸收了藏语、维吾尔语中的一些词语。

藏语：

喇嘛——喇嘛教的僧人，原为尊称。

喇嘛教——公元 7 世纪，佛教传入西藏以后，掺入了本地固有的宗教成分，为区别于一般佛教，称为喇嘛教。

糌粑——青稞麦炒熟后，磨成的面，是藏族的主食。

氆氇——藏族地区出产的一种羊毛织品，可以做床毯、衣服等。

维吾尔语：

冬不拉——哈萨克族的弦乐器，形状略像半个梨加上长柄，一般有两根或四根弦。

新中国成立以后，由于我们党制定和执行了正确的民族政策和语言政策，各族人民一律平等，各少数民族语言得到了充分的发展、自由的应用，这就为各民族之间互相学习彼此的语言创造了有利的条件。现在，在少数民族地区工作的汉族干部和在民族杂居地区的汉族群众中，有越来越多的人学会了当地民族的语言；少数民族的干部和群众，也有越来越多的人学会了汉语，甚至有的民族如满族已把汉语作为主要的交际工具来使用。有一个少数民族，据统计，在七千多词中有三千多是汉语词。汉语为各民族之间的相互学习和协作做出了很大的贡献。

(二)现代汉语在国际上的地位

汉语在国际上也有很大的影响力。使用汉语的人约占世界人口的四分之一，是世界上使用人数最多的语言。无论过去还是现在，汉语都作为我们祖国代表性的语言出现在世界上。

汉族的文化悠久，在历史上曾经跟许许多多的外族发生过交涉，因此汉语和国外许多民族的语言有过接触，汉语的影响也很早就遍及于全世界，如汉语的"丝"、"茶"等词，就为英、法、俄、意等许多语言所借用。反过来说，汉语也从别的民族语言中吸取了一些有用的词，如逻辑、扑克等。

在历史上，许多邻邦国家都受到汉语的影响，其中日本语、朝鲜语、越南语受汉语的影响最大。这些语言都吸收过大量的汉语词汇，甚至在这些汉语词汇的基础上产生了许多新词。

现代汉语

日本语的"吴音"、"汉音"和"唐音"都是由中国传入的。汉语分三种形式传入日本:"吴音"(南方音)最早,大概在公元 3 世纪时就传入日本;"汉音"(北方音)次之;"唐音"(也是北方音,由大唐帝国而得名)又次之。有些汉字也是分三次传入,所以有三个读音。如"东京"的"京"读吴音(tokio),"京师"的"京"读汉音(keehi),"北京"的"京"读唐音(pekin)。吴音是日本语的主要构成部分,但一般人已经不知道它是由汉语借去的了。

日本人写的文章常常夹用汉字,以前多到 2800 个以上,日本于 1981 年公布的常用汉字还有 1945 个,如日本有一部史书叫《古事记》,还有一部诗歌汇编叫《方叶集》,书名全用汉字写成。

日本的 50 个"假名"也是借用汉字的偏旁而创造的。"假名"是日本派到中国来的留学生用简省汉字字形的方法造成的字母。有"平假名"和"片假名"两种。平假名由汉字的草书省变而成,片假名由汉字的楷书省变而成。例如:

ぁ(安)ぃ(以)ぅ(与)ぇ(元)ぉ(於)か(加)
ァ(阿)ィ(伊)ゥ(宇)ェ(江)ォ(於)カ(加)

汉语和日语本没有亲属关系,即没有共同的历史来源。汉语属汉藏语系,日语则属古亚细亚语系,不是同一语系、语族,但由于两国人民在历史上交往频繁,所以日本人起初就用汉语翻译西洋俗语,后来中国人也把日语中的一些词借用过来,如经济、哲学、观念、意识等,都是日语借词。

朝鲜在春秋战国时(公元开始时),就借用中国的象形文字,一直沿用到 15 世纪的前半期。1443 年才创制朝鲜民族字母"谚文","谚文"字母共 24 个,有一些仍是简单汉字,如口、人、六、一等,但那时的"谚文"只起辅助作用,书面的文学语言仍用汉语。1945 年"八一五"解放后,朝鲜才逐步废除汉字,改用拼音,1948 年才成为全部的"谚文"。但在 1958 年的朝鲜语词汇中,汉语的借词仍占一半以上。

越南在"汉代"、"唐代"就使用汉字(越南称汉字为"字儒",意为"儒家之文字"),公元 1500 年前(一说 13、14 世纪时)始创制"字喃"(意为"南国之文字"),依我国的六书制字,笔画反较汉字为繁(如吧三[三]、甌[五]、䭾[鸟]、䳺[鸡]等字,都一边注音,一边注义,正跟中国的形声字一样,但笔画反而较多,所以近年已改用拉丁化拼音文字)。越南的人名、地名都用汉语,新名词也多在汉语的基础上创造出来。这些事实足以说明汉语在东亚的历史地位是非常重要的,它一直处在领导的地位。

汉语不但在东亚处于领导地位,就是在大洋洲也有一定的历史地位。在世界各地,有一千多万华侨、华裔使用现代汉语。如印度尼西亚语(马来语)里面就有大量的汉语借词。马来语的借词,主要是由厦门话变来的,如"先生"(siangsing)、"公司"(kongsi)、"茶"(teb)、"墨"(bak)等。

新中国成立以来,由于我国的国际地位日益提高,汉语在世界上的影响也越来越大。汉语是联合国的六种工作语言之一(另外五种是英语、法语、俄语、西班牙语、阿拉伯语),在国际交往中,它发挥着很重要的作用。在国际上,研究汉语的机构在不断地建立,学习和研究汉语的人也越来越多了。据不完全统计,全世界共有 100 多个国家的 2300 多所大学开设有汉语课程。国外学习汉语的人数已逾 3000 万。英国政府决定拨出专款，在全国小学开设汉语课。

三、现代汉民族共同语和方言

民族共同语是一个民族全体成员共同使用的语言，是在一种方言的基础上，同时吸收其他方言中的有用成分形成的。现代汉民族共同语是现代汉民族全体成员共同使用的语言。

(一)现代汉民族共同语的形成

1．共同语的基础方言

共同语是在一种方言的基础上形成的，能够作为形成民族共同语基础的方言叫作基础方言。哪一种方言能够成为共同语的基础方言是有条件的，一般取决于该方言在社会中所处的地位，取决于该方言区的政治、经济、文化及人口等种种条件。现代汉民族共同语形成的基础方言是北方方言。北方方言之所以能够成为共同语的基础方言，主要是由于政治、文化方面的原因以及使用人口众多等原因。

2．共同语的形成过程

现代汉民族共同语是经过漫长的历史发展过程形成的。"共同语"古已有之，汉族早在先秦时代就存在着一种共同语。春秋时期，这种共同语称为"雅言"，汉代称为"通语"，明代改称"官话"，辛亥革命后称为"国语"，新中国成立后则称为"普通话"。

在汉语的发展过程中，存在着共同语和方言、书面语和口语的分歧，现代汉民族共同语的确立，经历了一个克服分歧、渐趋统一的复杂过程。

现代汉民族共同语是在北方方言的基础上形成的，北方方言成为现代汉民族的基础方言是历史发展的必然结果。早在唐代，北京已是北方军事重镇；北京是辽、金、元、明、清各代的都城。多年来，北京一直是我国政治、经济和文化的中心，北方话的影响越来越大。一方面，它作为官府的通用语传播到了全国各地，发展成为"官话"；另一方面，白话文学作品更多地接受了北方话的影响。

共同语的形成有书面语和口语两方面的原因：一方面 20 世纪初，特别是五四运动以后，掀起了"白话文运动"，白话文的产生和发展，在书面语方面动摇了文言文的统治地位；另一方面，"国语运动"的开展，使得官话逐渐渗入各个方言区，在口语方面促使北京语音成为全民族共同语的标准音。"五四"时期的"国语运动"和"白话文运动"互相推动和影响，使得书面语和口语接近起来，这就形成了现代汉民族共同语。

1955 年 10 月，现代汉语规范问题学术会议拟订了现代汉民族共同语的标准。1956 年 2 月 6 日，国务院发出了《关于推广普通话的指示》，对会议拟订的标准又作了增补，确定现代汉民族共同语的含义为以北京语音为标准音、以北方话为基础方言、以典范的现代白话文著作为语法规范的普通话。

(二)现代汉语的方言

方言是民族语言的地方分支,是一个民族内部局部地区的人们使用的语言。

方言的产生是社会的不完全分化和语言的发展演变共同作用的结果[①]。方言的形成是由于自然地理环境的影响,山川河流阻隔,或者集体迁徙、异族接触等原因决定的。

现代汉语的方言可分为十大方言区[②](参见第 8 页图 1-1 中国汉语方言图)。

(1) 官话方言区:以北京话为代表,又称为北方方言区。使用人口占汉族总人口的 70%左右。可分为四个次方言:华北、东北方言,西北方言,西南方言,江淮方言(参见第 9 页图 1-2 汉语官话方言分布简图)。分布在我国 24 个省区市:北京、天津、河北、河南、山东、辽宁、吉林、黑龙江、内蒙古(一部分属华北、东北次方言,一部分属西北次方言)、山西、陕西、甘肃、青海(部分)、宁夏(部分)、新疆、四川、重庆、云南、贵州、湖北(大部分地区)、广西(西北部)、湖南(西北角)、安徽、江苏(长江以北地区、镇江和镇江以西九江以东的长江南岸沿江一带)。

(2) 吴方言区:以上海话和苏州话为代表。使用人口约占汉族总人口的 7.2%。分布在我国三个省市:上海、江苏(长江以南镇江以东不包括镇江地区、南通的小部分)、浙江(大部分地区)。

(3) 赣方言区:以南昌话为代表。使用人口约占汉族总人口的 3.3%。分布在江西省东北沿长江地区和除南部以外的大部分地区。

(4) 湘方言区:以长沙话为代表。湘方言内部存在新湘语和老湘语的差别,新湘语受普通话的影响比较大。使用人口约占汉族总人口的 3.2%。分布在湖南省除西北角外的大部分地区。

(5) 客家方言区:以广东梅州话为代表。客家方言自成系统,内部差别不太大。使用人口约占汉族总人口的 3.6%。分布在我国 7 个省份:广东、福建、台湾、江西、广西、湖南、四川。其中以广东东部和北部、福建西部、江西南部和广西东南部为主。

(6) 闽方言区:以福州话和厦门话为代表。使用人口约占汉族总人口的 5.7%。可分为五个次方言:闽东方言、闽南方言、闽北方言、闽中方言、莆仙方言。其中最重要的是以福州话为代表的闽东方言,分布在福建东部闽江下游;以厦门话为代表的闽南方言,分布在闽南 24 个县、台湾及广东的潮汕地区、雷州半岛、海南省及浙江南部地区。

(7) 粤方言区:以广州话为代表。使用人口约占汉族总人口的 4%。分布在广东中部、西南部和广西东部、南部约 100 多个县以及香港、澳门特别行政区。

[①] 参见胡明扬主编的全国高等教育自学考试指定教材《语言学概论》第 282 页(语文出版社 2000 年 4 月第一版)。

[②] "十区说"见于《中国语言地图集》,中国社会科学院、澳大利亚人文科学院合编,朗文出版集团(远东)有限公司、香港,1987。

(8) 晋语区：分布在山西、内蒙古、河北、河南、陕西五个省(区)。晋语的使用人口近 5000 万(1986 年是 4600 万)，其中，山西约 2000 万(不含运城和临汾的大部分县市，运城话和临汾话属于官话方言系统)，内蒙古中西部、河北西部、河南北部各近 1000 万，陕北有 300 多万。晋语的最重要特征是有入声，这和北京官话不相同，晋语比北京话古老得多，有学者戏称之为"北方话中的山里话"。

(9) 徽语区：分布在安徽、浙江、江西三个省。徽语的使用人口约 436 万。其中，属安徽省的县(区)有歙县、徽州区、屯溪区、休宁县、黟县、祁门县、绩溪县、旌德县、石台县、宁国市(南部二乡)、东至县(西南部分)，人口约 197 万；属浙江省的县(区)有淳安县、建德市、临安市(昌化以西)、桐庐县(西部)，人口约 106 万；属江西省的县(区)有婺源县、浮梁县，人口约 133 万。

(10) 平话区：分散分布在广西中部和北部。代表城市有南宁、桂林、百色等。平话的使用人口估计不下三四百万，其中以桂南为多。除汉族外，也还有个别地区的瑶族、壮族、侗族使用平话。平话在各地有不同称呼，如百姓话、土拐话、蔗园话、客话(不同于客家话)、某某(地名)土话等，平话是统称。各地平话有一个共同的语音特点，即古全浊声母清化后塞音塞擦音大多不送气，和全清声母合流。

方言间在语音上的差异最大。例如：北方方言声母多(有 21 个)，南方方言声母少，一般少于 20 个，闽方言只有 15 个声母；北方方言韵母少(只有 39 个)，南方方言韵母多，苏州话有 49 个，赣粤闽方言多于 50 个，闽方言潮汕话有 72 个韵母；北方方言声调少，一般只有 4 个，南方方言声调多，湘方言有 5～6 个，吴方言有 7～8 个，上海话有 5 个，粤方言有 8～10 个。

方言在词汇上的差异次之。例如：

普通话	梅州话	长沙话	厦门话	苏州话	广州话
白天	日时头	日中间	日时	日里	日头
晚上	日晡头	夜间子	暗暝	夜里	晚头
脖子	颈筋	颈根	颈管	头颈	颈
睡觉	睡目	困觉	困	困觉	瞓觉
丈夫	老公	男人	翁	男人	老公
妻子	老婆	堂客	某(家后)	家主婆	老婆

方言在语法上的差异最小。普通话的"你先走"，粤方言说成"你走先"。

(三)方言和现代汉民族共同语的关系

共同语是语言统一的产物，方言是语言分化的产物。方言在共同语形成之前，是形成共同语的基础，在共同语形成之后，是共同语的地域分支或变体。

方言的发展要服从共同语的发展规律，否则随着社会的分裂就会发展成另一种独立的语言。

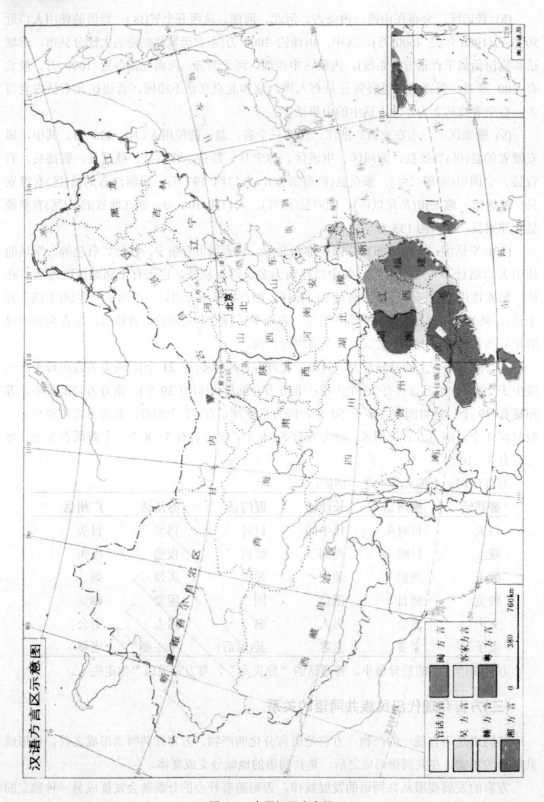

图 1-1　中国汉语方言图

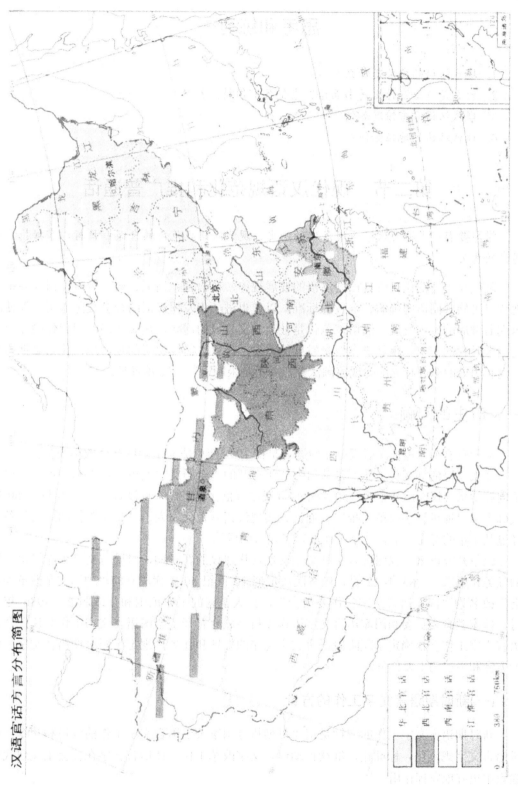

图 1-2　汉语官话方言分布简图

思考和练习一

1. 现代汉语的含义是什么？
2. 什么是口语？什么是书面语？它们各有何特点？
3. 现代汉语方言情况如何？
4. 现代汉语的地位如何？

第二节　现代汉语规范化和推广普通话

学习要点：了解现代汉语规范化的历史、现代汉语规范化的含义和目标，掌握推广普通话的意义。

现代汉语规范化，就是根据汉语的发展规律，在语音、词汇、语法等方面树立并推广现代汉民族共同语明确的、一致的标准，以便更进一步发挥汉语的社会交际作用，促使汉语朝着健康的方向发展。汉语规范化是社会主义建设的需要，是实现四个现代化的需要，是当今时代的需要，也是语言自身发展的需要。最后，需要说明的是，规范化只是把语言里没有用处的东西和混乱的现象淘汰掉，并不是限制语言的发展演变。

一、历史的回顾

党和政府十分重视汉语规范化问题，早在 1949 年就成立了中国文字改革委员会。

现代汉语的规范化工作，是从 1955 年召开的"全国文字改革会议"和"现代汉语规范问题学术会议"后开始的，50 多年来，汉语规范化的工作一直没有停止。20 世纪 50 年代确定了"促进汉字改革、推广普通话、实现汉语规范化"为语言文字工作的三大任务，经过几十年的努力，语言文字工作取得了显著的成绩。

改革开放以来，我国进入了社会主义现代化建设的新时期，对语言文字工作提出了新的任务和要求。1985 年 12 月，国务院决定把 20 世纪 50 年代成立的"中国文字改革委员会"改名为"国家语言文字工作委员会"，扩大了它的工作范围和行政职能。1986 年 1 月，国家教育委员会和国家语言文字工作委员会联合召开了全国语言文字工作会议。全国语言文字工作会议确定了现阶段语言文字工作的方针和任务，规定了新时期语言文字工作的方针和当前的主要任务。

(一)新时期语言文字工作的方针

新时期语言文字工作的方针是："贯彻执行国家关于语言文字工作的政策和法令，促进语言文字规范化、标准化，继续推动语言文字改革工作，使语言文字在社会主义现代化建设中更好地发挥作用。"

(二)当前语言文字工作的主要任务

当前语言文字工作的主要任务有以下 5 点。

(1) 做好现代汉语规范化工作，大力推广和积极普及普通话。
(2) 研究和整理现行汉字，制定各项有关标准。
(3) 进一步推行《汉语拼音方案》，研究并解决实际使用中的有关问题。
(4) 研究汉语和汉字信息处理问题，参与鉴定有关成果。
(5) 加强语言文字的基础研究和应用研究，做好社会调查和社会咨询、服务工作。

上述几项任务中，促进汉语规范化和推广普通话是最重要的两项任务。

《中华人民共和国国家通用语言文字法》自 2001 年 1 月 1 日起正式实施，它以法律的形式明确规定：国家推广普通话，推行规范汉字。

现代汉语规范化工作必须以法律为唯一依据！

国家推广全国通用的普通话。

——《中华人民共和国宪法》第十九条

中华人民共和国主席令第三十七号

《中华人民共和国国家通用语言文字法》已由中华人民共和国第九届全国人民代表大会常务委员会第十八次会议于 2000 年 10 月 31 日通过，现予公布，自 2001 年 1 月 1 日起施行。

中华人民共和国主席　江泽民
2000 年 11 月 1 日

二、现代汉语规范化的含义和目标

(一)现代汉语规范化的含义

现代汉语规范化就是要确立现代汉民族共同语(即普通话)的明确的、一致的语言标准，并促进这个标准的全面推行。

现代汉语规范化有两层含义。

(1) 形成规范。形成人们普遍接受的语言标准。
(2) 遵守规范。要让使用现代汉语的人自觉地按已经形成的语言规则使用语言。

(二)现代汉语规范化的目标

(1) 加强宣传。努力形成一种集体的语言规范意识，努力形成人人都重视语言规范、人人都遵守语言规范的局面。
(2) 建立和完善现代汉语规范化标准体系。20 世纪 50 年代，面对进一步统一汉民族共同语的需要，提出了现代汉语规范化的总原则，这一规范原则对于普通话的形成和普及起到了非常重要的作用，在今天信息化、网络化、传播手段多样化、经济全球化的社会发展新时期，这一规范原则有必要进一步细化和完善。

(3) 语言规范化工作要跟上语言的发展，不能指望语言规则永远不变。

(三)现代汉语规范化的内容和标准

语言是个开放性系统，始终处于发展演变的过程中。现代汉民族共同语是不断发展丰富的语言，因此有许多规范工作要做。

现代汉语规范化的内容包含语音、词汇、语法的规范。

现代汉语规范化工作，主要是根据汉语的历史发展规律，结合汉语在社会中的习惯用法，对普通话内部(包括语音、词汇、语法各方面)所存在的少数分歧和混乱现象进行研究和抉择。选择其中的一些读法或用法作为规范，并加以推广；确定其中的另一些读法或用法是不规范的，并加以舍弃，从而使汉语沿着纯洁和健康的道路向前发展。1955年，现代汉语规范问题学术会议后，制定了现代汉语(普通话)规范的总原则，即"以北京语音为标准音，以北方话为基础方言，以典范的现代白话文著作为语法规范"。多年来，现代汉语规范化工作一直是根据这个总原则进展的，并取得了不少成绩，其中语音方面的成绩更多为显著。今天我们继续进行规范化，还得依据这个总原则，下面就从语音、词汇、语法三方面作一些简略说明。

1．语音的规范化工作

语音方面以北京话语音为标准音，因此，凡是不符合这个标准的，都是不规范的。但并不是说北京话任何一个语音成分都是标准音，都是普通话成分，北京话语音本身就存在着分歧现象，如异读现象和特殊的土音成分。

异读即有些字的读音在北京人口语里不一致。例如：

波浪 bōlàng pōlàng　　秘鲁 bìlǔ mìlǔ(声母不同)

大跃进 dàyuèjìn　　dàyàojìn(韵母不同)

教室 jiàoshì　　jiàoshǐ(声调不同)

像这种异读字，在北京话里有好几百个，这是人们学习普通话的一个负担。普通话审音委员会已对这些异读字加以审订，确定其中一种读音为规范的读音。

特殊的土音成分，例如：普通话的"隔壁"，北京土话说成"填卷"；"你这人太难啦！"北京土话说成"你这人忒难啦！"；"论斤买多少钱一斤？"北京土话说成"赁(量)斤买多儿钱？"；"我和他，他和我"北京土话说成"我 hàn 他，他 hàn 我"；"贴在墙上"北京土话说成"bià在墙上"；"嗓子好"北京土话说成"嗓子piǎ"等。

像这种异读词和北京土音在普通话中都要排除掉。

另外，北京话里轻声、儿化特别多，普通话也没有必要全部吸收，要根据需要吸收一些能区别意义或区别词性的轻声、儿化音。例如：

买卖——做买卖，买卖人(口语)，买卖公平，买空卖空。

大爷——大爷(口语指伯父)；大爷(指称年长男子)，大爷作风，大爷脾气。

大意——粗心大意(疏忽，不注意)；段落大意(主要的意思)。

盖儿(名词)——盖(动词)。

油票儿(买油的票儿)——邮票。

花子(乞丐)——花子儿(huāzǐr)，花草的种子，棉花子(方言)；花儿(huār)，供观赏的植物(名词)。

花(huā)——花费、花钱、花时间(动词)。

2．词汇的规范化工作

词汇方面以北方话词汇为基础。北方话词汇有极大的普遍性，但并不是说北方话中所有的词都可以进入普通话，因为北方方言区域很宽广，各地区使用的词也有分歧。有些过于土俗的词，只有较小地区的人能懂，就不应该吸收到普通话里来。例如：山西、陕西一带的"地板"(地)，"婆姨"(老婆)；四川的"抄手"(馄饨)，"锅魁"(烧饼)；北京话中的"老爷儿"(太阳)，"丫子"(脚)，"一丢丢儿"(小)，"颠儿"，"撒鸭子"(跑)，"递嘻和儿"(含笑打招呼)，"翻滚不落架儿"(吵闹不停)，"摺脖儿沉一沉儿"(稍微等一等)，"掉点啦"(下雨啦)，"取灯儿"(火柴)等。这些词语地方色彩很浓厚，只在狭小的地区应用，在普通话里有完全同义的词语可以代替，因此不应该吸收到普通话词汇中来。

另外，同一事物，在北方方言中各地区的说法也不一致，应当采取比较通行的词作标准。例如："玉米、棒子、珍珠米、苞米、老玉米"，"土豆、洋芋、马铃薯、山药蛋"，"星期、礼拜"，"江米、糯米"，"大夫、医生、先生、郎中"，"讲演、演讲"等，普通话选用了通用的，舍弃了不通用的。这种完全同义的词的存在无疑是多余的，增加学习和使用(包括自动化加工)的负担，所以属于规范化的对象。

还有一些生造词，如"古作"(古代文学作品选)，"建网工作"(建立宣传网工作)等，纯属个人臆造词，含义不明确，会造成语言混乱，影响思想交流，必须予以抵制。

为了丰富词汇，普通话也要从其他方言、古代语言和外来语中吸收一些所需要的词，例如：搞、垃圾、尴尬、名堂，这些有特殊意义的方言词就吸收到普通话里来。古语词如逝世、诞辰、夫人等用在严肃的场合、庄重的语体中，就比用"死"、"生日"、"妻子"适宜。外来词如沙发、咖啡、逻辑等既适应汉语内部发展规律，又有利于汉语词汇的丰富和规范化，所以普通话也应吸收这些词。如何正确吸收这些词，排除分歧现象，也是词汇规范化所要研究的问题。

3．语法的规范化工作

普通话以典范的现代白话文著作为语法规范。所谓"典范的著作"是指具有广泛代表性的著作。这种著作在语言规范的巩固和发展上能起一定的作用。如毛泽东同志、鲁迅先生以及现代许多著名作家的作品，还有经过许多人反复推敲定稿的文件，如《中华人民共和国宪法》等。

所谓"现代白话文著作"，就是指既是现代的著作又是白话文的作品，而不是古代或近代的，《红楼梦》、《水浒传》等早期的白话文作品，由于语言的发展，有些地方已不符合现代语法了，就不能包括在内。

语法规范还必须是典范的现代白话文著作中的"一般用例"，而不是特殊用例或不纯

洁不健康的用例。例如：欧化的说法或某些方言的"我知不道"(湖南方言)否定词插入动词中间。"我好着呢么"(陕西方言)等不规范的方言语法就不能带进普通话里。语法上、逻辑上有毛病的某些流行的说法也都要从普通话里予以清除。

鲁迅说过："做中国人其实是很不容易的，高手如太史公司马迁，倘将他的文章推敲起来，无论从文字、文法、修辞的任何一种立场去看，都可以发见'不通'的处所。"鲁迅还谦虚地对自己的作品作过这样的评论："我的初期作品多少杂着一些古怪的字眼，但这不是金子，而是砂砾！我的白话好象小脚放大脚，所以这种白话是不纯洁的，不健康的！"所以，我们必须是以典范的现代白话文中的"一般用例"为语法规范，不包括其中的特殊用例或不健康的用例，鲁迅初期的作品中的不规范用例是由他所处的时代造成的，我们不能强求他和我们现在的语言一模一样。

另外普通话内部还存在着表达一个意思有截然相反的两种说法，也应当以其中一种符合语法规律的说法为规范。例如：

"难免要犯错误"与"难免不犯错误"，"除非大家同意，才能决定"与"除非大家同意，不能决定"，"差一点误了车"与"差一点没误了车"等。

"以典范的现代白话文著作为语法规范"同"以北方话为基础方言"这个原则并不矛盾，只是更进一步地提出了一个明确的规范，一个易于把握的标准罢了。因为典范的现代白话文著作是以普通话即民族共同语写成的，是经过语言巨匠们加工过的语言。

一般来说，普通话语法规范应该排除方言语法的影响以及古代语法和外国语法。但是，方言语法中有用的东西、古人语言中有生命的成分和国外语言中有用的格式，只要它能够适应汉语内部发展规律，我们就应该把它吸收到我们的语言宝库中来，丰富并发展我们的语言。例如：吴语中"穿穿看"、"唱唱看"的"看"字，具有特殊的表达功能；古语格式"为实现四个现代化而奋斗"的"为……而"既准确，又精练，在书面上和口头上都扎下了根。再如欧化的格式："过去是、现在是、将来仍然是我们学习的榜样。""进行了并正在进行着"等格式，也都被吸收过来，使我们的语言更为精密、准确，更富于表现力了。

现代汉语规范化是一项长期的、艰巨的工作，为了顺利地进行这一工作，我们首先必须加强对语言理论的研究，以科学的语言学说为指导来进行工作；其次要调查研究清楚现代汉语语音、词汇、语法各方面存在着哪些分歧现象，以及这些现象产生的原因，从语言内部的发展规律和使用习惯等方面，找出取舍的标准和处理的办法来。现代汉语规范化工作为克服语言内部分歧和混乱的现象，为语言的健康发展开辟了平坦的道路，它不但不会妨害语言的发展，而且会大大地促进语言的健康发展，对实现四个现代化有极为重大的意义。

(四)现代汉语规范化与语言变异和发展

语言规范化不应该限制创新，不应该阻碍发展。在人们运用语言的过程中，经常发生超越语言规则的现象，特别是当前社会发展迅猛，新词语不断产生，这其中，有的可能很快被淘汰，有的可能被广泛使用而进入共同语的规范系统。语言的规则也可能会随着语言

的发展而进行调整,因此,现代汉语规范化,既要强调统一性和规定性,也要肯定变通性和宽容性。

用发展的、辩证的眼光看待语言规范,在规范和变化中寻求最佳的平衡点。

三、推广普通话

普通话是现代汉民族的共同语。《中华人民共和国宪法》第十九条规定:"国家推广全国通用的普通话。"在新时期里,推广普通话就更为重要。首先,推广普通话可以进一步消除方言隔阂,减少不同方言区人们交际时的困难,有利于社会交往,有利于国家的统一和安定团结;其次,在社会主义现代化建设的新时期,文化教育的普及和提高、科学技术的进步和发展、传声技术的现代化、计算机语言输入和语言识别问题的研究等都对推广普通话提出了新的要求;最后,随着对外开放政策的贯彻执行,国际往来和国际交流越来越多,进一步推广普通话,可以减少语言交际的困难,促进国际交往。

20世纪50年代确定的推广普通话的工作方针是"大力提倡,重点推行,逐步普及"。20世纪80年代进入社会主义建设新时期,形势有了很大的变化,国家对推广普通话工作的重点和实施的步骤都相应地作了一些调整。今后执行的推广普通话的方针应该是"大力推广,积极普及,逐步提高"。目前应该做好以下四点:第一,以汉语授课的各级学校使用普通话进行教学,使普通话成为教学语言;第二,县以上各级以汉语播放的广播电台、电视台均须使用普通话,使普通话成为宣传工作的规范语言;第三,全国机关团体、企事业单位进行公务活动时必须使用普通话,使普通话成为工作语言。第四,不同方言区及国内不同民族的人员交往时需使用普通话,使普通话成为全国的通用语言。

为了更加有效地推动普通话工作,加快普及进程,不断提高全社会的普通话水平,中央有关部门做出决定,对一定范围内岗位人员进行普通话水平测试,并从1995年起,逐步实行按水平测试结果颁发普通话等级证书的制度。测试的对象包括:县以上广播员、节目主持人、普通话教师、影视演员和有关院校的毕业生,以及中小学教师、师范学校教师和毕业生。与此同时,还提出了相应的要求:前者应达到一级水平;后者则应达到一级或二级水平。对上述岗位人员逐步实行持普通话等级证书上岗制度,并成立国家普通话水平测试委员会,负责领导全国各地测试工作,指导各地按照《普通话水平测试实施办法(试行)》和《普通话测试等级标准(试行)》的规定进行工作。普通话水平测试是推广普通话工作的重要组成部分,是使推广普通话工作逐步走上科学化、规范化、制度化的重要举措。

推广普通话,除了继续注意语音规范以外,还要注意词汇规范和语法规范。词汇、语法问题在一定程度上影响普通话水平的提高,影响实际交际的效果。说话的时候,如果语音是比较标准的,却用了不少方言词语和语法,交际起来还是会发生一定的困难。

各级各类学校,以及与群众接触面较广的部门仍然是推广普通话的重点。在新的形势下,大中城市,尤其是沿海开放城市,也应列为重点。必须指出,学校固然是推广普通话的重点,但是如果只抓学校而放松社会,学校推广普通话的成果也不易巩固。学校和社会的推广普通话工作都不是孤立的,两者应该互相促进。

思考和练习二

1. 20世纪50年代初期国家制定的语言文字工作的三大任务是什么？
2. 新时期语言文字工作的方针和任务是什么？
3. 什么是现代汉语规范化？
4. 怎样进行现代汉语规范化工作？

第三节 现代汉语课的性质、任务和内容

学习要点：了解现代汉语课的性质、任务和学习的主要内容。

一、现代汉语课的性质、任务

现代汉语，它不同于古代汉语，不是一门典型的工具课；它也不同于语言学概论，不是一门纯粹的理论课；它更不同于写作，不是一门专门的实践课。但是，现代汉语同时兼有工具课、理论课和实践课的因素。由于教学的对象是以汉语为母语的中国学生，他们在进入大学以前，已经比较好地掌握了现代汉语这门工具，而且会比较熟练地运用，所以，现代汉语课程的教学不能像教学英语那样，而应该把学生对于现代汉语的语感从感性认识提高到理性认识上来，以培养他们良好的语言素质和出色的语言能力。所谓语言素质和语言能力，可以分为以下三个层面。

第一层面：理解能力和表达能力。
第二层面：分析能力和思辨能力。
第三层面：创新能力和研究能力。

根据以上关于培养学生语言素质和语言能力的构想，现代汉语课程也要相应地从两个方面入手。首先解决"结构"问题：即要求学生了解现代汉语各个组成部分的结构系统，对语音、语词、语法以及汉字系统有一个全面而科学的了解，并且能够进行准确而合理的分析。其次解决"功能"问题：即让学生了解现代汉语整体的语用功能以及各个组成部分的局部功能，从而掌握理解策略和表达技巧。

为了达到以上的目标，我们认为现代汉语课程教学的宗旨应该是：以基础知识为前提，以分析方法为核心，以语言能力为目的。

二、现代汉语学习的主要内容

现代汉语课的内容除第一部分绪论外，主要讲述现代汉语系统的各个方面，它包括语音、词汇、语法、修辞及文字。

第一部分为绪论：讲述现代汉语的定义、概况，现代汉语规范化，国家语言文字工作

的方针任务和政策法规，以及现代汉语课的性质、内容和学习方法。

第二部分为汉字：讲述汉字的性质和作用，汉字的结构和形体的变化，汉字的整理和汉字的规范化问题，以及国家关于文字的方针政策，使学生能够正确地使用汉字。

第三部分为语音：以《汉语拼音方案》为基础，运用语音学的原理，系统地讲述有关普通话的语音知识；使学生对普通话语音系统有完整的了解，具有推行《汉语拼音方案》和使用、推广普通话的能力。

第四部分为语词：讲述现代汉语词和语的构成，词素和语素，词义(词义的性质和构成、义素的分析和运用)和语义，词汇、语汇的构成，词汇、语汇的变化和规范化等问题，使学生掌握一定的语词学知识，能够正确地辨析和解释语词的意义，丰富自己的词汇和语汇，提高用词用语的能力。

第五部分为语法：讲述现代汉语组词造句的规则和有关的基础理论知识，如各类词语的用法，短语和句子的结构与类型，以及标点符号的用法等，使学生具有辨识词性、分析句子和辨别句子正误的能力，能够准确规范地使用现代汉语。

第六部分为修辞：讲述语言运用问题，包括词语和句式的选用，常用的修辞方式，使学生注意选词炼句，恰当地运用修辞手法，提高语言表达能力，改进文风，逐步达到准确、鲜明、精练、生动的要求。

第四节　如何学好现代汉语

学习要点：掌握学习现代汉语课的方法，抓住六个具体环节。

语言是每人每天所离不了的，我们应当下功夫学习，运用现代汉语各个部分的基础理论和基本知识来指导自己的语言实践，努力提高驾驭语言文字的能力，正确使用现代汉语表情达意。

1．学习现代汉语，必须了解并掌握汉语发展的内部规律

语言是一种特殊的社会现象，它既不属于经济基础，又不属于上层建筑。它不像上层建筑的发展那样要受基础的制约。基础改变了，语言并不随之而改变；基础停止发展了，语言并不随之而停止发展。因此，语言的发展有它自己的内部规律。

语言的这种特殊的内部发展规律，是客观存在的，而不是任何人主观创造的。有了规律，我们就可以收到以简驭繁，以一统万的功效，所以研究语言发展的内部规律才成为语言学的主要任务。

语言发展的内部规律可以分为两种：一种是某一语言所特有的，我们称之为"特殊的内部发展规律"；一种是许多语言所共有的，我们称之为"一般的内部发展规律"。如斯大林所提出的语言各方面(词汇、基本词汇、语法构造)的不平衡发展的规律，具有普遍的性质，就是一般的内部发展规律。又如汉语中现在读 f 的字唐代以前都不读轻唇音；春秋战国以前单音词占优势，春秋战国以后复音词逐渐占优势；汉代以前词缀很少，汉代以后词缀逐渐增多等，这些就是汉语所特有的特殊的内部发展规律。语言的结构成分是语音、

语词、语法三部分，所以特殊的内部发展规律，也就是表现在语音、语词和语法上的一些发展规律。

2．学习现代汉语，必须把理论与实践结合起来

我们学习语言，并不是只死板地规定一些规律、条文，必须把理论与实践结合起来，必须通过实践逐步培养正确地使用语言的能力。实际上，也只有这样，我们才能使所学知识得到巩固、消化，才能很好地利用语言这个工具、武器。所以，"实践"是学好语言的关键问题。

(1) 要在"说"字上下功夫。语言是在口头上"说"的，要学好语言，就需要多说。"说"得多了，才能脱口而出，且合乎普通话的习惯，所以学习现代汉语，培养"说"的能力是非常重要的。

(2) 要在"写"字上用功夫。除了口头语言之外，还要在书面上使用语言，即在"说"之外还要"写"。"写"是以说为基础的，写的能力基本上也是要从说的基础上来培养，说错了，就写不对。写要用文字，文字是语言的代用品，用文字写成的文章比口语更周密、精练。我们写的时候，就要注意用词、造句，以及篇章组织方面。此外，还要注意正字法，即纠正错别字。学中文的同学错别字是要彻底消灭的。

(3) 要培养分析语言现象的能力。我们所说的分析语言现象，就是要分清语言的使用是否正确，如果不正确，也要分清哪些是语音问题，哪些是词汇问题，哪些是语法问题，哪些是修辞或逻辑问题。问题分清了，毛病找出来了，可以对症下药，纠正错误，从而达到正确使用语言的目的。

3．学习现代汉语，必须重视规范化的工作，必须维护祖国语言的纯洁和健康

学好现代汉语要抓住六个环节。

1) 预习

预习，不是随随便便地把有关内容浏览一遍，关键是要开动脑筋，在老师讲授之前，先根据自己现有的知识背景仔细想一想，思考的目的主要有两个：①发现问题。②发现妙处。

2) 听讲

听讲，是对预习中发现的问题，听听老师是怎样解释的，在听讲的过程中，要注意"记"，"记"包括以下四点。

第一，记重要定义。

第二，记分析方法。

第三，记重点难点。

第四，记典型例子。

3) 复习

复习，是检测自己对所学的语言知识是否真正的理解，复习时要做以下三方面的工作。

第一，检查问题。

第二，整理笔记。

第三，归纳提高。

4) 作业

要加强基本技能的训练，多做作业及同步练习。

5) 阅读

要善于阅读典范的语言材料，提高阅读能力和理解能力。

6) 应用

在语言实践中，提高口头表达能力和书面写作能力。

思考和练习三

1. 你打算怎样学习现代汉语。

2. 有人说不学现代汉语，文章照样可以写通顺，这种说法对不对？你认为学习现代汉语有什么用处。

第二章 汉 字

本章讲述汉字的性质、作用以及汉字演变过程中各阶段不同的字体及现行汉字的特点；汉字的笔画、笔顺、部件、偏旁、部首等汉字结构单位以及汉字的结构形式；汉字的构成形式和汉字组合新字的规律；汉字的规范问题以及正确使用汉字、纠正错别字的方法。

第一节 汉字概述

学习要点：了解文字和语言的关系；了解汉字的起源；掌握汉字的特点以及性质；了解汉字的作用。

一、汉字的起源和汉字的特点

(一)文字与语言的关系

1. 文字是记录语言的符号系统，是最重要的辅助性交际工具

语言的客观存在形式首先表现为有声的口语交际，也就是口语；其次表现为以文字为形式的书面语。

在文字产生之前，人类的祖先交流思想、沟通感情、进行生产生活主要采用口语交际，记录生活事件和生产劳动的成果主要用结绳记事的方法。而口语交际的局限表现为口语的交际只能凭借口耳相传，例如：某人在与别人交谈后，过些时间很难记住交谈内容(时间局限)；而且交谈的内容在外地也很难知晓(空间局限)。

文字的出现，彻底改变了人类语言交际的方式，也改变了人们信息传递的方式。文字把语言只能口耳相传的口语转换为超时空的书面语，把语言感官从听觉感官转换为视觉感官，从而扩大了语言的交际范围，也扩大了信息传递的时间范围和空间范围。我国清代学者陈澧在《东塾读书记》卷十一中说道："声不能传于异地，留于异时，于是乎书之文字。文字者，所以为意与声之迹也。"这段话充分强调了语言和文字的关系。语言与文字关系密切，相互依存，没有语言就没有文字；而没有文字，语言的交际作用也必然会受到一定的限制。

2. 语言和文字的区别

语言的表现形式首先是口头语言，其次是文字形式的书面语。可见，语言产生要早于文字。语言在人类社会形成之初就产生了，约有五六十万年的历史；文字产生的时间晚，现在最古老的汉字也就是出土于河南安阳的殷墟(殷商都城遗址)甲骨文，距今也只有三千多年的历史。

此外，语言的运用范围也比文字广。由于人类具有习得语言的能力，因此，人们基本上都能运用语言，但人们不一定都能运用文字。有些人只会说话，不会写字。目前，世界上各个民族都有自己的民族语言，而有些民族却没有记录自己民族语言的文字，例如世界上有些民族采用拉丁字母作为记录自己民族语言的文字，又如我国周边的日本、韩国等国家用一部分汉字作为记录自己民族语言的文字。这些都说明了语言运用的范围远比文字广。

(二)汉字的起源

汉字是记录汉语的书写符号系统，是汉民族的祖先在长期的社会实践中逐步创造出来的。它和古埃及的圣书文字、美索不达米亚的楔形文字一样，都是世界上最古老的文字，但是圣书文字和楔形文字早已成为历史陈迹；而汉字作为汉语辅助交际工具，一直使用到现在，所以汉字是世界上罕见的历史悠久的文字。我们现在看到的最早的汉字资料是距今约3300年殷商时的甲骨文卜辞。

历史上关于汉字产生曾流传过很多美丽动人的传说故事，其中流传最广泛的是"仓颉造字"。据说黄帝在位时，盛行结绳记事的方法。当时仓颉是黄帝的史官，在用结绳记事记录史实时，时间一长，很多记录的事情连他自己也难免记不起来了，他深知结绳记事方法的不便，慢慢思索改进的办法。他在和农夫、猎人的交流过程中，学会了通过农作物的形状特点辨识庄稼，通过鸟兽在地上留下的痕迹准确断定动物，并从中引发了他的灵感。万物无不有区别于其他事物的特征，把这一事物的区别特征画下来，不就代表了这一事物了吗？于是，他上观天文，下察地象，创造了汉字。《淮南子·本经训》记载：昔者仓颉作书而天雨粟，鬼夜哭。

有关汉字起源的仓颉造字的传说是不可信的。汉字的发明是一个漫长的历史过程，是汉民族若干代祖先集体智慧的结晶。《荀子·解蔽》中记载："好书者众矣，而仓颉独传者，壹也……"现代作家鲁迅在他的杂文集《且介亭杂文·门外文谈》中也说道："在社会里，仓颉也不止一个，有的在刀柄上刻一点图，有的在门户上画一些画，心心相印，口口相传，文字就多起来，史官一采集，便可以敷衍记事了。"

汉字产生的确切年代还不能断定。考古中已发现的与原始汉字有关的资料，主要是原始社会时代遗留下来的器物上所刻划、描画的符号，如仰韶文化遗址与大汶口文化遗址里的符号。在陕西省西安半坡、临潼姜寨、零口、垣头、长安五楼、郃阳(今合阳)、莘野、铜川李家沟、宝鸡北首岭等地的原始社会晚期的仰韶文化遗址里，都曾经发现过刻画在陶器上的记号，如图 2-1 所示。刻符多半刻在陶钵外口缘的黑宽带纹上和黑色三角纹上，只有极少数刻在陶盆外壁和陶钵底部，一般一件器物上只有一个刻符。根据碳 14 年代测定，这些陶器距今已有六七千年之久。人们一般不把它们视为文字，而是作为对汉字产生具有一定影响的符号，甚至可能是汉字的前身。在山东省莒县原始社会晚期的大汶口文化的陵阳河遗址里，发现过一些陶尊，陶尊上各有一个深红颜色的刻画符号，而且是刻在陶尊边缘上，如图 2-2 所示。据估计，这些陶尊距今约四千五百年至五千年左右，它们和商周象形文字非常相似，存在着一脉相承的关系。因此，这些刻画符号已经不是非文字图形而是原始文字了。

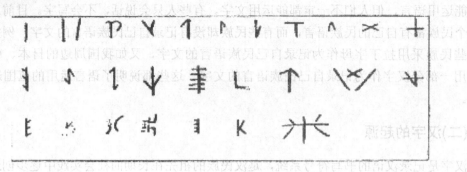

图 2-1 西安半坡陶器符号

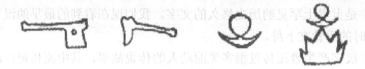

图 2-2 大汶口文化陶器符号

与原始文字有关的资料数量不多,而且大都比较零碎。甲骨文和器物铭文中的文字,数目多达三四千个,已经具备了东汉许慎分析汉字结构所归纳的"六书结构",而且在一些甲骨和陶器上都可以看到毛笔书写的痕迹。可见,殷商出土的甲骨文并不是最早的汉字。《吕氏春秋·先识》和《太平御览》中都提及:夏朝至少在夏末有"史"、有典册,也就是有比较发达的文字在使用。这样看来,汉字大约在夏朝或夏朝末期就已经形成文字体系,而在汉字形成的历史过程中,从原始文字如何演变为商代的相当发达的文字,则有待进一步研究。

(三)汉字的特点

汉字与其他民族的文字相比较有以下几个特点。

1. 汉字与音节有一定的对应关系

文字是记录语言的符号,所以任何文字都是记录一定语言的单位。从记录语音的角度看,许多拼音文字用字母代表语言的音素,汉字的字形却不是和语言的音素相对应,而是和音节相对应,一个汉字代表语言里的一个音节,只有儿化中的"儿"字不代表完整的音节。

2. 汉字是平面型文字

世界上许多拼音文字记录一个词用一串字母作线性的排列,汉字不是这样。汉语记录一个词往往用一个平面型方块汉字来记录。线性文字和平面型文字有很大的不同:线性文字的字母之间像线条似的排列;汉字的构成成分则是横向和纵向同时展开,形成平面。汉字部件和字形复杂多样、特征鲜明的情况就是由平面型特点产生的,汉字部件和字形数量繁多的情况也同汉字的平面型特点有很大关系。

3. 汉字记录汉语以单个字作为单位

拼音文字记录语言，绝大多数用空隙表明词的界限，即词与词之间分开写。汉字记录汉语并不使用分词连写，例如看一段不加标点的汉语文章，体现出来的是一个个字等距离地依次排列，词和词的中间没有明显的空隙。

4. 从汉字本身的性质看，汉字主要是表意文字

汉字造字法里的象形字、指事字、会意字以及形声字中的形旁属于表意部件，因为它们跟字的意义有直接联系。汉字里的表音部件主要指形声字中的声旁。虽然汉字中形声字占多数，但多数的表音部件本身就是表意字，是临时借到形声字中来表示读音的，不是单纯的表音部件，因而区别于表音文字中的音符。

5. 从汉语结构系统的单位看，汉字是词素文字

根据一种语言的文字符号所记录的语言结构系统中的单位来看，有用来记录词素的，有用来记录音节的，也有用来记录音素的。汉字记录的是汉语结构系统里的什么单位呢？我们以"学习"这个词为例来分析，"学习"写出来是两个字，这两个字代表了汉语里两个最小的音义结合体，即词素。用汉字表示语素是汉字区别于表音文字的一个重要特点。表音文字所记录的不是词素，而是纯粹的语音单位。例如记录英语的拉丁字母，它不表义，只表示音素。

二、汉字的性质和汉字的作用

(一)汉字的性质

世界上的文字基本上分为表音文字和表意文字两大类。

表音文字又可以分成音素文字和音节文字。其中音素文字的基本组成单位是单个的字母，一个字母代表一个或几个音素，几个字母组合在一起构成词来记录语言单位，例如英语、俄语；音节文字，例如日语，它的基本构成单位是音节(日语中叫假名)，一个假名代表一个音素或音节，假名组合的字符来记录语言单位。表音文字是用音素或音节构成的单位直接来表示语言单位的读音。通俗地讲，就是在掌握这种语言的发音方法后，可以直接在看到文字后读出它的读音。

汉字是表意性质的文字。汉字的基本构成单位是点线形成的笔画。笔画以及笔画的复杂变化构成了独体部件(又叫偏旁)，而独体部件绝大多数产生时是"据义构形"(即根据意义形成字形)，例如山、水、日、月等。汉字从笔画和部件上看，不能显示出读音，而表现的是和字的意义有关联的信息。

汉字之所以是表意文字，原因主要是：汉字是用点线形成的笔画组成表达意义的部件，然后用不同的部件形成大量的汉字的意义来区别不同的词素、词的意义，从而记录汉语。例如，"岩"是由三笔的部件"山"和五笔的部件"石"组成的汉字，同时"岩"的

意义中也包括了"山"和"石"的意义。

从古汉字造字的方法上看,主要有象形、指事、会意、形声。其中,象形、指事、会意造字法造出的字都和字的意义相联系,与读音没有直接联系。由于汉字和意义有关,所以汉字不会像表音文字那样,能够拼读出来,人们有时看到不认识的汉字也就不足为怪了。

有人认为形声字在汉字中占到85%以上,而形声字中又有表示读音的声符,所以把汉字看成表音文字。其实,第一,形声字中的表音声符本身是一个表意字,只是被借过来表示一定的读音,并非纯粹的表音符号,跟表音文字的功能有本质的区别,例如"氧"中的声符是"羊",从造字法看就是象形字;第二,形声字中的表音声符并不完全一样,比如读音相同而字形不同的字都可以做声符,比如"呓""议""臆"三个字,它们的读音相同,都读 yì,但充当声符的部件不同,分别是:艺、义、意。由此可见,汉字不是用固定的声符来表示读音的,这样就区别于表音文字了;第三,"氧""羚"中的"羊"在两个字中分别做声符和意符,也可以表明形声字中充当声符的字的灵活性;第四,形声字中同一形体的声符读音往往不同,如以"占"为声符的形声字有站、玷、粘等。第五,有些声符本身是多音字,如以"参"为声符的形声字"惨""渗"就很容易造成读音上的误读。

(二)汉字的作用

1. 汉字在记录汉语的历史过程中,对汉语有着积极的影响

汉字是书写汉语的符号系统,是在汉语的基础上产生的。汉字的产生克服了汉语在时间和空间上的局限性,使汉语的功能大大加强和扩展了。我们知道,人类的自然语言是一种有声语言,稍纵即逝,难以传到异时异地。如果没有文字,我们很难知道不同时代、不同地区的知识。在我国正是因为有了汉字,不同地区的人才得以顺利交际,才没有像其他的民族语言那样分化。因此,汉字对民族共同语的形成产生了巨大影响,同时也维护了我们这样一个多方言国家的统一。

2. 汉字记载了中华民族极为丰富的文化和科技成果

中华民族历史悠久,拥有光辉灿烂的古代文化。在哲学、政治、经济、军事、科技、历史、文学、艺术等方面都取得重大的科技成果,诸如造纸、印刷术、火药、指南针等,而这些成果就是通过汉字记载下来并传播四方,得到继承和发展,成为中华民族和全世界民族的宝贵财富。从数量上来说,汉字为我们记载下来的文化典籍,也是其他古文字无法比拟的。

3. 汉字对邻近民族、国家的文字产生了积极影响

汉字不仅记录了汉语,还先后被日本、朝鲜、越南等国借去记录它们的民族语言,直到现在,日本、韩国文字中仍夹杂有汉字。据不完全统计,现在日语中常用汉字有 1945 个。由此可见,汉字对周边国家文字形成的贡献是巨大的。

4. 汉字的表意性和灵活多样的构字形式,形成了汉字拆字寓意的独特的修辞方式

利用汉字字形拆字,可以构成字谜。如"去掉上头是字,去掉下头也是字,上头下头都

去掉还是字(答案是：申)"。由于汉字与读音没有直接联系，往往形成的字形相同，读音不同，意义也不同。如传说一家卖豆芽的商贩，在自家大门上贴有一副对联，上联"长(cháng)长(zhǎng)长(cháng)长(zhǎng)长(cháng)长(cháng)长(zhǎng)"，下联"长(zhǎng)长(cháng)长(cháng)长(cháng)长(zhǎng)长(cháng)"。又有山海关姜女庙楹联，上联"海水朝(cháo)，朝(zhāo)朝(zhāo)朝(cháo)，朝(zhāo)朝(cháo)朝(zhāo)落"，下联"浮云长(zhǎng)，长(cháng)长(cháng)长(zhǎng)，长(cháng)长(zhǎng)长(cháng)消"。

此外，汉字书写形式不按词连写，所以这种灵活的书写形式可以构成回文诗。如明朝末期女诗人吴绛雪写的咏四季的四首回文诗《春夏秋冬》：

《春》诗：莺啼岸柳弄春晴夜月明。
《夏》诗：香莲碧水动风凉夏日长。
《秋》诗：秋江楚雁宿沙洲浅水流。
《冬》诗：红炉透炭炙寒风御隆冬。

其中各行字句，分别包含了一首七言绝句，即：

《春》诗：莺啼岸柳弄春晴，柳弄春晴夜月明。
　　　　　明月夜晴春弄柳，晴春弄柳岸啼莺。
《夏》诗：香莲碧水动风凉，水动风凉夏日长。
　　　　　长日夏凉风动水，凉风动水碧莲香。
《秋》诗：秋江楚雁宿沙洲，雁宿沙洲浅水流。
　　　　　流水浅洲沙宿雁，洲沙宿雁楚江秋。
《冬》诗：红炉透炭炙寒风，炭炙寒风御隆冬。
　　　　　冬隆御风寒炙炭，风寒炙炭透炉红。

每一首诗都是从 10 个字中回环出来，描写四季自然特色分明，色彩斑斓，让人回味无穷，被世人誉为回文诗珍品。其中，《夏》诗更是公认的一枝独秀。

现行汉字作为我国法定的文字，还将长时间地在政治、经济、文化生活中广泛地被使用，可以肯定，汉字在获得有效整理和规范的基础上，在社会生活中的作用将得到更充分的发挥。计算机汉字输入输出的突破，更展现了汉字的美好前景。

思考和练习一

1. 什么是文字？文字对语言和人类社会有什么作用？
2. 汉字为什么是表意文字？
3. 与拼音文字比较，汉字有哪些特点？
4. 有人说："汉字在当今社会已经落后了。"还有人说："汉字现在还仍然超前。"你赞同哪种说法？说说你对现行汉字的看法。

第二节 汉字的形体

学习要点：了解汉字的形体演变以及汉字在各个阶段的不同特点；了解汉字在现阶段的形体以及书写形式。

一、汉字的形体演变

汉字是记录汉语的书写符号系统，是辅助汉语起交际作用的重要工具。汉字的历史可以追溯到五六千年前，在陕西省西安半坡仰韶文化遗址和山东省莒县大汶口文化的遗址里都发现过一些刻画符号，一般认为这就是汉字的起源。

现在能够看到的最古的成批的汉字资料，是距今三千多年前商代后期的甲骨卜辞和器物铭文中的文字，这些文字在汉字形成的历史过程中，已经属于相当成熟的文字。

由于书写工具和承载材料不同等原因，一种文字往往有多种不同的字体式样。汉字的字体式样主要经历了甲骨文、金文、篆书、隶书、楷书、草书、行书等几个发展阶段。

汉字从甲骨文直到行书的字体演变是怎样发生的？是什么力量推动的？可以从以下两个方面进行分析。

(1) 书写工具、书写方式方法和承载材料的变化是字体演变的客观因素。

龟甲兽骨坚硬，刻写工具尖利，因而甲骨文线条纤细，大小不匀。金文附着在青铜器上，需要浇铸，木模又可以雕琢加工，因而金文浑厚整齐，有肥笔道。毛笔柔软，富于弹性，才有可能产生篆书圆转、呈弧形的笔画，隶书有波磔的笔画和楷书的撇、捺等。

(2) 写字者对汉字的简易要求和美观要求是字体演变的主观力量。

汉字从记录卜辞、记录帝王功绩到广泛记录人们各方面的活动，日益发展了它辅助汉语进行社会交际的功能。人们在日常使用中往往不满足于原来的字体，当一个时代一种法定的字体正在通行的时代，民间为了书写快捷简便，就已在孕育新的字体了。秦代以小篆为正式字体，隶书(被称为"秦隶")却已经萌芽；汉代通行隶书，却已经产生了楷书和草书。一种新字体产生时，往往只是旧字体的草率写法，因而与旧字体相去不远，后来经过书法家的美化，特征逐渐鲜明，字形和写法逐渐稳定，便很快通行，逐渐代替旧字体而成为正式字体。

从上述汉字形体演变的情况可以看出，汉字的形体是朝着简单易写的方向发展的。这主要表现在以下四个方面。

(1) 从图画性的象形文字逐步变成不象形的书写符号。

(2) 笔形从类似绘画式的线条，逐步变成横、竖、撇、点、折的笔画，书写更方便了。

(3) 许多字的结构和笔画逐步简化，如"书"，在小篆中本是"从聿，者声"的形声字，现在简化多了。

(4) 甲骨文、金文的异体繁多，小篆、隶书、楷书的异体减少。

二、现行汉字的形体

现行汉字经常运用的是楷书、行书，在印章、对联、匾额及文章的标题等特殊场合，有时也运用草书、隶书、篆书或金文、甲骨文，至于书法艺术作品，各种形体都可能运用。从形成的手段来看，现行汉字的形体又有印刷体和手写体的区别。

1．楷书和行书

楷书在现代手写体中，仍然为标准字体。国家正式发布的文件和一般的报刊、书籍、课本以及通俗读物、儿童读物、名片、请柬、介绍信、账簿等正文部分，都是用楷书。行书是楷书的辅助性字体，在日常书写中一般都采用行书。

2．印刷体和手写体

一般地说，各种形体的汉字都可以预制字模印刷出来，成为印刷体。但是，习惯上所说的汉字印刷体，只指印刷上常用楷书的各种变体。随着电脑进入家庭，电脑排版印刷越来越成为人们普遍运用的手段。印刷体的特点是笔画清晰，端正匀称，便于辨认，多数不容易手写。

电脑排印字体常有下列几种变体。

(1) 宋体，又叫老宋体、古宋体、书宋体、灯笼体。宋体笔画横平竖直，粗细适中，结构形体方正严谨，疏密布局合理，使人看起来清晰爽目，久读不易疲劳且阅读速度快，一般书刊的正文都用宋体，是最通用的印刷体。

(2) 仿宋体，又叫真宋体，由古代的仿宋刻本发展而来，是古代的印刷体。笔画粗细一致，起落锋芒突出。仿宋体比老宋体秀丽，笔画不分粗细，顿笔讲究，但阅读效果不如宋体，因此一般书刊正文不用仿宋体，常用于排印诗词的正文，一般文章的引文、序言和图版说明。仿宋体还有一种变形叫长仿宋，一般用于表格的题头，或用于排印诗词和正文中的夹注等。

(3) 楷体，又叫大宋体，是直接由古代书法发展而来，同手写体接近，比仿宋体丰满，字体端正、匀称。楷体多数用来印通俗读物、小学课本和儿童读物，便于孩子们模仿与模写；用于中、小号标题，作者的署名，报刊中的短文正文等，以示与正文字体相异而突出。但用楷体作标题时，至少要比正文大一个字号，否则标题字会显得比正文还小。

(4) 黑体，又叫黑头字、方头字、方体字、等线体、粗体字、平体字。黑体字体方正饱满，横竖笔画粗细相同，平直粗黑，是受西文等线黑体的影响而设计的。笔画都粗，浓黑醒目，一般表示着重时用，常用来排标题，很少全篇都用它来印刷。

除此之外，电脑还增加了一些美术字体和变形字体，如中圆体、细圆体、琥珀体、宋黑体、新宋体、幼圆体等；行书、行楷、隶书也成为电脑字体的一种；古代的一些楷书变体如新魏体也进入电脑。

电脑排印体按字体大小不同，分成不同的字号。常用的字号从大到小有初号、小初号、一号、二号、三号、四号、小四号(新四号)、五号、小五号(新五号)、六号、七号等。

电脑字形还在字体、字号的基础上，增加了倾斜、加粗、倾斜加粗、加长、宽扁等效果，另外，还可以给汉字添加颜色、下画线、着重号等，从字体的表达效果上看，还增有阴影、空心、上标、下标等。所有这些内容的增加，都大大地丰富了电脑排印用字。

现行汉字的手写体，是指用手执笔直接写成的汉字。手写体汉字可以是楷书、行书、草书等，但是以行书为最多，其次是楷书。手写楷书同印刷体中的楷体字形大体一致。

根据运用的工具的不同，手写体可以分成软笔字和硬笔字两类。软笔字指传统的毛笔字；硬笔字指钢笔字、铅笔字、圆珠笔字、中性笔字、尼龙笔字等，其中钢笔字和中性笔字用得最多。

思考和练习二

1. 汉字在发展演变中有过哪些字体？各有什么特点？
2. 为什么说隶书是汉字演变史上的一个转折点？
3. 上网尝试用不同的字体、字号、字形书写汉字，加深对电脑排印体的认识和理解。
4. 自己分别用毛笔和钢笔书写汉字，体会两种手写体字在形体上的不同。

第三节　汉字的结构

学习要点：掌握汉字结构单位笔画、笔顺、部件、偏旁、部首的相关知识；掌握汉字结构关系中独体字和合体字的知识。

一、汉字的结构系统

汉语中有成千上万个汉字，结构非常复杂，但并不是无章可循，汉字的形体结构是有一定的规律的。每个汉字都是由基本的结构单位，按照一定的组合方式构成的。也就是说，汉字形体结构具有系统性。

笔画和部件是现行汉字的基本结构单位。其中，笔画是构成汉字最小的单位。

(一) 笔画

笔画指构成汉字字形的各种形状的点和线，是汉字的成形要素。楷书书写时从下笔到提笔就是一笔或一画。

1965 年文化部和中国文字改革委员会发布的《印刷通用汉字字形表》和 1988 年国家语言文字委员会、中华人民共和国新闻出版署发布的《现代汉语通用字表》明确规定了现行汉字的笔画系统是由五种基本笔画为基础构成的，它们是横(一)、竖(丨)、撇(丿)、点(丶)、折(乙)。2001 年，中华人民共和国教育部和国家语言文字工作委员会又发布了

《GF2001—2001GB13000.1 字符集汉字折笔规范》，针对中文信息处理、汉字排序检索以及汉字教学等，对基本笔画中"折"又作了详尽的介绍。

传统的笔画有所谓书法上的"永字八法"(侧、勒、努、掠、啄、磔、策、趯)，即八种笔形，指点、横、竖、左下撇、右上撇、捺、提、钩。

其实，"捺"可以归入"点"，"提"可以归入"横"，"竖钩"可以归入"竖"，"左下撇"、"右上撇"可合为撇，"竖提、横钩、斜钩"等可以归入"折"，因此可分别看作是"点、横、竖、撇、折"的变体。

五种基本笔画均属简单笔画，它们还可以进一步合成种种复杂笔画。汉字笔画如果作较细的区分，可以分出 30 多种，如表 2-1 所示。注意掌握各种笔画的特点，有助于正确书写汉字和提高汉字书写水平。正确计算汉字的笔画数，在汉字教学、查检工具书或书目索引等方面都十分重要。

表 2-1 汉字的笔形、名称和例字

笔形和名称			笔形和名称		
横	- ／	短横 长横	上末 丛且	挑	㇀ 乚 𠃋	平挑 竖挑 横折挑	级巧 比氏 话语
竖	｜ ｜ ｜	悬针竖 短竖 长竖	甲中 兵足 相协	钩	㇀ 亅 ㇂ 乚 ㇈ ㇉ 乛 ろ ㄅ ㄋ ㄋ	横钩 竖钩 斜钩 卧钩 竖左弯钩 竖右弯钩 横折钩 横折折折钩 竖折折钩 横折左弯钩 横折右弯钩	冠欠 刘寸 戏戍 思必 豕狗 毛见 同内 乃杨 与马 邻陈 九几
撇	ノ 丿 丿 乛 𠃊	平撇 竖撇 斜撇 横折撇 竖折撇	千手 甩胆 人入 又圣 专转
点	丶 丶 丶 𧘇	左点 右点 长点 撇点	火办 六戈 爻难 好巢	折	ㄱ 乚 ㇄	横折 竖横 撇折	皿口 巨区 么系
捺	㇏ 乀	平捺 斜捺	道之 人入

(二)笔顺

在运用笔画构成笔形时，还涉及笔顺。笔顺指汉字书写时的笔画顺序，它是人们在长

期书写实践中形成的一种书写习惯。按一定顺序书写，便于点画衔接，取态生姿，并可提高书写效率。

早在 1965 年 1 月文化部和中国文字改革委员会发布的《印刷通用汉字字形表》中就对汉字笔顺有了统一的标准。该表所收的 6196 个汉字的笔顺已具有了固定的书写规范。1988 年国家语言文字工作委员会和新闻出版署联合下达了《关于发布〈现代汉语通用字表〉的联合通知》，通知指出，《现代汉语通用字表》依据《印刷通用汉字字形表》确定的字形标准，规定了汉字的字形结构、笔画数和笔顺。该表把汉字笔顺用公布字表的方法正式确定了下来。但《印刷通用汉字字形表》和《现代汉语通用字表》中字的笔顺是隐含的，不是明示的，只能依汉字在字表中的位置推演，给查明汉字笔顺带来了不便。

1997 年 4 月 7 日，国家语言文字工作委员会和中华人民共和国新闻出版署联合发布《现代汉语通用字笔顺规范》，它是在《现代汉语通用字表》的基础上形成的。《现代汉语通用字笔顺规范》对 7000 个通用字的笔顺采用三种形式显示：一是跟随式，即一笔接一笔地写出汉字，如"工"字的笔顺表述为"一丁工"；二是笔画式，用横(一)、竖(丨)、点(丶)撇(丿)、折(一)五种基本笔画表示，则"工"字的笔顺又表述为"一丨一"，并且提笔归入横，竖钩(亅)归入竖，捺(㇏)归入点(丶)，各种折笔都归入折(一)；三是数字式，用阿拉伯数字 1、2、3、4、5 分别代表横、竖、撇、点、折，如"本"的笔顺是 12341。

《现代汉语通用字笔顺规范》确定了汉字笔顺的基本规则：先横后竖，先撇后捺，从上到下，从左到右，先外后里，先外后里再封口，先中间后两边。例如：先横后竖(十、丰)，先撇后捺(人)，从上到下(二、芳)，从左到右(川、汉)，从外到内(月、同)，从外到内后封口(四、国)，先中间后两边(小、水)。

需要强调的是，如果笔画点出现在左边或者左上方，应该先写点，如：主、为等；如果笔画点出现在右上方或者字的中间，应该后写，如发、叉等。

两面包围的字，假如是左面上方、右面上方包围的字，应该先写外面后写里面，如厅(先写横撇，后写横竖钩)、包(先写撇横折钩，后写横折横竖弯钩)等；左面下面包围的字，可以先写里面再写外面，如进、述等；也可以先写外面再写里面，如赵、题等。

三面包围的字，如果缺口朝上，应该先写里面再写外面，如山(先写竖，后写竖折竖)、凶(先写撇长点，后写竖折竖)等；如果缺口朝下，应该先写外面后写里面，如月(先写撇横折钩，后写里面的两个横)、同(先写竖横折钩，后写里面的横竖横折横)等；如果缺口朝右，应该先写上面，后写里面，最后写左下，如区(先写横，再写里面的撇长点，最后写竖折)、臣(先写横，再写里面的竖横折横竖，最后写竖折)等。

多数字的写法是以上规则的综合运用，如"掰"的笔顺是：从偏旁看，是从左到右；从左边偏旁"手"看，是先撇横横后竖钩，从上到下；从中间部分"分"看，则是先撇捺后横折钩撇，还是先上后下；从右边偏旁"手"看，是从上到下，先撇横横后竖钩。

由于笔顺规则都是一些基本原则，是多数字的一般规则，不可能完全适用于每一个字，特别是一些笔画数少的独体字往往容易误写。有些汉字在结构上不完全在以上规则约束之内，感觉既可以采用这一种，也可以采用那一种，似乎无所适从。《现代汉语通用字笔顺规范》将规则进一步细化，明确列出了《现代汉语通用字表》中 7000 个汉字的规范

笔顺,将《现代汉语通用字表》隐含的笔顺明确标示出来,这是《现代汉语通用字笔顺规范》颁布的主要目的,也基本满足了汉字研究、汉字教学、汉字信息处理、出版印刷和辞书编纂等方面的需求。

另外,1999 年 10 月国家语委发布《GB13000.1 字符集汉字笔顺规范》,从 2000 年 1 月 1 日施行。该规范共收录了 20 902 个汉字。由于该规范主要用于大批量汉字的信息处理、排序检索、辞书编纂等,故一般采用序号式笔顺形式。该标准的颁行,对此后编制的汉字字库字量的扩充起到了规范的作用。

有少数汉字,社会上通行两种或三种笔顺,我们应当按照国家语言文字工作委员会、中华人民共和国新闻出版署发布的《现代汉语通用字表》的规定来写。例如:"队"排在"孔"后,说明"阝"的笔顺是折、竖,不是竖、折;"忖"排在"汉"后,说明"忄"的笔顺是点、点、竖,不是点、竖、点。按照这个标准,有些字应当特别注意,否则很容易写错。例如:

火:丶ノ火火

方:丶一亠方

里:丨口日日甲甲里

匕:ノ匕

乃:乃乃

万:一丆万

丹:ノ冂月丹

母:乚乃母母母

舟:ノ丿冂月舟舟

臼:ノ𠂉𦥑臼臼

肃:一⺕肀肀肃肃肃

脊:丶丷丷𣥂米脊脊脊

爽:一𠀎𠀎𠀎𠀎爽

敝:丶丷丷𠔼𠔼𠔼𠔼𠔼敝敝

此外,还需要说明的是"车"(车字旁)作为左偏旁时,笔顺为"一𠃋车车";"车"单独使用或用在字的上、下、里时,笔顺为"一𠃋车车"。

(三)部件

汉字的基本结构单位是构字部件。

部件和笔画是不同级的构形单位。部件由笔画构成,比笔画高一个层级。

部件可以是一个笔画构成的,如"乙、乚、丨"(艺亿、孔扎、旧引);也可以是几个笔画构成的,如"土、忄、辶"(吐地、忙悟、这远)。

部件有大有小,它本身还可以分级。例如,"昭"可以切分为"日"和"召"两个部件,而"召"又可以再切分为"刀"和"口"两个更小的部件。部件中不能再切分为更小部件的最小部件是末级部件。

现代汉语

据统计，《辞海》(1979年版)所收全部单字加上《辞海》未收而 GB2312—80 国家标准《信息交换用汉字编码字符集》(基本集)收入的 43 个字，除去被简化的繁体字、被淘汰的异体字和被淘汰的计量用字外，共 11 834 个字，可以切分出末级部件共 648 个，组字频度最高的是"口"这一部件。

末级部件也有成字部件与不成字部件之分：成字部件是单个的一个字或字的变形充当了汉字的部件，例如"口、木、日、土、又"等是成字部件；不成字部件现在看来不是一个完整的字，但它在古代是一个表意的字，例如"氵、扌、亻、宀、艹"等是不成字部件。如果我们能了解并掌握这些不成字部件的意义，就可以明了部件构成的字的大概意义。

下面我们了解一些不成字部件的意义。

冫：古代的冰字，意义多与寒冷有关。如：冷、冻、凛、冽等。

攵：古代的攴(pū)字，本义是敲打、敲击，意义往往与人的动作行为有关。如：攻、敌、整、改、牧等。

阝(左)：古代的"阜"字(fù)，本义是土山，作意符时与地形地势、台阶及由上至下或由下至上有关。如：陵(大土丘)、陆(高平地)、阴(山北背阴处)、阳(山南向阳处)、阡(南北方向的路)、陌(东西方向的路)、防(堤坝)、阶(台阶)等。

阝(右)：古代的"邑"字(yi)，本义是都城，作意符往往与国名、城市、区域或地名有关。如：郑、邓、邦、郊等。

冖(古音读 mì)、宀(古音读 mián)、厂(古音读 hǎn)、广(古音读 yǎn)；作意符时多与宫室、房屋和居住有关。如：冥、冢、家、牢、厅、厢、庵、店等。

卩(古音读 jié)、㔾(古音读 fàn)：作意符时与跪坐的人及腿脚、腿脚的动作有关。如：即、却、印、危、卷等。

廴(古音读 yǐn)：本意是奔跑，作意符时多与走路或行动有关。如：建、延等。

辶：(辵古音读 chuò)：本意是行走，作意符时多与走路或路有关。如：达、迈、迅、进等。

彳(chì)：本义是小步跑，作意符时多与道路、行走及动作有关。如：徐、径、征等。

彡(古音读 shān)：作意符时多与毛发、花纹或声音有关。如：须、髯、鬓、髻等。

殳(古音读 shū)：作意符时多与手的动作或打击的动作有关。如：役、投、殴等。

礻：古代示字，作意符时多与祭祀、鬼神、宗庙、祸福有关。如：社、神、祠、祖、福、禄、祸等。

隹(古音读 zhuī)：本义是短尾鸟，作意符时多与鸟类有关。如：雄、雌、雀、雅等。

由于部件是构成汉字的基本单位，因此，部件和部件的组合方式非常灵活：可以是上下结构或上中下结构，例如字、忠、勇、蕉等；也可以是左右结构或左中右结构，如休、刚、鸿、班等；可以是包围结构(全包围结构和半包围结构)，例如：国、围、包、闲、月、区、凶等；可以是品字形结构，例如品、众、森、磊等；还可以是穿插结构，如重、爽、噩、串等。

现行汉字的所有部件构成现行汉字的部件系统。

(四)偏旁

一般人分析汉字常常用"偏旁"这个概念，偏旁指的是合体字进行第一次切分而产生的两个部分。或是上下结构字的整个上部或整个下部，如"苗"中的"艹"(草字头)，"育"的"月"(月字底)；或是左右结构的整个左部或整个右部，如"休"的"亻"(单人旁)，"到"的"刂"(立刀旁)；或是内外结构字的整个内部或整个外部，如"衷"字里面的"中"，"围"字外面的"囗"(围字框)；或是上中下结构或左中右结构字的整个中部，如"戆"字的偏旁就是"赣"和"心"，"们"字的偏旁是"亻"和"门"，"国"字的偏旁是"囗"和"玉"。其实，偏旁就是切分合体字而产生的一级部件。

如果说部件和偏旁都是构成汉字的组成部分的话，那么，部件可以是切分合体字后的任何一级部件，而偏旁只是切分合体字后的第一级部件。其实，一般意义上的理解，部件侧重的是汉字的构形形态，既可以指表意部分，也可以指表音部分；而偏旁是传统现代汉语中对汉字基本单位的称谓，主要侧重汉字的表意部分。例如：古代以"氵"为偏旁的字和水的意思有关联；以"木"为偏旁的字和树木有关；以"扌"为偏旁的字和手的动作有关等。

有些偏旁，如果不了解古汉语的字的意义，很难明了在现代汉语中的意思，像前面部件一节中讲到的不成字部件，其实就是古代的偏旁。还有一些偏旁，现在很难看出原来的意义了，例如"月"字旁大多是"肉"字旁的变体，人体很多部位的字大都和"月"有关就能说明这一点；"王"字旁其实是"玉"的变形，所以以"王"为偏旁的字，大多和玉器珍宝有关。再如，"页"(xié)，本义指人头，所以"页"字旁的字古代往往和人的头部有关。如：顶(头顶)、颈(脖子前部)、项(脖子后部)、领(整个脖子)、顾(回头看)、顿(磕头)、题(额头)、颌(下巴)、颜(双眉之间)等。"又"，本义右手，以"又"为偏旁的字往往和手有关，例如：取、友等。

有些偏旁往往会产生很多变体，在汉字不同的位置上，写法往往不同。

以"人"为偏旁的字，例如：认、饮、什、仁、从、众、坐、仓、仑等。

以"刀"为偏旁的字，例如：召、负、争(刀字头)、别、券、剪(刀字底)、刚、削、删、刷(立刀旁)等。

偏旁水(水字底)、氵(三点水)、氺(变水底)意义上都是一样的，与水有关。

以"手(手字底)、扌(提手旁)、龵(看字头、手字旁)"为偏旁的字，例如：拳、挚、拿、攀、扎、打、扔、扣、看、掰、拜等。

以"火(火字旁、火字底)、灬(四点底)"为偏旁的字，例如：灯、灶、灰、炙、炊、煮、热、烈、煎、熬等。

以"心(心字底)、忄(竖心旁)、㣺(变心底)"为偏旁的字作意符时多与思维、情绪、感情等心理活动有关，例如：思、想、忘、惹、慕、添、恭、忆、忙、慢、快等。

下面谈谈"部首"这个概念。

部首是编纂字典时，常常把具有相同偏旁的字编在一起，称为一部，并把每部相同的偏旁作为该部的标目。一般来说，部首是字典中为给汉字分类而确定的字类标目，是从分

析字形结构中产生的。部首不属于汉字结构系统的范畴,是给汉字归类的一种手段。

部首也是偏旁,但偏旁不一定是部首,偏旁与部首是整体与部分的关系。字典中的大多数部首都是由汉字中有表意作用的偏旁充当的,例如把从"日"的字编为一部,以"日"为首,从"木"的字编为一部,以"木"为首,"日"和"木"就是两个部首。可是独体字只能拆分出笔画,不能拆分出偏旁,为了分类方便,便把独体字的起笔笔形横、竖、撇、折也作为部首的一种。所以部首、偏旁是关系密切却并不完全相同的概念。

把表义的偏旁叫作"部首",起源于以《说文解字》为代表的古代字典。东汉文字学家许慎在《说文解字》中首创了 540 部首,古代字典给汉字分类采取"据形系联"的方法,把具有共同形旁的字归为一部,以共同的形旁作为标目,置于这部分字的首位,因为处在一部之首,所以称为"部首"。如"妈"、"妹"、"妙"、"姑"等字,具有共同的形旁"女","女"就是这部分字的部首。

汉字的发展演变就是意义和字形的矛盾不断发展的过程,后来越来越重视字形的变化,很多字形不一样,于是,后来部首就有各种各样的变化了。明代《字汇》是 214 部,其后《康熙字典》、《中华大字典》、《辞源》、《辞海》也是 214 部,《汉语大字典》、《汉语大词典》是 200 部,《现代汉语规范词典》(2004)和《现代汉语词典》(2005)是 201 部。变化最大的是由古代的意义部首慢慢转化为新中国成立后出版的《新华字典》和《现代汉语词典》等字词典是以"部首检字方法"为主,并不按照字的意义给汉字分类,主要依据的是以查检汉字便利的原则,例如:用现在的字词典查找"闷"字,既可以查检"门"部,也可以查检"心"部。

意义部首同检字部首大部分是重合的,例如"提"字,意义部首是"扌"(称"提手旁"),检字部首也是"扌"(称"扌部")。

意义部首同检字部首虽然都叫"部首",又大部分重合,却不是同一个概念,可以从以下几方面来区别。

首先是内涵不同。意义部首是表义偏旁、构字部件,检字部首是某一类字字形上的共同标志。意义部首有"旁"、"头"、"底"、"框"、"心"五种类型,每一类型都有具体名称,如"言字旁"(讠)、"雨字头"(雨)、"马字底"(马)、"同字框"(冂)等;而检字部首统称为"某部",如"、部"、"亻部"、"亠部"等。

其次是作用不同。意义部首有利于字形字义的识记,检字部首有利于字的检索。例如"雉"是一种鸟,按意义部首来说,只能归入"隹字旁",但在字典的检字目录里可以归入"矢部",又如"席"、"堂"、"耀"、"功"、"恙"等字,按意义部首来说,只能分别归入"巾字底"、"土字底"、"光字旁"、"力字旁"、"心字底",但在字典的检字目录里却可以归入"广部"、"丷部"、"羽部"、"工部"、"羊部"。

再次是固定程度不同。意义部首是固定的,例如"语"字,不管在哪里都可以说它的部首是"言字旁"(讠);检字部首是临时性的,例如"开"字和"夫"字,在检字目录里都属"一部",离开检字目录这个环境,谁也不会说它们的部首是"横部"。

另外,两种部首涉及的范围也不同。意义部首范围小,只有合体字才有意义部首;检字部首范围大,合体字的部件、独体字的笔画、合体字的笔画都能作为检字部首。例如,

"和"字本义是"以声音相呼应","口"是形旁,"禾"是声旁,检字部首既归入"口部",又归入"禾部";"棠"是木本植物名,"木"是形旁,"尚"是声旁,检字部首既归入"木部",又归入"⺌部";再如独体字"果"和"中",检字部首都是"丨部";合体字"疑",检字部首是"丿部"。

此外,由于在教育教学中对偏旁部首的不重视,很多教师在讲授生字时,只单纯强调"好记",而忽略了讲授汉字的组成,使学生对汉字"部首"认识产生误差。

早在 1983 年的时候,中国文字改革委员会和国家出版局联合发布了《汉字统一部首表(草案)》。从 1983 年到 2009 年,教育部、国家语委又对原来的草案进行了适当调整和补充。2009 年 2 月 26 日,由教育部、国家语委发布《汉字部首表》和《GB13000.1 字符集汉字部首归部规范》。《汉字部首表》规定主部首 201 个,附形部首 99 个,主要调整和补充的地方有三个方面,一个有主部首和附形部首的确立;二是部首排序;三是部首表的使用规则。

如今,《GB13000.1 字符集汉字部首归部规范》的发布起到统一的作用。归部原则是按照字形的特点来归部的,例如拿到一个字,首先从左、上、右看哪个能成为部首,能成部首的就选成部首。如果左边和上面都不是部首,那就取右边或下边。如果几个部首叠合,如江西的简称"赣",在左边取部的时候,可能有一点一横,或者一个"立",一个"音",这时候就取复杂的部首归部,所以"赣"归入"音"部。

二、汉字的结构方式

现代汉字中,除了几百个独体字之外,成千上万个合体汉字都是由几百个不同部件按照不同的方位关系逐层组合而成。分析和研究现代汉字的部件,无论对于汉字教学还是汉字的信息处理都是十分必要的。

(一)汉字的结构关系

汉字是怎样通过构字的成分组合成方块汉字的?这可以从空间关系和方位关系两方面进行分析。

1.空间关系

现代汉字的笔画与笔画之间以及部件与部件之间存在着以下三种空间关系。

(1) 相离的关系,即笔画不相连,笔画与笔画之间有一定的空间。如"八"的两笔之间,"三"的三笔之间,"归"的"丨"、"丿"和"彐"之间,言"的"丶"、"一"、"一"、"一"和"口"之间以及"轧"的"车"和"乚","品"的三个"口"之间都是相离的关系。

(2) 相接的关系,即笔画和笔画之间相互连接,而且笔画之间有连接点,但是不交叉。如"上"的竖笔和两个横笔之间,"方"的"丶"和"一"、"一"和"丿"、"丿"和"丁"之间,"吊"的"口"和"巾","呆"的"口"和"木"之间都是相连接的关系。

(3) 相交的关系,即笔画相互交叉结合。如"十"的两笔之间,"东"的"一"和"乙"、"乙"和"丿"之间,"艾"上半的横笔和两个竖笔、下半的撇笔和捺笔之间,"夷"的"一"和"人"、"弓"和"人"之间都是相交的关系。

2. 方位关系

方位关系是指合体字中部件的方位和部件之间的组合关系。由于分析的粗细不同,对汉字方位关系的分类也有多与少的区别。最粗疏的分析,现代汉字有上下关系、左右关系和内外关系三种方位关系。如果作略微细致一些的分析,现代汉字的方位关系可以分为九种基本类型,如图 2-3 所示。

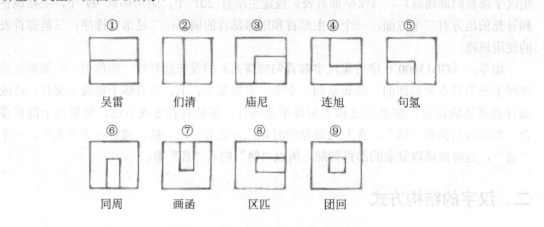

图 2-3　汉字方位关系的九种基本类型

据统计,在以上九种方位关系中,左右关系的字最多,约占 60%以上,其次是上下关系的字,约占 20%以上。另外,还有品字结构(三个同形部件排成正三角形)的字,如品、晶、焱、鑫等;嵌套结构(形体较小的部件镶嵌在较大部件的空隙里)的字,如坐、巫、乘、爽、噩、半、办、来等。

弄清九种方位关系对汉字书写的指导意义很大。图 2-3 的上下结构的字,如果上下比例适中,就以中间横线为对称轴线对称书写;如果上下比例或大或小,则适当调整对称轴线至三分之二处后书写。

图 2-3 的左右结构的字也是如此。如果左右比例适中,就以中间竖线为对称轴线对称书写;如果左右比例或大或小,则适当调整对称轴线至三分之二处后书写。

图 2-3③④⑤显示的是合体字中一个部件占字一角的情况,这时,占一角的部件占的比例为整个字比例的三分之一,另一部件则占整个字的三分之二,这样写出的字比例才会协调。

图 2-3⑥⑦⑧的汉字书写方法和③④⑤相仿,只是在位置上是处在中间上、下、右的地方而已。图 2-3⑨中的汉字书写以中间横竖相交的中心点为对称点向四面辐射状对称书写。

(二)汉字的结构类别

汉字按其结构特点可以分为独体字和合体字两种。

独体字就是指汉字中单一形体的字或由单一部件构成的字。如山、水、又、车、回、上、下等。这些字最大的特点是构成独体字的基本单位是笔画，不能切分为两个或两个以上的部件。

合体字指的是汉字中由两个或两个以上的构字部件构成的字。如信、武、休、江、河、琦、氧等。这些字共同的特点是构成合体字的基本单位是部件，它必须包括两个或两个以上的部件，这些部件或表示意义，或表示读音。

汉字的造字法就是汉字的构造方式。一般地说，汉字有象形、指事、会意、形声四种造字法。其中，象形字、指事字就是独体字；会意字、形声字就是合体字。

从汉字的构造方式分析：象形字、指事字是独体字，会意字、形声字是合体字。从现行汉字来看，要分析合体字，就要注意分出的两个部件是不是紧连，笔画有没有交叉，另外，还要考虑两个部件是不是独体字或常见的表意偏旁。

思考和练习三

1. 什么是笔画？什么是部件？什么是偏旁？三者有何关系？
2. 了解并掌握变形笔画的不同写法。
3. 写出下列汉字的笔顺，并注明每个字的笔画数。
   去攀囡精滑馨瘦集火
   毋甜残及炊歌辩惠既
4. 结合课文，了解并掌握不成字部件的本义以及相关意义。
5. 结合九种方位关系，分析下列不同方位的字的写法。
   镇挺凿同壁澍疼男问勺匦删

第四节　汉字的标准化

学习要点：掌握"四定"的标准以及国家制定的有关这些方面的规范性文件和政策性依据。

当前语言文字工作的中心是促进语言文字的规范化、标准化，使语言文字在社会主义现代化建设中更好地发挥作用。现代化社会要求对现行汉字进行全面整理，确定明确的标准，提高汉字的规范化水平。汉字标准化要求对汉字进行四定，即定量、定形、定音、定序。

一、汉字的定量标准

定量是指规定现代汉语用字的数量，以便于汉字的学习和运用，以便于现代化建设中

现代汉语

电子计算机控制的电讯传递、情报检索、指挥调度、生产管理以及打字印刷等汉字处理。

汉字究竟有多少个？从历代编写的字书收字的数目可以了解大体情况，如表2-2所示。

表2-2 历代书收字数目一览表

时 间	编 著 者	书 名	字 数
东汉	许慎	说文解字	9353个(小篆)
南朝梁	顾野王	玉篇	22726个
宋	陈彭年等	广韵	26194个
明	梅膺祚	字汇	33179个
清	张玉书等	康熙字典	47035个
1968年	《中文大辞典》编委会	中文大辞典	49905个
1990年	徐中舒等	汉语大字典	54678个
1994年	冷玉龙等	中华字海	85568个

历代字书所收的字数是逐步增多的。如果把大量异体字排除，实际字数不会有这么多。①

现代通用汉字(除去专用汉字即人名、地名以及科技字之外)有多少个？概括起来说，大体在6000个到9000个之间。②通用汉字的研究从20世纪50年代就开始了。1955年中国文字改革委员会编印了《通用字表(初稿)》，收字5709个；修订后于1965年公布了《印刷通用汉字字形表》，收字6196个。这是通用汉字研究的初步成果。1981年，国家标准局发布GB2312—80《信息交换用汉字编码字符集》(基本集)，收字6763个。1988年，国家新闻出版署、国家语委发布《现代汉语通用字表》，收字7000个，这些可以看作现代汉语通用的汉字。

汉字总字数很多，通用汉字的数量也不少，可是人们写作时经常使用的汉字数量却要少很多。那么，现代汉语常用字有多少呢？大约有三四千个③。我国对常用字的研究也较早，1946年，四川省教育科学院编《常用字选》，收字2000个；1950年，教育部社会教育司编《常用汉字登记表》，收字1017个；1952年，教育部公布《常用字表》，收字2000个(其中包括500个补充常用字)；1975年，文字改革委员会编《4500字表》，收字

---

① 据统计，《康熙这典》中收异体字9329组，共两万多字，占该字典所收字数的40%(见郑林曦《精简汉字字数的理论和实践》第3页，中国社会科学出版社1982年版)。

② 北京新华字模厂1974年编印的《字目表》，收字6805个(包括添盘字495个)。中国科学院印刷厂的印刷字表，收字9353个。1983年邮电部公布的《标准电码本》，收字7292个。1987年1月新华社技术研究所编的《1986年度新闻信息流通频度》，收字6001个。

③ 据统计，《毛泽东选集》一至五卷共用字3136个。1984年人民教育出版社编《六年制小学语文统编教材生字表》，收字3189个。1985年文字改革委员会和北京航空学院计算机科学与工程系合编的《社会科学、自然科学综合汉字频度表》，收字3500个。

4444个。1979年文字改革委员会编《增订2500字表》收字2500个；1985年北京语言学院语言教学研究所编《汉字频率表》，收字4574个。在过去常用字研究的基础上，国家语言文字工作委员会和国家教育委员会于1988年发布了《现代汉语常用字表》，其中常用字2500个，次常用字1000个。对300万字语料的检测结果显示：2500个常用字覆盖率达97.97%，1000个次常用字覆盖率达1.51%，3500字合计覆盖率达99.48%。《现代汉语常用字表》的字数(3500个)是符合实际的。

由教育部、国家语言文字工作委员会历时八年组织研制的《通用规范汉字表》自2009年8月12日至31日向社会公开征求意见。在研制《通用规范汉字表》的同时也编制了《简繁汉字对照表》，以照顾汉字在两岸四地的使用情况和国际化的需求。最终确定原则上不恢复繁体字，将类推简化的范围严格限定在字表以内，允许字表以外的字有条件使用，但不类推简化。此外，中国在研制《通用规范汉字表》的同时也编制了《简繁汉字对照表》。作为《中华人民共和国国家通用语言文字法》的配套规范，《通用规范汉字表》采用计算机统计技术，在海内外几十个语料库中进行海量收集和筛选，最终收字8300个，按照字的通用程度划分为三级。字表发布后，社会各领域的现代通用汉字，原则上应使用表内字。根据统计，中国民众目前使用频率较高的字比较集中，能够覆盖书面语99.99%的仅为约5200个字。在此次《通用规范汉字表》的研制中，人们取名时常用的一些异体字的存废十分引人关注。在征求意见的汉字表中，曾被废除但人们仍在大量使用、禁而不止的五十一个异体字被"释放"并恢复使用。研制《通用规范汉字表》是国家文字政策的体现，关系到国家文化、教育、科技的发展及信息化建设，关系到人民大众的日常生活。

二、汉字的定形标准

字形是文字符号的物质外壳，是书面信息承载体，书写的一方和阅读的一方都要通过字形这个媒介物才能进行交际。可见，字形的明晰、统一是进行书面交际的基本条件，字形的合理规范是提高书面交际效率的重要保证。规范明确的字形，也是汉字信息处理的字形依据。因此，凡属通用汉字，一个字只能有一种确定的字形，不能存在多种字形。

在整理汉字的过程中，国家先后发布了《第一批异体字整理表》、《简化字总表》、《印刷通用汉字字形表》、《现代汉语通用字表》等，为汉字的定形工作打下了较好的基础，深受出版界、教育界及计算机工作者的欢迎，因为它们纯洁了印刷用字，减轻了人们学习和使用的负担，促进了计算机用字的标准化。

定形工作内容很多，主要包括以下三点。

(1) 进一步整理单音词的异体字，异体字是音同、义同而形不同的字。1955年12月公布了《第一批异体字整理表》。《第一批异体字整理表》公布后，汉字的定形工作还必须进一步进行，因为在《第一批异体字整理表》中，有个别需要修订之处，另外，还有一部分异体字尚待整理。因此，需要扩大整理异体字的范围，确定新的规范，以便大中小型语文工具书的编辑者在用字时有所依据，学习者则有规范可遵循。

(2) 整理同音同义词中的异形字，例如："笔画——笔划"、"推委——推诿"、"订单——定单"等，上述各组词词义没有任何区别，但每一组中都有不同形体的字。我们可以根据从众、从简、意义明确的原则，采用取舍法和分化法进行整理。例如，"笔画——笔划"可以选取"笔画"而舍弃"笔划"，因为用"笔画"的人多，而且表义比"笔划"明确。而"利害——厉害"则可用分化法一分为二各司专职：让"利害"只保留 lìhài 的音和义(利益和损害义)，让"厉害"只具有 lìhai 的音和义(剧烈、凶猛等义)。

教育部和国家语言文字委员会于 2001 年 12 月 18 日发布了《第一批异形词整理表》，整理了异形词 338 组。整理同音同义词中的不同用字将有利于信息处理，有利于语文教育。

(3) 进一步规范书写笔顺。1965 年 1 月 30 日文字改革委员会和文化部联合发布了《印刷通用汉字字形表》，1986 年正式出版，为 6196 个通用汉字规定了通用字体(即"宋体")的标准字形(包括笔画的数目、形状、顺序和结构方式)。它是印刷铅字字形的统一标准，接近于手写楷体，也是识字教学、习字和书写宋体的美术字的字形规范。

1999 年 10 月国家语委发布《GB13000.1 字符集汉字笔顺规范》，从 2000 年 1 月 1 日起施行。该规范共收录了 20902 个汉字，收字情况复杂。除《规范》的 7000 个通用汉字外，还收了繁体字、港台用字、日韩用字等。由于该规范主要用于大批量汉字的信息处理、排序检索、辞书编纂等，故一般采用序号式笔顺形式。该标准的颁行，对此后编制的汉字字库字量的扩充起到了规范的作用。

三、汉字的定音标准

定音就是规定每个汉字的标准读音。需要定音的是异读词的字音。

异读词是指表示同一意义的词中的字有不止一种读音，如"凹陷"中的"凹"有 āo、yāo、wā 三种读音，"呆板"中的"呆"有 ái、dāi 两种读音，"装帧"中的"帧"有 zhèng、zhēn 两种读音。这种异读音的存在使各种词典注音不尽相同，使电台播音无明确的标准，使教学无准绳。因此，应当在异读中选定一种读法作为标准读法，无法定音为一的字，只要规定在一定场合读一定的音，也就是标准化。

在规范异读词方面，1956 年普通话审音委员会规定了审音原则，并于 1957 年、1959 年、1962 年分三次发表了《普通话异读词审音表初稿》，并于 1963 年编辑成《普通话异读词三次审音总表初稿》单行本(以下简称《初稿》)，共计审音 1800 多条，基本上把普通话常用词中的异读词包括在内了。

随着语言的发展，《初稿》中的一些词语的读音需要重新审定；同时，作为语音规范化的标准，《初稿》也亟须定稿。因此，在 1982 年 6 月重建了普通话审音委员会，进行修订工作。这次修订以符合普通话语音发展规律为原则，以便于广大群众学习普通话为着眼点，采取约定俗成、承认现实的态度，对《初稿》原订读音的改动力求慎重。修订稿经国家语言文字工作委员会、广播电视部审核通过，以《普通话异读词审音表》为名称，于 1985 年 12 月 27 日公布。

现行汉字的定音工作还要继续进行。人名、地名的异读,要进一步审订。轻声词、儿化词在书面上表示不出来,口语里有一定的随意性,应该编写相应的词表。另外,一些多音多义字的读音也应该审定。例如"称"在一般字典中有三个读音:①chēng(称呼、称一称),②chèn(相称),③chèng(同"秤")。《现代汉语通用字表》收"秤",说明"秤"是通用汉字,因此应当废除"称"的 chèng 读音,只让"秤"来记录这个音义,"称"的读音就减少了。类似的多音多义字,把定音和定量、定形结合起来考虑,采取最佳方法进行审定。

四、汉字的定序标准

定序,是指规定现代汉语用字的排列顺序。工具书的编写,档案、资料、索引的编排,印刷铅字的排列,计算机汉字字库的编制,都要求汉字排列有序。汉字有形、音、义三个方面,每一方面都可用来排序。汉字的排列顺序有义序法、音序法和形序法三大类。

义序法是按照字义进行分类来排列顺序的,过去的《尔雅》、《释名》等就是采用这种方法。按意义排序很难定出明确一致的标准,现在一般不采用了,而是采用音序法和形序法。

音序法是按照字音排列字的顺序。古代的韵书采用的是音序法。《汉语词典》、《同音字典》和《第一批异体字整理表》,就是按注音字母的顺序排列。1958 年《汉语拼音方案》公布之后,《新华字典》、《现代汉语词典》的正文都按汉语拼音字母的顺序排列。同音节的按字形的笔画多少、偏旁的情况排列。在同音节的汉字如何参考字形的问题上,有处理不一致的情况。如 rèn 音节字的排列如下。

《新华字典》:刃仞纫韧轫牣认任饪妊纴衽葚

《现代汉语词典》[①]:认葚衽任饪妊纴刃仞韧轫牣纫

《现代汉语常用字表》同音节的字按笔画多少排列,同笔画数的按起笔的横、竖、撇、点、折的顺序排列,同笔画数,起笔又相同,按第二笔的顺序排列。例如:

bì 币₄必₅毕₆闭₆毙₁₀秘₁₀辟₁₃碧₁₄蔽₁₄弊₁₄壁₁₆避₁₆臂₁₇

同笔画的"毕"(横起)在"闭"(点起)前;"碧"(横横)在"蔽"(横竖)前,"蔽"(横起)在"弊"(竖起)前;"壁"(第 14 笔横)在"避"(第 14 笔点)前。这样,以音序法为主、笔画法为辅的排序方法,基本可以解决汉字的定序问题。音序法的主要优点是简明,便于查检。但是它有个致命的弱点,那就是不会念的字无法查检。所以,用音序法编排的字书,一般附有部首或笔画的检字表,而且大型字书一般不采用音序法。

形序法是按照字形排列字的顺序,主要可分为笔画法、部首法和号码法三种。

笔画法是根据笔画数和笔形的顺序编排的。一般先按笔画数从少到多排列,笔画数相同的再按笔形顺序排列,起笔笔形相同的,再按第二笔的笔形顺序排列,依此类推。1997年 4 月,国家语言文字工作委员会和国家新闻出版署联合发布的《现代汉语通用字笔顺规

---

① 这是旧版的情况,1996 年 7 月出版的修订本已改按笔画数和笔形的横、竖、撇、点、折的顺序排列。

范》，就是7000个汉字的笔画数笔顺的国家标准。一般地说，采用这种笔画法，可以使汉字基本上达到定序的目的。但是，同笔数、同笔形顺序的字，它们的顺序仍有分歧，1997年4月7日，国家语言文字工作委员会和中华人民共和国新闻出版署联合发布《现代汉语通用字笔顺规范》，对7000个通用字笔顺作了规范。

部首法是按部首编排汉字的。同部首的字，又按笔画数和笔形顺序排列。现在通行的字(词)典部首多不相同。1983年，文字改革委员会和国家出版局发表了《汉字统一部首表(草案)》，推荐统一部首共201个。

2009年2月26日，教育部、国家语委发布《汉字部首表》和《GB13000.1字符集汉字部首归部规范》。《汉字部首表》规定主部首201个，附形部首99个，主要调整和补充的地方有三个方面：一是主部首和附形部首的确立；二是部首排序；三是部首表的使用规则。

号码法是把汉字编号排列。号码法分流水编码和信息编码两类。流水编码是先按字的形音义等排出字表，再从头至尾或分段按自然数列编号。号码与音素、形素、义素没有特定的联系。邮电部《标准电码本》中的电报码和国家标准《信息交换用汉字编码字符集·基本集》中的区位码都是流水码。

信息编码是根据每个汉字含有的形音义信息，按一定规则给定阿拉伯数字，再按自然数顺序排列。其中，据音定码的叫音码，据形定码的叫形码，以音为主以形为辅的叫音形码，从析形入手变形为音的叫形音码。

概括来看，现在通行的音序法和形序法都有许多值得研究的问题，需要进一步标准化，做到每一个通用汉字都有一个固定的排列顺序，不再出现混乱现象。

思考和练习四

1. 什么是"四定"？
2. 结合附录掌握3500个常用汉字。
3. 了解"四定"的国家相关规定。

第五节　正确使用汉字和汉字的信息处理

学习要点：了解并掌握汉字音形义的关系；掌握纠正错别字的方法；掌握计算机汉字输入的基本技能。

一、汉字音形义的关系

吕叔湘先生在《谈形、音、义》一文中说："最理想的文字应该是一个字只有一个写法(拼法)，一种读音，一个或者相近的一组意义；任何两个字都在形、音、义三方面互相区别。可惜世界上没有这种文字。"岂止没有,也不可能有这种文字。因为语言是很丰富的,而文字则是有限的。就汉语而言,有一个字记录一个语素,只有一个读音的情况;也有一个字记录几个语素,有几个读音;或者一个字记录几个语素,只有一个读音;或者一个字记录一个语素,却有不同的读音等。这就形成了汉字形、音、义之间多种类型的关系。

(1)一形一音一义。这就是单音单义字,例如:

汛 xùn(河流定期的涨水)

冕 miǎn(天子、诸侯、卿、大夫所戴的礼帽,后来专指帝王的礼帽)

(2)一形一音多义。这是指一个汉字一种读法表示几个意义,多义语素和同音同形字就是这种情况,例如:

别 bié

① 分离:告别;

② 区分、区别:辨别;

③ 用别针等把另一样东西附着或固定在纸、布等物体上:别上花;

④ 表示禁止或劝阻:别走了,住两天。

工 gōng

① 工人和工人阶级:矿工;

② 工作;生产劳动:做工;

③ 工业:化工;

④ 一个工人或农民一个劳动日的工作:砌这道墙要六个工;

⑤ 长于;善于:工诗善画;

(3) 一形多音一义。这是指一个汉字不止一个读音,但是意义并无不同,可称作异读字。例如:

剥 bāo(剥花生、剥皮)

bō(剥蚀生吞、活剥)

露 lòu(露面、露马脚)

lù(露宿、锋芒毕露)

以上读音反映了两种情况:一种是单用时和在合成词、成语中的读音不同,如"剥"的读音;一种是口语和书面音不同,如"露"的读音。

(4) 一形多音多义。这是指一个汉字在不同的词里读不同的音,表示不同意义,是同形多音多义字,例如:

行 xíng(行动、执行)

háng(银行、行业)

乐 yuè(音乐、乐队)

lè(快乐、乐观)

(5) 多形一音一义。异体字就是这种情况,例如:

娘[孃]床[牀]奸[姦]略[畧]

(6) 多形一音多义。这是指同一个读音,写作不同的字,表示不同的意义,同音异形

字就是这种情况。例如：

shì 士(士兵)氏(姓氏)
示(表示)世(世界)
市(市场)式(公式)
事(事情)势(权势)
试(试验)视(视察)

了解汉字形、音、义的交叉关系，对我们正确书写汉字、理解词语意义、区别不同读音都有好处。如一音多义的字不只代表一个语素，不止一个意义，因此理解词义时，不能张冠李戴。如"白"字，如果把"白吃"的"白"理解为颜色的"白"就闹笑话了。又如多音多义字在不同的词里有不同的读音，不留心这一点，往往会读错字音，我们常听人把"参差(cēncī)不齐"读作"(cānchā)不齐"，把"秦桧(huì)"读成"秦guì"，就是不加区别地把多音多义字读成一个音造成的，这类易读错的字最多，应当特别注意。

二、纠正错别字

错别字是使用汉字过程中经常发生的现象，具有普遍性。从初学识字的儿童到学有专长的成人，都难免写错别字，只是数量有多少之别而已。

(一)错别字

通常所说的写错别字，是指写错字和写别字两种情况。

所谓写错字，是指写出来的字不符合该字的特定形式，写得不成字，规范字典里查不出的字。所谓写别字，是指把甲字写成了乙字，写成字典里有的其他字。例如：高粮(高粱)、出身(出生)、克苦(刻苦)、赔尝(赔偿)、坚苦(艰苦)等。错别字也统称错字，因为写别了的字也是错写了的字。

(二)产生错别字的主要原因

产生错别字主要有以下两个原因。

(1) 主观原因。书写者自己不重视，认字不细心，不求甚解，不去细细探究每个字的形、音、义之间的关系，遇到没有把握的字又不愿意去查字典或请教别人，粗枝大叶、草率从事，只凭自身感觉或模糊的印象想当然地随便写，这就难免写成错别字。

(2) 客观原因。就是汉字本身数量很庞杂，字形和意义有关，结构复杂，有不少形似字、同音字、多音多义字，因此汉字难认、难写、难记。

一个人随便写字，别人不认识，文字就很难起到交际作用，甚至给工作带来损失。在日常的生活学习中，写错字的人其实并不是很多，而写别字或白字的人却很多，下面结合错别字尤其是别字的类型分析讲讲纠正错别字的方法。

(三)错别字的类型

常见的错别字是由以下几种情况造成的。

1．因形近而误写

括不知耻(恬) 相形见拙(绌) 脍灸人口(炙)
瞻养老人(赡) 垂手可得(唾) 性情急燥(躁)

2．因音同音近而误写

鬼计(诡) 忘想(妄) 供献(贡) 决对(绝)
必竟(毕) 浅漏(陋)

3．因受上下字影响而误写

糢糊(模) 清浙(晰) 辉煌(煌)
按排(安) 鞠躬(鞠) 跋跻(涉)

4．因不了解成语的出处以及意义而误写

黄梁美梦(粱) 按步就班(部)
言简意该(赅) 风声鹤泪(唳)
默守成规(墨) 风雨如诲(晦)

(四)纠正错别字的方法

要避免写错字，就要学会区别形似字、区别同音字。从字形、字音、字义三个方面去辨析，才会知道哪种场合该用哪个字。

1．从字形上分辨

字形致误是指误用了意义根本不同，而只是形体相似的字，这类字之间差别虽然比较细微，一不小心，很容易出错。如常见错别字类型一中的括(恬)、拙(绌)、灸(炙)、瞻(赡)、垂(唾)、燥(躁)各组字。比如"燥、躁"都念 zào，但"燥"是干的意思，"躁"是性子急、不冷静的意思，分清这两个同音语素的意义区别，就不至于把"急躁"写成"急燥"了。再如"灸、炙"读音不同，"灸"，读音是"jiū"，在古代造字法中是形声字，从火久声，也就是"久"是声旁，"火"是形旁；"炙"读音是"zhì"，在古代造字法中是会意字，从月从火，而"月"是"肉"字旁的变体，意思是烤肉。

"少"与"少"是一对形似部件，差别只在有没有右上角的长点。用"少"构成的字有"步"，"步"又作为构字部件构成"涉、频、陟、鹭"等字。用"少"构成的有"沙、抄、炒、渺、缈、劣、省"等字。从例字的结构来看，"少"只出现在字的下部，而"少"可出现在字的右旁和上部，而不出现在字的下部，我们正好利用这种字形上的不同，去掌握这两个形似部件。

再如"梢"、"稍"和"鞘"，三个字不同之处在于形旁"木"、"禾"、"革"的

不同。"梢"最早见于《汉书》，原意指"树木之末"，后引申为树枝或一切条状物的末端；"稍"形声字，最早见于周代典籍，原指"禾之末"，后比喻小，再后来做副词，表逐渐、很、已经，现代汉语中只做副词，词义为略微；"鞘"(qiào)专指装刀剑的套子，古代多用动物皮革制作，故形旁为"革"(原意指去毛后加工而成的兽皮)。

2．从字音上分辨

字音致误是指误用了形体和含义都不相同，只有读音相同或相近的字。

如"罄竹难书"和"钟磬齐鸣"中的"罄"和"磬"，读音一样，都读"qìng"。"罄"的形旁"缶"是古代大腹小口，用以盛水或酒的一种瓦器，或指一种陶质敲击乐器。"罄"的原意是"器中空"，后引申为完、尽。成语"罄竹难书"是说即使把山上的竹子全都砍光用来做成竹简，也书写不完，多比喻罪恶多得诉说不完。"磬"为古代的一种打击乐器，以玉或石雕刻而成，其形状如今日之曲尺，由小到大排列，悬于木架上，击之，小者为高音，声如珠落玉盘；大者为低音，声似石落古井，故形旁为"石"。"钟磬"代指音乐，"钟磬齐鸣"即演奏器乐。

又如"亦"和"亦"是一对形似部件。用"亦"构成的字有"变、栾、弯、恋、娈、恋、挛、鸾、蛮、脔、銮、湾、滦"，这些字都是an韵。用"亦"构成的字有"奕、弈、帟、迹、湙"，这些这都是i韵，而没有an韵的，同样可以利用两组字在读音上的不同加以辨别。

3．从字义上分辨

"粱"和"梁"形体相似，容易相混，但"粱"在古代是指黍(谷子)中的精品，所以其下从"米"，"梁"原指建房时置于栋柱上的粗大横木，所以其下从"木"。"黄粱美梦"中的"黄粱"就是指精品小米，故应该用"粱"，而不该用"梁"。又如：成语"按部就班"语出西晋陆机的《文赋》中语句"选义按部，考辞就班"，原意指写文章是要按照体裁选取适当内容，组织安排章句，其中"部"、"班"指门类与次序。现在语义扩大，泛指按照一定的条理，遵循一定的程序办事。

分辨形似字同音字除了从字形、字音、字义三方面去分辨外，还可以利用口诀去分辨。例如，"己、已、巳"的口诀是：封巳不封己，半封是个已(也作"己半巳满已不出")。分辨"戌、戍、戊、戎"的口诀是：横戌点戍戊中空，十字交叉便是戎。这些口诀都起到了区别形似字的作用。

此外，还可以利用排除法去分辨形似字。汉字中，有些形似部件，其构字数量并不相同，如"黾"与"电"是一对形似部件。"黾"在常用字中只构成一个"龟"字，"龟"字也只构成一个"阄"字，而"电"则可构成较多的字，如"蝇、绳、奄、掩、淹"等。又如"攴"与"支"是一对形似部件。"攴"在常用字中只构成一个"敲"字，而"支"字构字则较多，如"伎、肢、枝、技"等。排除法要求我们只需记住"龟"字从"黾"，"敲"字从"攴"，而不必去记忆从"电"从"支"的字了。

三、汉字的计算机输入法

(一)汉字信息处理的意义

人类社会已经进入信息化社会,信息化社会的一个最主要的特征就是使用电子计算机之类的现代化技术和设备对语言文字信息进行各种处理,诸如储存、分类、统计、检索、转换、传输、控制等,使之得到最充分的利用,发挥其最大的效能。汉字信息如果不能用计算机进行处理,以汉字信息处理系统作为关键部分的汉语书面语处理系统也就不可能建立,那么,计算机在涉及中文的各个领域的应用,如中文印刷出版的现代化、中文科技情报检索的现代化、办公事务的自动化等都将成为一句空话。汉字的信息处理与我们国家的现代化建设密切相关,是一项十分重要的语言工程,对我国社会的发展、科技的进步具有重大的现实意义和深远的历史意义。

(二)汉字信息怎样进行处理

汉字的信息处理已经得到实现。汉字计算机输入输出问题的解决可以说是 20 世纪 80 年代取得的一项重大科技成果。

汉字的计算机输入,可以有不同的方法和途径。就现阶段的情况来看,可以概括为以下三种。

(1) 光电自动识别汉字。计算机依靠光学字符阅读器之类的装置,通过光电扫描等方法识别汉字(包括汉字的手写体和各种印刷体),从而使汉字进入计算机。

(2) 语音识别输入。计算机利用配备的语音识别装置,自动辨别汉语语音,从不同音节中找出汉字,或从相同音节中判断出不同的汉字。

(3) 汉字编码输入。按一定的编码方法给汉字编码,借助计算机的输入设备将汉字代码输入,使汉字进入计算机。汉字编码输入法的关键是汉字编码。目前较为普遍采用的就是这一输入法。

从汉字信息的输入到储存、输出、传输,计算机要凭借它所配备的种种专用设备,通过成套的汉字信息处理系统来完成,包括一定的汉字编码法、汉字输入键盘、汉字库和系统软件,汉字显示终端或通用中外文显示器,汉字、图形兼容终端,汉字打印设备等。

(三)汉字编码

五笔字形码是一种形码,它是按照汉字的字形(笔画、部首)进行编码的,在国内非常普及。目前五笔字型共分为 86 版、98 版、18030 版三个定型版本。

下面简单介绍一下五笔字型的拆分规则。

1. 汉字的笔画

汉字的基本笔画有点、横、竖、撇、折五种。在五笔字型方法中,把汉字的笔画只归结为横、竖、撇、捺(点)、折五种。把"点"归结为"捺"类,是因为两者运笔方向基本一致；把挑(提)归结于"横"类；除竖能代替左钩以外，其他带转折的笔画都归结为"折"类。

2．汉字的部件结构

在五笔字型编码输入方案中，选取了大约130个部件作为组字的基本单元，并把这些部件称为基本字根，汉字全部由它们组合而成。例如，明字由日月组成，吕字是由两个口组成。在这些基本字根中有些字根本身就是一个完整的汉字，例如：日月人火手等。

3．汉字的部位结构

五笔字型的基本字根是按一定的方式组成汉字的。在组字时这些字根之间的位置关系就是汉字的部位结构。

单体结构：由基本字根独立组成的汉字，例如：目、日、口、田、山等。

左右结构：左右结构的字由左右两部分或左中右三部分构成，例如：朋、引、彻、喉等。

上下结构：上下结构的字由上下两部分或自上往下几部分构成，例如：吕、旦、党、意等。

内外结构：汉字由内外两部分构成，例如：国、向、句、匠、达、库、厕、问等。

思考和练习五

1．举例说明汉字的形、音、义之间的关系有哪几种情况。
2．改正下列错别字。

有持无恐	一视同人	直接了当	如火如荼
提纲挈领	好高务远	含辛如苦	中流抵柱
所向披糜	再接再励	按步就班	病入膏肓
防为杜渐	汗流夹背	相形见拙	言简意该
五体头地	受庞若惊	草管人命	遗笑大方
别出心才	路不失遗	责无旁代	自渐形秽

第三章 语 音

语音是语言的物质外壳，离开语音这个载体，语义就失去了依托。本章主要讲述语音的基础理论和基本知识，培养学生的发音能力、听辨能力和语音特征的描述能力，使学生具备各种语音单位结构的分析能力、运用朗读技巧的能力以及推广普通话的能力。

第一节 语音概述

一、语音的性质

学习要点：语音的三大属性；语音的四要素；发音器官的基本构造；语音的基本概念；《汉语拼音方案》的内容和用途。

语音是由人的发音器官发出的、表示一定意义的声音。呼呼的风声、哗哗的水声、叽叽喳喳的鸟叫声都不是语音，因为这些声音，都不是人的发音器官发出来的；即使是由人的发音器官发出的声音，也不一定是语音，如打鼾声、哈欠声、嬉笑声等，因为它们不表达特定的意义。

语音是一种声音，它同自然界的其他声音一样，具有物理属性；语音是由人的发音器官发出的，必然涉及人的发音器官的活动，因此，具有生理属性；语音所表示的意义是由社会成员约定俗成的，一定与社会生活有着千丝万缕的联系，因此语音又具有社会属性。在这三种基本属性中，社会属性是语音的本质属性。

(一)语音的物理属性

所有的声音都产生于物体的振动，语音自然也不例外。它是由发音体振动产生音波，音波借助空气或其他媒介传入听者的耳朵，作用于耳膜，刺激听觉神经，这样就使人产生听到声音的感觉。这种物理现象主要表现在"音高、音强、音长、音色"四个方面，简称"语音的四要素"。[①]

1. 音高

音高就是声音的高低，它主要取决于发音体在单位时间内振动次数的多少，振动次数越多，声音就越高；反之，声音就越低。发音体振动次数的多少与发音体本身的性质和特征密切相关。一般来说，长、大、粗、厚、松的发音体振动慢，振动次数少，声音低；短、小、细、薄、紧的发音体振动快，振动次数多，声音高。人类的发音体是声带，语音的高低跟声带的长短、厚薄、松紧密切相关。妇女和儿童的声带短而薄，所以声音就高一

---

① 参考邵敬敏主编的《现代汉语通论》，上海教育出版社 2001 年版。

些；成年男子的声带长而厚，所以声音就低一些。同一个人发出的声音之所以有高低的不同，那是因为人能够通过喉部肌肉的运动来调节声带的松紧。汉语语音的四种声调的不同音高，就是人们调节声带松紧的结果。

音高在汉语中起着重要的作用，它是构成普通话声调的主要因素，具有区别意义的功能。例如，"妈"、"麻"、"马"、"骂"四个音节的不同意义，就是靠声调来区分的。另外，音高的变化，贯穿于整个句子中，便形成不同的语调，能够表示不同的感情和语气。

2．音长

音长就是声音的长短。它取决于发音体振动时间的长短，发音体振动持续的时间长，声音就长，反之则短。

语音的长短在普通话里通常没有区别意义的作用，但可以表示不同的语气和感情。例如，"啊"这个词，如发音短促，往往用于"应答"；如发音较长，往往表示"沉吟思索"或用于"慨叹"。

3．音强

音强就是声音的强弱。它主要取决于物体在一定时间内振动幅度的大小，发音体振动的幅度大，声音就强，反之声音就弱。发音体振动幅度的大小跟发音体所承受压力的大小有关。语音的强弱取决于发音时用力的程度和气流量的大小，用力大，气流强，声音就强，反之声音就弱。

音强在汉语里具有区别意义和词性的作用，例如"地道"第二个音节读成轻声(dìdao)，意思是"真正的或纯粹的"，形容词词性；如果不读轻声而读(dìdào)，意思则是"在地面下掘成的交通坑道"，名词词性。又如，"厉害"第二个音节读轻声(lìhai)，意思是"程度深或可怕"，形容词词性；如果不读轻声而读(lìhài)，意思是"利和弊"，名词词性。当然，语调里也少不了音强的作用。

4．音色

音色就是声音的个性特色。它取决与音波振动的形式。影响音波振动形式的因素主要有以下三个。

(1) 发音体。例如，胡琴和口琴的声音不同，是因为发音体一个是琴弦，一个是簧片。不同的人合说同一句话，我们也能够清楚地分辨出他们各自的声音，那是因为两人的声带不同的缘故。对于熟悉的人，我们可以闻其声而知其人就是这个道理。

(2) 发音方法。例如，同一把小提琴拉奏与弹奏发出的音色截然不同。语音的发音方法是指由发音器官形成阻碍和解除阻碍的方法。例如普通话g、h 的音色不同，就是因为前者是爆破成音，后者摩擦气流成音。

(3) 共鸣器官。例如提琴的演奏，大提琴和小提琴基本演奏方法相同，但由于它们的共鸣箱不一样，因而音色也有很大差异。语音的共鸣器主要是人的口腔、鼻腔、咽腔和喉腔，其形状大小的变化，会造成不同的音色。例如普通话a、i 这两个音的差别，就是由于人的口腔这个共鸣器的形状不同而造成的。音色是区别意义的最重要的因素。

任何声音都是音高、音长、音强、音色的统一体。语音也如此。

(二)语音的生理属性

语音是由人的发音器官协同作用而产生的，发音器官及其运动是语音的生理基础。发音器官活动的部位和方法不同，就会形成不同的声音。人的发音器官包括以下三大部分。

1. 呼吸器官

呼吸器官主要由肺、支气管、气管组成。肺位于胸腔，是呼吸气流的活动风箱，可以收缩或扩张，从而呼出或吸入气流。支气管和气管是输送气流的管道，吸气时，气息从鼻、口吸入，经过咽、喉、气管、支气管分布到左右肺叶的肺气泡中，使肺部充满气息；呼气时，气息经过相反的过程呼出。肺部呼出的气流，作用于声带，经过咽腔、口腔、鼻腔等器官的调节，形成不同的语音。呼吸的气流是语音的原动力。

2. 发声器官

发声器官包括喉头和声带。喉头由甲状软骨、环状软骨和两块杓状软骨组成，上通咽腔，下连气管。声带位于喉头的中间，是两片富有弹性的韧带。声带呈前后走向附于前端的甲状软骨与后端杓状软骨之间。两片声带之间呈三角形空隙的部分叫声门。两片声带通过放松或拉紧，来控制声门的打开或关闭。当气流通过声门时，使声带振动发出声音，人们通过控制声带松紧的变化就可以发出高低不同的声音来。参看如图 3-1 所示的喉横断面图和如图 3-2 所示的声带的状态图。

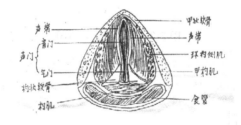

图 3-1 喉横断面

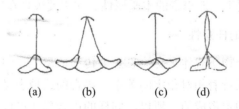

图 3-2 声带的状态

(a)声门紧闭，咳嗽前或发喉塞音［ŋ］时的状态；(b)声门大开，平常呼吸时的状态；(c)音门关闭，气门敞开，耳语时的状态；(d)声门关闭，气流从声带间挤出，使声带颤动而发声，发乐音时的状态。

3. 共鸣器官

共鸣器官主要包括口腔、鼻腔、咽腔三部分。

口腔是最重要的共鸣腔，由上下两部分组成：从外向里，上部分可分为上唇、上齿、上齿龈、硬腭、软腭和小舌六个部位；下部分可分为下唇、下齿和舌头三个部位；舌头又可分为舌尖、舌面和舌根。由于人的口腔可以自由开闭，嘴唇可以任意圆展，舌头可以前后伸缩，软腭可以灵活升降，因此口腔可以构成各种不同形状的共鸣器，使气流通过时发出各种不同的声音。

咽腔前连口腔，下通喉头，上通鼻腔，它不仅具有共鸣作用，还可以跟舌根结合发出一些辅音。鼻腔是一个不能活动的共鸣器，位于口腔上方。鼻腔和口腔的通道由软腭和小舌隔开。软腭、小舌上升时，鼻腔通道就闭塞，气流在口腔共鸣，发出的音是口音；软腭和小舌下垂时，口腔通道被关闭，气流就在鼻腔产生共鸣，发出的音是鼻音；如果气流从口腔和鼻腔同时通过，发出的是口鼻音，也叫鼻化音。发音器官示意图如图3-3所示[①]。

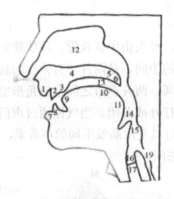

图3-3 发音器官示意图

1-上唇；2-上齿；3-上齿龈；4-硬腭；5-软腭；6-小舌；7-下唇；8-下齿；9-舌尖；10-舌面；11-舌根；12-鼻腔；13-口腔；14-咽头；15-会厌；16-声带；17-气管；18-喉头；19-食管

(三)语音的社会属性

社会属性是语音区别于一般声音的本质属性。它主要表现在以下三个方面：

1. 语音和语义结合的任意性

语言是通过语音这个物质载体来交流思想、传递信息的。因此任何语音都承载着一定的意义，同一定的意义保持着相对稳定的关系。语音的这种表义功能是社会赋予的，是使用这种语言的社会集体约定俗成的。所以，同样的语音形式可以表达不同的意义，例如："gōngshì"这两个音节，汉语中就可以用来表示"公式"、"攻势"、"公示"、"工事"等多种意义。同样的意义也可以有不同的语音形式，这既可以表现在不同的民族语言

---

① 参见马景仑主编的《汉语》上编第15～16页(南京大学出版社2000年版)。

间，也可以表现在同一民族语言内的不同方言之间。前者如汉语把装订成册的著作称为"书"，英文为book[buk]；后者如汉语中有的方言把"马铃薯"叫作"土豆"，有的方言则叫"山药蛋"等。所有这些，都必须为运用这种语言的全体成员共同遵守和承认，个人不能随意改变。

2．语音的民族性和地域性

每一个民族的语言都有自己独特的语音系统，这是由于特定的民族生活而形成的。相同的语音在不同的民族语言中的地位和作用不同。例如：在普通话中"d"与"t"具有区别意义的功能，若把"dùzi"念成"tùzi"，听者就会把"肚子"理解为"兔子"。而在英语中，"d"与"t"一般不会引起意义上的变化，如"stop"中的"t"，读成"d"与"t"，都不会引起意义上的变化，最多只是让人感觉发音不太标准而已。不同民族的语言包含的音素也不同。例如：汉语普通话有 zh、ch、sh 三个辅音，而英语中没有。不同的方言也表现出不同的地域特征。汉语普通话中 n、l 的意义截然不同，而在一些方言中却混为一谈，例如：四川人和南京人"男子"与"篮子"不分，"女子"与"驴子"不分。

二、语音的基本概念

(一)音素与元音辅音

1．音素

音素是从音色的角度划分出来的构成音节的最小的语音单位。例如"好(hǎo)"这个音节，把它拉长声念，就可以分成 h—a—o 三个不同的音素。再如"guǎng"可以分成"g—u—a—ng"四个不同的音素。每一个音素都具有不同的音色。普通话共有 32 个音素，如表 3-1 所示。

表 3-1　普通话音素表

音素的表示方式	音素符号
一个音素用一个字母表示	a、o、e、u、b、p、m、f、d、t、n、l、g、k、h、j、q、x、r、z、c、s
几个音素用同一个字母表示	i(zi 的 i，zhi 的 i；bi 的 i。)
一个音素用两个字母表示	er、ng、zh、ch、sh
一个音素用一个字母加符号表示	ê、ü

2．元音和辅音

音素可以分为元音和辅音两大类。

元音是发音时，声带振动，气流在口腔、咽头不受阻碍而形成的音素，也叫母音。如：a、o、e、u 等。

辅音是发音时，气流在口腔或咽头受阻而形成的音素，又称子音。如：b、p、m、

f等。

元音和辅音的区别主要有以下四点。

(1) 气流是否受阻。发元音时，气流通过口腔不受任何阻碍；发辅音时，气流一定要受到咽腔、口腔等某个部位的阻碍。这是元音和辅音最主要的区别。

(2) 声带是否振动。发元音时，声带一定振动，声音响亮；发辅音时，声带大多不振动，声音不响亮。

(3) 发音器官的紧张程度不同。发元音时，发音器官各部位保持均衡的紧张状态；发辅音时，发音器官形成阻碍的部位特别紧张。

(4) 气流的强弱不同。发元音时，气流不用克服阻碍，所以较弱；发辅音时，气流要克服一定的阻碍，所以较强。

(二)音节与声母、韵母、声调

1. 音节

音节是人们听觉上最容易分辨出来的语音单位，也是语言里最自然的语音单位。从发音的角度来说，发音时，肌肉紧张一次就形成一个音节。如"x-i-a-n"发音时，肌肉紧张一次就形成"xian"(鲜)一个音节；如果紧张两次，就会形成"xi-an"(西安)两个音节。一般来说，普通话中一个汉字就是一个音节，一个音节写下来就是一个汉字。只有儿化音的音节数目与汉字数目不对应，例如"huar"读一个音节，写下来却是两个汉字"花儿"。

2. 声母、韵母和声调

我国分析汉语音节的传统方法是把一个音节分成声母、韵母和声调三部分。

声母是音节开头的辅音。普通话里的 22 个辅音，有 21 个可以用来做声母，它们是：b、p、m、f、d、t、n、l、g、k、h、j、q、x、zh、ch、sh、r、z、c、s。其中 n 还可以充当韵尾。第 22 个辅音是 ng，只能作韵尾，不能作声母。例如在"南(nán)"这个音节里，开头的辅音"n"叫声母，最后的辅音"n"叫韵尾。如果一个音节开头没有辅音，例如"要(yào)"，那么，它的声母就是零声母，这样的音节叫零声母音节。声母都是辅音，但辅音不一定是声母。

韵母是指音节中声母后面的部分。韵母主要由元音充当，也有一部分是由元音加辅音构成的。例如在"南(nán)"这个音节里，韵母"an"就是由元音"a"和辅音"n"构成的。普通话里所有的元音都可以充当韵母，但韵母不一定都是元音。

声调是指音节的高低升降变化。声调是由音高决定的。如："好(hǎo)"读起来声音先降后升，这种变化形式就是音节"好"的声调。

声母、韵母、声调是音节的重要组成部分，都具有区别意义的作用。

思考和练习一

1. 什么是语音？语音有哪些属性？为什么说语音的社会性质是语音的本质属性？

2．什么是音高、音强、音长、音色？它们在现代汉语中各有什么作用？

3．绘制发音器官示意图，指出发音器官包括哪几部分，并写出口腔中各发音部位的名称。

4．什么是音素？谈谈字母与音素书写的对应关系。元音与辅音有什么不同？

5．什么是音节？声母与辅音有怎样的关系？韵母与元音有怎样的关系？

第二节　声　　母

学习要点：了解声母的发音部位，发音方法，正确描述每个声母的发音特征。

一、声母的发音部位及其类型

1．发音部位

普通话的声母都是辅音，辅音发音时，气流在口腔或咽腔总要受到一定的阻碍。我们把发音时，气流受阻的地方就叫作发音部位。每一个部位都是由口腔里两个部分接近或接触而构成的。

2．部位类型

根据发音部位的不同，普通话的声母可以分为七类。

(1) 双唇——上唇与下唇。由上唇与下唇构成阻碍而发出的音叫双唇音，如：b、p、m。

(2) 唇齿——上齿与下唇。由上齿与下唇构成阻碍而发出的音叫唇齿音，如：f。

(3) 舌尖前——舌尖与上齿背。由舌尖与上齿背构成阻碍而发出的音叫舌尖前音，如：z、c、s。

(4) 舌尖中——舌尖与上齿龈。由舌尖与上齿龈构成阻碍而发出的音叫舌尖中音，如：d、t、n、l。

(5) 舌尖后——舌尖与硬腭前部。由舌尖与硬腭前部构成阻碍而发出的音叫舌尖后音，如：zh、ch、sh、r。

(6) 舌面音——舌面与硬腭前部。由舌面与硬腭前部构成阻碍而发出的音叫舌面音，如：j、q、x。

(7) 舌根音——舌根与软腭。由舌根与软腭构成阻碍而发出的音叫舌根音，如：g、k、h。

二、声母的发音方法及其类型

1．发音方法

发音方法是指发音时，形成阻碍和克服阻碍的方式。普通话声母的发音方法可以从阻碍的方式、气流的强弱、声带颤动与否三个方面来分析。

2．方法类型

(1) 按照构成阻碍、克服阻碍的方式的不同，普通话声母可分为以下五类。

① 塞音：发音部位的两个部分首先完全闭合，堵住气流通道，然后突然打开，使气流迸裂而出，爆发成声。这种音一发即逝，共有 6 个：b、p、d、t、g、k。

② 擦音：发音部位的两个部分靠近，中间留有一条窄缝，使气流从中挤出，摩擦成声。这种音可以延长，共有 6 个：f、s、x、h、sh、r。

③ 塞擦音：发音部位的两个部分先完全闭合，堵住气流，然后打开一条窄缝，让气流从中挤出，起初为塞音状态，后来为擦音状态，是塞音和擦音两种方法的结合。这种音共有 6 个：z、c、zh、ch、j、q。

④ 鼻音：软腭下垂，堵塞口腔气流通道，同时打开鼻腔气流通道，让气流从鼻腔流出，颤动声带。这种音可以延长，共有两个：m、n。

⑤ 边音：发音部位的两个部分，阻塞口腔中间的通道，迫使气流从舌的两边通过，颤动声带。普通话里只有一个：l。

(2) 按照发音时呼出气流强弱的不同，可分为送气音和不送气两类。

① 送气音：发音时呼出气流较强的音。共有 6 个：p、t、k、q、c、ch。

② 不送气音：发音时呼出气流较弱的音。共有 6 个：b、d、g、j、z、zh。

送气与不送气的对立，只限于塞音和塞擦音，擦音无所谓送气不送气。

(3) 按照声带颤动与否可分为以下两类。

① 清音：发音时声带不颤动的音。共有 17 个：b、p、f、d、t、g、k、h、j、q、x、z、c、s、zh、ch、sh。

② 浊音：发音时声带颤动的音。共有 4 个：m、n、l、r。

根据上述发音部位和发音方法，可以综合出一个普通话声母发音特征表(如表 3-2 所示)。

表 3-2 普通话辅音声母发音表

发音方法 发音部位	清塞音		清塞擦音		清擦音	浊擦音	浊鼻音	浊边音
	不送气	送气	不送气	送气				
双唇音	b	p					m	
唇齿音					f			
舌尖前音			z	c	s			
舌尖中音	d	t					n	l
舌尖后音			zh	ch	sh	r		
舌面音			j	q	x			
舌根音	g	k			h		(ng)	

三、声母的发音训练

下面对 21 个辅音声母的发音加以分析描述。

1. b、p 的发音

声母 b 发音时,双唇紧闭,软腭上升,堵住鼻腔通道,然后双唇突然打开,气流冲出,迸发成声,冲出的气流较弱,声带不颤动。声母 p 发音时,双唇的活动与发 b 声大致相同,差别只在双唇打开时,有一股较强的气流冲出来。发音要领:双唇阻气要有力,力量可集中于上唇中部,不要裹唇;口腔内蓄气要足;爆破时要有喷弹的力量。准确朗读下列词语,并体会声母的发音:

b 标兵 奔波 辨别 壁报 褒贬 北边 报表 冰雹 标本 碧波
p 批判 偏旁 乒乓 澎湃 品评 拼盘 琵琶 瓢泼 偏颇 匹配

2. m 的发音

声母 m 发音时,双唇闭合,软腭下降,打开鼻腔通道,声带颤动,气流从鼻腔通过。发音要领:双唇要闭紧,增加口腔内气息向鼻腔的压力。准确朗读下列词语,并体会声母的发音:

m 美妙 买卖 明媚 麦苗 牧民 面貌 命名 盲目 弥漫 埋没

3. f 的发音

声母 f 发音时,上齿和下唇轻轻接触,软腭上升堵住鼻腔通道,使气流从下唇和上齿之间的缝隙中摩擦而出,声带不颤动。发音要领:上齿接近下唇内缘,中间缝隙不可太大,下唇不要向里裹。准确朗读下列词语,并体会声母的发音:

f 肺腑 非凡 芬芳 丰富 方法 发福 反复 防范 发愤 仿佛

4. z、c 的发音

声母 z 发音时,舌尖先与上齿背完全闭合,软腭上升,堵塞鼻腔通道,紧接着松开舌尖,离开一道窄缝,然后,气流从舌尖和上齿背之间的缝隙中挤出,摩擦成声,声带不颤动,气流较弱。声母 c 发音时,发音状况同 z 大致相同,差别只在舌尖离开上齿时,有一股较强的气流冲出来。发音要领:着力点集中于舌尖;舌尖不要向前使劲,反而有点后缩的感觉;离开时要轻快,不要拖音。准确朗读下列词语,并体会声母的发音:

z 自尊 藏族 走卒 造作 在座 罪责 总则 祖宗 栽赃 枣子
c 层次 参差 催促 粗糙 猜测 苍翠 措辞 从此 草丛 仓促

5. s 的发音

声母 s 发音时,舌尖接近上齿背,形成一道窄缝,软腭上升,堵塞鼻腔通道,然后气流从舌尖和上齿背之间的缝隙中挤出,摩擦成声,声带不颤动。发音要领:舌叶上挺,逼近上齿龈;声音不宜拖得太长。准确朗读下列词语,并体会声母的发音:

s 松散 诉讼 琐碎 洒扫 思索 色素 瑟缩 四散 松散 僧俗

6. d、t 的发音

声母 d 发音时，舌尖抵住上齿龈，软腭上升，堵住鼻腔通道，然后，舌尖突然离开上齿龈，使气流迸发出来，气流较弱，声带不颤动。声母 t 发音时，舌尖活动和 d 大致相同，差别只在舌尖离开上齿龈时，有一股较强的气流冲出来。发音要领：d、t 发音时，用舌尖中部着力顶上齿龈，不要全舌边缘平均用力；蓄气要足；爆破要轻松地弹开。准确朗读下列词语，并体会声母的发音：

d 调动 达到 地点 断定 道德 电灯 抖动 等待 跌倒 大胆
t 探讨 淘汰 天堂 疼痛 铁蹄 妥帖 贪图 梯田 跳台 吞吐

7. n 的发音

声母 n 发音时，舌尖抵住上齿龈，软腭下降，打开鼻腔通道，声带颤动，气流从鼻腔通过。发音要领：舌尖中部抵紧上齿龈，口腔内蓄足气息。准确朗读下列词语，并体会声母的发音：

n 男女 农民 恼怒 能耐 牛奶 泥泞 袅娜 南宁 农奴 扭捏

8. l 的发音

声母 l 发音时，舌尖抵住上齿龈，软腭上升，堵住鼻腔通道，然后声带颤动，气流从舌尖两边通过。发音要领：舌两边必须呈现出一定的空间，使气流通过时不产生摩擦。准确朗读下列词语，并体会声母的发音：

l 劳累 嘹亮 拉拢 冷落 轮流 领略 罗列 理论 流利 磊落

9. zh、ch 的发音

声母 zh 发音时，舌尖先上翘，接触硬腭前部，软腭上升，堵住鼻腔通道，紧接着松开舌尖，形成一道窄缝，然后气流从舌尖和硬腭前部之间的缝隙中挤出，摩擦成声，声带不颤动，气流较弱。声母 ch 发音时，舌尖活动跟 zh 大致相同，差别只在舌尖离开硬腭时，有一股较强气流冲出。发音要领：发 zh、ch 时，舌面中呈现出空隙；嘴角略向旁移，呈微笑状。准确朗读下列词语，并体会声母的发音：

zh 站长 主张 政治 庄重 壮志 转折 支柱 追逐 正直 战争
ch 车床 长城 船厂 穿插 出产 驰骋 春潮 踌躇 超产 拆穿

10. sh、r 的发音

声母 sh 发音时，舌尖上翘，接近硬腭前部，形成一道窄缝，软腭堵住鼻腔通道，然后，气流从舌尖和硬腭前部之间的缝隙中挤出，摩擦成声，声带不颤动。声母 r 发音时，发音状况同 sh 大致相同，差别在于发 sh 时声带不颤动，发 r 时声带颤动。发音要领：发 sh、r 时，嘴角略向旁移，发音不宜太长。准确朗读下列词语，并体会声母的发音：

sh 赏识 闪烁 事实 手术 生疏 舒适 神圣 少数 手术 山水
r 仍然 柔软 荣辱 忍让 如若 闰日 仁人 荏苒 儒术 融入

11. j、q 的发音

声母 j 发音时，舌面前部接触硬腭前部，软腭上升，堵塞鼻腔通道，紧接着松开舌面前部，形成一道窄缝，然后，气流从舌面前部和硬腭前部之间的缝隙中挤出，摩擦成声，声带不颤动，气流较弱。声母 q 发音时，舌面活动同 j 大致相同，差别只在舌面前部离开硬腭时，有一股较强的气流冲出。发音要领：用力点在前舌面中部，不要整个舌面用力；阻塞时要用力；擦音部分要迅捷放开，不能拖得太长。准确朗读下列词语，并体会声母的发音：

j　佳节　简洁　积极　经济　交际　究竟　结晶　俊杰　军舰　阶级
q　亲切　全球　欠缺　群起　情趣　恰巧　秋千　确切　崎岖　氢气

12. x 的发音

声母 x 发音时，舌面前部接近硬腭前部，形成一道窄缝，软腭上升，堵住鼻腔通道，然后，气流从舌面前部和硬腭前部之间的缝隙中挤出，摩擦成声，声带不颤动。发音要领：前舌面逼近硬腭前部，但不要用力挤。准确朗读下列词语，并体会声母的发音：

x　虚心　小学　现象　新鲜　宣泄　星宿　细小　学习　下旬　休息

13. g、k 的发音

声母 g 发音时，舌根隆起，抵住软腭，软腭上升，堵塞鼻腔通道，然后，舌根突然离开软腭，使气流迸发而出，气流较弱，声带不颤动。声母 k 发音时，舌根活动同发 g 音大致相同，差别只在舌根离开软腭时，有一股较强的气流冲出。发音要领：g、k 发音时，舌根部抵紧软硬腭交界处，气流蓄足在咽部，然后有力地弹开。准确朗读下列词语，并体会声母的发音：

g　故宫　国歌　改革　巩固　灌溉　瓜葛　骨干　桂冠　拐棍　高贵
k　可靠　宽阔　夸口　慷慨　坎坷　刻苦　空旷　开垦　困苦　苛刻

14. h 的发音

声母 h 发音时，舌根接近软腭，形成一道窄缝，软腭上升堵住鼻腔通道，使气流从舌根和软腭之间摩擦而出，声带不颤动。发音要领：构成阻碍的两部分尽量逼近，但不可用力挤。准确朗读下列词语，并体会声母的发音：

h　航海　荷花　豪华　很好　混合　欢呼　绘画　浑厚　黄河　辉煌

除了以上 21 个辅音声母之外，普通话里还有一些音节没有辅音声母，如"英"(ing)、"昂"(ang)"欧"(ou)等，这些音节的声母，语音学上称为零声母。没有声母的音节叫零声母音节，即韵母自成音节。

以上描述的 21 个辅音声母的发音就叫"本音"。

四、声母辨正

各方言区的声母系统与普通话的声母系统不尽相同，学习普通话声母，首先要把自己

的方音改正过来，使它符合于普通话标准音。要做到这样就必须进行声母辨正。在辨正的时候，我们不仅要掌握普通话声母的准确发音，还要特别注意方音与普通话在声母方面的差异及有关字的对应规律。以便更快更好地纠正方音。

(一) 分辨 z、c、s 和 zh、ch、sh

在普通话语音里舌尖前音 z、c、s 和舌尖后音 zh、ch、sh 是两组截然不同的声母。可是在许多方言区都没有舌尖后音 zh、ch、sh，只有舌尖前音 z、c、s，因而把"主力"(zhǔlì)说成"阻力"(zǔlì)；还有少数方言区只有 zh、ch、sh 没有 z、c、s，因而把"粗布"(cūbù)说成"初步"(chūbù)。所以注意这两套音的区别，是方言区人学好普通话的一个关键。比较下列各对词语：

战时　暂时
主力　阻力
春装　村庄
初步　粗布
师长　司长
诗人　私人

分辨这两组声母的方法有如下两种。

1. 把握发音要领

这两组声母发音的主要差异是：z、c、s 舌尖平伸接触或接近上齿背，zh、ch、sh 是舌尖上翘接触或接近硬腭前部。

2. 熟记常用字

(1) 根据形声字偏旁进行类推。

汉字中形声字是主体，而同声旁的字往往声母相同。例如：

章——彰、障、樟、漳、嶂、嫜。
者——猪、诸、著、煮、渚、箸。

(2) 利用普通话声韵配合规律来分辨。

例如：ua、uai、uang 这三个韵母只跟舌尖后音 zh、ch、sh 相拼，不跟舌尖前音 z、c、s 相拼。又如 ong 这个韵母，可以跟 s 相拼，而不能同 sh 相拼。所以，"抓、拽、庄"等字的声母肯定是舌尖后音 sh，"松、耸、送"等字的声母只能是舌尖前音 s。

(3) 记少不记多。

普通话中翘舌音较多，平舌音较少，因此，我们可以只记平舌音声母的字，那么，翘舌音声母的字也就记住了，这样做可以达到事半功倍的效果。例如，以 a、e、ou、en、eng、ang 为韵母的字里，舌尖前音很少，舌尖后音的字很多。例如 ca，只有"擦、嚓、礤、拆等几个字，而 cha 则有差、查、茶、插等 30 多个字。

(二)分辨 n 和 l

在汉语方言中,n、l 混读的现象相当普遍。如西南官话的大部分(如成都话、汉口话)、江淮官话的部分地区(如扬州话、南京话)、兰银官话的部分地区(如兰州话)都存在这一现象。如"脑子"与"老子"、"浓重"与"隆重"不分。比较下列各对词语:

南宁　　兰陵
女子　　驴子
鲇鱼　　鲢鱼
男子　　篮子

分辨这两个声母的方法有以下两种。

1. 从发音要领入手

关键在于控制软腭的升降。声母 n 发音时,软腭下降,打开鼻腔通道,气流从鼻腔出来;声母 l 发音时软腭上升,堵塞鼻腔通道,气流从舌头两边出来。可以用捏鼻孔的方法帮助练习。如果捏住鼻孔发音困难,甚至无法发音,松开鼻孔随即发音的是 n。反之,捏住鼻孔发音不受任何影响那就是 l。

2. 记少不记多

普通话中鼻音 n 的字很少,边音 l 的字比较多,因此,只记常用的鼻音字比较省事。常用的鼻音 n 的字可以分成两类记忆。

(1) 可以类推的声旁。例如:

乃——奶　农——浓脓哝
尼——妮呢泥昵　宁——咛拧狞柠泞

(2) 不能类推的声旁。如"男、女、牛、闹"等。

(三)分辨 f、h

普通话中的唇齿音 f 和舌根音 h 分得很清楚,而有些方言却有相混的情况。我国南方湘、赣、客家、闽、粤等方言大都分不清 f 和 h,北方方言的江淮官话、西南官话也不同程度地存在着类似现象。有的方言区只有 f 没有 h;有的恰恰相反;有的部分相混。f、h 相混的情况十分复杂。比较下列各对词语:

公费　　工会
仿佛　　恍惚
废话　　会话
幅度　　弧度

分辨 f、h 的方法有以下两种。

1. 搞清发音部位

f 是上齿与下唇构成阻碍,h 是舌根与软腭构成阻碍。

2. 识记以 f、h 为声母的字

(1) 利用形声字偏旁类推。
(2) 利用普通话声韵配合规律辨别记忆。

例如：f 不跟 ai 相拼，方言中念 fai 的，普通话中都念 huai，如"怀、坏"等字；f 与 o 相拼组成音节，只有相应的"佛"字，因此，方言中念 fo 的，普通话都念 huo，如"火、活、货"等字。

(四)分辨送气音和不送气音

普通话声母中的送气音与不送气音各有 6 个。各地方言也有送气与不送气的对立，但归属不太一致。有些方言把普通话中的一部分不送气音念成了送气音，如广东梅县话把"部"(bu)念成 pu，把"道"(dao)念成 tao，福建长汀话把"在"(zai)念成 cai，把"坐"(zuo)念成 cuo 等，有些方言把普通话的一部分送气音念成了不送气音，如海口话。

有类似情况的人应熟记有关的字。

(五)分辨尖音和团音

现代汉语中把平舌音 z、c、s 跟韵母 i、ü或以 i、ü领头的韵母拼合而成的音，叫尖音；舌面音 j、q、x 与 i、ü或以 i、ü领头的韵母拼合而成的音，叫团音。普通话没有尖音，只有团音。但是，华东各省的一些地区尖、团音不分，把"秋"的声母念成 c；把"酒"的声母念成 z；把"想"的声母念成 s。因此，尖、团音不分的方言区的人学习普通话时要注意把尖音改为团音。有些人的方言里虽然没有尖音，但在其口语中却有念尖音的现象，也应引起注意并加以改正。

思考和练习二

1. 什么是发音部位？普通话声母按发音部位可分为哪几类？
2. 什么是发音方法？普通话声母的发音方法包括哪几个方面？
3. 根据下面提供的发音部位和发音方法，在括号内填上相应的声母。
   (1) 舌尖中、不送气、清、塞音(　　)
   (2) 唇齿、清、擦音(　　)
   (3) 舌尖中、浊、边音(　　)
   (4) 舌根、送气、清、塞音(　　)
   (5) 舌面、清、擦音(　　)
   (6) 舌尖后、不送气、清、塞擦音(　　)
   (7) 舌面、送气、清、塞擦音(　　)
   (8) 舌尖后、浊、擦音(　　)
4. 试从发音部位和发音方法两方面分辨下列几组带点字的声母的区别。

(1) 摒弃——屏风　　长短——成长

　　子弹——弹琴　　奇数——奇怪

(2) 面纸——棉籽　　木柴——木材

　　筛子——塞子　　主力——阻力

(3) 老子——脑子　　蓝天——南天

　　干粮——干娘　　老龙——老农

5. 什么是尖音？什么是团音？

6. 结合方言，对照普通话，试分析你的方言和普通话在声母方面有哪些异同？

第三节　韵　　母

学习要点：39个韵母的分类、结构特点；韵母的发音技巧；纠正方言韵母。

一、韵母的构成及分类

(一)韵母的构成

普通话韵母的内部结构比较复杂，它的主要组成成分是元音，有的也有辅音。韵母最少由一个元音构成，如a、u；也可以由两个元音组成，如ai、uo；最多可由三个元音组成，如uei、iao；有的韵母还可由一个或两个元音加上鼻辅音n、ng构成，如an、uang。韵母可以分为韵腹、韵头和韵尾三部分，其中韵腹是必不可少的，最为重要，有了它，才能进一步确定韵头和韵尾。

(1) 韵腹。韵母中开口度最大，声音最响亮的元音叫韵腹。10个单元音韵母分别都可以充当韵腹。

(2) 韵头。韵腹前面的元音叫韵头，因为它介于声母与韵母之间，所以又叫介音或介母。韵头只有i、u、ü三个元音可以充当。

(3) 韵尾。韵腹后面的元音或辅音叫韵尾。表示韵母发音滑动的方向。韵尾只有i、u、o三个元音和n、ng两个辅音可以充当。

韵母结构表如表3-3所示。

表3-3　韵母结构表

韵母举例	韵头	韵腹	韵尾	
			元音	辅音
a		a		
ou		o	u	
ai		a	i	
uo	u	o		

续表

韵母举例	韵头	韵腹	韵尾	
			元音	辅音
uei	u	e	i	
iao	i	a	o	
an		a		n
üe	ü	ê		
iang	i	a		ng

(二)韵母的分类

普通话39个韵母的分类可以从内部结构特点和开头元音发音口形两个方面进行。

1. 结构分类

根据韵母的内部结构特点，可以把韵母分成单韵母、复韵母和鼻韵母三类。

1) 单韵母

由一个元音构成的韵母叫单元音韵母，简称单韵母。共10个，根据单元音韵母发音的特点，又可将其分为三类。

(1) 舌面元音韵母发音时，舌面起主要作用的韵母。包括a、o、e、ê、i、u、ü 7个。舌面元音既可以单独作韵母，也可以与其他元音构成复韵母。

(2) 舌尖元音韵母发音时，舌尖其主要作用的韵母。包括舌尖前元音韵母-i 和舌尖后元音韵母-i 两个。舌尖前元音韵母只与声母 z、c、s 相拼；舌尖后元音韵母只与声母 zh、ch、sh、r 相拼。它们一同与舌面元音韵母 i 构成了互补关系。

(3) 卷舌韵母 发音时：带有卷舌动作的元音韵母。普通话只有一个卷舌元音韵母，即"er"。其中的"r"并不发音，只是表示卷舌动作的符号，不代表音素，所以"er"虽然用两个字母表示，却仍属于单元音韵母，也称为特殊元音韵母。

2) 复韵母

由两个或三个元音复合而成的韵母叫复元音韵母，简称复韵母，共13个。根据韵腹位置的不同，可把复韵母分为前响复韵母、中响复韵母和后响复韵母三类。

(1) 前响复韵母：ai、ao、ei、ou。

(2) 中响复韵母：iao、iou、uai、uei。

(3) 后响复韵母：ia、ie、ua、uo、üe。

3) 鼻韵母

由一个或两个元音与鼻辅音 n 或者 ng 复合而成的韵母。共16个。根据鼻辅音韵尾的不同可分为前鼻韵母和后鼻韵母两种。

(1) 前鼻韵母指带舌尖中鼻音韵尾的韵母，有8个。

an、en、ian、in、uan、uen、üan、ün。

(2) 后鼻韵母是指带舌根鼻音韵尾的韵母，有8个。

ang、eng、ong、iang、ing、iong、uang、ueng。

2. 四呼分类

根据韵母开头元音的发音口形可以把韵母分为开口呼韵母、齐齿呼韵母、合口呼韵母、撮口呼韵母四类，简称四呼。①

(1) 开口呼韵母：凡韵腹不是 i、u、ü 或不以 i、u、ü 开头的韵母属于开口呼韵母。
(2) 齐齿呼韵母：凡韵腹是 i 或以 i 开头的韵母属于齐齿呼韵母。
(3) 合口呼韵母：凡韵腹是 u 或以 u 开头的韵母属于合口呼韵母。
(4) 撮口呼韵母：凡韵腹是 ü 或以 ü 开头的韵母属于撮口呼韵母。

四呼是我国传统音韵学对韵母的一种分类方法，这种分类方法有利于揭示普通话声母和韵母的配合规律，因为声母与韵母拼合成音节时，有一定的选择性，而这种选择性主要决定于声母的发音部位以及韵母的四呼特征。

如表 3-4 所示的普通话韵母分类总表中共有 39 个韵母。而《汉语拼音方案》的韵母表中只录了 35 个韵母，没有录入两个舌尖元音韵母 -i、卷舌元音韵母 er 和舌面元音韵母 ê。

表 3-4 普通话韵母分类总表

结构分类 \ 口形类别	开口呼	齐齿呼	合口呼	撮口呼
单元音韵母	-i(前、后)	i	u	ü
	a	ia	ua	
	o		uo	
	e			
	ê	ie		üe
	er			
复元音韵母	ai		uai	
	ei		uei	
	ao	iao		
	ou	iou		
鼻韵尾韵母	an	ian	uan	üan
	en	in	uen	ün
	ang	iang	uang	
	eng	ing	ueng	
			ong	iong

---

① "四呼"分类更深层的原因是声韵拼合规律，也就是说，同呼的韵母，它们的拼合规律是大致相同的。例如，开口呼可与 b、p、m、f 相拼，合口呼(除 u 外)不与 b、p、m、f 相拼。(唐朝阔，王群生主编《现代汉语》. 北京：高等教育出版社，2004 年重印，第 45、46 页)

判定"四呼",不能以韵母开头字母的书写形式为依据,而要以韵母的实际发音为依据。例如,韵母分类总表中的 ong 不归入开口呼,而归入了合口呼,是因为 ong 的实际发音是"uog";iong 不归入齐齿呼,而归入撮口呼,是因它的实际读音是"üng"。再如两个开口呼韵母舌尖前元音-i(zi、ci、si 后的 i)和舌尖后元音-i(zh、ch、shi、ri 后的 i),不能归入齐齿呼,也是以实际发音的口形为依据的。

二、韵母的发音

下面依照 39 个韵母的结构类别来进行发音的分析训练。

(一)单元音韵母的发音

单元音韵母的发音是由以下三方面决定的。

第一,舌位的高低。舌位的高低是指舌面与上腭的距离。舌面距离上腭越近,舌位越高;反之,舌位越低。舌位的高低一般分为高、半高、半低、低四度。舌位的高低和口腔的开合关系密切:开口度小则舌位高,如 i、u、ü;开口度大则舌位低,如 a。

第二,舌位的前后。舌位的前后是指舌头的前伸和后缩。舌头前伸,舌面前部隆起对着硬腭时,舌位在前,如 i;舌头后缩,舌面后部隆起对着软腭时,舌位在后,如 u;舌头不前伸也不后缩,隆起部分对着软腭和硬腭的交界处时,舌位在中央,如 a。

第三,嘴唇的圆展。嘴唇的圆展指唇形的变化。这里只分圆唇和不圆唇两种状态。嘴唇向两边展开或呈自然状态发出的音是不圆唇音,如 i、e;嘴唇拢圆发出的音是圆唇音,如 o、u、ü。普通话舌面元音韵母共 7 个,其发音情况可以用如图 3-4 所示的"元音舌位图"表示。

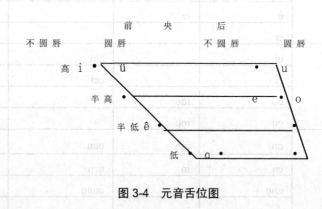

图 3-4 元音舌位图

如图 3-4 所示的"元音舌位图"是国际语音学会认定的元音舌位图。图形上宽下窄,表示舌头前后的活动范围上面大、下面小;图形前宽后窄,表示舌头高低的活动范围前头大、后头小。线上各小圆点表示标准元音的坐标。前后两条斜线左边是展唇音,右边是圆唇音。

单韵母的发音要领:发音时舌位和唇形要始终不变,以防变成复合元音;发音时软腭要向上抬起堵塞鼻腔通道,不能夹带鼻音色彩,以防变成鼻化元音;声带要颤动。

根据上面的解说,可以画一个单韵母分类和发音表,如表 3-5 所示。

表 3-5 单元音韵母分类发音总表

舌位高低(口腔开闭) \ 唇形圆展 \ 舌位前后 \ 类别	舌面元音					舌尖元音		卷舌元音
	前		央	后		前	后	央
	不圆	圆		不圆	圆			
高(闭)	i	ü			u	-i	-i	
半高(半闭)				e	o			
中								er
半低(半开)	ê							
低(开)			a					

1. 舌面元音韵母的发音训练

1) a 央、低、不圆唇

发音时,口腔开度较大,舌位最低,舌面中央略微隆起,唇形呈自然状态。读准下列词语,并体会韵母的发音。

发达 大厦 喇叭 腌臜 刹那 哪怕 沙发 大坝

2) o 后、半高、圆唇

发音时,口腔微开,舌头后缩,舌面后部升至半高程度,嘴唇拢圆。读准下列词语,并体会韵母的发音。

薄膜 默默 伯伯 泼墨 婆婆 勃勃 馍馍 磨破

3) e 后、半高、不圆唇

发音时,口腔活动情况与 o 大致相同,只是嘴唇不圆。读准下列词语,并体会韵母的发音。

特色 客车 色泽 隔阂 合格 割舍 苛刻 各个

4) ê 前、半低、不圆唇

发音时,口腔半开,舌头前伸,舌面前部半低,嘴角两边展开。ê不与声母相拼,零声母音节只有一个"欸";此外,ê还能跟"ü"、"i"结合为复韵母"üe"、"ie"。读准下列词语,并体会韵母的发音。

谢谢 姐姐 确切 决绝 越界 月结 谢绝 血液

5) i 前、高、不圆唇

发音时,口腔开度很小,舌位最高,舌头前伸,舌面前部接近硬腭,嘴角向两边展开,呈扁平状。读准下列词语,并体会韵母的发音。

汽笛 笔记 提议 毅力 集体 利益 激励 习题

6) u：后、高、圆唇

发音时，舌头后缩，舌面后部隆起接近软腭，口腔开度很小，两唇收缩呈圆形。读准下列词语，并体会韵母的发音：

互助　铺路　瀑布　鼓舞　图书　服务　出路　糊涂

7) ü：前、高、圆唇。

发音时，舌位活动情况与 i 基本相同，所不同的是双唇拢圆。读准下列词语，并体会韵母的发音：

区域　序曲　语句　女婿　须臾　吕剧　豫剧　蛐蛐

2．舌尖元音韵母的发音训练

1) -i(舌尖前，si 的 i)：舌尖前、不圆唇

发音时，舌尖前伸，对着上齿背，口腔开度很小，嘴唇向两边展开，它只与 z、c、s 相拼。读准下列词语，并体会韵母的发音。

自私　此次　字词　四次　恣肆　孜孜　刺字　刺死

2) -i(舌尖后，shi 的 i)：舌尖后、不圆唇。

发音时，舌尖略微翘起，对着硬腭前部，口腔开度很小，嘴唇向两边展开，它只与 zh、ch、sh、r 相拼。读准下列词语，并体会韵母的发音：

制止　实施　事实　支持　时日　世事　实质　只是

3．卷舌元音韵母的发音训练

er：舌面、央、中、不圆唇元音。

发音时，舌面中央升到中间高度，同时舌头上卷，接近硬腭。er 不跟辅音声母相拼，只能自成音节。读准下列字词，并体会韵母的发音：

耳　儿　而　二　尔　饵　珥　珥

(二)复元音韵母的发音

复元音韵母是由两个或三个元音复合而成的，所以它们的发音不像单韵母那样始终不变，而是有个变动的过程。复韵母的发音要领：复元音韵母的发音不是两三个元音的简单相加，而是由一个元音向另一个元音滑动的过程(简称动程)，在滑动的过程中，舌位、开口度、唇形等都是逐渐变化的，同时气流要连贯，要形成一个整体；复元音韵母发音时，各个成分的响度、强弱、长短不一，其中韵腹的声音响亮、清晰，韵头、韵尾相对于韵腹来说要较轻、较短、较弱。

1．前响复韵母的发音训练

发音时，开头的元音开口度大，声音响亮清晰；收尾的元音开口度小，声音轻短模糊，甚至只表示舌位移动的方向。发音的整个过程，舌位由低向高滑动。准确朗读下列词语，体会韵母的发音特点：

ɑi　海带　拆台　灾害　赖债　拍卖　采摘　爱戴　买卖

ei	北美	蓓蕾	违背	肥美	配备	飞贼	妹妹	娓娓
ao	操劳	报道	抛锚	骚扰	早操	懊恼	糟糕	牢靠
ou	收购	丑陋	兜售	斗殴	抖擞	绸缪	喉头	佝偻

2. 后响复韵母的发音训练

发音时，前面的元音轻短，后面的元音清晰响亮，开口度由小变大，舌位由高滑向低。准确朗读下列词语，体会韵母的发音特点：

ia	恰恰	家家	下架	加压	加价	戛然	家鸭	下嫁
ie	结业	贴切	趔趄	鞋业	谢谢	乜斜	姐姐	铁屑
ua	挂花	耍滑	娃娃	花褂	挂画	画画	花袜	瓜花
uo	骆驼	火锅	错落	阔绰	硕果	国货	蹉跎	懦弱
üe	雀跃	决绝	缺血	雪月	约略	略略	绝学	月缺

3. 中响复韵母的发音训练

发音时，前后两个元音轻短模糊，中间元音清晰响亮，开口度由小到大再到小，舌位由高到低再到高。准确朗读下列词语，体会韵母的发音特点：

iao	小鸟	巧妙	叫嚣	逍遥	笑料	苗条	缥缈	调料
iou	悠久	绣球	优秀	求救	久留	舅舅	牛油	久久
uai	摔坏	怀揣	外快	乖乖	快快	外踝	拽歪	踹坏
uei	归队	水位	摧毁	回味	魁伟	追随	荟萃	愧悔

(三)鼻韵尾韵母发音的综合分析及训练

鼻韵尾韵母是由元音和辅音结合而成的，要注意完成好由元音向辅音的过渡。鼻韵母的发音要领：由元音向鼻辅音过渡的过程中，舌位是滑动的，而不是跳动的，鼻音色彩逐渐增加；鼻辅音韵尾阻塞要到位，发音完毕才能解除。

1. 前鼻韵母

发音时，先发元音，然后舌尖向上齿龈移动，并抵住它，软腭随着下降，鼻音色彩逐渐增加；舌尖抵住上齿龈后，即刻停声，不要拖音。有韵头的鼻韵母，韵头发音要轻短。准确朗读下列词语，体会韵母的发音特点：

an	展览	谈判	参赞	汗衫	反感	烂漫	斑斓	灿烂
en	根本	沉闷	人参	愤恨	认真	振奋	身份	深沉
in	信心	辛勤	引进	濒临	贫民	亲近	拼音	近邻
ün	均匀	军训	逡巡	循循	菌群	芸芸	群运	熏熏
ian	惦念	简便	先天	前线	偏见	连绵	绵延	天边
uan	贯穿	转暖	婉转	专款	专管	转换	还款	软缎
üan	全权	源泉	轩辕	渊源	涓涓	玄远	全员	全卷
uen	春笋	昆仑	论文	谆谆	温顺	混沌	困顿	温存

2. 后鼻韵母

发音时，先发元音，接着舌根向软腭移动，最后抵住软腭，发舌根鼻音"ng"，鼻音不要拖音。有韵头的鼻韵母，韵头发音要轻短。准确朗读下列词语，体会韵母的发音特点：

ang	苍茫	长廊	当场	厂房	盲肠	螳螂	商场	上当
eng	丰盛	横生	整风	风筝	更正	登程	鹏程	萌生
ong	葱茏	从容	轰动	空洞	工农	肿痛	隆重	中东
ing	经营	宁静	倾听	明星	评定	姓名	命令	命名
iang	湘江	想象	响亮	两样	亮相	将相	向阳	踉跄
iong	汹涌	熊熊	炯炯	茕茕	穷凶	穷窘		
uang	狂妄	状况	双簧	往往	矿床	装潢	网王	装潢
ueng	翁	嗡	瓮	蓊	滃	蕹		

三、韵母辨正

(一) 分清鼻音韵尾 n 和 ng

普通话里鼻韵尾 n 和 ng 分得很清楚，能严格区分意义，但有些方言却混为一谈，不能分辨。如北方方言的大部分，吴、湘、赣、客家方言以及以福州话为代表的闽东方言，都存在着 n 和 ng 混读的现象：要么都读 n 韵尾；要么都读 ng 韵尾。江苏方言一般都不分 n 和 ng，而且以 en、eng 和 in、ing 这两对鼻韵尾相混的现象最突出。南京等地没有韵母 ang，以致 an 和 ang、uan 和 uang 混读，"班、帮"和"坛、堂"同音。

比较下列各对词语：

烂漫——浪漫　　担心——当心
陈旧——成就　　申明——声明
亲生——轻声　　阴雨——英语
木船——木床　　枕套——整套
吩咐——丰富　　金银——经营

纠正这类方言的方法有以下两点。

1. 掌握 n 和 ng 这两个鼻辅音的发音

"n"是舌尖中、浊鼻音；"ng"是舌根、浊鼻音(舌根隆起接触软腭后部，形成阻塞，软腭下垂，打开鼻腔通道，气流从鼻腔透出，声带颤动)。

2. 记住普通话里哪些字是前鼻韵尾，哪些字是后鼻韵尾

记住普通话里哪些字是前鼻韵尾，哪些字是后鼻韵尾的方法有以下几种。

(1) 熟记常用字。
(2) 利用声旁类推。

前鼻韵尾的声旁如：申艮今分真林；后鼻韵尾的声旁如：争凌正令生。(可参考附录二)

(3) 记住声韵调拼合规律。

普通话中，d、t 不与 in 相拼，只与 ing 拼。常用字如"丁、顶、定、听、挺、停"等都是后鼻音。

n、l 不与 en 相拼(除"嫩"外)只与 eng 拼。常用字如"能、楞、冷、棱"等都是后鼻音。

bin 没有上声字。常用字如"秉、丙、炳、柄"等常用字都是后鼻音。

ping 没有上声和去声字。常用字如"品、聘"等常用字是前鼻音。

xin 音节只有阴平和去声，没有阳平和上声，所以，阴平、去声一定是前鼻音。

(4) 记少不记多。

记住了 gen 只有"跟、根、亘"三个常用字，也就记住了"庚、赓、耕、更、梗、羹"等后鼻音的常用字。

记住了 hen 只有"痕、狠、恨、很"四个常用字，也就记住了"亨、哼、横、衡、恒"等后鼻音的常用字。

记住了 z、c、s 和 en 相拼的只有"怎、参、岑、森"四个常用字，也就记住了"曾、增、层、赠、憎、蹭、僧"等后鼻音的常用字。

记住了 nin 只有"您"这一个字，也就记住了"宁、拧、柠、咛、泞、狞、凝、佞"等后鼻音常用字。

(二)分清 i 和 ü

有些方言，如闽方言、客家方言、西南方言，以及江苏江淮某些方言地区的人(如南京人)不会发 ü，把 ü 也念成 i。

比较下列各对词语：

雨季——雨具　　白银——白云
名义——名誉　　意见——预见
颜料——原料　　潜力——权力
一千——一圈　　有气——有趣
前面——全面　　季节——拒绝

纠正这类方音的方法有以下两点。

1. 区分 ü 和 i 的发音

ü 和 i 的区别在于 i 不圆唇，ü 圆唇。练习时，可以先发 i，然后拢圆嘴唇，使嘴唇稍微向前突出。

2. 记住带 ü 的字

根据普通话里撮口呼的字比齐齿呼的字少这一特点，记少不记多。记住一批带 ü 的字。如普通话中，音节 nüe 只有相应的两个汉字"虐"和"疟"，而音节 nie 却代表着"捏、聂、茶、涅"等 20 多个字；音节 lüe 只有"掠、略"等四个字，而音节 lie 却代表着十多个字。这样记住少的一方，其他的也就记住了。

(三)读准复元音韵母

吴方言及北方方言的部分地区，将普通话里有两个元音组成的复韵母(主要是前响复韵母)读成单韵母，把由三个元音组成的中响复韵母读成二合复韵母。所以，上述方言区的人练习复韵母的发音时，一定要注意发音时必须有动程，仔细体会口形的变化，并防止失落韵尾。

思考和练习三

1. 你的家乡话韵母跟普通话韵母有哪些区别？请找出它们的对应关系，并举出例字。
2. 什么是合辙押韵？押韵的韵和韵母的韵有什么不同？请各找一首格律诗和新诗加以说明。
3. 把下列各字的韵母写出来，并按四呼进行归类。

   知 耳 万 晕 英 恩 圆 爱 节 烟 吃 用 业 论 庄 中 玉 去 军

4. 根据提供的条件写出韵母。

   ① 舌面前半低不圆唇元音(　　)　　②舌尖后高不圆唇元音(　　)
   ③ 舌面后半高不圆唇元音(　　)　　④舌面前高圆唇元音(　　)
   ⑤ 舌面后高圆唇元音(　　)　　　　⑥舌面央低不圆唇元音(　　)

5. 判断正误。对的打"√"，不对的请修改。

   ① 一个韵母最多可以由四个音素构成，如 u ng。
   ② 汉语拼音方案的韵母表中有 35 个韵母，所以普通话也只有 35 个韵母。
   ③ 普通话的单元音韵母只有 a、o、e、i、u、ü、er7 个。
   ④ ie、ei 这两个韵母的韵腹相同，都是 e，其音质也是相同的。
   ⑤ ou、uo 这两个韵母的结构相同，都是"韵头+韵腹"。
   ⑥ iou、uei、uen 都是中响复元音韵母。
   ⑦ "亘、恒、朕、郑"这四个音节的韵尾相同。
   ⑧ iu、ui 与 un 不同，iu、ui 的韵腹在后，un 的韵腹在前。
   ⑨ 语音里的"韵母"跟诗歌中的"韵"是相同的概念。
   ⑩ in、ing、en、eng、an、ang 等都是鼻韵母。

第四节　声　调

学习要点：了解普通话声调的性质和功能；掌握调值、调类、调型、调号的特点，读准普通话的声调；了解古今声调的演变、普通话声调与方言声调的比较。

一、声调的性质和作用

(一)声调的性质

声调是音节的高低升降变化。由于汉语的一个音节基本上就是一个汉字,所以声调也叫字调,如"哥"、"婆"、"姐"、"爸"四个音节的声调就各不相同,"哥"的声调始终保持在同一个高度,"婆"的声调由低升高,"姐"的声调先降后升,"爸"的声调由高到低。

声调的性质主要取决于音高。从声调形成的物理特征来看,声调的音高变化,与声带的松紧及单位时间内声带振动的频率有关。声带拉紧,振动快,声音就高;反之则低。而声调的音高又是相对的,每个人都有自己的"55、35、214、51"等调值,不管你的声音是高还是低,这四个声调的调值都要保持在同一个五度之内,如儿童的 55 调值就比成人的 55 调值高。

(二)声调的作用

1. 区别词义

声调是音节结构中不可缺少的成分,它与声母、韵母一样具有区别意义的作用,声调不同,意义也不同。例如:

主力(zhǔlì)——助理(zhùlǐ)　　　　登记(dēngjì)——等级(děngjí)
艰巨(jiānjù)——检举(jiǎnjǔ)　　　　联系(liánxì)——练习(liànxí)
举行(jǔxíng)——句型(jùxíng)　　　　才华(cáihuá)——菜花(càihuā)

2. 区别词性

词形相同,声调不同,词性也不同。例如:

背 bēi(动词)——bèi(名词)　　　　好 hǎo(形容词)——hào(动词)
钉 dīng(名词)——dìng(动词)　　　　磨 mó(动词)——mò(名词)

3. 构成韵律

汉语的声调主要体现为字调,有规则地选用不同声调的字,可以使音节抑扬顿挫,起伏跌宕,形成优美的韵律,增强语言的表现力。汉语的诗歌、韵文讲究平仄相间,上下相对的搭配,就是为了读起来铿锵悦耳、和谐动听。汉语中的四字格成语,就有不少是声调配合得相当巧妙的。例如:

千锤百炼(qiānchuíbǎiliàn)　　兵强马壮(bīngqiángmǎzhuàng)
心明眼亮(xīnmíngyǎnliàng)　　山河锦绣(shānhéjǐnxiù)
雨过天晴(yǔguòtiānqíng)　　光彩夺目(guāngcǎiduómù)
热火朝天(rèhuǒcháotiān)　　喜笑颜开(xǐxiàoyánkāi)

以上例子表明:声调不仅可以区别意义,同时还有区别词性以及产生韵律等多方面的作用,因此对汉语来说,声调是非常重要的。汉语是有声调的语言,这是区别于其他语言的重要特点之一。

二、普通话声调的发音

(一)调值、调类、调型、调号

1. 调值

调值就是声调的实际读法,即声调的高低、升降、曲折的具体变化形式。

记录声调的调值,通常采用赵元任设计的"五度标调法"。"五度标调法"就是建立一个坐标,用纵轴表示音高,用横轴表示音长,把声调的高低调值分为五度,分别用 1、2、3、4、5 来表示,其中 1 表示音高最低,2 表示次低,3 表示中度,4 表示次高,5 表示最高。这五度的区别没有绝对频率值,只表示相对的高低不同。

普通话四个声调的调值分别为"55、35、214、51"。图 3-5 中标记的是普通话四个声调的调值。

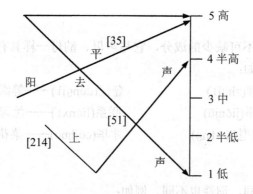

图 3-5 普通话四个声调的调值

2. 调类

调类是声调的类别,即把调值相同的音节归在一起所建立起来的类别。可见,调类是由调值决定的。一种语言或方言里有多少种声调调值,就有多少个调类。汉语方言的调类最少的是三个(河北滦县),最多的是十个(广西玉林),一般的是四至六个。

普通话有四种基本调值,就有四个调类。即:阴平、阳平、上声、去声。

3. 调型

与调值相关的是调型,调型即声调的类型,指声调高低、升降的变化模式。55 为高平调型,表示发音时,从 5 度开始,到 5 度结束,始终保持在同一个高度;35 为中升调型,表示发音时,起点从 3 度(中度)开始上升,终点到 5 度(最高度)结束;214 为曲折调型,表示发音时,从 2 度(半低度)开始先降到 1 度(最低度),然后再升至 4 度(半高度);51 为全降调型,表示发音时,从 5 度(最高度)开始下降,直到 1 度(最低度)为止。

4．调号

调号即声调的符号，指标写声调所用的简单明了的符号。例如：汉语拼音方案中使用的声调符号 - 、／、∨、＼。调号实则是调型的一种缩写。

(二)声调的发音训练

1．阴平(第一声)

阴平的声调高而平，调值 55 表示声调高低自始至终都在最高度 5 度上，没有升降变化，所以阴平又称为高平调。发音时，声带松紧保持均衡。例如："江山多娇"、"春天花开"。

2．阳平(第二声)

阳平的声调由中向高扬起，调值 35 表示起点在 3 度，即中度，终点在 5 度，即最高度，所以阳平又叫中升调。发音时，声带由松变紧。例如"人民勤劳"、"群情昂扬"。

3．上声(第三声)

上声的声调由次低先降到最低，再升到次高，调值 214 表示起点是 2 度，先降到 1 度，再升到 4 度。因为上声的声调先降后升，所以也叫降升调或曲折调。发音时，声带由紧渐松再渐紧。例如："理想美好"、"改写底稿"。

4．去声(第四声)

去声的声调由最高降到最低，调值 51 表示起点是最高度 5 度，终点是最低度 1 度，所以去声又叫全降调。发音时，声带由紧渐松。例如"胜利在望"、"大干快上"。

普通话声调的特点可以概括为"一平、二升、三曲、四降"，调型差别较大，不易混淆，参见表 3-6。

表 3-6　声调综合表

调 类	阴 平	阳 平	上 声	去 声
调型	高平	中升	降升	全降
调值	55	35	214	51
调号	-	／	∨	＼
例字	息息相关	牛羊成群	远景美好	胜利万岁

三、声调辨正

学习普通话声调，不仅要学好它的 4 种调值，而且要了解各方言和普通话在声调上的对应关系，这样就可以以类相推，事半功倍。

普通话调类简单，调值特点明显，极易分辨。同时，普通话和各方言的调类都是从古汉语平、上、去、入发展演变而来的，它们之间的对应关系系统清楚，这是我们学好普通话声调的有利条件。

普通话和方言在声调上的差别，大致有以下几种情况：第一，调类相同，调值不同。北方方言区多数如此。第二，调类不同，调值也不同。北方方言以外的各大方言，多是这种情况。第三，调值相同，调类不同。例如徐州话的阳平、南昌话的阴去调值都和普通话的阴平(55)一样，徐州话的上声、广州话的阴上调值都和普通话的阳平(35)一样。因此普通话的声调辨正应从调值和调类两方面入手。

(一)读准调值

读准普通话四种声调的调值，是声调辨正的第一步。普通话调值与方言调值千差万别。例如，虽然各方言几乎都有阴平这个调类，但调值却不相同，普通话是高平调，调值是 55，而在方言里有的是平调，但调值高低不同(44、33、11)；有的是降调(51、41、32)；有的是降升调(313、213)。因此，学好普通话声调，读准调值是关键。怎样才能读准调值呢？这主要靠直接模仿、反复听读，以达到有效地控制声带，把握音高，准确到位。做到看见调号就能准确无误地读出调值；听到读音，就能迅速分辨出调类。

(二)掌握方言与普通话调类的对应关系

读准了普通话四个声调的调值，还会遇到"哪些字该归什么调类"的问题。这就要求我们要了解方言和普通话声调调类的对应关系，凭借各自方言中的调类去推知普通话调类，再改读普通话的调值。例如，调类和普通话完全相同的徐州话，只需将方言中阴平、阳平、上声 3 种声调的字，由调值 313、55、35 分别改读成普通话的调值 55、35、214 即可，去声调值完全相同，不必改动，这样便可以确定一大批汉字的普通话读音。

在调类问题上，入声是个难点。普通话中，古入声已经分别派入阴平、阳平、上声、去声四个调类中了，但有的方言区还有入声。有入声的方言区，入声的情况也各不相同：有的入声有塞音韵尾，读音短促；有的入声不带塞音韵尾，读音舒缓；有些方言的入声只有一种；有的分阴入和阳入两种。有入声的方言区的人学习普通话时，必须注意入声字在普通话中的归类。常用的入声字有 400 个左右，在普通话中约有一半归入去声，约有三分之一归入阳平，剩下的字分别归入阴平和上声，其中归入上声的字数最少。可以采用记少不记多的方法，先记住少数归入上声的字，再记住归入阴平和阳平的字，最后把其余的入声字都读成去声，就可以掌握古入声字在普通话中的读音了。另外，古入声字在普通话归类中有两条比较明显的规律，可以帮助我们记忆一部分古入声字在普通话里的声调。当然这些规律也有一些例外。

(1) 鼻音声母、边音声母、r 声母和零声母的阳入声字，在普通话里读去声。例如：目、末、逆、纳、力、录、页、育。

(2) 鼻音声母、边音声母、r 声母和零声母以外的阳入声字，在普通话里一般都读阳平。例如：舌、席、局、敌、昨、拔、宅、国。

思考和练习四

1. 什么是声调？声调音高的变化主要取决于哪些方面？
2. 为什么说声调在汉语语音系统中具有重要的地位？
3. 先用自己的方言读下列词语，然后注上拼音，再读一读，体会方言与普通话声调的异同，找出对应的规律。

束缚　克服　毕业　出席　答复　熟悉　剧烈　活跃　适合　直接
实质　骨骼　法律　目力　沐浴　肃穆　亵渎　节约　铁塔　白鸽

4. 给下列无调音节形式标上普通话声调，并写出汉字。

wo shi yige "dian"，
ceng wei ziji de miaoxiao er nankan：
dui zhe pangda de hongguan shijie，
zhiyou bishang shiwang de shuangyan，
jingguo yi wei shuxue jiaoshi de qifa，
wo youle yige xin de faxian：
liang ge "dian"，
keyi queding yi tiao zhixian，
san ge "dian"，
nenggou lian cheng yige sanjiao，
wu shu ge" dian"，
zucheng yuan de "jinhuan"。

5. 举例说明什么是普通话的调值、调类、调型。
6. 熟读并掌握下列词语的普通话声调

山明水秀	光明磊落	黑白雪月
大好河山	热火朝天	字里行间
多夺躲垛	鲜花水果	诗歌舞蹈
昌常厂唱	饿干帽痛	桌识笔客

第五节　音　节

学习要点：了解普通话的基本音节，分析音节的构成情况；比较自己方言与普通话在声韵配合上的异同，熟练掌握音节的拼读和拼写规则。

一、音节的结构

音节是听觉上最容易分辨出来的语音单位，也是最自然的语音单位，发音时发音器官肌肉紧张一次就形成一个音节。一般来说，一个汉字的读音就是一个音节。儿化词是两个汉字一个音节,例如"苗儿"(miaor)、"头儿"(tour)。

音节由一个或几个音素组成,按传统音韵学方法分析,音节一般包括声母、韵母、声调。

声母有两类:一类是有辅音声母,如 zhōng huá(中华),这两个音节的声母分别是 zh 和 h;一类是零声母,如 ān(安)和 è(饿) 充当这两个音节的声母都是零声母。

韵母由元音或元音加辅音构成,可以分为韵头、韵腹、韵尾。若韵母中只有一个元音,这个元音就是韵腹;若韵母中有两个或三个元音,其中开口度较大、发音较响亮的元音是韵腹,元音都能充当韵腹。韵腹前面的元音是韵头,又叫介音,充当韵头的元音有 i、u、ü;韵腹后面的元音是韵尾,韵尾由元音 i、o、u 和辅音 n、ng 充当。

普通话音节结构表如表 3-7 所示。

表 3-7 普通话音节结构表

结构成分	声母	韵 母				声调
例字		韵头(介音)	韵腹(主要元音)	韵尾		
				元音	辅音	
雨 yǔ			ü			上声
蛙 wā		u	a			阴平
二 èr			er			去声
要 yào		i	a	o		阴平
圆 yuán		ü	a		n	阳平
有 yǒu		i	o	u		上声
诗 shī	sh		-i 后			阴平
学 xué	x	ü	ê			阳平
会 huì	h	u	e			去声
姿 zī	z		-i 前		n	阴平
存 cún	c	u			n	阳平
争 zhēng	zh		e		ng	阴平
鸟 niǎo	n	i	a	o		上声
床 chuáng	ch	u	a		ng	阳平

从表可以得出汉语音节结构的一些特点。

(1) 音节中最少有一个元音音素,最多可以有四个音素,例如雨(yǔ)、床(chuáng),ch、ng 都是双字母的音素符号,表示一个辅音音位。

(2) 每个音节都有元音,少则一个(韵腹),如争(zhēng)。多则三个,如鸟(niǎo),三个元音连续排列,分别充当韵头、韵腹、韵尾。

(3) 每个音节都有声母、韵母和声调,韵母部分都有韵腹,可以没有辅音声母、韵头和韵尾。如雨(yǔ)只有韵腹ü、零声母和声调。

(4) 音节可以没有辅音,如蛙(wa)、有(you)。有辅音的音节里,辅音的位置比较固定，或者在音节开头，或者在音节末尾，如争(zhēng)。没有两个辅音连续排列的形式，zh、ng都是双字母的音素符号，表示一个辅音音位。少数叹词音节比较特殊，只有辅音，没有元音。如"嗯"(n或ng)、"哼"(hng)。

二、声母韵母的配合关系

普通话声母和韵母拼合成音节是有一定规律的。这些规律是由声母的发音部位和韵母的韵头来决定的。掌握了声母韵母配合的规律，可以帮助我们正确掌握普通话里一部分字的读音，避免拼读或拼写时出现的错误。比较普通话与方言的声韵拼合情况的异同，并掌握其对应规律，有助于说好标准的普通话。普通话声韵配合的关系如表3-9所示。

从表3-8中可以看出以下几点。

(1) b、p、m 只跟开口呼、齐齿呼、合口呼(只限于 u)韵母相拼，不跟撮口呼韵母相拼。

(2) f 只跟开口呼、合口呼(只限于 u)韵母相拼，不跟齐齿呼、撮口呼韵母相拼。

(3) d、t 只跟开口呼、齐齿呼、合口呼韵母相拼，不跟撮口呼韵母相拼。

(4) n、l 能跟开口呼、齐齿呼、合口呼、撮口呼四类韵母相拼，不能跟合口呼中的 uei 构成音节。

(5) g、k、h、zh、ch、sh、r、z、c、s 只跟开口呼、合口呼韵母相拼，不跟齐齿呼、撮口呼韵母相拼。

(6) j、q、x 跟所有齐齿呼、撮口呼的韵母都可相拼，不跟开口呼、合口呼韵母相拼。

表3-8 普通话声韵配合简表

声母	能否配合 / 韵母	开口呼	齐齿呼	合口呼	撮口呼
双唇音	b、p、m	√	√	只跟u相拼	
唇齿音	f	√		只跟u相拼	
舌尖中音	d、t	√	√	√	
	n、l	√	√	√	√
舌面前音	j、q、x		√		√
舌面后音	g、k、h	√		√	
舌尖后音	zh、ch、sh、r	√		√	
舌尖前音	z、c、s	√		√	
零声母		√	√	√	√

注："√"表示全部或局部声韵相拼，空白表示不能相拼。

普通话声母和韵母配合的具体情况可以查看《普通话声韵配合表》，如表 3-9 所示，从中可以清楚地看出每个声母或韵母的拼合情况。如果从韵母出发，会得出另一些规律，例如：-i(前)只跟 z、c、s 相拼，-i(后)只跟 zh、ch、sh、r 相拼，并且都不能和零声母相拼；er 不与辅音声母相拼，只有零声母音节；o 专拼唇音声母 b、p、m、f，不拼其他声

母；uo 专拼非唇音声母，不拼唇音声母；ong 专拼非唇音声母，不拼唇音声母和零声母；ueng 只拼零声母，不拼辅音声母。ua、uai、uang 只拼舌尖后声母，不拼舌尖前声母等。

表 3-9 普通话声韵配合(音节表)

		唇音				舌尖中音				舌根音			舌面音			舌尖后音				舌尖前音			零
		b	p	m	f	d	t	n	l	g	k	h	j	q	x	zh	ch	sh	r	z	c	s	
开口呼	-																			滋	雌	司	
	i[ ]															知	吃	诗	日				
	a	巴	爬	妈	发	搭	他	拿	拉	嘎	咖	哈				渣	插	沙		杂	擦	萨	阿
	o	玻	坡	摸	佛																		喔
	e			么		德	特	讷	乐	哥	科	喝				遮	车	奢	热	则	侧	瑟	鹅
	ê																						诶
	er																						儿
	ai	白	拍	买		呆	胎	奶	来	该	开	海				摘	差	筛		灾	猜	腮	哀
	ei	杯	培	梅	非			内	雷	给	尅	黑						谁		贼			欸
	ao	包	抛	猫		刀	掏	脑	劳	高	考	耗				招	超	烧	绕	糟	操	骚	熬
	ou		剖	谋	否	兜	偷	耨	楼	沟	口	侯				舟	抽	收	柔	邹	凑	搜	欧
	an	般	潘	瞒	帆	担	摊	男	兰	干	看	寒				占	产	山	然	簪	残	三	安
	en	奔	喷	门	分	扽		嫩		根	肯	很				针	陈	身	人	怎	岑	森	恩
	ang	邦	旁	忙	方	当	汤	囊	郎	刚	康	杭				张	昌	商	嚷	臧	仓	桑	昂
	eng	绷	烹	蒙	风	登	滕	能	冷	庚	坑	横				争	成	生	扔	增	层	僧	鞥
齐齿呼	i	鼻	皮	迷		低	梯	泥	梨				鸡	欺	希								衣
	ia							俩					家	恰	瞎								鸦
	ie	别	撇	灭		爹	帖	捏	列				街	切	歇								耶
	iao	标	飘	秒		刁	挑	鸟	料				交	敲	消								腰
	iou					丢		牛	溜				纠	秋	休								优
	ian	边	偏	面		颠	天	年	连				间	千	先								烟
	in	宾	拼	民				您	林				斤	亲	新								因
	iang							娘	良				江	腔	香								央
	ing	兵	平	名		丁	听	宁	零				京	青	星								英
合口呼	u	布	普	木	父	杜	图	奴	路	姑	哭	呼				朱	出	书	如	租	粗	苏	乌
	ua									瓜	夸	花				抓	欻	刷					挖
	uo					多	托	娜	罗	郭	阔	活				桌	戳	说	若	昨	错	所	窝
	uai									乖	快	槐				拽	揣	衰					歪
	uei					对	腿			规	亏	灰				追	吹	水	瑞	嘴	催	虽	威
	uan					端	团	暖	乱	官	宽	欢				专	川	拴	软	钻	窜	酸	弯
	uen					敦	吞		论	棍	困	昏				准	春	顺	闰	尊	村	孙	温
	uang									光	筐	荒				庄	窗	双					汪
	ueng																						翁
	ong					东	通	农	龙	工	空	轰				中	充		绒	宗	葱	松	

续表

		唇音				舌尖中音				舌根音			舌面音			舌尖后音				舌尖前音			零
		b	p	m	f	d	t	n	l	g	k	h	j	q	x	zh	ch	sh	r	z	c	s	
撮口呼	ü							女	吕				居	区	虚								迂
	üe							虐	掠				诀	缺	学								约
	üan												捐	圈	宣								渊
	ün												均	群	勋								晕
	iong												窘	穷	兄								拥

三、音节的拼读

(一)拼读要领

1. 声母要发本音

平常念声母，一般是念它的呼读音，声母的呼读音都是在声母的本音后面加上一个元音，用声母拼音时，应该去掉这个加进去以便呼读的元音，而用它的本音。"前音轻短后音重，两音相连猛一碰"，这句话基本上反映了拼读的要领。

2. 要念准韵头

对于有韵头(介音)的音节，在拼音时要注意把韵头念准。念不准韵头，就可能出现丢失韵头或者改变韵头的现象。例如：拼 zhuàng(撞)时，如果丢失韵头，就会拼成 zhàng(涨)；拼 xuán(旋)时，如果韵头念不准，就会拼成 xián(咸)。

3. 声母、韵母要一气读成

拼读时，声母、韵母之间拼合时速度要快，不能停顿。如果出现明显的停顿，听起来就不是一个音节，而像两个音节。例如：拼 gǔ(谷)时，g 和 u 之间有了停顿，就会拼成 g(ē)——ǔ(歌舞)；拼 bài(败)时，b 和 ai 之间有了停顿，就会拼成 b(o)——ài(博爱)。

(二)拼读方法

1. 声韵两拼法

用声母和韵母两个部分进行拼音。例如：

h—uān——huān(欢)　m—íng——míng(明)　j—ié——jié(洁)

2. 声介与韵身合拼法

先把声母和韵头合成一个部分，然后跟韵身进行拼音。这只适用于有韵头的音节。例如：

xi—āng——xiāng(香)　hu—ái——huái(怀)　lu—àn——luàn(乱)

3. 三拼法

用声母、韵头、韵身三部分进行连续。这种方法，也只适用于有韵头的音节。例如：

j—i—ā——jiā(家)　q—i—áng——qiáng(强)　q—i—āo——qiāo(悄)

(三)定调法

拼读还要确定声调。确定声调的方法有以下两种。

1. 数调法

数调法是先把声母和韵母拼合在一起，依阴平、阳平、上声、去声挨个儿念，一直数到要读的那个调子。

2. 韵母定调法

韵母定调法是先确定韵母的声调，用声母和带声调的韵母相拼，直接读出音节的声调。例如"班"字，先确定ān的阴平调，摆好发b的架势，然后连同ān一起读出来，就发出了bān。

四、音节的拼写规则

《汉语拼音方案》对普通话音节的拼写有如下具体的规定。

(一)y、w的使用

汉语拼音字母 y(读 ya)、w(读 wa)是隔音字母而不是声母。它与隔音符号(')的作用一样，在一些零声母音节中只起避免音节的界限发生混淆的作用。例如：

xinying(新颖)——xining(西宁)　　danwu(耽误)——danu(大怒)

在小学拼音教学中，为了降低 y、w 拼写规则的教学难度，把 y、w 当成声母(读 i、u)来教，这只是一种变通的教法。

(1) 韵母表中 i 行的韵母，在零声母音节中，如果 i 后面还有别的元音，就把 i 改为 y，例如：

ia——ya(呀)　ie——ye(耶)　iao——yao(妖)　iou——you(忧)

ian——yan(烟)　iang——yang(央)　iong——yong(拥)

如果 i 后面没有别的元音，就在 i 前面加上 y：

i——yi(衣)　in——yin(因)　ing——ying(英)

(2) 韵母表中 u 行的韵母，在零声母音节中，如果 u 后面还有别的元音，就把 u 改成 w，例如：

ua——wa(蛙)　uo——wo(窝)　uai——wai(歪)

uei——wei(威)　uan——wan(弯)　uen——wen(温)

uang——wang(汪)　ueng——weng(翁)

如果 u 后面没有别的元音，就在 u 前面加上 w，例如：

u——wu(乌)

(3) 韵母表中ü行的韵母，在零声母音节中，不论 ü 后面有没有别的元音，一律要在 ü 前面加上 y，ü 上两点要省写，例如：

ü——yu(迂)　üe——yue(约)　üan——yuan(冤)　ün——yun(晕)

(二)隔音符号的用法

"a、o、e"开头的音节连接在其他音节后面的时候，如果音节的界限发生混淆，就要用隔音符号(')隔开，例如：

fang'an(方案)——fangan(反感)　ji'ang(激昂)——jiang(江)
ku'ai(酷爱)——kuai(快)　　　shang'e(上腭)——shan ge(山歌)
xi'an(西安)——xian(先)　　　dang'an(档案)——dan gan(单干)

(三)省写

1．韵母 iou，uei，uen 的省写

《汉语拼音方案》在"韵母表"后面的说明作了这样的规定：iou、uei、uen 前面加辅音声母的时候，写成 iu、ui、un。例如：

l—ióu→liú(留)　　　　x—iōu→xiū(休)
h—uēi→huī(灰)　　　sh—uèi→shuì(睡)
k—uēn→kūn(昆)　　　d—uēn→dūn(蹲)

韵母 iou、uei、uen 自成音节时，按 y、w 的使用规则，写作 you、wei、wen。

2．ü 上两点的省略

撮口呼只能跟 n、l、j、q、x 五个声母相拼(零声母除外)。

ü 跟 j、q、x 相拼时省写两点，因为声母 j、q、x 不能跟合口呼韵母相拼，省写了两点也不会误认为是合口呼的韵母"u"，音节不致发生混淆。例如：

q—ǔ→qǔ(取)　　x—ù→xù(叙)　　j—üè→juè(倔)
q—ún→qún(群)　j—üān→juān(捐)　x—üān→xuān(宣)

ü 跟 n、l 相拼时不能省写两点，因为 n、l 也可以与合口呼相拼，如果省了，这些音节就会发生混淆。例如：

nǚ(女)—nǔ(努)　　　lú(驴)—lú(炉)
lǚ(旅)—lǔ(鲁)　　　lǜ(律)—lù(路)

(四)标调法

(1) 声调符号一般要标在一个音节的主要元音(即韵腹)上。例如：

bù(不)　　　dāi(呆)　　　jiā(家)
xiào(笑)　　yǐn(引)　　　gāng(刚)
mián(棉)　　shāng(伤)　　liàng(亮)

(2) 在 iu、ui 这两个韵母中，声调符号规定标在后面的 u 或 i 上面。例如：

liù(六)　　　tuī(推)　　　qiú(球)　　　shuì(睡)

(3) 调号恰巧标在 i 的上面，那么 i 上的小点要省去。例如：

yī(依)　　　jīn(斤)　　　duī(堆)

(4) 轻声音节不标调。例如：

yǐzi(椅子)　　　gāoliang(高粱)　　　nǎodai(脑袋)

(五)音节连写和大写

1996 年发布的《汉语拼音正词法基本规则》是在《汉语拼音方案》的基础上进一步规定词的拼写规范。它的内容包括分词连写法、成语拼写法、人名地名拼写法、外来词语拼写法、标调法、移行规则等方面。概括起来要注意以下几点。

(1) 以词为书写单位。如 rén(人)、hǎo(好)、péngyou(朋友)、diànshìjī(电视机)。表示一个整体概念的双音节和三音节结构，连写。例如：

dǎhuì(大会)、zhòngtián(种田)、qiūhǎitáng(秋海棠)、duìbuqǐ(对不起)

四音节以上表示一个整体概念的名称，按词(或语节)分开写。例如：

wúfèng gāngguǎn(无缝钢管) Zhōnghuá Rénmín Gònghéguó(中华人民共和国)

不能按词(或语节)划分的，全部连写。例如：

hóngshízìhuì(红十字会)、yánjiūshēngyuàn(研究生院)

单音节词重叠，连写，例如：rénrén(人人)、kànkan(看看)

双音节词重叠，分写，例如：tōnghóng tōnghóng(通红通红)

重叠并列即 AABB 式结构，当中加短横，例如：

qīngqīng-chǔchǔ(清清楚楚)　　　jiājiā-hùhù(家家户户)

四言成语可以分为两个双音节来念的，中间加短横。例如：

fēngpíng-làngjìng(风平浪静)　　　shuǐdào-qúchéng(水到渠成)

不能按两段来念的四言成语、熟语，全部连写。例如：

àimònéngzhù(爱莫能助)　　　húlihútu(胡里胡涂)

句子或诗行开头的字母要用大写。例如：

Rénlèi shèhuì de lìshǐ shǒuxiān shì shēngchǎn fāzhǎn de lìshǐ.
人类　社会　的 历史　首先　是　生产　发展　的 历史。

(2) 汉语地名中的专名和通名分写，每一分写部分的第一个字母大写。例如：

Shànghǎi Shì(上海市)　　　Diànshān Hú(淀山湖)　　　Shé Shān(佘山)

专名和通名的附加成分，单音节的与其相关部分连写。例如：

Zhōngshān Běilù(中山北路)　　　Pǔdōng Dàdào(浦东大道)

自然村镇名称和其他不需要区分专名和通名的地名，各音节连写。例如：

Wángcūn(王村)　　　Bāxiānqiáo(八仙桥)　　　Xújiāhuì(徐家汇)

(3) 汉语人名姓和名分写，姓和名的开头字母大写，笔名、别名等，按姓名写法处理。例如：

Zhūgě Kǒngmíng(诸葛孔明)　Méi Lánfāng(梅兰芳)

Zhāng Sān(张三)　Wáng Mázi(王麻子)　Lǔ Xùn(鲁迅)

姓名和职务、称呼等分开写，职务、称呼等开头字母小写。例如：

Lǐ xiānsheng(李先生)　　Tián zhǔrèn(田主任)

(4) 非汉语人名、地名，本着"名从主人"的原则，按照罗马字母原文书写；非罗马字母文字的人名、地名，按照联合国国际标准法组织(ISO)给该国文字规定的罗马字母转写法拼写。为了便于阅读，可以在原文后面注上汉字或汉字的拼音，在一定的场合也可以先用或仅用汉字的拼音。例如：

Marx(马克思)　　Darwin(达尔文)　　Newton(牛顿)

Hohhot(呼和浩特)　　Tokyo(东京)　　Paris(巴黎)

汉语化的音译名词，按汉字译音拼写。例如：

Fēizhōu(非洲)　　Nánměi(南美)　　Déguó(德国)

(5) 标题中的字母可以全部大写，也可以每个词开头的字母大写，有时为了简明美观，可以省略去声调符号。例如：

GUOJIA　TUIGUANG　PUTONGHUA

Guojia　Tuiguang　Putonghua

国　家　　推　广　　普　通　话

(6) 汉语拼音声调一律标原调，不标变调，但是在语音教学时可以根据需要按变调标写。例如：

yī jià(一架)　yī wǎn(一碗)　bù qù(不去)　bù duì(不对)

(7) 移行要按音节分开，在没有写完的地方加上短横。例如：

guāng- míng(光明)不能移作gu- āngmíng。

思考和练习五

1. 举例说明 y、w 在拼写中的用法。

2. 举例说明隔音符号(')的用法。

3. 《汉语拼音方案》规定了 ü 行韵母与 j、q、x 相拼时，省去 ü 上两点，跟 n、l 相拼时，不省去，这样规定对拼写音节有什么作用？

4. 列表分析下列字的音节结构。

篮、迓、挪、涌、赔、刷、融、矿、久、凝、多、取、叠、洽、邀、觅、龙、骗、坑、稗、辞、妞、辙、喂、否、训、锄、日、搞、在、羌、忱、损、瞎、爽、劝、幅、辩

5. 给下列语段标上拼音，注意音节的拼写规则。

享受幸福是需要学习的，当它即将来临的时刻需要提醒。人可以自然而然地学会感官的享乐，却无法天生地掌握幸福的韵律。灵魂的快意同器官的舒适像一对孪生兄弟，时而相傍相依，时而南辕北辙。

幸福是一种心灵的震颤。它像会倾听音乐的耳朵一样，需要不断地训练。

简而言之,幸福就是没有痛苦的时刻。它出现的频率并不像我们想象的那样少。人们常常只是在幸福的金马车已经驶过去很远时,才捡起地上的金鬃毛说,原来我见过它。

人们喜爱回味幸福的标本,却忽略它披着露水散发清香的时刻。那时候我们往往步履匆匆,瞻前顾后不知在忙着什么。

世上有预报台风的,有预报蝗灾的,有预报瘟疫的,有预报地震的。没有人预报幸福。

第六节 音 变

学习要点:了解普通话的几种音变现象:轻声、变调、儿化和语气词"啊"的音变;理解、掌握这几种音变现象的规律、作用;在言语活动中,能够熟练自然地运用和适应音变,养成良好的语感。

我们在进行言语活动时,不是孤立地发出一个个音素或音节,而是连续发出许多音素或音节形成语流。在连续的语流中,有些音节由于邻近音的互相影响,或语速、语调的不同而在发音上产生的一些变化,这种现象叫音变。普通话的音变现象很多,这里介绍四种重要的音变现象:轻声、变调、儿化和语气词"啊"的音变。

一、轻声

(一)什么叫轻声

轻声是一种特殊的变调现象。在词或句子里,有的音节跟在别的音节后面时,会失去原有的声调,变成一种又轻又短的调子,这就是轻声。普通话里读轻声的音节大都有它原来的声调,只是在特定的场合中会变成轻声,例如"粮食"的"食"读轻声,但"食"原来的声调是阳平。由于轻声是语流中声调的一种临时变化,所以不能把轻声看作是一种独立的调类。《汉语拼音方案》规定轻声不标调,表明它的原调被"丢掉了"。

轻声的特点是发音时用力特别小,音强特别弱。轻声与语音的音长、音强、音高、音色都有关系,轻声是一种又轻又短的调子,所以音长变短、音强变弱。它在音高上也不固定,轻声的音高决定于它前面那个音节的声调。一般来说,在上声之后的音值最高,阴平、阳平之后次之,去声之后最低。比较"桌子、房子、椅子、凳子"中的"子"可明显分辨出来。用"五度标记法"表示,大致如下。

阴平+轻声 → ·1^2 (半低)玻璃 答应 丫头 抽屉 结实 亲戚 胭脂 挑剔
阳平+轻声 → ·1^3 (中调)萝卜 石匠 名字 门道 柴火 拳头 媳妇 拾掇
上声+轻声 → ·1^4 (半高)喇叭 喇嘛 眼睛 打听 码头 使唤 小气 喜欢
去声+轻声 → ·1^1 (低)月亮 簸箕 对付 钥匙 畜生 少爷 疟疾 那么

(二)普通话常见的轻声音节

普通话中，有一些音节习惯上要读轻声，下面按类别分列出来。

(1) 助词"的、地、得、着、了、过"和语气词"啊、吗、呢、吧"等。例如：
她的　欢快地　好得很　说着　哭了　看过　好啊　忙吗　他呢　去吧等。

(2) 构词用的后缀"子、头、巴、么"等和表示群体的"们"等。例如：
篮子　胖子　馒头　石头　舌头　看头　哑巴　嘴巴　怎么　这么　老师们　他们
但有些"子、头"是词根语素，例如"莲子、分子、粒子、船头、额头、窝窝头"等，不读轻声。

(3) 叠音词、重叠词和动词重叠式(ABAB式)后面的字。例如：
太太　饽饽　奶奶　姐姐　星星　坐坐　看看　批评批评　商量商量　研究研究

(4) 表示趋向的动词"来、去、上来、下去"等。例如：
过来　站起来　出去　跑上来　热起来　传出去　送回来

(5) 名词、代词后面表示方位的语素或词。例如：
桌子上　床底下　手里　外面　左边　后边

(6) 量词"个"常读轻声。例如：
十个　这个　哪个　十来个

(7) 一些单纯词和一批双音节词，第二个音节习惯上读轻声。例如：
篱笆　石榴　葡萄　哆嗦　拨拉　扫帚　畜生　累赘　妥当　阔气　月亮　时候
凉快　麻烦　女婿　收拾　头发　委屈　养活　字号　作坊　在乎　栅栏　折腾
这批词数量不少，没有什么规律可循，在普通话学习中需要加以识别记忆。

(8) 一些口语或俚语中的"不""里"读轻声。例如：
黑不溜秋　傻不棱登　糊里糊涂　女里女气

(三)轻声的作用

轻声在普通话里起着很重要的作用。它不但能够在语流中调节语音节奏，在听觉上给人一种美感；更重要的是，有的轻声音节可以起到区别词义和词性的作用。

(1) 区别词义，例如：

爱人：关爱别人。

爱人(轻)：配偶。

生意：生机。

生意(轻)：买卖。

人家：住户家庭。

人家(轻)：别人。

地方：与"中央"相对，指本地。

地方(轻)：所处的位置。

实在：诚实。

实在(轻)：扎实，不马虎。

(2) 区别词性，例如：

自然：大自然，指整个有机界和无机界，名词。

自然(轻)：表示不局促、不呆板，形容词。

地道：地下通道，名词。

地道(轻)：好、真，形容词。

花费：消费或消耗，动词。

花费(轻)：消费或消耗了费用或精力，名词。

在普通话中，如果该读轻声而不读，不但从听感上使人感到生硬，而且有时会影响语意的表达。

二、变调

在语流中，有些音节的声调起了一定的变化，与单读时调值不同，这种变化叫变调。例如："友"与"好"连读，听起来像"油好"；"演"与"讲"连读，听起来像"严讲"。变调多数是受后一个音节的影响而产生的。普通话中常见的变调有以下几种。

(一)上声的变调

上声音节的字在单念或在词语的末尾时念本调，调值为214。下列情况下均有变化。

(1) 上声和上声相连，前一个上声变读阳平，调值由214变为35。在原为上声的轻声字音前，则有两种情况：有的变阳平，有的变半上声。例如：

在上声前：反省　景点　野草　水鸟　语法　改选　取暖

在轻声前：打点　等等　老虎　打扫(变为阳平)

　　　　　矮子　耳朵　马虎　姐姐　(变为半上)

(2) 三个上声相连时，有两种情况：如果前两个字是双音节词，那么前两个音节都变读阳平，调值由214变为35；如果后两个字是双音节词，那么第一个音节变读为"半上"，调值由214变为21，第二个变读阳平，调值由214变为35。第三个音节由于在末尾都读原调。例如：

展览馆　领导组　演讲者　洗澡水　苦水井

老厂长　小组长　好领导　有本领　很勇敢

(3) 如果连读的上声字不只三个，则可以根据词的搭配意义适当分组，按上述规律变调，快读时也可以只保留最后一个字音读原调214。例如：

岂有此理　彼此友好　领导组组长参观了展览馆

(4) 上声在阴平、阳平、去声前变读为"半上"，调值由214变为21，在原为非上声改读轻声的字音前，变调情况也相同。例如：

阴平前：表哥　百般　省心　火车　警钟　老师　北京　小说　辅音　首都
阳平前：表姨　旅行　导游　朗读　考察　祖国　语言　友情　主持　改良
去声前：表妹　广大　讨论　感谢　稿件　美丽　土地　考试　挑战　努力
轻声前：口袋　补丁　讲究　手巾　尾巴　稳当　祖宗　老婆　伙计　本事

(二)"一""不"的变调

"一"的单字调是阴平 55，"不"的单字调是去声 51。"一""不"单念或处在词末尾的时候，不变调。例如：

一、二、三　统一　第一　表里如一　唯一　不　就不　行不

(1) "一"有两种变调。

① 在去声音节前调值为 35，跟阳平调值一样。例如：

一半　一旦　一定　一共　一度　一世　一概　一致　一再　一架　一律　一遍

② 在非去声(阴平、阳平、上声)前读去声，调值为 51。例如：

阴平前：一身　一生　一些　一天　一瞥　一心　一般　一边
阳平前：一旁　一直　一年　一时　一群　一同　一轮　一条
上声前：一秒　一起　一把　一早　一手　一本　一准　一体

"一"作为序数表示"第一"时不变调，例如："一楼"的"一"不变调，表示"第一楼"或"第一层楼"，而变调则表示"全楼"；"一班"的"一"不变调，表示"第一个班"，而变调则表示"全班"。

(2) "不"只有一种变调。

当"不"在去声音节前调值变为 35，跟阳平的调值一样。例如：

不必　不变　不定　不测　不错　不要　不对　不论　不怕　不像

(3) "一"、"不"夹在词语中间读轻声。例如：

听一听　学一学　写一写　好不好　谈不谈　去不去　看不清　差不多　打不开

(三)形容词重叠式的变调

1．AA 式与 AA 儿式变调辨析

AA 式单音形容词重叠形式，后字是不变调的，有些人习惯把后字变读为阴平或轻声是错误的，要注意改正。例如：

绿绿的　嫩嫩的　慢慢地　好好地　长长地　偷偷地

AA 儿式末音节为儿化音节，是口语里的重叠格式，儿化音节要变读为阴平调。例如：

慢慢儿走　好好儿工作　早早儿起床

2．ABB 式的变调与不变调

ABB 式里后两个重叠音节，有些要变读为阴平调，有些则不变仍读原调。

一是《现代汉语词典》里注为变调形式阴平调的，最好还是读成阴平调。例如：

红彤彤　软绵绵　沉甸甸　绿油油　毛茸茸　慢腾腾　明晃晃　亮堂堂　热辣辣

二是有些ABB式后面的BB意义比较实，书面性较强，词典也注为原调，则不要读为变调形式。例如：

金灿灿　赤裸裸　亮闪闪　恶狠狠　阴沉沉　睛朗朗　直挺挺　喜洋洋　气昂昂

三是BB本来变阴平，不存在变调，则照原调读就行了。例如：

亮晶晶　干巴巴　冷冰冰　水汪汪　香喷喷

3. AABB式的变调与不变调

一部分口语色彩较浓的双音形容词重叠为AABB式时，产生这样两种音变：第一种情况，第二音节变读为轻声，三四音节即BB变读为阴平调。这种变调形式一般用于日常口语，表示随和、亲切的感情色彩。例如：

漂漂亮亮　老老实实　马马虎虎　支支吾吾　干干净净　热热闹闹

用于庄严的、强调的、书面的语境，则可以不产生如上所述的变调。有些书面性较强的，就不能产生上述变调，第二音节反而重读。例如：

勤勤恳恳　鬼鬼祟祟　潦潦草草　从从容容

另一种情况，AB不是一个词，是AA+BB的形式，则不能变调。例如：

老老小小　沟沟坎坎　家家户户　走走停停

三、儿化

(一)什么是儿化

普通话的儿化现象主要由词尾"儿"音节变化来的。词尾"儿"总是跟在别的音节后面读轻声，天长日久就产生了变化："er"音节失去了自己的独立性，只保留了一个轻微的卷舌动作，附在了前一个音节的韵母后面。这样，在词语中，词尾"儿"完整的"er"音节没有了，前一个音节却带上了一个轻短微弱的卷舌音，这种现象叫"儿化"，后面产生儿化作用的韵母就叫作"儿化韵"。

普通话的卷舌韵母"er"不与声母拼合，自成音节时常用的只有"儿、而、尔、耳、二"等几个字。

儿化韵的音节，用汉语拼音拼写，只在原音节末尾加"r"表示，例如："花瓶儿(huāpíngr)"、"叫好儿(jiàohǎor)"。"-r"并不是独立的音素，只表示卷舌动作。

(二)儿化韵的发音

普通话韵母除ê、er之外都可以"儿化"。韵母儿化有不同的读音变化，变化情况根据韵母的韵腹和韵尾而定。

儿化韵母的音变往往也不是简单地在韵母后加上一个卷舌动作，儿化时由于舌头上翘，致使舌位高前的韵尾发不出来而丢失，同时使韵腹元音也受影响而"央化"，还使后鼻音韵尾丢失而使韵腹元音"鼻音化"。因此，儿化总是伴随脱落、增音、更换和同化等现象。

(三)儿化的作用

儿化并不是单纯的语音现象,它还具有语汇意义和语法意义,并有一定的修辞作用,能够增强语言的表达效果,体现不同的言语风格。

(1) 有些词儿化后带有"小"的意思或带有亲切、喜爱的感情色彩。例如:

火星:太阳系中围绕太阳旋转的一颗行星。

火星儿:很小的火点儿。

宝贝:珍奇的东西。

宝贝儿:对小孩子的爱称。

老头:年老的男子(多含厌恶意)

老头儿:年老的男子(多含亲切喜爱意)

(2) 有些词儿化后具有区别词性的作用。例如:

盖(动词)　　　盖儿(名词)

尖(形容词)　　尖儿(名词)

破烂(形容词)　破烂儿(名词):

画(动词)　　　画儿(名词)

(3) 有些词儿化后具有区别意义的作用。例如:

白面:小麦磨成的粉。

白面儿:一种毒品。

吹风:洗发后,用吹风机吹头发,吹干或定型。

吹风儿:有意透露意向或信息,使人知道。

头:头部,脑袋

头儿:为首的,领头的。

普通话中有一些词儿化后并不改变词性或词义,也不附加什么色彩,仅仅是一种习惯用法。例如"床单儿、手套儿、走调儿、咬字儿"等。掌握这一类词,除了必要的记忆之外,还要在多读多练中培养语感,逐步达到自然、熟练的程度。

四、语气词"啊"的音变

普通话语流中,用在句尾的语气词"啊"(a),由于受到前面一个音节末尾音素的影响而发生变化,同时字形也可根据实际读音发生变化,如表3-10所示。

表 3-10 "啊"的音变规律表

前面音节末尾的因素	"啊"的音变	汉字写法	举 例	
a、o、(不包括ao、iao) e、ê、i、ü	ya	呀	不要怕呀 这么多呀 好渴呀 好好学呀 真整齐呀 你真谦虚呀	他呀 好难上的坡呀 唱歌呀 快点写呀 小鸡呀 这么大雨的呀
u(包括ao、iao)	wa	哇	快点走哇 别迟到哇 真是妙哇	药真苦哇 多好哇 你为什么笑哇
n	na	哪	加油干哪 水真深哪 慢点吧,您哪	真鲜艳哪 不懂就问哪 好漂亮的云哪
ng	nga	啊	路真长啊 夜多么静啊	天真冷啊 那时都穷啊
-i(前)	za	啊	这孩子啊 你真自私啊	原来如此啊
-i(后)、er	ra	啊	人各有志啊 刚刚开始啊	快点吃啊 小二啊

思考和练习六

1. 什么是音变？普通话常见的音变现象有哪些？请举例说明。

2. 什么是轻声？为什么轻声在普通话里不是一种独立的调类？轻声在普通话里有什么作用？

3. 什么是儿化？请举例说明儿化在普通话里有什么作用。

4. 指出下面上声字的声调变化情况并归类。

窈窕 永远 雪原 养老 体统 祖宗 午餐 鼓吹 仰望 俨然 羽毛 雨季
选举 朽木 稳当 演奏 野草 礼节 小号 手巾 组员 耳朵 水手 友邦
老李 雨水 想法 手套 辅助 粉色 尾巴 火光 铁丝 影响 讲究 展销

5. 找出下列词语中习惯上读轻声的词语。

拒绝 包袱 北方 麻烦 挂号 将就 丰硕 破坏 人口 得罪 儿童 潦草
闰月 相声 穷人 马匹 出现 帐篷 负荷 苛刻 葫芦 思想 傻瓜 成天
月亮 都市 收成 耽搁 昌盛 生锈 点心 棉花 困难 能耐 漂亮 朋友
分期 妇联 特务 热闹 吸取 机灵 扁担 凑合 答应 称呼 先锋 张罗

6. 朗读短文，分析文出现的"啊"的音变，"一"、"不"的变调情况，儿化词的表达效果。

没有一片绿叶，没有一缕炊烟，没有一粒泥土，没有一丝花香，只有水的世界，云的海洋。

一阵台风袭过，一只孤单的小鸟无家可归，落到被卷到洋里的木板上，乘流而下，姗姗而来，近了，近了！……

忽然，小鸟张开翅膀，在人们头顶盘旋了几圈儿，"噗啦"一声落到了船上。许是累了？还是发现了"新大陆"？水手撵它它不走，抓它，它乖乖地落在掌心。可爱的小鸟和善良的水手结成了朋友。

瞧，它多美丽，娇巧的小嘴啄理着绿色的羽毛，鸭子样的扁脚，呈现出春草的鹅黄。水手们把它带到舱里，给它"搭铺"，让它在船上安家落户，每天，把分到的一塑料筒淡水匀给它喝，把从祖国带来的鲜美的鱼肉分给它吃，天长日久，小鸟和水手的感情日趋笃厚。清晨，当第一束阳光射进舷窗时，它便敞开美丽的歌喉，唱啊唱，嘤嘤有韵，宛如春水淙淙。人类给它以生命，它毫不悭吝地把自己的艺术青春分奉献给了哺育它的人。可能都是这样？艺术家们的青春只会献给尊敬他们的人。

小鸟给远航生活蒙上了一层浪漫色调。返航时，人们爱不释手，恋恋不舍地想把它带到异乡。可小鸟憔悴了。给水，不喝！喂肉，不吃！油亮的羽毛失去了光泽。是啊，我们有自己的祖国，小鸟也有它的归宿，人和动物都是一样啊，哪儿也不如故乡好！

(王文杰《可爱的小鸟》，普通话水平测试用朗读作品22号，《普通话水平测试实施纲要》，商务印书馆2001年1月版)

7. 朗读下列句子，注意"啊"的音变，并写出"啊"音变后的汉字和音标。

快点割啊（　　）　好大的树啊（　　）　多漂亮的裙子啊（　　）　你想啊（　　）
大声说啊（　　）　谁的东西啊（　　）　多结实的桥啊（　　）　大不相同啊（　　）
他真傻啊（　　）　孩子别哭啊（　　）　多深的山谷啊（　　）　好几次啊（　　）
你别撕啊（　　）　怎么不动啊（　　）　我们都是老师啊（　　）　我的儿啊（　　）

第七节　语言知识在朗读中的运用

学习要点：了解朗读的作用、要求和基本技巧，把语音知识运用到朗读中；掌握不同文体作品朗读的基调，在朗读实践中能灵活把握朗读技巧，分析理解作品的思想内容和作者的情感体验，把抽象静止的书面语言转化为具体可感的有声语言。

朗读是人们学习、工作、生活中常用的一种言语技能。要学习一种语言，就得反复朗读这种语言的词句文章；想要深入品味、鉴赏一篇文学作品，也需要涵泳其中，反复朗读吟诵；面对公众阐明观点，表明态度，抒发感情，讨论宣讲，也是一种特殊的朗读。由此可见，朗读对于每一个言语活动的主体都很重要。在普通话水平测试中，朗读短文是测试

现代汉语

应试人员使用普通话能力和水平的重要测试项目。

一、朗读的作用和要求

(一)朗读的定义和作用

朗,指声音清楚、响亮;读,指念文章。朗读就是清晰、响亮、有感情地把文字作品念出来,是把书面文字作品转化为有声语言的一种活动,同时,把抽象静止的感情变为真实具体的感情,使文章中的人物、景物、事理跃出纸面,让读者直接体味、感受文章的内容。

在人们的文化生活和语文学习中,朗读都起着十分重要的作用。通过朗读,我们可以加深对作品语言特色、文学形象、思想感情等方面的理解和感受,不断丰富自己的语感,在生动的审美愉悦中提高精神境界。朗读又是学习和推广普通话的重要方法,经常朗读可以提高语音的标准程度和词汇语法的规范化程度,有效地纠正方言。

(二)朗读的基本要求

(1) 用普通话标准音朗读。读准每个字的声母、韵母、声调,读准多音多义字、异读词及易读错的字词。根据语流音变的规律,读好轻声、儿化、变调的音节和"啊"的音变。

(2) 自然、流畅。要读得连贯,流利顺畅,停连得当,不回读,不添字、漏字、倒字,不读破词句。

(3) 声音轻重缓急、高低快慢、抑扬顿挫要控制得当,听起来圆润和谐、富有节奏感,不拖腔拖调。

(4) 饱含感情。在朗读时投入自己的真挚感情,使朗读出来的词句有血有肉有感情。

要达到以上要求,朗读之前必须做好充分的准备工作:要反复阅读作品,深入体会作品的思想内容和作者的思想感情,充分了解作品的时代背景、中心思想;弄清结构、弄懂词句;把握文体特点。只有这样才能充满感情、从容自然地把课文读出来,取得良好的表达效果。

二、朗读的基本技巧(停连、重音、语速、句调)①

朗读就是要把书面语言转化为有声语言,用声音形象再现作品的思想感情,所以朗读技巧主要表现为语言风格的选择和语音的技术处理。

停连、重音、语速和句调是语言表达的方法和技巧,是表现语气的物质依托,是表现作者情感、体现文章主题的重要手段,是对语音进行技术处理的侧重点。

---

① "朗读的技巧" 请参见http://www.xikls.cn/b(1)/lsb11.htm,西克朗读,普通话测试训练,普通话朗读。

（一）停连

停连是指朗读语流中声音的暂时休止和续接，可以说它是有声语言表达中的标点符号。一方面，停连是作品内容、情感表达的需要，在适当的地方利用停连，造成声音的暂时间歇和延读，帮助听者更好地理解和感受作品的思想内容；另一方面，它也是朗读者生理上的需要。

1．停连的分类

停连可以分为语法停联和强调停连两类。

1） 语法停连

语法停连是反映词句之间的语法关系，显示语法结构的停连。例如：

他看了看我，和小王出去了。

他看了看我和小王，出去了。

可见，停连的位置不同，显示的语法关系和结构也不同。语法停连可分为以下两种。

(1) 句逗停连。

标点符号是书面语的重要组成部分，在口语中则用停顿来表示，其停顿时间的长短，一般由标点的类型决定。常用的标点符号停顿时间大致是：句号、问号、叹号＞分号、冒号＞逗号＞顿号。例如：

它不像汉白玉那样的细腻，//可以刻字雕花；////也不像大青石那样的光滑，//可以供来浣纱捶布。////它静静地卧在那里，//院边的槐荫没有庇覆它，//花儿也不再在它身边生长。////荒草便繁衍出来，//枝蔓上下，//慢慢地，//它竟锈上了绿苔、/黑斑。(斜竖线的多少表示停连时间的长短)

标点符号虽是停顿的重要标志，但我们在处理具体的作品时要根据语意的表达和语气的需要灵活处理。

(2) 语组停连。

语组停连是指在没有标点符号的地方，按照词的语法关系所作的停顿。语组停顿比句逗停顿的时间要短些。一般说来，主谓之间、动宾之间、修饰成分与中心语之间，都可以有停顿。例如：

夕阳/落山/不久，西方的/天空，还燃烧着/一片橘红色的/晚霞。大海，也被这霞光/染成了/红色，而且/比天空的/景色/更要/壮观。

2） 强调停连

强调停连是为了突出某种事物或表达某种特殊感情所作的停连。它不受语法停连的限制，而是依据表情达意的需要来决定停连的位置和时间。它可表示某种特殊的语意，还可显现出它前后连接部分的某种特殊的关系。例如：

(1) 表现语句中的区分关系。

伊/伏在地上；车夫/便也立住脚。他/对于/我，～又几乎变成了一种威压……

在"伊"和"车夫"后面略有一停顿，人物关系、动作更为明了，如在眼前。

(2) 表现语句中的呼应关系。

在这叫喊声里,乌云听出了/愤怒的力量,~热情的火焰和胜利的信心。

这里"乌云听出了"是呼,后面三个短语"愤怒的力量"、"热情的火焰"、"胜利的信心"是应。在"听出了"后面要停顿明确,而后面三个短语之间要紧凑,如果机械地按标点符号停顿,便成为:在这叫喊声里,乌云听出了愤怒的力量,/热情的火焰和胜利的信心。这样朗读就破坏了句子内部的对应关系,造成语义不清。

(3) 表现语句中的并列关系。

用它/搭过帐篷,用它/打过梭标,用它/当缸盛过水,~当碗蒸过饭,用它/做过扁担与吹火筒。

这一句话有四个并列短句,可以在"用它"之后略一停顿,显示出它的并列感。特别是"它/当缸盛过水,~当碗蒸过饭",中间要连起来,不能按标点停顿,否则就形成了五个短句,使语意散乱。

(4) 表现句中的转换关系。

我便对他说:"没有什么的。走你的罢!"//

车夫毫不理会,——或者并没有听到,却放下车子,扶那老女人慢慢起来,搀着臂膊立定……

在作品中,语句并不都是平铺直叙的,随着内容、情节的发展,在语句之间往往会形成语意的变化、感情的反差,上面两句之间的转换性停顿,就把"我"的无所谓和"车夫"的关注形成一种强烈的对比。

2. 停连的方法

从语句的停连和连续来看,主要有以下四种方式。

(1) 落停:即停顿时间相对较长,句尾声音顺势而落,声止气也尽。这种停顿多用在一个相对完整的意思讲完之后。句逗停顿多用在句号、问号、感叹号处。

(2) 扬停:即停顿时间相对较短,停之前声音稍上扬或持平,声虽止但气未尽,一听便知是才说了半句话,还有下文,这种停顿多用在一个意思还未说完,而中间又需要停顿之处。句逗停顿多用在分号、逗号、顿号处。

(3) 直连:即顺势而下,连接迅速,不露连接的痕迹。这种停顿多用于内容联系紧密,持续抒发感情的地方,一般与扬停配合使用。

(4) 曲连:即在连接处有一定空隙,但又连环相接,迂回向前。这种停顿多用于既要连接,又要有所区分处,常与落停配合使用。例如:

梅雨潭是一个瀑布潭。//仙岩有三个瀑布,/梅雨潭最低。//走到山边,/便听见哗哗的声音;/抬起头,/镶在两条湿湿的黑边里的,/一带白而发亮的水便呈现于眼前了。//(//为落停、/为扬停)

(二)重音

重音是指朗读时为了突出主题、表达思想、抒发情感而对于句中的某些词语加以突出

强调的音,它是体现语句内容的重要手段。在朗读中,重音位置不同,语意也会随之发生变化。例如:

我知道你爱看小说。(别以为我不知道)

我知道你爱看小说。(爱不爱看诗歌我不知道)

1. 重音的分类

重音可分为语法重音和强调重音两类。

1) 语法重音

语法重音是由语句的结构自然表现出来的重音,位置比较固定。如谓语、中心语的修饰成分,疑问代词和揭示代词都是语法重音。例如:

冬天来了,春天还会远吗?

在我的心里,有着说不出的兴奋和愉快。

这就是我——一个共产党员的自白。(指示代词)

2) 强调重音

强调重音是为了突出表达某种思想感情而把语句中的某些词语加以强调的音,又叫"逻辑重音"。强调重音没有固定的位置,它是根据表意的内容和需要来确定的。

(1) 突出话语重点,能表明语意内容的词句。

爸不懂得怎样表达爱,使我们一家人融洽相处的是我妈。

(2) 表示对比、并列、照应和递进等关系的词句。

别人在这儿找不到金子后便远远地离开,而我的"金子"是在这块土地里,只有诚实的人用勤劳才能采集到。

(3) 表达某种强烈感情的词句。

"等待三天",多么富于哲理的话语,多么乐观的生活方式。

2. 重音的表现方法

重音的表现方法有很多种,常见的有以下三种情况。

(1) 加强音量,提升音高。即有意识地把某些词语读得重一些、响一些,使音量增强。

当你在积雪初融的高原上走过,看见平坦的大地上傲然挺立这么一株或一排白杨树,难道你就只觉得它只是树,难道你就不想到它的朴质,严肃,坚强不屈,至少也象征了北方的农民;难道你竟一点儿也不联想到,在敌后的广大土地上,到处有坚强不屈,就像这白杨树一样傲然挺立的守卫他们家乡的哨兵!难道你又不更远一点想到这样枝枝叶叶靠紧团结,力求上进的白杨树,宛然象征了今天在华北平原纵横决荡用血写出新中国历史的那种精神和意志。

(茅盾《白杨礼赞》)

(2) 拖长音节。即有意将音节拖长一些,用延长音节的办法使重音突出。

撑着油纸伞,独自

彷徨在悠长,悠长

又寂寥的雨巷

(3) 重音轻读。表现重音，不一定非要增加音量，有时用减轻音量的方法，将重音低沉地轻轻吐出，效果反而会更好。一般在表达极为复杂而细腻的感情时，多用这种方法。

风一吹，芦花般的苇絮就飘飘悠悠地飞了起来。

(4) 停顿强调，突出重音。在要强调的词后面做一短暂的停顿。

是的，智力/可以受损，但爱/永远不会。

(三)语速

语速是指说话或朗诵时每个音节的长短及音节之间连接的松紧。说话的速度是由说话人的感情决定的，朗诵的速度则与文章的思想内容相联系。朗读时，要准确地表达文章内容和作者的思想感情，就必须采取与之相适应的朗读速度。

决定语速的因素有以下几种。

(1) 作品的体裁和基调。慷慨激昂、热情奔放的诗文，宜用快读；平实记述、语气舒缓的文章，宜用慢读。

(2) 叙述方式。作者的抨击、斥责、控诉、雄辩，宜用快读；一般的记叙、说明、追忆，宜用慢读。

(3) 心情。紧张、焦急、慌乱、热烈、欢畅的心情，宜用快读；沉重、悲痛、缅怀、悼念、失望的心情，宜用慢读。

(4) 谈话方式。辩论、争吵、急呼，宜用快读；闲谈、絮语，宜用慢读。

(5) 场面。急剧变化发展的场面宜用快读；平静、严肃的场面宜用慢读。

(6) 人物性格。年青、机警、泼辣的人物的言语、动作，宜用快读；年老、稳重、迟钝的人物的言语、动作，宜用慢读。

快读时，要特别注意吐字的清晰，不能为了读得快而含混不清，甚至"吃字"；慢读时，要特别注意声音的明朗实在，不能因为读得慢而显得疲沓、松垮。最好做到"快而不乱"、"慢而不拖"。

朗读的速度要适时适度地转换。朗读任何一篇文章，都不能自始至终采用一成不变的速度。朗读者要根据作者的感情的起伏和事物的发展变化随时调整自己的朗读速度。控制好朗读速度的转换才能取得好的朗读效果。

(四)句调

句调是指贯穿句子的高低升降的音高变化。它与声调都是音高的变化形式，但声调只指一个音节(字)的变化，所以声调又叫"字调"。句调随着句子语气的不同而变化，是语气快慢、高低、强弱、长短等变化的总和。

根据表示的语气和感情态度的不同，句调分为四种形式。

(1) 升调：调子由平升高，常用来表示反问、疑问、惊异、号召等语气。例如：

你以为这是什么车？旅游车？(反问)

我什么事都不用做吗？(疑问)

全世界人民团结起来！(号召)

(2) 降调：调子先平后降，常用来表示陈述、感叹、请求等语气。例如：

享受幸福是需要学习的，当它即将来临的时刻需要提醒。(陈述)

桂林的山水多美啊！(感叹)

大家一起到公园散散心吧。(请求)

(3) 平调：调子始终保持同样的高低，平直舒缓，无明显变化，常用来表示严肃、冷淡、叙述等语气。例如：

老老实实地把犯罪经过说一遍！(严肃)

这件事你看着办吧。(冷淡)

苏州园林里都有假山和池沼。(叙述)

(4) 曲调：调子升高再降，或降低再升，常用来表示含蓄、讽刺、意在言外等语气。例如：

此时，老板转向了布鲁诺，说："现在您肯定知道为什么阿诺德的薪水比您高了吧！"(意在言外)

(五)作品朗读综合分析示例①

分析符号及所处位置如下：'A—语法重音；"A——强调重音；A——轻声音节；∧——句中停顿；A～——延长，↗——升调；↘——降调；→——平调。语言类型、语速、情感等处理分析在相应句子后的括号里加以说明。

在船上～，↗为了看日'出～，↗我'特'地∧起个在大'早。↘那时～天∧还没有'亮，↗周围是很寂'静的，→"只有机器房的声音。↘(此段说明事由，交待周围环境，属叙述类语言，语速整体较慢，心态平和)

天空～变成了浅蓝'色～，↗'很浅'很浅的；↘转眼间∧天边出现了一道红'霞，↗慢慢儿～扩大了它的范'围～，↗加强了它的光'亮。↘∧我知道～太阳要从那天际∧'升起来了，↗便～目不转睛地'望着那里。(本段第一句属于描写语言，重音停延都很明显，分号前较慢，分号后则较快些。第二句为叙述类语言，表示急切心情，停短气促，语速较快。注意几处音变："很浅、转眼"属上声变调，前字变为阳平调；"一道"的"一"念阳平调；趋向动"起来"用在动词后应念轻声)

果然，'过了一会儿～，↗在那里～就出现了太阳的一小'半，↗红～是红得'很，↗却∧没有光亮。↘这太阳～像负着什么重'担似的，↗慢慢儿，↗一步一步地，努力向上面升起来，↗到了最后～，↗'终于冲破了云'霞，↗完全跳出了海'面。↘那颜色～，真红得可'爱。↘一刹那间～，↗这深'红的东西～，↗忽然发出'夺目的光亮，↗射得人～～眼睛发'痛，↘同时～附近的云也添了光'彩。↘(本段主体为描写语言，且语义转折颇多，快慢交错，缓急互现，朗读时要注意气息的合理运用。第一句前三个逗号句读得较快，后两个分句则较慢；第二句前三个逗号句较慢，分句间停延较长，后三个分语速较快，连接颇紧；

---

① 示例分析请参见http://www.xikls.cn/b(1)/lsb11.htm，西克朗读，普通话测试训练，普通话朗读。

第三句相当于感叹句，语速稍慢；第四句整体语速较快，较急促。文中"一"的变调依次为：阳平、去声、阳平、阳平、阳平。

有时～太阳走入'云里～，↗它的光'线∧却∧仍从云里透'射下来，↗'直射到水'面上。↘这时候～，人∧要分辨出～何处是水，何处是天～，↗很不容'易，↘因为～，'只能够看见光'亮的一片。↘(第一句是描写语言，语速稍慢。第二句有些说明议论分析的意味，前四个逗号句较快，最后一个分句较慢些)

有时～天边有黑'云～，↗而且～云片很'厚。↘太阳出来了，↗人～却不能够'看见它。↘然而～太阳在黑云里放射出光'芒，↗透过黑云的周围，↗替黑云镶了一道光'亮的金边，↗把一片片黑云～变成了紫云∧或∧红霞。↘"这时候～，↗光亮的～不仅是太'阳∧'云∧和海'水，↗连我自己～也成了光'亮的了。"↘(第一句与上段第一句并列，语速较慢。第二句语速也稍慢。第三句分句多，语速较快，节奏紧。第四句表示心情激动，节奏变化较大，前两个逗号句稍慢，最后一句语速快声音高)

这～不是'很伟大的奇'观么？↗(此句形为问句，实为感叹，音节着力，轻重分明，句调上扬)

三、不同文体作品的朗读

深入理解作品是读好文章的基础。朗读他人的作品，首先是代表作者表达思想感情，然后才能掺入朗读者体验的情绪，所以朗读者应该把握作者的创作意图，体会作者的创作感情，使自己的朗读状态尽量接近作者的创作状态。朗读前，要先了解作品的时代背景，分析创作意图提炼主题思想，品味作者的感情基调，才能对作品产生强烈的感受和体验，才能有朗读的愿望和激情，才能酝酿出朗读的感情基调。在此基础上，还得仔细揣摩文章的段落、句子、词语甚至标点符号，把握句子之间的逻辑关系和情感脉络，这样才能恰当地处理每个句子的轻重、抑扬、快慢、停连，才能把文章读得有血有肉，声情并茂。

不同文体的作品，在朗读时有不同的要求。

思考和练习七

1. 下面句子在不同的地方停顿可以表达不同的意思，试用标点符号表示出来。
(1) 下雨天留客天留我不留。
(2) 无鸡鸭亦可无鱼肉亦可青菜一碟足矣。
2. 根据划分节拍规律朗读下面古诗。
前不见古人，后不见来者。念天地之悠悠，独怆然而涕下。
锦城丝管日纷纷，半入江风半入云。
此曲只应天上有，人间能得几回闻。
3. 结合普通话水平测试，朗读作品1～60号，并分析不同文体作品的朗读艺术。

第八节 语音规范化

学习要点：了解语音的规范化，异读词的审定情况及审定后的正确规范的读音，轻声、儿化的规范化，"误读字"的正确读音。掌握普通话水平测试的相关知识，积极练习普通话，达到普通话水平测试等级要求。

语音规范化是指确立民族共同语语音的明确一致的标准，是现代汉语规范化的重要组成部分，也是推广普通话的基础，它的目的是让语言这个交际工具更好地发挥它的交际功能。

普通话以北京语音为标准语音。北京语音的声、韵、调及它们之间的配合关系是比较明确和一致的，但是在具体的词或字的读音上还存在一些分歧。这些分歧对学习和推广普通话形成了干扰。所以，有必要对这些语音成分进行取舍整理，重新审定规范它们的读音，确定一个统一的标准。

一、异读词读音的规范

(一)异读词与多音字

异读词是指在意义没有根本变化的情况下却存在不同读音的词。这些不同读音是由文白异读、方音异读、讹误异读等原因造成的。这种现象影响了语音规范，增加了人们认识和记忆的负担。

异读词中的字，从语音的角度来分析，声母、韵母或声调可能不同，有的声母、韵母、声调都不同。例如：

(1) 声母不同。例如：膝盖 xīgài，又读 qīgài；机械 jīxiè，又读 jījiè。
(2) 韵母不同。例如：厚薄 hòubó，又读 hòubáo；跃进 yuèjìn，又读 yàojìn。
(3) 声调不同。例如：古迹 gǔjì，又读 gǔjī；比较 bǐjiào，又读 bǐjiǎo。
(4) 其他情况。例如：奇数 jīshù，又读 qíshù；供给 gōngjǐ，又读 gònggěi。

以上这些异读词，已经确定前一个读音为规范的读音。

多音字是指同一个汉字在不同的词内读音不同，或是不同的读音代表着不同的意义。例如：

快乐 lè　　音乐 yuè
强大 qiáng　　强迫 qiǎng
口供 gòng　　提供 gōng

(二)掌握《普通话异读词审音表》

1956 年，中国科学院成立了普通话审音委员会，专门审订异读词的读音。普通话审音委员会曾于 1957 年到 1962 年分三次发表了《普通话异读词审音表初稿》，并于 1963 年

汇辑成《普通话异读词三次审音总表初稿》。随着语言的发展,《普通话异读词三次审音总表初稿》中原审订的一些词语的读音需要重新审订,同时,作为语音规范化的标准,《普通话异读词三次审音总表初稿》也需要定稿。因此,1982年,审音委员会开始对《普通话异读词三次审音总表初稿》进行修订。1985年12月,国家语言文字工作委员会、国家教育委员会、广播电视部公布了《普通话异读词审音表》,该表是异读词读音、标音的标准和依据。

《普通话异读词审音表》将异读词归纳为两类。

(1) 确定了异读词的统读音,废止了其他读音。例如:

确凿:取消 zuò、zuó 音,统读 záo

呆板:取消 ái 音,统读 dāi

寻思:取消 xín 音,统读 xún

缠绕:取消 rǎo 音,统读 rào

卓见:取消 zhuō 音,统读 zhuó

(2) 保留异读读音,区分异读词的不同读音。

文白异读:

澄①chéng(文)～清(如"～清混乱"、"～清问题")

②dèng(语)单用,如"把水～清了"。

壳①ké(语)～儿 贝～儿 脑～ 驳～枪

②qiào(文)地～ 甲～ 躯～

钥①yào(语)～匙

②yuè(文)锁～

词性、词义不同异读:

畜①chù(名物义)～力 家～ 牲～ 幼～

②xù(动作义)～产 ～牧 ～养

苫①shàn(动作义,如"～布")

②shān(名物义,如"草～子")

累①lèi(辛劳义,如"受～"〔受劳～〕)

②léi(如"～赘")

③lěi(牵连义,如"带～"、"～及"、"连～"、"赔～"、"牵～"、"受～"〔受牵～〕)

学习普通话,规范异读词的读音,必须依照《普通话异读调整审音表》中确定的音去认读。

二、纠正"误读字"的错误读音,掌握正确读音

误读字是指由于种种原因容易读错的字。

1. 形体混淆

窠：kē 误读为 cháo(巢)

娩：miǎn 误读为 wǎn(挽)

券：quàn 误读为 juàn(卷)

辍：chuò 误读为 zhuì(缀)

犷：guǎng 误读为 kuàng(旷)

2. 只认半个字

糙：cāo 不读 zāo

枢：shū 不读 qū

酗：xù 不读 xiōng

衅：xìn 不读 bàn

娠：shēn 不读 chén

3. 读错多音多义字

炮制：páo 不读 pào

亲家：qìng 不读 qìn

请帖：tiě 不读 tiē

悄然：qiǎo 不读 qiāo

句读：dòu 不读 dú

载体：zài 不读 zǎi

4. 误读姓氏、地名、人名、物名等

姓查：Zhā 不读 chá

姓曾：Zēng 不读 céng

单于：Chán 不读 dān

冒顿：MòDú 不读 màodùn

天台山：tāi 不读 tái

虎跑寺：páo 不读 pǎo

三、轻声、儿化的规范

轻声、儿化是北京话里突出的语音现象。它们在语言表达上的作用，概括起来有以下三种。

(1) 有区别词义或词性作用的。例如："大爷"、"老子"读不读轻声意义不同，"尖"、"盖"儿化不儿化词义和词性都不同。

(2) 没有区别意义作用的。例如："南瓜"、"报酬"读不读轻声意义相同，"金鱼"、"电影"儿化不儿化没有区别意义的作用。

(3) 两可的情况，没有一定的读法。例如："早晨"第二个音节可以读轻声，也可以不读轻声；"帮忙"也可以读"帮忙儿"，没有一定的读法。

北京话里的轻声、儿化现象非常普遍，一般认为，凡有区别词义和词性作用的，或是已经被普遍采用的轻声词和儿化词，可以吸收到普通话里来，使普通话丰富多彩；至于那些没有区别意义的作用的，或是两可情况的轻声词、儿化词，应作为北京话的方言土语成分看待，不必吸收到普通话中来。

四、推广普通话与普通话水平测试

中国是一个多民族、多语言、多方言的人口大国。据统计，我国的56个民族共有80多种彼此不能交际的语言和地区方言。不同民族的语言之间相互听不懂，就是同一种语言也不一定能自由交流，比如汉语的方言分歧就十分严重。方言分歧妨碍着人们的现代交际，妨碍着现代化经济、政治、文化等各项事业的发展，妨碍着社会的进步。所以我们要大力推行、积极普及现代汉民族的共同语——全国通用的普通话。

推广普通话是一项艰巨、漫长的工作。1956年2月6日，国务院向全国发出《关于推广普通话的指示》，明确了普通话的定义，成立了中央推广普通话工作委员会。几十年来，推广普通话工作在一步步扎实有力地推进。2000年10月31日，《国家通用语言文字法》诞生，推广普通话从此走上了法治道路。普通话水平测试是推广普通话工作最基本、最有力的措施。

(一)普通话水平测试的目的和性质

"普通话水平测试"(PUTONGHUA SHUIPING CESHI，PSC)是国家推广普通话的三项基本措施之一，是测查应试人的普通话规范程度、熟练程度，认定其普通话水平等级的口语考试。它是在教育部、国家语言文字工作委员会的领导下，根据统一的大纲、标准和要求，在全国范围内开展的一项国家级标准参照性考试。为此，教育部、国家语言文字工作委员会颁布了《普通话水平测试大纲》、《普通话水平测试管理规定》、《普通话水平测试规程》、《普通话水平测试等级标准》，对测试的性质、内容、方法、组织管理和等级标准都作了严格的规定，并制作了全国统一的普通话水平等级证书，为普通话水平测试制定了严格的规范。要求全国各地在普通话水平测试过程中，坚持严密组织、严明纪律、严格管理、严肃监督、严防不正之风的考试原则，严格遵守统一标准、统一大纲、统一规程、颁发统一等级证书的考试纪律，以确保测试质量，维护测试声誉。

(二)普通话水平测试的内容和范围

普通话水平测试的内容包括普通话语音、词汇和语法三个方面。普通话水平测试的范围是国家测试机构编制的《普通话水平测试用普通话词语表》、《普通话水平测试用普通话与方言词语对照表》、《普通话水平测试用普通话与方言常见语法差异对照表》、《普通话水平测试用朗读作品》、《普通话水平测试用话题》。

(三)普通话水平测试的方式和等级确定

普通话水平测试以口试方式进行。由于普通话有口语和书面语两种形式,所以实际测试便采用了有文字凭借(读)和无文字凭借(说)两种方式。由普通话水平测试员对受测人的语言面貌逐项评分,根据积分认定其普通话水平的等级。普通话水平测试员由能说一口标准的普通话,有一定的语言知识和辨音能力,受过专业机构培训并取得合格证书的人员担任。接受国家培训取得合格证书的是国家级测试员,接受省级培训取得合格证书的是省级测试员。

普通话水平共分为三级六等,每个级等都有相应的标准、分值。

一级甲等:97 分及其以上。在朗读和自由交谈时,语音标准,词汇语法正确无误,语调自然,表达流畅。

一级乙等:92 分及其以上但不足 97 分。在朗读和自由交谈时,语音标准,词汇语法正确无误,语调自然,表达流畅,偶然有字音字调失误。

二级甲等:87 分及其以上但不足 92 分。在朗读和自由交谈时,声、韵、调基本标准,词汇语法正确无误,语调自然,表达流畅,少数难点音(平翘舌音、前后鼻音韵尾、鼻边音、送气不送气等)有时出现失误。

二级乙等:80 分及其以上但不足 87 分。在朗读和自由交谈时,个别调值不准,声母、韵母发音有不到位的现象,难点音失误较多,方言语调不明显,有使用方言词、方言语法现象。

三级甲等:70 分及其以上但不足 80 分。在朗读和自由交谈时语音标准,声、韵、调失误较多,难点音超出常见范围,声调调值多不准,方言语调较明显,词汇语法有失误。

三级乙等:60 分及其以上但不足 70 分。在朗读和自由交谈时,声、韵、调失误较多,方言特征突出,方言语调明显,词汇、语法失误较多,外地人听其谈话有听不懂的情况。

(四)普通话水平测试试卷的构成和评分

普通话水平测试试卷包括 5 个组成部分,满分为 100 分。

第一部分:读单音节字词(100 个音节,不含轻声、儿化音节),限时 3.5 分钟,共 10 分。

(1) 目的:测查应试人声母、韵母、声调读音的标准程度。

(2) 要求:

① 100 个音节中,70%选自《普通话水平测试用普通话词语表》的"表一",30%选自《普通话水平测试用普通话词语表》"表二"。

② 100 个音节中,每个声母出现的次数一般不少于 3 次,每个韵母出现的次数一般不少于 2 次,4 个声调出现的次数大致均衡。

音节的排列要避免同一测试要素连续出现。

(3) 评分:

① 语音错误,每个音节扣 0.1 分。

② 语音缺陷，每个音节扣 0.05 分。
③ 超时 1 分钟以内，扣 0.5 分；超时 1 分钟以上(含 1 分钟)，扣 1 分。

第二部分：读多音节词语(100 个音节)，限时 2.5 分钟，共 20 分。

(1) 目的：测查应试人声母、韵母、声调和变调、轻声、儿化读音的标准程度。

(2) 要求：

① 词语的 70%选自《普通话水平测试用普通话词语表》"表一"，30%选自"表二"。

② 声母、韵母、声调出现的次数与读单音节字词的要求相同。

③ 上声与上声相连的词语不少于 3 个，上声与非上声相连的词语不少于 4 个，轻声不少于 3 个，儿化不少于 4 个(应为不同的儿化韵母)。

④ 词语的排列要避免同一测试要素连续出现。

(3) 评分：

① 语音错误，每个音节扣 0.2 分。
② 语音缺陷，每个音节扣 0.1 分。
③ 超时 1 分钟以内，扣 0.5 分；超时 1 分钟以上(含 1 分钟)，扣 1 分。

第三部分：选择判断，限时 3 分钟，共 10 分。

(1) 词语判断(10 组)

① 目的：测查应试人掌握普通话词语的规范程度。

② 要求：根据《普通话水平测试用普通话与方言词语对照表》，列举 10 组普通话与方言意义相对应但说法不同的词语，由应试人判断并读出普通话的词语。

③ 评分：判断错误，每组扣 0.25 分。

(2) 量词、名词搭配(10 组)

① 目的：测查应试人掌握普通话量词和名词搭配的规范程度。

② 要求：根据《普通话水平测试用普通话与方言常见语法差异对照表》，列举 10 个名词和若干个量词，由应试人搭配并读出符合普通话规范的 10 组名量短语。

③ 评分：搭配错误，每组扣 0.5 分。

(3) 语序或表达形式判断(5 组)

① 目的：测查应试人掌握普通话语法的规范程度。

② 要求：根据《普通话水平测试用普通话与方言常见语法差异对照表》，列举 5 组普通话和方言意义相对应但语序或表达习惯不同的短语或短句，由应试人判断并读出符合普通话语法规范的表达形式。

③ 评分：判断错误，每组扣 0.5 分。

选择判断合计超时 1 分钟以内，扣 0.5 分；超时 1 分钟以上(含 1 分钟)，扣 1 分。答题时语音错误，每个音节扣 0.1 分，如判断错误已经扣分，不重复扣分。

第四部分：朗读短文(1 篇，400 个音节)，限时 4 分钟，共 30 分。

(1) 目的：测查应试人使用普通话朗读书面作品的水平。在测查声母、韵母、声调、读音标准程度的同时，重点测查连读音变、停连、语调以及流畅程度。

(2) 要求:

① 短文从《普通话水平测试用朗读作品》中选取。

② 评分以朗读作品的前 400 个音节(不含标点符号和括注的音节)为限。

(3) 评分:

① 每错 1 个音节,扣 0.1 分;漏读或增读 1 个音节,扣 0.1 分。

② 声母或韵母的系统性语音缺陷,视程度扣 0.5 分、1 分。

③ 语调偏误,视程度扣 0.5 分、1 分、2 分。

④ 停连不当,视程度扣 0.5 分、1 分、2 分。

⑤ 朗读不流畅(包括回读),视程度扣 0.5 分、1 分、2 分。

⑥ 超时扣 1 分。

第五部分:命题说话,限时 3 分钟,共 30 分。

(1) 目的:测查应试人在无文字凭借的情况下说普通话的水平,重点测查语音标准程度、词汇语法规范程度和自然流畅程度。

(2) 要求:

① 说话话题从《普通话水平测试用话题》中选取,由应试人从给定的两个话题中选定 1 个话题,连续说一段话。

② 应试人单向说话。如发现应试人有明显的背稿、离题、说话难以继续等表现时,主试人应及时提示或引导。

(3) 评分:

① 语音标准程度,共 20 分。分以下六档。

一档:语音标准,或极少有失误。扣 0 分、0.5 分、1 分。

二档:语音错误在 10 次以下,有方音但不明显。扣 1.5 分、2 分。

三档:语音错误在 10 次以下,但方音比较明显;或语音错误在 10~15 次之间,有方音但不明显。扣 3 分、4 分。

四档:语音错误在 10~15 次之间,方音比较明显。扣 5 分、6 分。

五档:语音错误超过 15 次,方音明显。扣 7 分、8 分、9 分。

六档:语音错误多,方音重。扣 10 分、11 分、12 分。

② 词汇语法规范程度,共 5 分。分以下三档。

一档:词汇、语法规范。扣 0 分。

二档:词汇、语法偶有不规范的情况。扣 0.5 分、1 分。

三档:词汇、语法屡有不规范的情况。扣 2 分、3 分。

③ 自然流畅程度,共 5 分。分以下三档。

一档:语言自然流畅。扣 0 分。

二档:语言基本流畅,口语化较差,有背稿的表现。扣 0.5 分、1 分。

三档:语言不连贯,语调生硬。扣 2 分、3 分。

说话不足 3 分钟,酌情扣分:缺时 1 分钟以内(含 1 分钟),扣 1 分、2 分、3 分;缺时 1 分钟以上,扣 4 分、5 分、6 分;说话不满 30 秒(含 30 秒),本测试项成绩计为 0 分。

各省、自治区、直辖市语言文字工作部门可以根据测试对象或本地区的实际情况，决定是否免测"选择判断"测试项。如免测该项，"命题说话"测试项的分值由 30 分调整为 40 分。

思考和练习八

1. 什么是异读词？异读词和多音字是不是一回事？举例说明。
2. 查找并阅读 1985 年公布的《普通话异读词审音表》，明确异读词的正确读音。
3. 收集广播电视播音中容易误读的词语，明确正确的读音。
4. 给下列词语标示正确的读音。

刹那　侪辈　谥号　收讫　蝉联　蜷缩　狡黠　谄媚　鞭笞　奢侈　恪守　倔强
拘泥　袅娜　憎恨　箴言　伛偻　笨拙　沼气　垂涎　吮吸　豢养　蹒跚　踉跄

5. 下面给出了一份普通话水平测试样题，根据普通话水平测试试卷评分标准和要求，对自己的普通话水平进行自测。

普通话水平测试样题

一、读 100 个单音节字词(共 10 分，限时 3 分钟)

披　饿　街　歌　日　坡　雪　科　缩　册　麻　旅　季　池　利　思　砸　租　撇　奶
姐　漱　碑　藕　镖　勺　雁　瞟　剜　臊　月　套　歪　跳　位　摔　药　岁　篮　桥
爹　怀　财　袄　拽　否　暂　钩　串　蚌　癖　闩　秦　碱　裆　邢　晕　脓　润　凝
电　夏　矿　软　先　准　信　人　花　群　罐　嫩　权　狂　翁　坑　巷　荒　绒　增
鳗　哑　哇　铐　釉　淌　庸　舔　迥　佛　奖　跟　寸　脏　冬　山　走　二　上　牛

二、读多音节词语(100 个音节，共 20 分，限时 3 分钟)

存在　窗户　抽象　尾巴　同盟　聘请　恳切　扰乱　耳朵　苹果
纠正　承认　庄稼　耍弄　蘑菇　角色　暴虐　会计　大伙儿　非常
美好　否则　解放　隧道　快餐　脉搏　墨水儿　落选　突击　批准
蜜蜂　有点儿　喧嚷　小曲儿　司法　边卡　汤圆　凉爽　俊俏　王冠
拥戴　琼脂　迥然　讹诈　昂首　现代化　委员会　轻描淡写

三、朗读(共 30 分，限时 4 分钟)

我在加拿大学习期间遇到过两次募捐，那情景至今使我难以忘怀。

一天，我在渥太华的街上被两个男孩子拦住去路。他们十来岁，穿得整整齐齐，每人头上戴着个做工精巧、色彩鲜艳的纸帽，上面写着"为帮助患小儿麻痹的伙伴募捐"。其中的一个，不由分说就坐在小凳上给我擦起皮鞋来，另一个则彬彬有礼地发问："小姐，您是哪国人？喜欢渥太华吗？""小姐，在你们国家有没有小孩儿患小儿麻痹？谁给他们医费？"一连串的问题，使我这个有生以来头一次在众目睽睽之下让别人擦鞋的异乡人，从近乎狼狈的窘态中解脱出来。我们像朋友一样聊起天儿来……

几个月之后，也是在街上，一些十字路口处或车站坐着几位老人。他们满头银发，身

穿各种老式军装,上面布满了大大小小形形色色的徽章、奖章,每人手捧一大束鲜花,有水仙、石竹、玫瑰及叫不出名字的,一色雪白。匆匆过往的行人纷纷止步,把钱投进这些老人身旁的白色木箱内,然后向他们微微鞠躬,从他们手中接过一朵花。我看了一会儿,有人投一两元,有人投几百元,还有人掏出支票填好后投进木箱。那些老军人毫不注意人们捐多少钱,一直不停地向人们低声道谢。

(普通话测试用朗读作品21号,《普通话水平测试实施纲要》,商务印书馆,2004年1月版)

语音提示:

1. 渥太华 Wòtàihuá 2. 孩子 háizi 3. 麻痹 mábì 4. 不由分说 bùyóu-fēnshuō 5. 小孩儿 xiǎoháir 6. 睽睽 kuíkuí 7. 窘态 jiǒngtài 8. 朋友 péngyou 9. 天儿 tiānr 10. 银发 yínfà 11. 名字 míngzi 12. 一色 yísè 13. 一会儿 yíhuìr 14. 同行 tóngxíng 15. 遗孀 yíshuāng 16. 踊跃 yǒngyuè 17. 气氛 qìfēn 18. 地方 dìfang 19. 流血 liúxuè 20. 一点儿 yìdiǎnr 21. 谢谢 xièxie

四、命题说话(共40分,下列两个话题,任选一题,不得少于3分钟)

1. 说话题目:我的业余生活
2. 说话题目:我熟悉的地方

第四章 语　　词

本章主要讲述现代汉语词和语的构成，词素和语素，词义(词义的性质和构成、义素的分析和运用)和语义，词汇、语汇的构成，词汇、语汇的变化和规范化等问题，使学生掌握一定的语词学知识，能够正确地辨析和解释语词的含义，丰富自己的词汇和语汇，提高用词用语的能力。

第一节 语 词 概 述

学习要点：分辨词和词汇、语和语汇的不同；掌握语的分类系统；了解词汇学和语汇学。

语言的构成要素有三个，即语音、语词和语法。语音是语言的物质外壳，是语义(意义)的载体；而语词是语义的基本表达者，在语言体系中有着极为重要的地位和作用。语词是语言的建筑材料，是语言中最活跃的因素，有了它并通过它同语音、语法的结合，才能构筑起语言的大厦，人们才能自由、便利地交流思想，传递信息；语法则是语言材料的组织规则，是组词成句的结构规律。

一、词和词汇

词是可以独立运用的，最小的语音、语义结合体。也就是说，每个词都有一定的读音，表示一定的意义。有的词具有实在的意义(词汇意义)，叫实词。例如：

人　　音 rén，意思是"能制造工具并使用工具进行劳动的高等动物"。
生产　音 shēngchǎn，意义是"人民使用工具来创造各种生产资料和生活资料"。
偏僻　音 piānpì，意思是"离城市或中心区远，交通不方便"。

当然，有些词的意义并不很实在(语法意义)，叫虚词。例如：

的　　音 de，意思是"助词，表示它前边的词或词组是定语"。
了　　音 le，意思是"助词，用在动词后面，表示实现……"。
吗　　音 ma，意思是"助词，用在句末表示疑问……"。

"独立运用"是词的最大特点之一。所谓"独立运用"，对实词来说，就是可以单独作句法成分，或者在对话中可以单独回答问题。"衣服干净"中的"衣服"是主语，"干净"是谓语；"打篮球"中的"打"是述语(动语)，"篮球"是宾语。而在"你去哪儿？""商店。"／"他去不去？""去。"／"这个人怎么样？""好！"三组对话中，"商店"、"去"和"好"都可以单独回答问题。

对虚词来说，"独立运用"则表现为：第一，它不是某个实词的一部分，具有独立性；第二，它虽不能单独作句法成分，不能单独回答问题，但有辅助语法结构(短语或句子)生成的作用。例如："认真地讨论"、"美丽的风景"、"干得热火朝天"、"吃饭了吗？"中的"地"、"的"、"得"、"了"、"吗"。

"最小"，又是词的一大特点。但必须明白，它是以"独立运用的音义结合体"为前提的，也就是说，在"可以独立运用的音义结合体"之中，词是"最小的"；在"独立运用"一个词的时候，我们无须对其进行切分，因为切分的结果要么得到的是不能独立运用的构词单位(词素)，要么得到的是毫无意义的音节，更何况有些词根本就不能切分。如"基础"切分出来的是词素"基"、"础"；"葡萄"切分出来的是词素"葡"、"萄"；"天"则无法切分。同时，词的"最小"，也意味着还有"大于词的(较大的)可以独立运用的音义结合体"，如"语"。

词汇指一种语言系统里词的总汇。"词汇"是个多义词。它可以是其定义中的含义，如"汉语词汇"、"英语词汇"；可以是"某个范围内词的总汇"，如"基本词汇"、"一般词汇"、"方言词汇"、"文言词汇"；可以是"某人掌握的或某一作品使用的词的总汇"，如"钱钟书的词汇"、"郭沫若的词汇"、"《白鹿原》的词汇"、"《鲁迅全集》的词汇"；可以是"关于词汇的学科(词汇学)"，如"《现代汉语词汇》这本书"、"现代汉语《词汇》这一章"；也可以是某个学科领域通行的专门词语的总和，如"计算机词汇"、"农业词汇"。

"词"表示的是个体概念，是语言中的基本单位；"词汇"是一个集合概念，不能用于指单一的词，只表示语言中词的类集，并不是语言单位。所以"我今天又记住了五个英语词汇"的说法是错误的，其中的"词汇"应该换为"词"；而"鲁迅的杂文词很丰富"则不如说"鲁迅的杂文词汇很丰富"更准确，因为鲁迅杂文中有许多词，属于一个类集。

二、语和语汇

语是由词和词组合而成的、结构相对固定的、具有多种功能的叙述性语言单位，主要包括成语、谚语、惯用语和歇后语。从结构上看，语是比词大一级的语言单位，是由两个或两个以上的词构成，如"拍马、吃醋、喝西北风、一个老鼠坏了一锅汤"等；从性质上看，语和词都是语言单位，属于语言的建筑材料，但是和词相比，语在意义上具有叙述性的特征，结构相对固定，其中成语固定性最强，谚语次之，惯用语和歇后语则比较灵活；从功能上看，词和语都可以充当句子成分，词有时候可以单独成句，成为"独词句"，但独词句要受到很多限制，语成句却是一种常见现象。语可以单独成句，如："来说是非者，就是是非人。"(谚语) "可就请这长老降妖邪，救公主，庶为万全之策。"(《西游记》二九回)；也可以充当复句的组成成分，作用相当于一个分句。如："不得了啦，狗仗人势(成语)，连你也打起人来啦！"(王西彦《春回地暖》)

语汇是语言里语的总汇，是集合概念，表示语言中语的类集，不能用于指单一的语，单个的语不是语汇。所以，"我今天学习了五个英语语汇"的说法是错误的，其中的"语汇"应该换为"语"。

三、语的分类系统[1]

(一)语的分类

语具有叙述性。根据叙述的内容和方式，可以把语分为表述语、描述语和引述语三种类型。

1．表述语

表述语的特点是具有知识性，既包含对客观事物的认识，也包含在社会实践中积累的经验，谚语和少数成语属于表述语。如"百闻不如一见、活人不能叫尿憋死、强扭的瓜不甜、饶人三分不为痴、唇亡齿寒、久病成医、做贼心虚"等。

2．描述语

描述语指运用多种手法描述人或事物的形象、状态，或描述行为动作的性状，惯用语和大部分成语属于描述语。如"人生地不熟、摆架子、唱对台戏、哀鸿遍野、固若金汤、虎踞龙盘、任劳任怨"等。

3．引述语

引述语是由"引子"和"注释"两个部分组成，其惯用名称是歇后语。语的分类系统可以如图 4-1 所示。

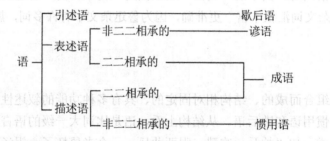

图 4-1　语的分类系统

(二)语的内部成员

语的内部成员包括成语、惯用语、谚语和歇后语。

1．成语

成语是语法、语义结构或语音结构上两两相承的表述语和描述语。具有"结构上定型化，意义上整体化"的特点。"结构上定型化"是说不能随意更改它的构成成分和结构顺

---

[1] 关于"语的分类及语的定义"可参见温端政《汉语语汇学教程》第 45～57 页(商务印书馆 2006 年版)。

序,例如"愚公移山"不能说成"笨公搬山"或"移山愚公","勤劳勇敢、坑蒙拐骗"等虽为四字格,但结构相对松散,也不是成语;"意义上整体化"是指成语的意义常常不是其构成成分意义的简单相加,而是别有所指,例如"水落石出"不能理解为"水落下去石头露了出来"的意思,而应理解为"真相大白"。

成语数量庞大,因其精练形象的语用特征,为广大群众喜闻乐用。其来源主要有以下几个方面。

1) 神话寓言传说

"精卫填海"比喻意志坚强,有时也比喻徒劳无益。该成语出自《山海经·北山经》:"……又北二百里,曰发鸠之山,其上多柘木,有鸟焉,其状如乌,文首,白喙,赤足,名曰精卫,其鸣自詨。是炎帝之少女,名曰女娃。女娃游于东海,溺而不返,故为精卫,常衔西山之木石,以堙于东海。"

其他来自神话寓言传说的成语,如:夸父逐日(《山海经·大荒北经》)、愚公移山(《列子·汤问》)、守株待兔(《韩非子·五蠹》)、刻舟求剑(《吕氏春秋·察今》)、黄粱美梦(唐·沈既济《枕中记》)、世外桃源(晋·陶渊明《桃花源记》)等。

2) 历史事件

"破釜沉舟"是指下定决心,战斗到底,勇往直前。该成语出自(《史记·项羽本纪》):"项羽乃悉引兵渡河,皆沉船,破釜甑,烧庐舍,持三日粮,以示士卒必死,无一还心。"

其他来自历史事件的成语,如:完璧归赵(《史记·廉颇蔺相如列传》)、望梅止渴(《世说新语·假谲》)、夜郎自大(《史记·西南夷列传》)、再衰三竭(《左传·庄公十年》)、城下之盟(《左传·桓公十二年》)、初出茅庐(《三国志·蜀志·诸葛亮传》)、闻鸡起舞(《晋书·祖逖传》)等。

3) 诗文名句

成语"短兵相接"出自屈原的《九歌·国殇》:"操吴戈兮被犀甲,车错毂兮短兵接。旌蔽日兮敌若云,矢交坠兮士争先。"

其他出自诗文名句的成语,如:发号施令(《尚书·囧命》)、学而不厌(《论语·述而》)、舍生取义(《孟子·告子上》)、困兽犹斗(《左传·宣公十二年》)、高朋满座(王勃《滕王阁序》)、拖泥带水(严羽《沧浪诗话》)等。

4) 俚言口语

"亡羊补牢"、"艺高胆大"、"因噎废食"、"骑虎难下"、"铁树开花"、"狼子野心"、"众志成城"、"千夫所指"等是古代俚语;"水涨船高"、"水泄不通"、"单刀直入"、"弄巧成拙"、"逢场作戏"、"咬文嚼字"、"过河拆桥"、"一干二净"、"三长两短"、"千方百计"等是近、现代口语。

此外,汉语中还有大量来源于佛教的成语,如:"借花献佛"、"五体投地"、"聚沙成塔"、"大慈大悲"、"心花怒放"、"一尘不染"、"心心相印"、"苦中作乐"、"三生有幸"、"不二法门"、"不可思议"、"苦海无边,回头是岸"等。

2. 惯用语

惯用语是流传在群众口头上的短小定型的习惯用语，属于描述语，但结构上并非二二相承。它大都是"三字格"，而且多为"动宾式"，也有非三字格的或者非动宾结构方式的。例如：

1) 三字格

吹牛皮	耍滑头	耍花招	合拍子
装洋蒜	扯后腿	拉后腿	踢皮球
开倒车	走后门	唱高调	碰钉子
背黑锅	背包袱	撑门面	开夜车
放空炮	敲竹杠	打闷棍	扣帽子
打棍子	钻空子	抬轿子	开绿灯
打埋伏	穿小鞋	炒鱿鱼	挤牙膏
抱粗腿	赶时髦	露马脚	拉皮条
泼冷水	吹冷风	掏腰包	挖墙脚
吃不消	吃不开	吃得开	吃得香
半瓶醋	直肠子	连锅端	靠边站

2) 非三字格

吹牛	耍滑	合拍	吃醋
装蒜	扯腿	踢球	拍马
牵线	搭桥		

放马后炮	吃定心丸	捅马蜂窝	吹耳旁风
吃豹子胆	吃闭门羹	吃后悔药	吃大锅饭
丢乌纱帽	打退堂鼓	脸皮儿薄	

做表面文章	狗肉不上桌	吹胡子瞪眼	大眼瞪小眼
一退六二五	三下五除二	三一三十一	空口说白话
八九不离十	二一添作五	快刀斩乱麻	

| 打肿脸充胖子 | 吃不了兜着走 | 有眼不识泰山 |
| 八字没见一撇 | 牛头不对马嘴 | |

| 不管三七二十一 | 泰山压顶不弯腰 | 不吃凉粉腾板凳 |
| 摇头不算点头算 | 胡子眉毛一把抓 | |

两个字的惯用语大多是三字格的紧缩形式，完全可以扩展为三字格。

成语与惯用语的主要区别是：成语是"四字格"，惯用语多是"三字格"，也有多于或者少于三个字的；成语结构较为紧凑，中间一般不能拆开加入其他词语，惯用语结构较为松散，中间可以插入其他成分，如"钻了一个大空子"、"扣了一顶大帽子"、"他是墙头上的一根草"；成语多用于书面语，表示褒义、贬义和中性的成语都有，较为庄重，惯用语多用于口语，通俗生动，多含贬义色彩。

3. 谚语

谚语是流传于群众口头上的表述语，具有一定的知识性，多为人们在政治斗争、生产活动和日常生活中积累的经验总结，形象、深刻，用简单通俗的话反映出深刻的哲理，富含教育意义。

从内容上看，谚语可大致划分为以下几种类型。

1) 气象谚

立秋下大雨，一秋雨绵绵。
八月十五云遮月，正月十五雪打灯。
燕子高飞晴天高，燕子低飞雨天到。
狗打喷嚏天气好。
星星眨眼，有雨不远。
雁南飞，霜期近。
春打六九头。

2) 农业谚

谷雨前后，栽瓜种豆。
庄稼一枝花，全凭肥当家。
秋分不收葱，霜降必定空。
桃三杏四李五年，枣树当年就赚钱。
深栽茄子浅栽葱。
没有大粪臭，哪有五谷香。
吃尽五味盐好，走遍江湖田好。

3) 规劝谚

人心换人心，八两换半斤。
山外有山，人外有人。
两虎相斗，必有一伤。
凡事忍为高。
退一步海阔天空。
勤能补拙，俭以养廉。
勤快的人汗水多，贪吃的人口水多。

4) 讽颂谚

君子成人之美。
勤是摇钱树，俭是聚宝盆。
三个臭皮匠，赛过一个诸葛亮。
宰相肚里能撑船。
三年清知府，十万雪花银。

天气越冷风越紧，人越有钱心越狠。
黑心做财主，杀心做皇帝。
富人四季穿衣，穷人衣穿四季。

5) 生活常识谚

有钱不买半年闲。
虎毒不食子。
东北有三宝：人参、貂皮、乌拉草。
百里不同风，千里不同俗。
饭后百步走，能活九十九。
吐鲁番的葡萄哈密的瓜，库车的羊羔一枝花。
有钱难买老来瘦。

从结构上看，有的谚语是个单句，有的谚语是由近似对偶的两个单句组合成的复句。由于它们常常具有节奏匀称、韵脚和谐的特点，所以读起来朗朗上口、悦耳动听，加上意义的深刻、晓畅，便成了很好的修辞手段。但是，带有消极的、不健康色彩的一些谚语，如"有钱能使鬼推磨"、"人为财死，鸟为食亡"、"枪打出头鸟"、"人不为己，天诛地灭"、"嫁汉嫁汉，穿衣吃饭"等，或表现金钱至上，或表现自私自利，或表现明哲保身，或表现轻视妇女，都应该加以批判。

成语与谚语的主要区别是：成语书面性强，结构上二二相承，谚语口语性强，结构上具有非二二相承的特点。如"一丘之貉"是成语，"天下乌鸦一般黑"是谚语；成语结构定型化，而谚语可以有变动，如"孤掌难鸣"是成语，不可随便改换结构成分，但"一个巴掌拍不响"却可说成"一个巴掌不响"、"一个手掌拍不响"、"一只手不能拍响"之类。

4．歇后语

歇后语是由"引子+注释"两部分构成的引述语。"引子"是个形象的表述；"注释"是对"引子"的释义。

根据"注释"部分释义的不同特点，可以把歇后语分为三种。

1) 直述本义型

"注释"是对"引子"意义的直接表述。例如：

猫哭老鼠——假慈悲
大海捞针——无处寻
狗拿耗子——多管闲事
泥菩萨过河——自身难保
诸葛亮皱眉头——计上心来

2) 语义双关型

"注释"出来的意义与所要表达的意义是表里双关的。例如：

快刀切豆腐——两面光(比喻"两面讨好")

老鼠钻风箱——两头受气(比喻"受两头的夹击")
墙上挂帘子——没门儿(比喻"无门路")
小葱拌豆腐——一清二白(比喻"清清白白")
和尚打架——抓不到辫子(比喻"抓不到把柄")

3) 语音双关型

"注释"中有的字词的读音与所要表达的意义的语音形式相同或相近。例如：
梁山上的军师——吴用(谐"无用")
秃子打伞——无发无天(谐"无法无天")
哑巴吃黄连——有苦(味)难言(谐"有苦(处)难言")
屁股上挂暖壶——一腚的水瓶(谐"一定的水平")

从数量上看，歇后语的引和注之间并非总是简单的一一对应关系，还有一引多注型和多引一注型两种类型。

一引多注型的歇后语是从不同角度对同一事物或现象作出不同解释。例如：
刘姥姥进大观园——看得出神
刘姥姥进大观园——眼花缭乱
刘姥姥进大观园——长长见识
刘姥姥进大观园——少见多怪
刘姥姥进大观园——看花了眼
刘姥姥进大观园——出洋相

多引一注型的歇后语是对不同事物或现象作出同一种解释。例如：
冻豆腐——难办
烂田里的活路——难办
海底打捞绣花针——难办
猴嘴里掏枣，狗嘴里夺食——难办
沙滩上种水稻——难办
狗撵鸭子——呱呱叫
狗咬鸭子——呱呱叫
鸭子下河滩——呱呱叫
秋天的蛤蟆——呱呱叫

歇后语是人民群众的一大创造，精练、形象之外，有的还带有幽默风趣的色彩。所以它在口语及文艺语体中常被广泛使用，相声、小品中几乎不可缺少，而庄重的场合，公文、政论中不宜使用。

四、词汇学和语汇学

(一)词汇学

以词汇为研究对象的学科叫词汇学，词汇学是语言学的一个重要分支。词汇学主要研究词的性质、词的构成、词的意义及发展变化、词和词的各种关系、词典编纂等内容，旨在揭示词汇的规律，指导人们的言语实践。词汇学可以分为普通词汇学和个别词汇学，前者研究词汇的一般理论，是普通语言学的一部分；后者研究具体语言的词汇，是个别语言学研究的组成部分。词汇学还可以分为共时词汇学和历时词汇学，前者又称描写词汇学，主要针对语言中词汇的某一历史时期的状况进行研究；后者研究词汇在不同历史时期中的演变及其发展变化的规律。

(二)语汇学

以语汇为研究对象的学科叫语汇学。语汇学分为普通语汇学和个别语汇学，前者研究语汇的一般理论，是普通语言学的一部分；后者研究具体语言的语汇，是个别语言学研究的组成部分。语汇学的研究内容包括许多方面，可以对语汇的共时现状作静态描写，也可以对研究语汇的历时演变作动态观察；可以对语汇的内部结构进行分析，也可以对语汇的外在功能作探讨；可以对语汇进行理论上的探索，也可以针对语汇教学、辞书编纂等应用方面进行研究。

思考和练习一

1. 什么是词汇？什么是语汇？你认为能否简单地说"语"是词的等价物。
2. 成语有哪些来源？举例说明。
3. 根据"注释"部分释义的不同特点，可以把歇后语分为哪几类？

第二节　词和语的构成

学习要点：掌握词的构成成分、构词法与词的结构类型；掌握语的构成成分、构语法与语的结构类型。

一、词的构成

(一)词的构成成分

1. 词素及其确定方法

词素是最小的音义结合体，主要作用是用来构词。确定词素的方法最常见的有以下两种。

1) 定义确认法

定义确认法即紧扣词素定义中"最小"和"音义结合体"两大特点来认定词素。其要点是：先看是否"音义兼备"，再看是否"最小"。"人民"有读音 rénmín，有意义"以劳动群众为主体的社会基本成员"，但它不是"最小"，还可以分出更小的音义结合体"人"和"民"，所以不是一个词素，而是两个词素。"沙发"的读音 shāfā，意义是

"装有弹簧或厚泡沫塑料等的坐具",但不能切分,强行切分得到两个无意义的音节"沙"、"发",这说明"沙发"已经"最小",是一个词素。"大",读音 dà,意义是"在体积、面积、数量、力量、强度等方面超过一般或超过比较的对象",显然是"最小",不能切分,所以是一个词素。

定义确认法方便、实用,也易于掌握,是辨认词素的基本方法。

2) 词素替换法

词素替换法即用已知词素替代有待确定是不是语素的语言单位。例如:"美丽"中的"美""丽"均可用其他词素替代。

美——美丽　壮丽　瑰丽　绮丽

丽——美丽　美妙　美好　美观

从上述替代过程中,可以发现"美"、"丽"分别是一个词素。

这种方法具体操作起来有一定难度。其一,必须注意两次替代缺一不可,如"蝴蝶"中的"蝴"虽然可以用"粉"、"彩"等词素替代,但"蝶"却不能为其他词素替代,换句话说只能出现一次替代,因此"蝴蝶"是一个词素;其二,还要注意保持意义的基本一致,如"马虎"按下面的方式替代就是错误的。

马——马虎　老虎　猛虎　雌虎

虎——马虎　马鞍　马尾　马车

"马虎"中的"马"、"虎"与"马鞍"中的"马"、"老虎"中的"虎",意义上毫无联系,这说明"马虎"中的"马"和"虎"无词素可替代,都不是词素,"马虎"合起来才是一个词素。

2. 词素的分类

对词素的分类有助于分析词的构造及意义。词素可以从不同角度进行分类:从包含音节的数量看,词素可分为单音节词素和多音节词素;从词法功能看,词素可分为成词词素和不成词词素;从表示的意义看,词素可分为实词素和虚词素;从分布位置(灵活性)看,词素可分为定位词素和不定位词素。

1) 单音节词素与多音节词素

根据音节数量的多少,词素可以分为单音节词素、双音节词素和多音节词素。

单音节词素是指只有一个音节的词素。例如"人、手、跑、说、硬、红、体、工、习、健、户、寒"等。

双音节词素是指由两个音节构成的词素。例如:

窈窕　伶俐　徘徊　芙蓉　咖啡　逻辑　摩登　克隆　扑哧　滴答

双音节词素中,像"窈窕、伶俐、徘徊、芙蓉"等词素是从古代汉语中继承下来的连绵词素;"咖啡、逻辑、摩登、克隆"等词素是从外族语言中音译而来的;"扑哧、滴答"等词素是拟声词素。

多音节词素是指由三个或三个以上音节构成的词素。例如:

托拉斯　奥林匹克　英特纳雄耐尔

上述多音节词素全是从外族语言中音译过来的。

在汉语里，单音节词素数量上占绝对优势，而且大部分构词能力较强，多音节词素数量较少，其重要性远不及单音节词素。

2) 成词词素与不成词词素

根据构词功能，词素可以分为成词词素与不成词词素。

成词词素是指可以独立成词的词素。如"人、手、跑、说、硬、红、窈窕、伶俐、徘徊、芙蓉、咖啡、逻辑、摩登、克隆、托拉斯、奥林匹克、英特纳雄耐尔"都是成词词素。多音节词素大多数都是成词词素。成词词素，特别其中的单音节成词词素，也可以与其他词素共同构词。

不成词词素是指不能独立成词，只能和其他词素组成合成词的词素，如"体、工、习、健、户、寒"等都是词素。"体"可构成"体育、体验、身体、物体"；"健"可构成"健康、健美、强健、保健"，但"体"、"健"不能单独成词。

以上所讲的成词词素、不成词词素都是实词素。虚词素也可分为成词、不成词两种："从北京来"的"从"，"在清华大学上学"的"在"，以及"和"、"的"、"啊"、"吗"、"了"、"着"是成词词素；"第一"的"第"、"记者"的"者"都是不成词词素，在构词上具有一定的依赖性。

3) 实词素与虚词素

根据语法性质，词素可以分为实词素与虚词素。实词素是具有词汇意义的词素。所谓词汇意义，指的是标志人、事物、动作、性状、数目、单位等实在的意义。虚词素是具有语法意义的词素，即表示一些抽象的结构和附加意义的词素，如"刷子"、"盖儿"、"初五"、"第一"中的"子"、"儿"、"初"、"第"。"子、儿"为名词的标志；"初、第"表示顺序；"的"、"地"、"得"表示偏正或补充关系。

汉语的虚词素大都是由实词素虚化来的，但虚化的程度不同。"子、儿、头"只表示所在的词是名词，是地地道道的虚词素，但"化、性、派、员"虚化不彻底，多少还有一点词汇意义，因此，也被称为"类词缀"。如"绿化"、"美化"、"西化"中的"化"是动词的标志，但还有"转变为某种性质和状态"的意义；"～性"、"～派"、"～员"还有"性质"、"派别"、"人员"的意义。

4) 定位词素与不定位词素

根据在合成词中的位置，词素可以分为定位词素与不定位词素。定位词素是构词时位置固定的词素，也叫词缀。有的总在词的前部出现，如"阿"、"老"、"第"、"初"、"可"等，称为前缀；有的在词的后部出现，如"子"、"儿"、"头"、"者"、"性"、"化"等，称为后缀。

不定位词素是构词时位置不固定的词素，既可在词的前部，又可在词的后部，也叫词根。例如：

民	民主	民族	民众	民心
	公民	农民	国民	居民
水	水平	水库	水准	水患

	江水	湖水	泪水	铁水
书	书本	书籍	书脊	书法
	楷书	草书	历书	诏书
结	结构	结论	结识	结果
	小结	归结	冻结	终结

词素的四种分类之间存在交叉：实词素有成词的，也有不成词的，但都是不定位的，是词根；虚词素有成词的，有不成词的，不成词的是定位的，是词缀；各种词素既有单音节的，也有多音节的。

(二)构词法与词的结构类型

1. 单纯词

单纯词是由一个词素构成的词，可分为以下几类。

(1) 单音节词，如："人、马、牛，走、笑、瞧，黑、红、高，一、百、千，丈、斤、块，吧、了、啊"等。

(2) 多音节词，可分为以下几类：

① 联绵词，古人又称"联绵字"。"联绵"是说两个音节紧密相联，不可分割。包括：

双声　两音节声母相同，例如：

　　　　蜘蛛　伶俐　秋千　崎岖　惆怅　蟾蜍

叠韵　两音节韵母相同或相近，例如：

　　　　哆嗦　逍遥　徘徊　彷徨　苗条　葫芦　橄榄

非双声叠韵　两音节声、韵都不同，例如：

　　　　蝴蝶　垃圾　妯娌　蜈蚣　芭蕉　杜鹃　牡丹

② 叠音词，把相同音节重叠而成的词，后一音节多读轻声，不能分开说。分开之后，要么无意义，要么与词的意义大不相同。前者如"蝈蝈"、"蛐蛐"、"猩猩"；后者如"爷爷"、"奶奶"、"太太"。

③ 音译词，用汉字记录外语词的声音，每个字纯粹是一个音节，合起来才可以表义。如："咖啡"、"马达"、"吉普"、"芭蕾"、"镭射"、"强的松"、"莫斯科"、"罗曼蒂克"、"康斯坦丁诺维奇"。有时，为理解的方便，在音译词上加注其意义，如："啤酒"、"卡片"、"卡车"、"酒吧"、"因特网"。

单纯词的构成情况如表 4-1 所示。

2. 合成词的结构类型

合成词是由两个或两个以上词素构成的词。最典型的是由两个单音节词素合成一个词，这两个词素有三种排列：词根+词根；词根+词缀；词缀+词缀。事实上，第三种情形是不存在的，所以，合成词便只有前两种构成方式。

表 4-1 单纯词构成情况一览表

单纯词	单音节			人 马
	多音节	双音节	联绵词	双声	秋千 崎岖
				叠韵	彷徨 徘徊
				联字	蝴蝶 芭蕉
			叠音词		蝈蝈 奶奶
			音译词		沙发 咖啡
		三音节及三音节以上	音译词		莫斯科 罗曼蒂克

1) 复合式

复合式用"词根+词根"的方式合成的词,这种构词方法也叫"词根复合法"。根据词根的意义关系,可分为以下几种。

(1) 并列式,也叫联合式,由两个意义相同、相近或相反的词素并列而成。如:

爱护 牙齿 道路 讨论 窗户 思想
矛盾 表里 开关 迟早 忘记 美丽

(2) 偏正式,也叫主从式(定中式、状中式),用前面的词素(偏)修饰限制后面的词素(正)。例如:

铁路 国旗 大学 电灯 汽车 绿茶
公审 重视 小看 火红 雪白 狂欢

(3) 支配式,也叫动宾式(述宾式),前面的词素表示动作、行为,后面的词素表示动作、行为支配的对象。例如:

革命 司机 领队 顶针 掌柜 举重
冒险 造谣 理事 刺眼 动员 耐劳

(4) 补充式,也叫后补式(中补式),后面的词素补充说明前面的词素。有两种情形:

① 前面的词素表示动作、行为,后面的词素补充说明动作、行为的结果、程度等,可称为"动补式"。例如:

打倒 提高 扩大 说明 促进 抓紧 降低

② 前面的词素表示人或事物,后面的词素是人或事物的计量单位,可称为"名量式"。例如:

布匹 纸张 车辆 诗篇 人口 马匹 信件 枪支

(5) 陈述式,也叫主谓式,前一个词素是陈述的对象,后面的词素是陈述的内容。例如:

年轻 性急 心疼 眼红 口吃 民办
地震 面熟 内疚 心虚 耳背 年轻

2) 重叠式

重叠式也叫叠根法,由两个相同的词根重叠而成,可以拆开说,拆开后的意义与词义相同。例如:

爸爸 妈妈 哥哥 姐姐 馍馍 偏偏 仅仅

第四章 语词

3) 附加式

附加式是用"词根+词缀"的方式合成的词(派生词),这种构词方法也叫"派生法"。

(1) 前加式,词缀在前,词根在后。例如:

老虎 老乡 老师 老张 老鼠
小王 小孩 小猫 小人 小鬼
阿爸 阿妈 阿姨 阿哥 阿妹

(2) 后加式,词缀在后,词根在前。例如:

刀子 瓶子 儿子 胖子 桌子
石头 砖头 吃头 盼头 苦头
鸟儿 花儿 尖儿 眼儿 亮儿
记者 作者 读者 受害者 共产主义者
党性 人性 弹性 原则性 积极性
绿化 美化 丑化 大众化 规范化

有些后缀是叠音式的,例如:

绿油油 臭烘烘 香喷喷 热呼呼 干巴巴 血淋淋 水汪汪

还有一类是"前缀+词根+后缀"的,如:

可读性、非营利性

合成词的构成情况如表 4-2 所示。

表 4-2 合成词的构成情况

分类			示例
合成词	复合式	并列式	爱护 迟早
		偏正式	汽车 公审
		支配式	掌柜 领队
		补充式	说明 车辆
		陈述式	眼红 地震
		重叠式	爸爸 馍馍
	附加式	前加式	阿哥 老师
		后加式	吃头 刀子

3. 多重结构的合成词

汉语的合成词若是三个音节以上的,其结构常常具有层次性,成为多重结构的合成词。例如:

4．简称词

简称词就是把结构较长的词语、名称节缩或省略而形成的词，是语言经济原则的产物。相对于简称，原先的语言单位叫"全称"。例如：

中华人民共和国——中国

人民政治协商会议——人民政协

文学艺术界联合会——文联

志气节操——气节

简称的方式主要有以下几种。

1) 节缩

节缩即截取全称中的部分词语构成简称，例如：

中华人民共和国国务院——国务院

中国人民解放军——解放军

清华大学——清华

三角学——三角

2) 紧缩

紧缩即取全称中有代表性的词素构成简称，例如：

公共关系——公关

环境保护——环保

北京师范大学——北师大

整顿作风——整风

高等院校——高校

扫除文盲——扫盲

中学和小学——中小学

马克思主义、列宁主义——马列主义

高档、中档、低档——高中低档

马克思、恩格斯、列宁、斯大林——马恩列斯

3) 标数

标数是用数字来概括全称中几个相同词素或相关的事物构成简称，例如：

百花齐放、百家争鸣——双百

陆军、海军、空军——三军

工业现代化、农业现代化、国防现代化、科学技术现代化——四化

开口呼、合口呼、齐齿呼、撮口呼——四呼

金、银、铜、铁、锡——五金

象形、指事、会意、形声、假借、转注——六书

立春、春分、立夏、夏至、立秋、秋分、立冬、冬至——八节

有些简称，在长期的使用过程中，逐渐凝固为合成词，如"婚介"(婚姻介绍)、"物流"(物资流通)、"央视"(中央电视台)、"地铁"(地下铁道)、"空调"(空气调节器)，

其他如"体彩、研发、旅游、个唱、科技、娱记、维和、文娱、劳模、海归、奥申委、世博会"等都属于这种情况。

简称的应用要注意明确、合理,让人一看便知其意,不会产生费解或误解。以下简称就不恰当。

　　五讲四美办公室——五四办公室
　　上海吊车厂——上吊
　　参加考试——参考
　　男式牛皮鞋——男牛
　　拥堵和拥挤——双拥

简称在某些场合中不宜使用,应恢复使用全称。例如:"山大代表团访问山大",应该说成"山西大学代表团访问山东大学",否则就会出现"山大"这样的同形异指现象;"外交部",为庄重起见,应说全称"中华人民共和国外交部"。

(三)词素、词、字和音节的关系

汉字是记录汉语的符号系统。一般认为,汉字绝大多数形、音、义俱全,通常一个汉字,写出来有字形,读起来有声音,讲起来有意义,而且很多情况下,一个汉字恰好是一个音节;现代汉语的词素是音、义结合体,又以单音节为主,这样一来,一个汉字常常正好记录一个词素。词素又构成词,词中包含着音节,词最终又是用汉字记录的。因此,词素、词、字、音节之间便产生了联系,但许多人常常搞不清它们的联系和区别。下面列表举例予以说明(如表4-3 所示)。

表4-3　词素、词、字和音节的关系

单位	示例										
音节	花儿				玻	璃	巧	克	力	因	特	网
汉字	山山	花	儿	人人	民民	玻	璃	巧	克	力	因	特	网
词素		花	儿	人	民	玻璃		巧克力			因特		网
词		花儿		人民							因特网		

(四)单纯词、合成词与音节的关系

单纯词、合成词与音节的关系示例如图 4-2 所示。

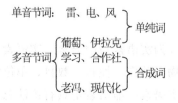

图 4-2　单纯词、合成词与音节的关系

二、语的构成

(一)语的构成成分

1．语素

1) 什么是语素

语素即构成语的要素，即语的构成成分中最小的能够独立运用的音义结合体。例如成语"打草惊蛇"由"打、草、惊、蛇"四个词组成，惯用语"白眼狼"由"白、眼、狼"三个词组成，谚语"拿着鸡蛋往石头上碰"由"拿、着、鸡蛋、往、石头、上、碰"七个词组成，"打、草、惊、蛇、白、眼、狼、拿、着、鸡蛋、往、石头、上、碰"都是语素。由于语素由词来充当，所以和词表现出诸多性质上的一致性：具有语音形式；表示一定的意义，其中有的语素既有词汇意义，又有语法意义，如惯用语"白眼狼"中的"白、眼、狼"三个语素；有的语素没有词汇意义而只有语法意义，如谚语"拿着鸡蛋往石头上碰"中的语素"着"。语素可以独立运用，是语的构成成分中最小的单位，如"打草惊蛇"中的语素"打"，还可以构成"打断骨头连着筋"、"打不断的亲，骂不断的邻"、"打败的鹌鹑斗败的鸡——上不了阵势"等多个语。

2) 语素的分类

对语素进行分类同样有助于分析语的构造及意义。语素可以从不同角度进行分类：从包含音节的数量看，语素可分为单音节语素和多音节语素；从功能看，语素可分为成词语素和不成词语素；从表示的意义看，语素可分为实语素和虚语素。

(1) 单音节语素与多音节语素。

根据音节数量的多少，语素可以分为单音节语素与多音节语素。单音节语素是指只有一个音节的语素，如"忐忑不安"中的"不"和"安"都是单音节语素；多音节语素指两个或两个以上音节的语素，如"蚂蚁戴眼镜——脸面不小"、"屎壳郎打喷嚏——满嘴喷粪"中的"蚂蚁"、"屎壳郎"是多音节语素。

(2) 成词语素与不成词语素。

有些语的语素是词，有些语的语素并不是词。如成语"飞沙走石"中的语素"飞、走"是成词语素；谚语"民以食为天"中的"民"在现代汉语里不再是词，所以是一个不成词语素。

(3) 实语素与虚语素。

根据语法性质，语素可以分为实语素与虚语素。实语素是具有词汇意义的语素，所谓词汇意义，指的是标志人、事物、动作、性状、数目、单位等实在的意义，如"打官腔"中的语素"打、官、腔"都是实语素；虚语素是具有语法意义的语素，即表示一些抽象的结构和附加意义的语素，如"不谋而合"中的语素"而"是虚语素。

第四章 语词

2. 语步①

语步指语内部的自然语音停顿所形成的音节组合，是根据语的语音节奏划分出来的。语步和语步之间有短暂的语音停顿。语步的组合方式，一般以语素义的组合为基础，同时也要遵循人们的习惯读音。下面以二字语至四字语为例，列表说明语步的组合方式参见表 4-4。

表 4-4 二字语至四字语语步的组合方式

分　类	语　步	示　例
二字语	一一式	吃醋、吹牛
三字语	一二式	挨板子、戴高帽
	二一式	随风倒、落水狗
四字语	一三式	喝西北风、钻牛角尖
	二二式	拨乱反正、掩耳盗铃

个别语的语步和语素组合关系并不一致。如"一衣带水"的语素义组合为"一衣带"和"水"，但是按照人们的习惯读法，语步为二二式，其他类似的还有"吃闭门羹"、"旁观者清"等。

3. 语节②

语节是指在结构上大于语步的具有相对独立性的"部件"，语节和语节之间在语音上停顿较长，一般用逗号或破折号隔开。通常由语步和语步构成语节，再由语节和语节构成语。如"姜太公钓鱼，愿者上钩"就是由"姜太公钓鱼"和"愿者上钩"这两个语节构成，其中"姜太公钓鱼"为三二式语步，"愿者上钩"为二二式语步。

(二)构语法与语的结构类型

1. 构语法

构语法是指组成语的方法，主要研究如何运用语素、语步、语节等构语成分或材料进行构语的规律。汉语构语法归纳起来主要有以下几种。

1) 组合法

组合法是最基本的构语方法，指把构语成分按照语法规则组合在一起来构造语的方法。用组合法构造出来的语的语义是由构语成分的意义和成分之间的组合关系一起构成。如成语"骨瘦如柴"指极其消瘦；惯用语"口头禅"指经常挂在口头的词句；谚语"来得早不如来得巧"指来得正是时候。这些语都是采用组合法构成的，字面意义就是实际意义。

2) 意合法

造语时不一定按照一般的语法规则来进行组合，语义上不能简单地按照语素义进行分

---

① "语步"概念请参见温端政《汉语语汇学教程》第 79 页(商务印书馆 2006 年版)。
② "语节"概念请参见温端政《汉语语汇学教程》第 83 页(商务印书馆 2006 年版)。

析，只能按照约定俗成的整体意义去理解，这种造语方法就是意合法。例如：

"杨春说：'他打哩真个申到县里，那官按着葫芦抠子儿，可怎么处？'"(《醒世姻缘传》第三十四回)

"按着葫芦抠子儿"比喻用强硬、粗暴的手段迫使人讲真话。

2．语的结构类型

语的结构类型指语的整体结构类型和内部结构类型。

从整体结构来说，语的结构类型可以分为三类：词组型、句子型和引注型。每种类型又可以根据内部结构关系作进一步区分。

1) 词组型

词组型语是指在结构上相当于词组，成语、惯用语大部分属于这种类型。根据内部组成成分的组合方式及其语法关系，又可以分为以下几种类型。

(1) 并列型，例如：

悲欢离合　落花流水　风起云涌　斩钉截铁　当面锣对面鼓
吹胡子瞪眼　海阔凭鱼跃，天高任鸟飞　柴无一根，米无一粒

(2) 述宾型，例如：

闪烁其词　崭露头角　平分秋色　饱经风霜　痛改前非
爱面子　掺沙子　撑腰板　翘辫子　吃闭门羹

(3) 述补型，例如：

无动于衷　感激涕零　逃之夭夭　退避三舍　反复无常　轻于鸿毛
凉了半截　蒙在鼓里　吃不开　摆在桌面上

(4) 主谓型，例如：

人定胜天　草木皆兵　叶公好龙　史无前例　塞翁失马　心血来潮　翅膀硬

(5) 偏正型，例如：

庞然大物　世外桃源　一孔之见　过眼云烟　以礼相待
比翼鸟　变色龙　草上飞　陈年账

(6) 兼语型，例如：

请君入瓮　望子成龙　引狼入室　放虎归山　借刀杀人
赶鸭子上架　恨铁不成钢　有眼不识泰山　化干戈为玉帛

(7) 连动型，例如：

刻舟求剑　守株待兔　束手待毙　画蛇添足　见风使舵　杀鸡取卵
打掉牙往肚里咽　依样画葫芦　放下爪子就忘
放长线钓大鱼　胳膊折了往袖子里藏

2) 句子型

所谓句子型是指结构上类似于语法上的句子，具有相对完整的意义，但还没有进入到句子，属于静态的语言单位。只有进入到交际中并且带上一定的语调才有可能成为句子。例如：

鸡多不下蛋　脸红脖子粗　吉人自有天相　机不可失，时不再来　疯狗临死还要蹬三脚　人多出韩信　藕发莲生，必定有根　干屎抹不到人身上　饿死事小，失节事大

3）引注型

引注型指歇后语，因为歇后语主要由"引子"和"注释"两大部分组成。

开水浇老鼠——不死也脱层皮　七个钱放在两处——不三不四
太岁头上动土——好大胆　凿磨匠打铁——不会看火色

思考和练习二

1. 试述合成词的结构类型。
2. 简称的方式有哪些？你认为简称要注意哪些问题。
3. 名词解释：语素、语步、语节。
4. 什么是构语法？常见的构语法有哪几种？举例说明。
5. 词素可以有哪几种划分？

第三节　词和语的意义

学习要点：理解词义和语义的性质；掌握词义和语义的类别；词义和语义的聚合。

一、词义和语义的性质

(一)词义的性质

1. 客观性

词义是客观事物或现象在人们头脑中的反映。客观事物是第一性的，词义是第二性的；词义以客观事物为前提，无客观事物则无词义，所以词义便有了客观性。例如，客观世界中存在着"车子"，所以经过人们头脑的思维之后，便产生了"在陆地上行驶的有轮子的交通工具"的词义。客观世界中有"双方或多方共同商谈"这样的现象，便用"会谈"这个词来表示它，"双方或多方共同商谈"便成了"会谈"的词义。

也有一些事物是客观现实中并不存在的，如"神仙"、"妖魔"、"孙悟空"、"猪八戒"、"玉皇大帝"等，它们是人大脑中想象出来的事物。但这种想象，归根结底还是源自客观现实，只不过是客观事物在人们大脑中的一种歪曲反映。

词义的客观性，为使用同一种语言的人们的交流沟通提供了基础，从而使人际交往得以进行。但由于人所处的地位、环境不同，立场、认识有异，因此对同一个词意义的理解会带上主观色彩，这就是词义的主观性，它反映在人们对客观对象认识的差异上。例如，对"鲸鱼"的认识，古代人与现代人的认识就有所不同。

2. 概括性

词义并不是某一具体的客观事物或现象的反映,而是从许多同类的事物或现象中概括出来的。例如:"人"的词义指古今中外的各种各样的人,它概括了各种人的共同的本质属性,而舍弃了不同的人之间的差异;"动物"、"植物"是客观存在的所有动物或植物的概括;"鸟"是动物的一种,它又是许多具体的"鸟"的概括,不管它是"黄鹂"、"燕子",还是"乌鸦"、"麻雀";"树"是植物的一种,它又是各种具体"树"的概括,包括"松树"、"柏树"、"白杨"、"刺槐"等;"黄鹂"也是概括的,它概括了"公黄鹂"、"母黄鹂"、"老黄鹂"、"幼黄鹂"、"大黄鹂"、"小黄鹂";"松树"也是概括的,它概括了"红松"、"白松"、"油松"、"马尾松"等。

词义的概括程度往往存在区别,具有一定的层次性。"动物"、"植物"比"鸟"、"树"的概括性大;"鸟"、"树"比"黄鹂"、"松树"的概括性大;"黄鹂"、"松树"又比"母黄鹂"、"马尾松"的概括性大。

语言中还有许多专有名词,表示单一的、特指的对象,外延虽然只有一个,但它本身的特征是多方面的,因此它们的词义也具有概括性,指的是对同一对象的本质特征的概括。例如,"李白"一词,就是概括了不同时期(青年、中年、晚年)李白的共性,舍弃了其间的差异而得来的;"北京"既概括了它的地理位置和它是中华人民共和国的首都,又概括了它在历史上是中国的文化名城等方面。

3. 模糊性

模糊性是指不确定性。词义有准确、确定的,如科技术语;但大多数词义却是模糊的,它只是指出一个大致的范围,没有明确的界限。

造成词义模糊性的原因主要有二。

一是因为词义是经概括而形成的,在概括的过程中,忽略了客观对象的某些具体特点,只关注其共同特点,因而使词义变得不精确起来。例如,"人"的词义中,看不出张三、李四的具体特点,有模糊性;"狗"的词义中看不出黄狗、白狗的具体特点,也有模糊性;而"动物"的词义中,舍弃了"人"与"狗"的具体特点,只取其"多以有机物为食料,有神经,有感觉,能运动"的共同特征,因而具有模糊性。

二是客观世界中有许多事物或现象之间本无明确分界,例如:"早晨、中午、下午、晚上","老年、中年、青年、少年",它们各自的中心是清楚的,但边缘是不明晰的,我们很难把"几点钟"、"多少岁"截然分开,从而造成了词义的模糊性。

词义的模糊性反映了客观世界和人类认识中的不确定性特征,也满足了人类语言交际的实际需要。模糊性一方面指出了客观对象的大致范围,不会使客观对象混淆不清;另一方面又把复杂多样的客观对象简便化,从而为语言交流提供了极大方便。例如:"高"的意思是"从下到上距离长","低"的意思与之相反,但"高"、"低"并无准确的分界点。在实际的交际活动中,两人(物)相比有差距,即可确定孰高孰低,交际双方对此均无异议,于是交际活动顺利完成。若一定要以 1.8m 作为"高""低"的分界,在上述交际活动中,又有一方非坚持用尺子量一量两人(物)的长度,结果发现"高"的一个未达

1.8m，因而认为只能属于"低"，那么这两个人(物)之间无"高"、"低"之别，双方对此不能认同，完成交际活动便遇到困难，同时也不符合客观事实。

一方面，词义的明确性与模糊性是相对的，没有绝对明确的词义，即使是一些有严格定义的科学术语，其意义也有模糊性；另一方面，一切模糊词义也有明确的一面。例如"老年"是典型的模糊词，但也只是在边缘部分比较模糊，如果有必要，还可以严格规定出生时间，如举办老年门球比赛，就对"老年"有严格的年龄界定。

(二)词义与概念义

词义反映的是客观对象，概念也反映客观对象，这样词义便与概念有了联系。二者的关系可以简单地表述为：概念是词义的基础。例如，我们看到了燕子、麻雀、乌鸦、喜鹊，它们各不相同，但都具有"卵生、长羽毛、会飞、有突出的角质嘴"的共同特征，于是把它们归为一类，同时用 niǎo 的声音把我们对这类动物的认识固定下来，就形成了一个"鸟"的概念，同时也就形成了"鸟"这个词。"鸟"这个概念的内涵，也就是"鸟"这个词的意义。在很多情况下，词义与概念是一致的，但是它们也不能简单地等同，二者有如下区别。

(1) 概念属于思维范畴，词义属于语言范畴；概念对人类来说是共同的，词义则具有民族性。例如，"躯体上肉多、脂肪多"这个概念对中国人和英国人来说是共同的，但汉语用以表达这个概念的词是"肥"、"胖"，而且"肥"用于动物，"胖"用于人，但英语用以表达这个概念的词是 fat，适用于动物和人。这就是说相同的概念，在不同的民族语言中所适用的词义并不相同。

(2) 概念反映了事物的一般的、本质的特征，词义只求反映事物的某些特征，以便人们在交际中把不同类的人、物区别开来。例如，"牛"的共同本质是"头上长双角、趾端有偶蹄、尾尖有长毛、反刍类、哺乳动物"，但让所有的人认识都这样全面、准确是不可能的。在未受教育的人群中，"牛"只是与"驴"不同的一种动物，明显的特征是有两只犄角，发声为"哞"；在受过教育的人群中，生物学家对"牛"的认识最全面、准确。但生物学家与不识字的老农在一起谈养牛，也毫无障碍，这便得益于"词义只反映事物的某些特征"这一要求。这说明，词义往往达不到概念的科学高度。

(3) 概念不带任何色彩，词义则往往附带某种感情色彩、语体色彩。例如，"狗"的概念是"驯化了的、嗅觉听觉灵敏的、哺乳类犬科动物"，无"色彩"可谈，但"狗"在"狗腿子"、"狗仗人势"、"狗咬狗——两嘴毛"等语词中却有了"贬斥"的感情色彩；"老婆"和"夫人"这两个词义对应的概念是"对妻子的称呼"，无什么"色彩"，但"老婆"适于在一般场合和口语中使用，而"夫人"则适于庄重的场合和书面语中使用，这便产生了词的"语体色彩"。

(4) 概念和词义并不是一对一的关系。有的概念对应一个词，即用一个词来表示，如"原子"、"直角"、"教室"；有的概念对应几个词义，即用几个词合起来表示，如"中华人民共和国"；有的词义可对应几个概念，如"杜鹃"的词义可表示"一种植物"、"一种鸟"几个概念；有的概念可由一组相同的词义表示，如："年纪大的男人"

这个概念可以用"老头儿"、"老头子"、"老人"、"老家伙"等来指称。

由上述分析可知,词义其实由两大部分构成:首先是概念义或理性义,即与概念有关的意义部分,是词义中基本的主要的方面;另外,还可能有附加意义或色彩意义,它是附着于概念义之上,表达人或语境所赋予的特定感受的部分。举例如下。

电荷:物体或构成物体的质点所带的正电或负电。

花:可供观赏的种子植物的有性繁殖器官,有各种形状和颜色、气味。

圆:像太阳、车轮、脸盆等东西的形状。

复杂:(事物的种类、头绪等)多而杂。

阐释:阐述并解释。

这些词都具有概念意义,但细分起来情况还有所不同。"电荷"的含义只能如此理解,可称为专门意义。"花"的含义在一般人的理解上只是"植物上开的有各种形状和颜色、气味的东西",可称为通俗意义;在植物学家眼里才会再看到"种子植物有性繁殖器官"的另外内涵,也就是专门意义。"圆"的含义"像太阳、车轮、脸盆等东西的形状"是其通俗意义;而"平面上一动点以一定点为中心,一定长为距离运动一周的轨迹"这个数学定义是其专门意义。"复杂"、"阐释"的含义都是通俗意义。这就是说,有的词的概念意义只是通俗意义,如"复杂"、"阐释";有的词的概念意义只是专门意义,如"电荷";有的词的概念意义却有通俗意义和专门意义两种,如"花"、"圆"。

英雄 烈士 忠诚 大方 美丽 解放 康复 奉献 拼搏 奋斗

以上这些词表明说话人对有关事物的赞许、褒扬的感情,具有词义中的褒义色彩,叫作"褒义词"。

叛徒 走狗 小报告 虚伪 马虎 沉沦 巴结 勾结 吹捧 推诿

以上这些词表明说话人对有关事物的厌恶、贬斥的感情,具有词义中的贬义色彩,叫作"贬义词"。

山脉 河流 马匹 黄羊 跑 跳 出来 高处 中层 下面

以上这些词的意义无所谓褒贬,即通常所说的"中性词"。

机遇 信念 心态 风貌 祝愿 坚毅 诚挚 真切 侵袭 眷顾

以上这些词多用于书面语中,具有书面语色彩。

明儿 脑袋瓜 老婆 爹 娘 蔫不唧 黑乎乎 白搭 瞧 干仗

以上这些词多用于口头语中,具有口语色彩。

(三)语义的性质[①]

1. 叙述性和系统性

叙述性是语义的最重要的性质。例如,成语"苟延残喘",指勉强拖延一口没断的气,维持一线生机,比喻事物勉强存在下去;惯用语"八面光", 指某个人做事通体圆

[①] "语义的性质"请参见温端政《汉语语汇学教程》(商务印书馆2006年版),111页。

滑、周到，颇为世故；谚语"挨砖不挨瓦"，比喻宁愿受重的惩罚而不愿意受轻的；歇后语"拿舌头磨剃刀——吃亏的是自己"，剃刀很锋利，用舌头磨剃刀，容易把舌头割破，比喻不会占到便宜，容易吃亏。很明显，以上几个语的语义都具有叙述性。

系统性是指在大的语义系统内部存在着复杂的各种关系。其中最重要的是由上下位语形成的纵向联系和语的同义、反义类聚所形成的横向联系。以成语为例，其语义有景物描写、人物学习、社会斗争等大的类别，其中景物描写类内部又可以分为景色事物、天文地理等小类，每个小类内部又可以分为更小的类。这种层层划分就体现出上下位语形成的纵向联系。而同一语类或不同语类之间又存在着同义或反义等语义关系。例如："不自量力、以卵击石、鸡蛋碰石头、屎壳郎推泰山、蜻蜓撼石柱、蚍蜉撼大树——可笑不自量"这一组语之间存在着同义关系，都有不知轻重的意思，都含贬义色彩，构成一组同义语；"蜜罐里放糖，甜上加甜"和"黄连拌苦瓜，苦上加苦"语义上存在相反关系，构成一对反义语。

2．民族性和人文性

汉语语义的民族性首先表现为表达方式的具象性。例如：

一个巴掌拍不响。老的也太不公些，小的也太可恶些。(《红楼梦》第五十八回)

谚语"一个巴掌拍不响"把"老的""小的"都有过错表达得形象可感。

"鸡蛋里挑骨头、翘尾巴、背黑锅、惊弓之鸟、揪辫子、老鼠钻风箱——两头受气、刀子嘴豆腐心、山雨欲来风满楼"等，都具有形象生动的表达效果，体现出汉民族的具象思维方式。

语义的民族性还体现在表义的材料与本民族的自然地理、社会生活和历史事件有着密切的联系上。例如："不到黄河心不死"、"长江后浪推前浪"、"泰山压顶"、"上有天堂，下有苏杭"都体现出鲜明的民族文化地域性特色；"阎王不嫌鬼瘦"、"牛鬼蛇神"、"夸父逐日"、"精卫填海"、"嫦娥奔月"都来源于本民族古老迷信或远古神话传说，反映出独特的民族人文性特征。再如，"龙"是中华民族崇拜和敬畏的图腾，所以汉语中与"龙"有关的语不胜枚举：龙飞凤舞；龙行虎步；蛟龙得水；飞龙乘云；笔走龙蛇；蛟龙得云雨，终非池中物；龙投大海，虎奔高山；龙游浅水遭虾戏，虎落平阳被犬欺、大水冲了龙王庙——一家人不认识一家人；龙王发脾气——翻江倒海；龙王阵缺人——摆不起来；龙王爷打哈欠——好神气；龙王出海——兴风作浪；龙王的帮手——虾兵蟹将；龙王的后代——龙子龙孙；龙王发怒——四方遭灾；龙王放火——改行；龙王爷招亲——水里来，水里去，等等。

语义的人文性首先表现在语义的形成往往具有一定的文化背景，具有充分的文化理据。例如：

"三浴三熏"来自古代隆重的礼仪；"象棋分布阵，点子如点兵"、"一招不慎，满盘皆输"取材于象棋文化，体现了古代人谋事布局的思想；"刘备摔孩子——收买人心"来源于古代历史故事；"同心同德、众志成城、同甘共苦、同舟共济"等成语则从不同侧面反映了中华民族的群体观念和传统美德；"智如禹汤，不如常耕；千方百计，不如种地；坐贾行商，不如开荒；头伏萝卜二伏菜、过了三伏种荞麦"等充分说明中国古代人民

对土地的偏爱和民以食为天的思想。

语义的人文性是汉民族语言文化内涵的直接反映，具有中国文化的独特渊源，同民族文化有极其密切的关系，表现在语义的形成与民族的传统思想、哲学思想、道德观念、宗教信仰、审美心理、风俗习惯等有密切关系。例如：

他的眉头皱得更紧了一些。你看，这不是太岁头上动土吗？(老舍《四世同堂》)

旧时认为，太岁凶煞，人们动土建筑，要避开太岁出现的方位，否则会招来祸患，反映了人们头脑当中的迷信观念。"太岁头上动土"比喻触犯了强者，自取其祸。

3. 组合性和融合性

由于语在结构上具有一定的相对固定性，而语义是语素义在特定的组合关系中形成的整体意义，因此语在语言中往往被整体理解和运用，语义常常具有组合性和融合性。

组合性指构成语义的各义素之间的意义是组合关系，语的整体意义能够从语素义的组合中推导出来。例如：

① 男耕女织(成语)，粟帛多者，谓之良民，免其一家之役。(明冯梦龙《东周列国志》第八十七回)

② 标点古文真是一种试金石(惯用语)，只消几点几圈，就把真颜色显示来了。(《鲁迅全集》第五卷)

③ 拿我来说，和沙漠斗来斗去，什么法子没想过？什么罪没受过？流了泪又流了汗，流了汗又流血！临了，还是胳膊拧不过大腿(谚语)。(杜鹏程《瀚海新歌》四)

④ 小柳子见天气不早，又看看太太的脸色，心里发了毛，这真是粘糕掉在灰堆里——吹又吹不得，拍又拍不得(歇后语)，看来这位太太要在这里待一辈子了。(王英先《枫香树》)

例①里的成语"男耕女织"指男的耕田，女的织布，整个成语用来形容农村平常劳动生活，也指和平欢乐的生活。例②里的惯用语"试金石"比喻非常可靠的标准和检验方法。例③里的谚语"胳膊拧不过大腿"指弱者较量不过强者。例④里中的"粘糕"指用黏性大米或米粉蒸成的糕。粘糕沾上灰，吹不掉也拍不掉，歇后语"粘糕掉在灰堆里——吹又吹不得，拍又拍不得"比喻轻了不行，重了也不行。

语义的融合性是指构成语义的义素融为一体，从语的构成语素不太容易推导，常常需要借助一定的历史文化背景去理解整个语的含义。例如：

① 士师分鹿真是梦，塞翁失马(成语)犹为福。(宋·陆游《长安道》)

② 两个居心不良的男青年，一个唱白脸(惯用语)要侮辱她；一个唱红脸"解救"她。事后，救她的提出与她恋爱，遭到拒绝。(1985年4月3日《中国青年报》)

③ 大先生，三十年河东，三十年河西(谚语)，就像三十年前，你二位府上何等气势，我是亲眼看见的，而今彭府上、方府上，都一年盛似一年。(《儒林外史》四十六回)

④ 看着手里的假美元，赵大姐放声大哭，蒋干盗书——上了大当(歇后语)！(麦冬《人心》)

例①中的成语"塞翁失马"语本《淮南子·人间训》："近塞上之人，有善术者，马无故亡而入胡，人皆吊之。其父曰：'此何遽不为福乎？'居数月，其马将骏马而归，人

皆贺之。其父曰：'此何遽不为祸乎？'家富良马，其子好骑，堕而折其髀，人皆吊之。其父曰：'此何遽不为福乎？'居一年，胡人大入塞，丁壮者引弦而战，近塞之人，死者十九，此独以跛之故，父子相保。" 后来人们用"塞翁失马"比喻祸福互相转化。例②中的"白脸"指京剧中的反面角色，"红脸"指京剧中的正面角色，后用"唱白脸"用来形容阴险狡诈或尖酸苛刻的态度。例③中的"三十年河东，三十年河西"，原指历史上黄河改道，某一地方原在河东，若干年后又到了河西，比喻世事盛衰变化无常。例④中的蒋干是《三国演义》里的人物，曹操手下的谋士，在赤壁之战前夕，奉曹操之命到江东，去劝说东吴大将周瑜投降。周瑜设计使蒋干偷看并偷走了假信，致使曹操把他的两个水军将领蔡瑁、张允杀掉。"蒋干盗书——上了大当"比喻上当受骗。

二、词义和语义的类别

(一)词义的类别

词义的基本类别有二：一是单义，二是多义。

1. 单义

一个词只有一个意义，这种词叫单义词。科技术语、法律文书用语、专有名词以及常见事物的名称等多是单义的，意义明确、固定，不会产生歧义。例如：

元素　原子价　钝角　血压　音节——科技术语
原告　被告　起诉　应诉　判决——法律术语
鲁迅　毛泽东　北京　政协　上海——专有名词
孔雀　牡丹　毛驴　电视　毛笔——常见事物名称

此外，有些动词、形容词也是单义的。如：

增加　缩减　乘　除　大　小　雪白　乌黑

2. 多义

一个词有几个意义，这种词叫多义词。需要强调的是，这"几个意义"必须有某种联系，不能毫无关联；而且这"几个意义"在产生的时间上、使用的频率上、所处的地位上并不等同，据此分出了本义、基本义、转义等。

本义：文献上记载的词的最初(最古老)的意义。例如：

猪　《尔雅·释兽》："豕子，猪。"即"小猪"。
走　《汉书·项籍传》："汉军皆南山走。""走"意为"跑"。
学者　《论语·宪问》："古之学者为己，今之学者为人。""学者"为"求学的人"。
勤劳　《书·无逸》："厥父母勤劳稼穑。""勤劳"是"辛勤劳作"的意思。

基本义：词在现代最常用的意义。例如：

猪　头大、鼻长、腿短、体肥、供肉食的哺乳类动物。
走　人或兽的脚交互向前移动。
学者　学术上有一定成就的人。

勤劳　努力劳动，不怕辛苦。

上述各例说明，本义和基本义并不一定相同。但也有相同的，例如：

听　《尚书·泰誓》："天听自我民听。"古今义一致：用耳朵接受声音。

胜　《孟子·公孙丑下》："战必胜矣。"古今义均为"胜利"。

转义：从词的本义、基本义中演化发展出来的意义。例如，从"兵"的本义"武器"中发展出"士兵"的意义；又从"士兵"发展出"战争"的意义。"士兵"对"武器"，"战争"对"士兵"和"武器"来说都是转义。

转义是通过引申和比喻两种方法产生出来的，故可分为引申义和比喻义两种。

引申义：主要是在基本义的基础上推衍出来的。例如：

深

① 从外到里或从上到下的距离大，如"洞深"、"水深"。

② 深奥、深刻，如"道理深"、"学问深"。

③ 交情厚，如"情深谊厚"、"关系深"。

④ 颜色浓，如"深红"、"深绿"。

翻身

① 躺着转动身体，如"帮他在病床上翻身"。

② 从受压迫，受剥削的状态中解放出来，如"穷人革命闹翻身"。

③ 改变落后或不利处境，如"今年生产打了个翻身仗"。

"深"的②③④项意义，"翻身"的②③项意义都是从它们的第①项意义演变出来的，都是引申义。引申义与基本义之间是"相关"的关系，不"相关"，无法推衍。

比喻义：主要是通过对基本义打比方而产生出来的意义。例如：

鸿沟

① 古代运河，在今河南境内，楚汉相争时，两军的临时分界。

② 明显的界线，如"城乡之间并不存在不可逾越的鸿沟"。

傀儡

① 木偶。

② 受人操纵的个人或组织，如"傀儡政权"。

桥梁

① 架在河上，沟通两岸的建筑物。

② 起沟通作用的人或事物。如"共青团是党和青年的桥梁"。

比喻义与基本义之间是"相似"关系，唯其"相似"才能进行比喻，产生新义。

词的比喻义和修辞上的比喻有关系，但不相同。试比较：

① "受人操纵的人或组织"像"木偶"。

② "鲁迅"是一株独立支持的"大树"。

例①是明喻，例②是暗喻，两例都是比喻。但例①的本体"受人操纵的人或组织"经过比喻之后，固定为喻体"木偶"的一个意义；而例②的本体"鲁迅"并没有成为喻体"大树"的一个固定意义。也就是说，比喻义由比喻而产生，具有"固定性"；修辞上的

比喻只是随机构造的,只依赖于一定的语境而存在,具有临时性,离开了特定的语言环境,这种相似性就不复存在。

词虽然有"多义",但在一个语境中通常只使用其中一个含义(见"深"等例)。有时,出于修辞需要,也可同时使用一个词的数个意义。例如:"哑巴吃黄连——有苦难言"的"苦"便用了"苦味"和"痛苦"两个意义;"茶壶里煮饺子——倒不出来"的"倒"有"倾倒"和"说出(倾吐)"两个含义。此谓之"语义双关"。

(二)语义的类别

语义的类别可以分为以下几个类别。

1) 基本义

基本义即理性义,是语义最核心的部分。要理解一个语的意思,首先要明白它的基本义。例如:

① 赢的他急难措手,打的他马不停蹄(成语)。(王实甫《丽堂春》第二折)

② 当然不敢说是诗史,其中有着时代的眉目,也决不是英雄们的八宝箱(惯用语),一朝打开,便见光辉灿烂。(鲁迅《且介亭杂文·序言》)

③ 眼下正处于三伏,恰是积肥沤肥的大好时机。俗话说:"机不可失,时不再来(谚语)。"(侯树槐《大地的留恋》)

④ "是啊,打败的鹌鹑斗败的鸡,这家伙上不了阵势(歇后语)。"老孟也附和道。(李晓明、韩安庆《平原枪声》)

例①里的"马不停蹄",基本义就是指马不停止地奔跑,不停歇地前进。例②里的"八宝箱",基本义就是指装盛心爱的珍贵物品的器物。例③里的"机不可失,时不再来"的基本义就是指到来的时机不要轻易放过,失去后,会后悔莫及。例④里的"打败的鹌鹑斗败的鸡——上不了阵势"本义为斗败后缺乏斗志,不敢再应战。

2) 本义

本义即语的"字面意义",由语素义直接组合而成。例如:

① 会使小观众们在紧张地屏住呼吸之后,纷纷拍手称快(成语)。(冰心《〈儿童文学剧本选〉序言》)

② 所以老头子常骂他是败家子(惯用语),不会过日子。(杨沫《青春之歌》)

③ 陈秀才那里已弄得瓮尽杯干,只得收了心在家读书。到说卫家索债,心里没做理会处,只得三回五回说:"不在家,待归时来讨。"又道是:"怕见的是怪,难躲的是债(谚语)。"是这般回了几次,他家也自然不信了。(《初刻拍案惊奇》卷十五)

④ 她把冬瓜脸一沉,金鱼眼一吊,对黄鼠狼说:"真是屎壳郎戴花——臭美(歇后语)!小毛孩子也他妈要逛灯去!他走了,谁侍候我?"(竹丛《敌后战场》)

例①里的"拍手称快",基本义就是指拍着手喊痛快。例②里的"败家子",本义就是指奢侈无度、不务正业的子弟。例③里的"怕见的是怪,难躲的是债"的本义是指怕见的是妖怪,难躲避的是债主讨债。例④里的"屎壳郎戴花——臭美"本义是讽刺人爱漂亮,讲究打扮。

3) 引申义

引申义指在本义的基础上派生出来的，是本义的进一步延伸。试比较：

① 百花仙子只顾在此著棋，那知下界帝王忽有御旨命他百花齐放(成语)。(李汝珍《镜花缘》第三回)

② 百花齐放(成语)、百家争鸣的方针，是促进艺术发展和科学进步的方针，是促进我国的社会主义文化繁荣的方针。(毛泽东《关于正确处理人民内部矛盾问题》)

例①里的"百花齐放"形容许多花竞相开放，用的是本义。例②里的"百花齐放"形容繁荣的文学创作局面，在本义的基础上进一步拓宽了适用范围，使用的是引申义。

4) 比喻义

比喻义指语的比喻用法逐渐固定下来的意义。例如：

① 期望太切不免揠苗助长(成语)，反而促其夭折。(陶行知《敲碎儿童的地狱，创造儿童的乐园》)

② 好，今天我就豁出去挨板子(惯用语)，也要拔拔虎须，摸摸虎臀。(王赤生、呆红星《蒲松龄轶事》)

③ 自古道，不怕官来只怕管，矮檐之下出头难(谚语)，牙根咬碎拳头软，权且饶他一番。(田汉《林冲》二场)

④ 我吃的多，是因为我肚子大哩，又不是吃你们家的饭，用你们多管闲事！哼，马槽里伸个驴头——多一张嘴(歇后语)！(袁静《小黑子的故事》)

例①里的"揠苗助长"意思是把秧苗拔高一些来帮助它生长，比喻急于求成，反而达不到目的。例②里的"挨板子"比喻说错话或做错事受到责罚。例③里的"矮檐之下出头难"比喻在受人压制的境况下，很难有出头的日子。例④里的"马槽里伸个驴头——多一张嘴"比喻嘴多舌杂，不该多说而乱说。

需要注意的是，引申义和比喻义并非是同一个概念。引申义是指本义的延伸和适用范围的扩大；而比喻义是本义的比喻用法，是本义的转移。例如"泥捏人也要有时间晒干"本义为用泥捏人需要时间晒干才可以，引申义为人才的培养有一个提高的过程，不能操之过急，比喻义则为做事情不可能一蹴而就，往往需要一定的时间。例如：

金书记，你说咱们的"可靠人员"、"强干部"在哪？辛辛苦苦几年培养起来的好党员干部，全上前线了！有句俗话说："泥捏人也要有时间晒干。"(柳青《铜墙铁壁》二章)

(三)色彩义

语的色彩义附加在基本义之上，包括俗色彩义、雅色彩义、感情色彩义和形象色彩义。

俗色彩义指口语性强，比较通俗的语所具有的附加意义，主要包括谚语、惯用语、歇后语以及部分成语，如"吃水不忘挖井人、卤水点豆腐——一物降一物、炒鱿鱼、一穷二白"等语都具有俗色彩义；雅色彩义指书面性较强、多为知识分子使用的语所具有的附加意义，主要集中在部分成语上，如"玉树临风、高风亮节、管窥蠡测"等。

和词义的感情色彩类似，语的感情色彩也可以分为褒义、贬义和中性三大类。褒义语含有肯定、赞扬、喜爱、尊重等感情态度，贬义语含有否定、憎恶、鄙弃等感情态度，中性语介于褒义语和贬义语之间，无所谓褒贬，没有明显的感情色彩。

各个语类中都有褒义语、贬义语和中性语。

褒义成语：坚贞不渝　表里如一　发愤图强　豁达大度
　　　　　忠心耿耿　励精图治　一丝不苟　高瞻远瞩
褒义谚语：人穷志不短　身正不怕影儿斜　星星之火，可以燎原
　　　　　学而不厌　诲人不倦　家和万事兴
褒义惯用语：泰山压顶不弯腰　宰相肚子能撑船　天生一对，地生一双
　　　　　　烧高香　不招花，不惹柳　钉是钉，铆是铆
褒义歇后语：穿鞋没底——脚踏实地　床单当毛巾——大大方方
　　　　　　大下巴啃西瓜——滴水不漏　中秋节的月亮——正大光明
贬义成语：飞短流长　飞扬跋扈　贪得无厌　无恶不作
　　　　　弹冠相庆　捕风捉影　臭味相投　投机取巧
贬义谚语：苍蝇偏向臭边飞　拉不出屎来怨茅房　半斤鸭子四两嘴
　　　　　恶人先告状　哪个耗子不偷油　不见棺材不掉泪
贬义惯用语：狗眼看人低　钻钱眼　白糖嘴巴砒霜心　人面虎狼心
　　　　　　拉住状元喊姐夫　耍花招　背黑锅　挖墙脚
贬义歇后语：苍蝇舞灯草——摆起架势来了　城隍奶奶怀孕——心怀鬼胎
　　　　　　厕所里的石头——又臭又硬　吃芝麻唱曲子——油腔滑调
中性成语：发号施令　风和日丽　它山之石　开天辟地　马不停蹄
中性谚语：烟酒不分家　男大当婚，女大当嫁　人各有志，不可强求
中性惯用语：八九不离十　不费吹灰之力　眉头一皱，计上心来
　　　　　　不管三七二十一　冷处理
中性歇后语：丑八怪演花旦——别出心裁　脆瓜打驴——去了一半
　　　　　　打卦先生掂根棍儿——是个忙(盲)人　大年初一没月亮——年年如此

三、词义和语义的聚合

(一)同义词和同义语

同义词是意义相同、相近的一组词。它包括等义词和近义词。

1．等义词

等义词，又叫绝对同义词，也就是意义完全相同的词。例如：
爸爸、爹、父亲
老婆、糟糠、拙荆、夫人
暖水瓶、热水壶、保温瓶、暖壶
莱塞、镭射、激光
手提电话、移动电话、手机

太阳、日头、阳窝儿、老阳儿

自行车、脚踏车、单车、洋车子

这些词或是命名的角度不同，或是口语、书面语的不同，或是译音的不同，或是音译与意译的不同，或是方言与普通话的不同。在使用中互相置换，一般不会引起语言意义的改变。

2．近义词

近义词，又叫相对同义词，也就是意义上有相同之处，也有细微差别的词。如："坚决——坚定"都有"拿定主意，不为外力所动摇"的意思，但它们在意义和用法上还有差异："坚决"侧重态度果断，与"犹豫"相反；"坚定"侧重立场稳定，与"动摇"相反。因此，"坚决"常用来表示行动、态度；"坚定"常用来表示立场、意志。近义词在语言中是不能互相置换的。

近义词是同义词的主体，它们在词汇中大量存在，对语言表达起着十分重要的作用，使用时需认真辨析，防止误用。

3．同义词的辨析

1）从词的概念意义方面辨析

(1) 词义程度的轻重不同。例如：

一组　优良：比较出色(较轻)。

　　　优秀：很出色(较重)。

　　　优异：异常出色(最重)。

二组　损伤：损害、伤害(较轻)。

　　　损坏：使失去原来的使用效能(较重)。

　　　毁坏：彻底损坏、破坏(最重)。

(2) 词义的范围大小不同。例如：

一组　事情：人类生活中的一切活动和遇到的一切社会现象(最大)。

　　　事件：历史上或社会上发生的不平常的大事情(较大)。

　　　事变：突发性的政治性军事性事件(较小)。

二组　边疆：靠近国界的领土(最大)。

　　　边境：靠近边界的地方(较大)。

　　　边界：地区之间的界线，多指国界(较小)。

(3) 词义个体、集体的不同。例如：

一组　信件：书信和递送的文件、印刷品(集体)。

　　　信：　按格式把写下来的话给指定的对象的东西(可指个体)。

二组　词汇：语言中词语的总汇(集体)。

　　　词：　语言中最小的可以自由运用的单位(个体)。

2) 从词的语法功能方面辨析。
(1) 词的搭配对象不同。例如：
一组　发扬——优点、成绩、传统、作风、风格
　　　发挥——作用、干劲、才智、创造性、想象力
二组　成家——用于男性，如：张伟成家了吗？
　　　结婚——用于女性，如：小花结婚了。
搭配对象一般不能互换，如："发扬作风"、"发挥风格"都不对。
(2) 词性和句法功能不同。例如：
一组　神秘：形容词，常作谓语、定语。如：神秘的大佛；件事很神秘。
　　　秘密：可作名词，常作主语、宾语。如：秘密暴露了；告诉你一个秘密。
二组　阻碍：动词，常作谓语、动语(述语)。如：交通被阻碍了；阻碍了道路。
　　　障碍：名词，常作主语、宾语。如：障碍扫除了；清除了障碍。
"功能"不能互换，如："秘密的大佛"、"神秘暴露了"均说不通。

3) 从词的色彩意义方面辨析
(1) 词的感情色彩不同。例如：
一组　成果——褒义，如：科研成果；改革成果。
　　　结果——中性，如：结果还不错；结果糟透了。
　　　后果——贬义，如：一切严重后果均由你方负责。
二组　推翻——中性，如：人民推翻了三座大山；敌人妄想推翻红色江山。
　　　颠覆——贬义，如：反动派阴谋颠覆新生的人民政权。
三组　聪明——褒义，如：这孩子真聪明。
　　　狡猾——贬义，如：那个特务很狡猾。
一组同义词，可能褒义、贬义、中性三者俱全，但也可能只有其中两种。
(2) 词的语体色彩不同。例如：
一组　老婆——口语，如：于福的老婆是三仙姑。
　　　夫人——书面语，如：西哈努克亲王偕夫人来访。
二组　准予——公文用语，如：准予支出；准予录用。
　　　准许——一般用语，如：准许考研；准许评优。
三组　妖娆——文艺用语，如：江山分外妖娆。
　　　美好——一般用语，如：江山多么美好。

同义词在汉语中大量存在，若能精心选用，对于增强语言的表达效果有着积极的作用：它可以使语言的表达精确、严密；可以使语体色彩、文体色彩风格鲜明；可以使文句生动活泼、富于变化。因此，学习掌握同义词，无疑是语言的一大基本功。

最后还需搞清楚一点：由单义词构成的同义词，其关系比较简单。由多义词构成的同义词关系却要复杂一些：它们的"同义"，并不意味着几个义项都是同义的，只要有一个义项同义，就可以了。例如：

黑　① 颜色：黑布；黑人。

现代汉语

②暗：黑天；黑屋子。
③恶毒的：黑心肠。
暗　①不明亮：洞里暗极了；暗无天日。
②不公开的：暗流；暗杀。
很明显，"黑"只有②义与"暗"的①义构成同义；其他意义并不同义。

4．同义语的辨析

和同义词类似，有些语之间存在语义相同或相近的关系，可称之为同义语。例如："鼓不打不响，话不说不明；话不说不知，木不钻不透；话不说不透，砂锅不打不漏"就是一组同义谚语；"心服口服、心悦诚服、五体投地"就是一组同义成语；"风箱里的老鼠——两头受气、野狗钻篱笆——两面受夹、骨缝里的肉——两面受硬的气"就是一组同义歇后语；"才出虎口，又入狼窝；池里爬出来，又掉在井里；躲过了风暴，又遇了雨"就是一组同义惯用语。

除了同一语类之间存在同义语，不同的语类之间也存在同义或近义关系，这些不同语类的语也属于同义语，如"变幻无常；一会儿锣，一会儿鼓；今日河东，明日河西；孙猴子的脸——说变就变"就是一组同义语；"跟着好人学好人，跟着巫婆下假神；跟着勤的没懒的，看着硬的没软的；近朱者赤，近墨者黑"也是一组同义语。

同义语的辨析内容主要包括语义、感情色彩(褒义、贬义、中性)、语性(名物性、描述性、论理性)、口头性或书面性和语体(文艺语体、政论语体、事务语体)几个方面，一般采用先辨同、后辨异的方法。例如：

"自欺欺人、掩目捕雀、掩耳盗铃、带着铃铛去做贼、上坟烧纸钱——自家人哄自家人"这一组语都有自己骗自己的意思，都含贬义，都具有描述性。其中"自欺欺人"口头性较强，"掩耳盗铃"书面性较强，二者常用于文艺语体和政论语体；"掩目捕雀"书面性很强，常用于政论语体；"带着铃铛去做贼、上坟烧纸钱——自家人哄自家人"贬义色彩较浓，具有很强的讽刺意味，口语性较强，常用于文艺语体。

(二)反义词和反义语

反义词是意义相反、相对的一组词。反义现象体现了客观事物的矛盾对立。如："好—坏"体现了性状的相反；"男—女"体现了人在性别上的对立。有的反义词反映的事物本身并不互相矛盾对立，只是人们在日常交往中把它们看作矛盾对立的，逐渐变成了习惯上的反义词，如"黑—白"、"手—脚"、"冬—夏"等。但不论词义反映的事物是否真正矛盾对立，一旦构成了反义词，必定是同属一个范畴之内："好—坏"同属"性质"范畴；"男—女"同属"性别"范畴；"黑—白"同属颜色范畴；"手—脚"同属"肢体"范畴；"冬—夏"同属"季节"范畴。

严格意义上的反义词必须是词对词，不能是词对短语，例如"好—不好"、"黑—不黑"都不是反义词。

反义词可分为以下两种。

1. 绝对反义词

绝对反义词，又称互补反义词，其特点是反义词之间没有第三种状态存在。如：

活—死　　动—静　　睡—醒

笔直—弯曲　开启—关闭　白天—黑夜

"活"、"死"之间无"不死不活"的状态，"不死不活"其实还活着；"睡"、"醒"之间无"半睡半醒"的状态，"半睡半醒"其实是醒着；"白天"、"黑夜"无中间状态，"黄昏"其实是白天。

2. 相对反义词

相对反义词，又称极性反义词，其特点是反义词之间有第三种或更多种情形存在。例如：

上—下　　大—小　　胖—瘦

早晨—晚上　宽阔—狭窄　北方—南方

"上"、"下"之间有"中"；"大"、"小"之间也有"中等的"；"胖"、"瘦"之间有"不胖不瘦"；"早晨"、"晚上"之间有"中午"；"宽阔"、"狭窄"之间也有"中间状态"；"北方"、"南方"之间有"中部"。

有时候，不属同一范畴的词义，也可以在一定语境中构成临时反义词。例如：

(1) 我们的光明，就是反动派的末日。

(2) 宁做山下一棵树，不做山上一棵草。

在这两个例子中，由于对举的语言环境，"光明—末日"、"树—草"便构成了临时反义词。离开了对举的上下文环境，它们之间的反义关系便不复存在。

3. 反义词对应关系的多样性

反义词并不总是"一对一"的关系。单义词只有一个意义，所以通常只能有一个反义词。如："原告—被告"、"无机—有机"、"加法—减法"。

多义词有好几个意义，每个意义都可以有一个反义词，因此多义词有几个反义词。如"失败"的第一个意义是"在竞争和斗争中被对方打败"，反义词是"胜利"；第二个意义是"工作没有达到预期目的"，反义词是"成功"。

一组同义词，有相同的意义，可以有一个共同的反义词。如"退步"、"后进"、"落后"有"落在后面不向前进"的共同含义，它们的反义词是"进步"。

一组同义词，也有相异之处，可以有几个不同的反义词。如"虚假"、"虚伪"都有"不真实"的含义，但在使用上有差别："虚假"多指与事实真相不符，反义词是"真实"；"虚伪"多指待人处事缺乏诚意，反义词是"诚实"、"老实"。

反义词使用得当，可以揭示事物的矛盾，形成意思的鲜明对照、映衬，深刻地显示事物的特点，体现对立统一的辩证关系；用以构成对偶、对比、仿词等辞格，又可以增强语言的表现力、生动性、幽默感。

4. 反义语

和反义词类似，有些语之间存在反义关系，可称之为反义语。由于人们观察事物的角

度不同,或者由于表达的不同需要,就会出现许多意义相反的语,如:

"人无伤虎意,虎有杀人心;人无伤虎意,虎有吃人心"就是一组反义谚语;"一朵花、豆腐渣"就是一组反义惯用语;"人声鼎沸、鸦雀无声"就是一组反义成语;"芝麻开花——节节高、王小二过年——一年不如一年"就是一组反义歇后语。

除了同一语类之间存在反义语外,不同的语类之间也存在反义关系,这些不同语类的语也属于反义语,如"剥了皮都是胆、胆小如鼠"就是一组反义语。

思考和练习三

1. 什么是词义?词义有哪些性质?
2. 举例说明语义的民族性的具体体现。
3. 试对语的基本义、本义、引申义以及比喻义作出解释。
4. 有人认为同义词和同义语是语言的累赘。结合语言实际谈谈你的看法。

第四节 词汇和语汇

学习要点:了解基本词汇和一般词汇的特点;掌握常用语与非常用语,古词和古语,新词和新语,方言词和方言语,外来词和外来语,行业语词和科技语词。

一、基本词汇与一般词汇

(一)基本词汇

基本词汇由基本词构成。基本词数量虽然不是很大,但它却长期存在于汉语之中,与语法一起形成汉语的基础,并为新词的繁衍提供材料。因此,基本词汇是词汇的核心部分。

基本词汇一般包括下列几类。
(1) 表示自然界事物的:天、地、风、雷、山、水、牛、羊等。
(2) 表示生产、生活资料的:犁、车、船、锅、刀、米、面等。
(3) 表示人体各部分的:头、手、脚、口、牙、舌、心、肺等。
(4) 表示亲属关系的:父、母、兄、弟、妻、子、爷爷、奶奶等。
(5) 表示基本的动作、行为的:吃、睡、学、爱、恨、走、跳、哭等。
(6) 表示基本的性质、状态的:甜、苦、美、丑、大、小、黑、红等。
(7) 表示代替、指称的:我、你、他、谁、什么、怎样、这儿、那里等。
(8) 表示数量的:一、百、千、万、斤、两、尺、元等。
(9) 表示程度、范围、关联、语气的:很、都、被、和、因为、所以、吗、啊等。

基本词汇的特点可概括为以下三点。

(1) 稳固性：它存在的时间很长，数千年来为不同的时代和人群服务，而且服务得很好。上面列举的词，很多在甲骨文和先秦古籍中就已出现了，现在、将来还会继续使用下去。

(2) 普遍性：它流行范围广，使用频率高，为全民族所共同理解。就是说，它在使用中不受阶级、行业、地域、文化程度等方面的限制，是人们语言交际中须臾不可或缺的东西。

(3) 能产性：以基本词作为词素，可以构造出新词，而且它们中的大多数构词能力很强。例如，包含"水"的词语有很多："水笔、水表、水兵、水波、水草、水产、水道、水稻、水分、水缸、潮水、茶水、淡水、洪水、风水、钢水、海水、胶水、口水、苦水、露水、墨水、油水"等。由此可见，"水"作为基本词有很强的能产性。再看一下与"水"构成词的那些成分，也多是基本词，如"笔、兵、草、稻、茶、淡、胶、口、露、墨"等，这同样证明了基本词的能产性。

(二)一般词汇

基本词汇以外的词汇是一般词汇。因为人们交际的广泛频繁，表义的复杂多样，便需要大量的词语，仅靠基本词汇是远远不够的，还需要一般词汇的加盟。仅以学校为例，如果没有"讲义、教案、教室、黑板、粉笔、作业、试题、评卷、讲授、提问、考试、中考、高考、教师、学生、校长、学生处、教务处"这些一般词语，学校内的交流交际会发生很大困难，教育、教学活动便无法正常开展。

一般词汇的特点可概括为以下几点。

(1) 非稳固性：它经常处于变动的状态。社会的发展，反映在词汇上便是旧词的消亡和新词的产生，这通常首先发生在一般词汇之中。在语言的三个要素——语音、词汇、语法——里面，词汇的发展最快，就是指一般词汇的不断消长变化。特别是改革开放以来，新事物不断涌现，新词语便层出不穷，不胜枚举。如：生态文明、小康社会、科教兴国、可持续发展、西部大开发、欧元、纳税人、涨停板、跌停板、经济全球化、商务中心区、漫游、蓝牙、数字地球、数字鸿沟、虚拟现实、视频点播、交互式电视、氧吧、亚健康、脑死亡、变性术、干细胞、黑色食品、生活方式病、排污权、生物入侵、阳伞效应、代际公平、代内公平、可吸入颗粒物、黑哨、金哨、街舞、雄起、知识产权、独立董事、举证责任倒置、奥赛、雅思、博导、司考、春招、话题作文、终身教育、素质教育、天军、海警、士官、禁飞区、"9·11"事件、数字化战场、信息对抗、城铁、轻轨、动车组、克隆、孵化器、高科技、基因组、纳米技术、生物芯片、动漫、哈日、韩流、舍宾、文唇、美体、边缘人、旗舰店、期房、商住楼、福利房、商品房、安居房、亲水住宅、经济适用房、打拼、锁定、新锐、粉领、北漂、量贩店、文化快餐、形象大使、山寨、房奴、月光族、负翁等，涉及经济、政治、信息、医学、环保、体育、法律、房地产、教育、军事、科技等各个方面，充分折射出整个社会迅速发展的生动面貌。

(2) 非普遍性：因为一般词汇数量庞大，涉及面广，所以不可能为全体民族成员所掌

145

握。人们掌握的一般词汇总是与自己所存身的行业、所从事的工作、所生存的环境、所接触的人群密切相关的。每个人所掌握的一般词汇并不全是其他人都掌握、都理解、都使用的。例如，教员使用的一般词汇，医生不一定能懂会用；外交人员使用的词汇，演艺人士不一定能懂会用。

(3) 非能产性：一般词汇大部分不具备构词能力，这可能是因为它们大都是多音节的，不便于构造新词，若要构词，便不符合现代汉语词的双音节特点。例如"因特"是音译词，通过附加解释性词素"网"，就成为"因特网"，再以之构成诸如"因特网民"、"因特网页"、"因特网址"，则显得音节过多，但将其简化为"网"(不是基本词汇中的"网")，可构成"网民、网页、网址"；同理"的士"(出租车)不便构词，简化为"的"可构成"面的、打的、的哥、的姐"。

基本词汇和一般词汇虽有很大不同，但也有不可以分割的联系：第一，基本词汇和一般词汇可以互相转化。有些基本词逐渐退入到一般词汇，如"君、臣、妾、神"等。第二，基本词汇和一般词汇的特点不是绝对化的。基本词不一定"三性"俱全，有的就没有构词能力，如虚词"呢、啊、的、地、得、了、着、过"；一般词也并非不具备"三性"之一，如上面所说到的"因特网"和"的士"，经过改造，也有构词能力。所以，应辩证地看待基本词汇和一般词汇的特征与相互关系。

一般词汇包括古词、新造词、方言词、外来词、行业词等。

二、常用语与非常用语

根据使用频率和范围的大小，语可以分为常用语和非常用语。常用语，一般指流行广、使用频率高的语，如"大刀阔斧；七上八下；打断骨头连着筋；麻雀虽小，五脏俱全；八竿子打不着；拆台子；蛤蟆打哈欠——好大的口气"等都属于常用语；"鸠形鹄面、方枘圆凿"等属于非常用语。但是常用语和非常用语之间没有严格的界限，二者是相对而言的。如有些成语对文化水平较高的知识分子可能是常用的，如"萧规曹随、新亭对泣"等，而对于一般群众来说，未必常用；有些谚语、歇后语对一般群众来说是常用的，而对于书本知识较多，或接受外来文化影响较多的人群来说，就未必常用；还有对某个行业来说是常用的，对别的行业就未必常用。从总体上来看，语确实有常用和非常用之分，不过是相对的，界限是模糊的。

三、古词和古语

古词是古代汉语中使用的，如今在一定场合还会使用的词语，还可细分出文言词和历史词两种。

文言词所表示的事物和现象还存在于现实生活中，但由于这些事物或现象已另有词语表示，所以原先的文言词一般不大使用。例如"底蕴、磅礴、若干、如此、是以、尔等、余、其"等；又如，文言中的虚词"之、乎、者、也、矣、焉、哉、亦、耳、而已"等。

历史词表示历史上存在过而今已不复存在的事物或现象,如"皇上、太后、驸马、宰相、尚书、大臣、状元、榜眼、探花、戟、钺"等。它们不同于文言词,在一般交际中不会使用,只在叙述历史事物或现象,或者在历史学术著作中才使用。

古词可以表达特殊的意义、感情色彩、语体色彩,所以才被普通话吸收。例如:

(1) 此事你们要负完全责任,倘有逃逸情事,必以纵匪论处,决不姑宽,勿谓言之不预也。

——毛泽东《中共中央发言人关于命令国民党反动政府重新逮捕前日本侵华总司令冈村宁次和逮捕国民党内战争罪犯的谈话》

(2) 鼎里的水却一平如镜,上面浮着一层油,照出许多脸孔:王后,王妃,武士,老臣,侏儒,太监……

——鲁迅《铸剑》

文言词可使语言简洁,可以表达庄严的情感,还可以表达幽默、讽刺等意义,但不能随意使用。用得太多,不贴切,便会成为"半文不白",影响语言的表达效果。

和词一样,语也有古今之别。如谚语就有"古谚""今谚"之说。古谚如"眉毫不如耳毫,耳毫不如老饕",这类语古代说而现代基本上不说;今谚如"小葱拌豆腐——一清二白",这类语古代不说而现代常说。还有一类语意思相同或相近,但古今说法不同,如"一蟹不如一蟹"和"一代不如一代"就属于这种情况。"一蟹不如一蟹"语出苏轼《艾子杂说》:"艾子行于海上,初见蛴蜅,继见螃蟹及彭越,形皆相似而体愈小,因叹曰:'何一蟹不如一蟹也?'""一蟹不如一蟹"属于古语,而"一代不如一代"则属于今语。

古语和今语之间有时候也没有严格的界限。有些语世代相传,时至今日仍然具有强大的生命力,这就很难说清楚到底是古语还是今语。如谚语"宁为鸡口,无(勿、莫)为牛后"早在战国时期就已经使用,一直沿用至今。例如:

(苏秦)说韩王曰:"……臣闻鄙谚曰:'宁为鸡口,无为牛后。'今大王西面交臂而臣事秦,何异於牛后乎?"(《战国策·韩策一》)

鄙谚曰:"宁为鸡口,无为牛后。"夫以大王之贤,挟强韩之兵,而有牛后之名,臣窃为大王羞之!(《资治通鉴·周显王三十六年》)

大丈夫宁为鸡口,毋为牛后;士君子岂甘雌伏,定要雄飞。(《幼学琼林》)

古语有云:"宁为鸡口,无为牛后。"田虎踌躇未答,又报总管叶清到来。(《水浒传》九十九回)

他们邀我入董事局!宁为鸡口,莫为牛后!(梁凤仪《豪门惊梦》)

四、新词和新语

新词是与社会发展变化密切联系、应运而生的词,虽然它使用的构词材料(词素)和构词方式是旧有的,但内容是全新的。如:

偏正式: 新星 法盲 筛选 火爆
并列式: 开放 清退 提留 招聘
支配式: 扶贫 待业 创汇 封镜

现代汉语

补充式： 理顺　推出　搞定　酷毙
陈述式： 公派　手软　民选　国有
多层式： 万元户　机器人　一次性　老龄化　性解放　汉语热　伤痕文学　素质教育

关于新造词还需注意两点。

(1) 词在使用过程中产生了新义，不应视为产生了新词。例如："起飞"原意是"飞机开始飞行"，现在有了"比喻事业开始飞速发展"的意义，这只能看作词义的增加，"起飞"不是新造词。

(2) 生造词不是新造词。生造词是任意改变原有词的形式或本无必要而自造的词。如：
简扼——"简单"、"扼要"的拼凑。
掩遮——"遮掩"的变形。
迢遥——自造词，表示"遥远"。

任何新造词，总要经过一段时间的使用，得到社会的认可，才能在语言中立足，否则将被淘汰出局。

和新词一样，随着社会的不断发展与进步，有些老的、旧的语在逐渐消失，而一些新语也在不断涌现，和某些社会热点紧密联系在一起，充分体现了时代特征。如1949年以后，人民翻身做主人，随之出现了一些歌颂共产党、歌颂新社会的新语。

翻身不忘共产党，吃水不忘挖井人。
军民一条心，黄土变成金。
喝着新社会的甜汤，不忘旧社会的苦水。

五、方言词和方言语

方言词是指流行于各方言区的词语，包括作为普通话基础方言的北方话中的一些地区性词语。前者如吴方言中的"雄牛"，客家方言中的"牛牯"，后者如济南话的"犍子"，西安话的"犍牛"，其实它们所指的都是普通话中的"公牛"。

方言词的存在会给交际带来不便。例如普通话的"饺子"在湖北、闽西和客家话中却指的是"馄饨"；"蚊子"在湘方言中还可指"苍蝇"（"饭蚊子"），而"苍蝇"指"红头苍蝇"；"洗脸水"在吴方言中叫"面汤"，"挨骂"说成"吃排头"；"吝啬的男人"、"爱管闲事的女人"在粤方言中被称作"孤寒佬"、"八卦婆"。这些词语的意义，不同方言区的人未必能准确理解，就会造成交流的困难。

方言词是普通话词汇的"支源"，能给普通话输送新的词语。事实上，今天的普通话词汇中有相当数量的是来自方言："瘪三、尴尬、把戏、货色"来自吴方言；"晓得、名堂、耗子、搞"来自西南方言；"冰激凌、雪糕"来自粤方言；"过细、过硬"来自湘方言；"龙眼、马铃薯"来自闽方言。许多方言词通过文艺作品扩大了使用范围，又会逐渐进入普通话。

方言词虽不见于公文、科技著作，但在文艺作品却屡见不鲜，它可以生动形象地表现

地方特色。例如:

旧历端午,在一家戏场里,因为一句大火的谣言,就又是推,把十多个力量未足的少年踏死了。死尸摆在空地上,据说去看的又有万余人,人山人海,又是推。推了的结果,是嘻开嘴巴,说道:"啊唷,好白相来希呀!"

——鲁迅《准风月谈》

一句"好白相来希"(真好玩)的上海话,真实传神地勾画出旧上海那些麻木不仁的"看客"的精神状态。

有些语具有鲜明的地方色彩,反映了当地的社会生活和民俗风情,有的构语材料就取自方言,一般在一定的方言区域内使用,普通话里不说或很少说,这些语可以称之为"方言语"。

山西晋南地区丰富的"馍"文化在当地流行的一些方言语上得到充分地反映。例如:

心急吃不了热馍馍。

羊肉泡馍美得太,辣椒就是上等菜。

出门三件宝:馍馍、草帽、烂棉袄。

小娃馍馍,老汉婆婆。

肚子不疼不怕吃冷漠。

其他的一些方言语如:

昆明一大怪,不放辣子不做菜。

苏州一年不断菜,杭州四季不断笋。

阳朔山水甲桂林。

杨柳青的瞎子——无有亲人。

哑仔断奶——有苦难言。

瓷器棺材——唔漏汁。

方言词和方言语在文艺作品中也不可滥用。地方色彩过浓的语词,由于读者不懂其中的含义,所以根本谈不上表现力,而且影响现代汉语语词的规范化。

六、外来词和外来语

外来词也叫借词,是指从外族语言里借来的词。汉语从外语中吸收词语是古已有之的,从汉代就开始了。"苜蓿、葡萄、狮"是西域借词;"佛、袈裟、忏悔"是梵语佛教借词。随着对外交往、国内民族间交往的扩大,现代汉语的外来词较以往更多。引进的外来词,在意义上可能与原先不尽相同。英语的 jacket 原指"短上衣、坎肩儿"之类,汉语吸收之后成为"夹(茄)克",就专指"一种长短齐腰,下口束紧的短外衣"。

吸收外来词主要有以下几种方法。

(1) 音译:照着外语词的声音以汉字对译过来,这种词叫音译词。例如:"戈壁、哈达、坦克、扑克、逻辑、沙发、巧克力、苏维埃、蒙太奇、迪斯科、模特儿、拉斯维加斯、布宜诺斯艾利斯"等。

(2) 兼译：用汉字对译外语词的发音，但这几个汉字恰好是词素，从词素义中可以大致体现外语词的原意或引进者的心意。例如："绷带、苦力、俱乐部、乌托邦、的确良、可口可乐"等。

(3) 半译：音译外语词的一部分，意译其另一部分；或者音译整个外语词，另加一个汉语的解释性词素。前者如"马克思主义、浪漫主义、沙文主义"（"主义"是原词中-ism的意译）；后者如"卡车、卡片、啤酒、沙皇、华尔街、乔其纱、芭蕾舞、拖拉机、霓虹灯、香槟酒、沙丁鱼、法兰绒"等。

日语词的吸收有些特殊性。日本人借汉字创造词语或意译欧美科技术语，这些日本词又被汉语原封不动地借来使用，例如"客观、瓦斯、高潮、茶道、课程、歌剧、团体、广告、干部、过渡、劳动、引渡、取缔"等。

至于意译词，一般不看作外来词。因为它们是用汉语的词素构成的，用以表达外族先我而有的事物和概念，应是地道的汉语词。例如"电话、电车、民主、科学、收音机"等。

外来词的吸收和使用也应适度。汉语有的，不宜引进，例如，有"再见"不必再吸收"古得拜"；有"衬衫"不必再吸收"恤衫"；有"飞碟"不必再吸收"幽浮"。如需引进，应尽量意译，而不要音译。例如英文 democracy，译为"民主"，而不译为"德谟克拉西"；telephone，译为"电话"，而不译为"德律风"；science，译为"科学"，不译为"赛因斯"。

近些年来汉语中又出现了一批"字母外来词"，就是直接用外文字母(简称)或外文字母加汉字(词素)构成一个词。例如："HSK(汉语水平考试)、DVD(数字激光视盘)、UFO(不明飞行物)、MBA(工商管理硕士)、CEO(首席执行官)、WTO(世界贸易组织)、DNA(脱氧核糖核酸)、APEC(亚太经济合作组织)、BBS(电子公告牌系统)、MTV(音乐电视)、SOS(紧急呼救信号)、CPU(中央处理器)、MP3(一种常见的数字音频压缩格式)、WC(盥洗室)、IT(信息技术)、CD(激光唱盘)"等。这种吸收外来词的方式，还有着越来越迅速普遍的趋势。

除外来词外，现代汉语也吸收了不少外来语。其中大量的成语来自佛教，如"阿弥陀佛、三生有幸、盲人摸象、借花献佛、作茧自缚、昙花一现、五体投地、皆大欢喜、天花乱坠、出生入死、大慈大悲、心猿意马、功德无量、看破红尘"等，"以眼还眼，以牙还牙"来自《圣经·旧约全书》，"生来是爬的就不会飞"来自高尔基《鹰之歌》，"宁做聪明的傻子，不做愚蠢的智人"来自莎士比亚《第十二夜》，"火中取栗"来自法国拉封丹的《猴子与猫》。这些外来语丰富了汉语的语汇，促进了交际的发展。

七、行业语词和科技语词

(一)行业词

行业是社会分工的产物，俗话说，"隔行如隔山"，这不只是指各行业有自己所从事的不同活动，而且也应该指它们有各自所习用的词——行业词。例如：

商业方面：水货　超市　滞销　脱销　高档　贸易　顺差　库存　款式　抢手　盘点
交通方面：公路　铁路　车次　硬座　引水员　航班　空姐　轮渡　吨位　吨公里
军事方面：点射　射程　反潜　续航　防化　登陆　导弹防御系统
戏曲方面：前台　幕后　小丑　角色　布景　行当　龙套　导演　水袖　念白
教育方面：入学　毕业　高考　德育　特困生　教材　教法　电教　暑假　班主任
文艺方面：题材　形象　情节　旋律　蒙太奇　概念化　现实主义
工业方面：轧钢　清库　压锭　洗煤　选矿　切削　模具　冷焊　刨床　车刀
农业方面：中耕　春灌　夏收　打场　白萝卜　公粮　小麦　玉米　耙地　除草剂
哲学方面：对立　统一　理性　感性　实践　唯物　唯心
医学方面：门诊　处方　针灸　注射　化疗　气胸　穿刺
金融方面：信贷　利息　结账　核算　销售　货币　利率

(二)科技词

随着社会的进步、科学技术的发展，各种专门的学问和知识越来越多，在各学科中，都有一些多在自己内部使用的词。例如：

数学方面：　正数　负数　函数　微分　圆周率
　　　　　　通分　代数　几何　小数　假分数
生物学方面：胚胎　胚层　神经　细胞　细胞核
　　　　　　进化　针叶　阔叶　主干　神经元
物理学方面：电荷　电压　电子　中子　中微子
　　　　　　凹镜　波长　分贝　安培　变压器
化学方面：　化合　分解　氧化　蒸馏　曲颈甑
　　　　　　硫酸　分子　氮气　火碱　化合价
医学方面：　血型　尿检　解剖　脱水　衣原体
　　　　　　痢疾　肝炎　气胸　内科　传染病
哲学方面：　对立　统一　质变　量变　同一性
　　　　　　主观　反映　感性　唯物　二元论
经济学方面：商品　价值　金融　股票　剩余价值
　　　　　　交换　资本　投资　货币　等价物
文艺方面：　人物　描写　文学　艺术　典型性
　　　　　　形象　影评　悲剧　小说　百花奖

行业词和科技词也会进入全民族语言，原因是这些词语中有一部分和全民生活密切相关，例如戏曲用语、交通用语、医学用语等；另外，与民族整体文化水平的提高和科学技术的普及也有很大关系。

行业词和科技词进入全民族语言，往往会产生新义。例如：
交易：原为商业用语，后产生出"相互交换(利益等)"的意义。
小丑：原为戏曲用语，后产生出"举动不庄重、善于凑趣儿的人"的意义。

感染：原为医学术语，后产生出"通过语言或行为引起别人相同的思想情感"的意义。

反作用　原为物理学术语，后产生出"相反的作用"的意义。

行业词还有一种通行范围极窄的所谓"隐语"(黑话)，只流通在个别社会集团或秘密组织中。例如，旧社会的商贩，为了使局外人不知道行市，就把"一"叫"平头"，"二"叫"空工"，"三"叫"横川"，"四"叫"侧目"，"五"叫"缺丑"，"六"叫"断大"，"七"叫"皂底"，"八"叫"分头"，"九"叫"未丸"，"十"叫"田心"。道门、土匪、青楼、盗贼这些旧社会的"行当"里，也有一些外人所难知晓的用语。如小说《林海雪原》里便引用了大量的土匪"黑话"：

土匪："蘑菇，溜哪路？什么价？"(什么人？到哪儿去？)

杨子荣："想啥来啥，想吃奶就来了妈妈，想娘家的人，小孩他舅舅就来啦。"(找同伙。)

杨子荣："紧三天，慢三天，怎么看不见天王山？"(走了九天，怎么也没找到哇？)

土匪："野鸡闷头钻，哪能上天王山？"(因为你不是正牌的。)

黑话中也有一些词进入了全民语言，失去了保密性。如"挂彩、挂花、洗手、卧底、黑线、叫板、一路人、清一色、玩儿去、老帽儿、撕票"等。

(三)行业语和科技语

汉语中的行业语和科技语相对于行业词和科技词要狭窄，而且难以严格区分行业语和科技语，二者之间界限模糊。但行业语和科技语数量也不少，集中反映在谚语上。谚语绝大多数是各行各业人们经验的结晶，如农林牧副渔商医等行业就有许多行业语和科技语。

秋耕深一寸，顶上一道粪。

宁可人等秧，不可秧等人。

人哄地皮，地哄肚皮。

光栽不护，白费功夫。

移树无时，莫叫树知。

羊盼清明牛盼夏。

牲口使得勤，喂养要当心。

种桑栽桐，子孙不穷；养鹅养鹅，零钱最活。

紧拉鱼，慢拉虾。

三月三，鲈鱼上岸滩。

百里不贩葱。

钱不压箱里，货不压箱底。

过河卒子顶个车。

支起羊角士，不怕马来将。

厨师没敲，烂淡就好。

冬吃萝卜夏吃姜，不用医生开药方。

朝朝盐水，晚晚蜜汤。

喝鹅汤，吃鹅肉，一年四季不咳嗽。

热天半块瓜，中药不用抓。

思考和练习四

1. 一般词汇有哪些特点？试作具体阐述。
2. 举例说明外来词的分类。
3. 结合自己的方言，列举不同语类的语各十个。

第五节　词汇和语汇的发展

学习要点：了解新词新语和旧词旧语的兴衰，词义和语义的演变。

一、新词新语和旧词旧语的兴衰

　　社会的发展、人们观念的更新，导致了新事物、新现象、新思想、新概念的不断出现，这就要求人们利用已有的语言材料不断创造新的词语来表达它们。现代汉语的各个历史时期都曾应时而产生过许许多多的新词语。例如：五四运动前后，产生了德先生、赛先生、孔家店、马克思主义、共产党、社会主义、共产主义、唯物论、辩证法等；土地革命战争时期产生了"红军、根据地、红区、白区、游击区、边区、指导员、指挥员、战斗员、长征、苏维埃"等；抗日战争时期产生了"八路军、新四军、民兵、沦陷区、持久战、战区、抗战、速胜论、亡国论、'一二·九'运动"等；解放战争时期产生了"解放区、国统区、解放军、野战军、整军、和谈、双十协定、减租、贫农团"等；1949年以后产生了"统购、统销、互助组、合作社、高级社、公社、私方、定息、总路线、'大跃进'、人民公社、雷锋式、革命化、'文化大革命'、'走资派'、红卫兵、红小兵、武斗、大串联、革委会、造反派、保皇派、四化、新长征、承包、责任制、体制、改革、开放、特区、保税区"等；与新科学、新技术相适应又产生了"卫星、遥感、信息、视盘、扫瞄、3G"等词语。此外，双音节化也可产生新词，例如"保——保卫、保护、保证"；"共产党员——党员"等。

　　旧词衰亡的原因是它们所标志的事物概念等，在今天消失了，或者所标志的事物、概念还存在，但另有新词取而代之了。词的"衰亡"，只是说它们降低了使用频率，甚至几乎不用，但有时还会用到，如文言词、历史词以及旧时代所使用的词："之、乎、者、也；皇帝、臣民、社稷、登基；租界、童子军、便衣队、警察局、交易所、妓院、东家、佃户、老妈子、丫环、脚夫、伙夫、邮差"等。真正的"死词"，亦即在现代汉语中消失得无影无踪的词大概不多，至少我们在大型的工具书，诸如《中华大词典》、《辞海》、《辞源》中还可以看到它们。因此，对旧词的衰亡，最恰当的解释应该是"衰落"，而不

是"死亡"。

旧词只是一个相对的概念,不一定是距今很久远的词。有时候,因社会变化剧烈,产生时间并不太长的词也会很快变成旧词,反映"大跃进"、"文化大革命"事件的词,现在便很少使用,变成了"历史词"。

旧词碰上合适的机遇还可能复活,如"太太、夫人、先生、小姐、乡长、村长、当铺"等,又在现在的语言中经常出现。

如果把新词产生和旧词衰亡的速度加以比较,就会发现,前者大于后者,所以现代汉语的词汇总体上呈现出一种增加和丰富的趋势。

社会的发展变化也反映在语的变化上来。有些旧语也早已不用,如"心则不竞,何惮于病"(《左传·僖公七年》),"财主柜里金银多,穷人枕边泪珠多","财主算盘响,穷人眼泪淌"等语批判了旧社会财主剥削穷人的社会现实,如今"财主"已成为历史,这些相应的语也就不复存在。1949年后,社会发生了翻天覆地的变化,人民翻身做主人,新的语随之产生,如"豌豆开花藤连藤,党和人民心连心;勤是摇钱树,俭是聚宝盆"等。"炒鱿鱼"、"闯红灯"、"电线杆绑鸡毛——好大的掸(胆)子"等语也是随着社会变化而出现的新语。

二、词义和语义的演变

(一)词义的演变

词义演变可以从词义本身和它与反映对象的关系两方面考察。

词义本身的演变主要是指义项的增加,把单义词变成了多义词。人的认识不仅会有量的改变,也会有质的改变。如果每一次改变都要创造新的词语,那么词汇量的无限增大会给使用者造成莫大的负担;如果采用"旧瓶装新酒"的办法,把一种新的认识借用一个已有的词表示出来,既实现了表达新意的目的,又抑制了词汇量的扩大,一举两得。这也就是词汇中多义词越来越多的原因。至于一个词如何产生新的义项以及示例,可参看"多义词"部分。

词义与反映对象关系的变化,即通常所说的"词义演变的方式"有三种。

1. 词义的扩大

词义的扩大主要是指词义适应的对象范围变大了。例如:

河　　古代专指黄河,今泛指一切河。
江　　古代专指长江,今泛指所有的江。
汉人　古代专指"汉朝的人",今泛指汉族人民。
花　　可指"花朵",可指"花苗",可泛指"花木",逐步扩大。
脸　　原指"目下颊上也",即颧骨部分,今指整个面部。
起飞　原专指飞机自地面开始往上飞,今也可指事业的振兴、发达。

2．词义的缩小

词义的缩小指词义反映的对象范围变小了。例如：

金　　原是"五金"的总称，今专指"黄金"。
瓦　　原是"陶器"的总称，今专指"用泥土烧制的铺在房顶上的建筑材料"。
丈人　古指"年长的人"，今专指"岳父"。
勾当　古指"事情、办事情"，且无褒贬，今专指"坏事情"。
事故　原指"一切事情"，今专指"偶然发生的不幸事情"。

3．词义的转移

词义的转移是指词义对应的客观对象改变了。例如：

闻　　原指"用耳朵听"，今可指"用鼻子嗅"，由"耳"转移到"鼻"。
兵　　原指"武器"，今多指"士兵"，由"物"转移到"人"。
行李　古代指"使者、行人"，今指"出门携带的包裹、箱子"，由"人"转移到"物"。
走　　原指"奔跑"，今指"步行"，从"甲种动作"转移到"乙种动作"。
检讨　原指"研究讨论"，今指"自我批评"，从"甲种行为"转移到"乙种行为"。

词义的扩大较为常见，词义的缩小和转移相对较少。它们实际上与词的义项增减、移位，词义的转化(引申、比喻)是一回事。例如上例中的"起飞"意义扩大，实则是义项增加，由单义变成了多义，而增加的义项是通过比喻获得的"比喻义"；"金"专指"黄金"是义项减少，也是词义引申的结果，是"金"的引申义；"走"由跑变为"步行"，是词义移位造成的，也是通过引申而得到的"引申义"。

了解词义的变化，有助于阅读时对词义的正确理解。例如：

(1) "牺牲玉帛，弗敢加也，必以信。"(《左传·庄公十年》)其中的"牺牲"指"作为祭品的牛羊"，不是"为正义事业献出生命"。

(2) "丈夫亦爱怜其子乎？"(《战国策·触龙说赵太后》)"丈夫"指"男人"，不是"女子对配偶的称呼"。

(3) "行李之往来，共其乏困。"(《左传·僖公三十年》)"行李"指"使者"，不是"出行者所带的包裹、衣箱"。

(4) "三个酒至数杯正说些闲话，较量些枪法。"(《水浒传·鲁提辖拳打镇关西》)"较量"是"谈论"的意思，不是"用竞赛、斗争的方式比较本领或实力的高低"。

倘若不知道这些词的古今意义的差异，"以今证古"，或"以古证今"，都是错误的，都会影响对作品原义的确切理解。

(二)语义的演变

语义的演变主要体现在成语上，演变的方式主要有以下几种情况。

现代汉语

1．语义的扩大

"扶摇直上"出自《庄子·逍遥游》："扶摇而上者九万里。"指乘着风势快速上升。后来语义进一步扩大，比喻仕途得志或飞快上升，如：

"大人步步高升，扶摇直上，还望大人栽培呢。"(清·吴趼人《二十年目睹之怪现状》)

"物价扶摇直上，早晚不同，人民的生活像严冬室外的水银柱，急剧地下降，一直降到零度。"(臧克家《学诗断想·学诗纪程》)

再如"阳春白雪"语出宋玉《对楚王问》："其为阳春白雪，同中属而和者，不过数十人。""阳春白雪"原指高雅的歌曲，后泛指高深的文艺作品或高深的、少数人了解的东西。例如：

"就算你的是'阳春白雪'吧，这暂时既然是少数人享用的东西，群众还是在那里唱'下里巴人'。"(毛泽东《在延安文艺座谈会上的讲话》)

2．语义的缩小

"眉来眼去"，原来泛指人与人之间的眉目传情。出自辛弃疾《满江红·赣州席上呈太守陈季陵侍郎》："落日苍茫，风才定，片帆无力。还记得，眉来眼去，水光山色。"后来语义缩小，主要指男女之间的勾勾搭搭。如：

"近年大了，彼此又出落得品貌风流，时常司棋回家时，二人眉来眼去，旧情不断，只不能入手。"(《红楼梦》第七十二回)

"臭味相投"，原比喻人的思想、作风相同。后来多用于贬义，专指坏人彼此投合。如：

"……与这丁廉访同年，又是两治下，况且祖父一般的奸佞，臭味相投，两个最称莫逆。"(清·陈忱《水浒后传》第四回)

再如"掌上明珠"，原比喻极钟爱的人，后专用来指受父母疼爱的女儿。

3．语义的转移

"飞扬跋扈"，本指意态举动超越常规，不受约束。语出《北史·齐高祖纪》："景专制河南十四年矣，常有飞扬跋扈志。"后形容骄横放肆、不守法度。如：

"大家见这个飞扬跋扈的土霸王和恶棍，今天落得丢盔卸甲的丧气相，都觉心中大快。"(冯骥才、李定兴《义和拳》第一章)

再如"钩心斗角"，原形容宫室建筑结构精巧、错落有致。语出杜牧《阿房宫赋》："五步一楼，十步一阁，廊腰缦回，檐牙高啄，各抱地势，钩心斗角。""钩心"指"房心勾连"，"斗角"指"飞檐像鸟嘴仰啄"。后来"钩心斗角"用以比喻各用心机，施展手腕，明争暗斗。整个成语由原来指物转为指人，语义产生了转移。

"满城风雨"原形容秋天的气候和景色，后比喻事情传遍，到处议论纷纷，也属于语义转移。

4．语义褒贬色彩的变化

"明目张胆"源自《晋书·王敦传》："今日之及明目张胆为六军之首，宁忠臣而

死,不无赖而生矣。"原意是形容很有胆识,敢作敢为,含褒义色彩;后来这条成语形容无所顾忌,胆大妄为,褒义变为贬义。如:

"后来以强凌弱,以众暴寡,明目张胆地把活人杀死。"(清·西周生《醒世姻缘传》第三十一回)

再如"明哲保身",语源见于《诗经·大雅·丞民》:"既明且哲,以保其身。"唐代孔颖达解释道:"既能明晓善恶,且又是非辨知,以其明哲择安去危,而保全其身,不有祸败。"指明智的人善于回避可能给自己带来危险的事,语义无明显的褒贬,为中性成语。现在"明哲保身"用来形容为个人私利而回避原则斗争的处世态度,变成了贬义成语。

思考和练习五

1. 试比较语典和词典的性质和功能,指出相同点和不同点。
2. 结合具体语典谈谈语的释义原则有哪些。
3. 解释下列语的语义。

拔茅连茹

上下其手

毛脚鸡

七条肠子,八条肝花

欲要做佛事,须有敬佛心

蚂蚁顶荔枝壳——充大头鬼

上了套的猴子——由人玩耍

第五章 语　法

本章主要讲述现代汉语组词造句的规律和有关的基础理论和基本知识，如语法的性质，词类划分的标准，实词与虚词的语法特征，短语的结构类型与功能类型，复杂短语和歧义短语的分析，句法成分的分析，句类、句型的分析，复句和单句的区别，多重复句的分析等问题，使学生掌握辨识词性、分析句子和辨析句子正误的能力，正确、规范地使用现代汉语。

第一节　语法概述

学习要点：语法的含义；语法的性质；现代汉语语法的特点；语法单位；学习语法的途径和目的。

一、语法和语法学

语法是语言中用词造句的结构规则。一般把语法看作和语言中的语音、词汇并列的要素。从信息传递的角度来看，词汇及其语音形式是传递信息的符号——信码，语法则是信码与信码之间的组织规则。杂乱无章的一堆词，如果不按一定的规则排列起来，就不能传递信息。假如违反了这种规则，轻则使人觉得别扭，重则影响人们对意义的理解。语法分词法和句法两部分。词法是词的内部结构规律，以语素为基本单位；句法是句子的内部结构规律，以词为基本单位。语法规律存在于客观的语言事实之中，具有客观性。

语法学是研究语言结构规律的科学，即语法工作者对语法系统和语法规则所作的研究、描写和分析。由于研究者的观点和方法的不同，对客观存在的同样的语法事实，会有不同的认识和解释。平常说语法有分歧，往往指的是对语法事实的不同认识和不同分析。也就是语法学的分歧。语法学作为一门发展中的学科，存在分歧是正常的现象，不同意见的争鸣有利于学术的发展。语法规律本身也处在发展变化之中，新出现的语法现象(不包括无"法"的乱说)与原有的并存，也可以叫作语法的分歧。对于这种分歧，我们要看它对于提高语言的表现力有什么作用，如果有积极作用，就应当加以肯定；如果有消极作用，就应当加以否定。我国语法学界立足于汉语事实，借鉴世界先进理论，力图创建科学的汉语语法理论体系，揭示汉语语法规律。

语法书是研究和讨论语法的论著，是语法研究者的研究成果。语法研究者的观点、认识不同，语法学论著中的说法往往会存在分歧现象。

二、语法的性质

(一)抽象性

抽象性是语法的第一特性。语法是从众多的语法单位里抽象出其中共同的组合方式、类型及如何表达语义的规则。例如汉语里有"看看、听听、说说、笑笑、研究研究、讨论讨论"等词的重叠现象。这反映出一条动词的变化规律：有些动词可以用重叠的方式来表示动作的某一语义类型，即表示少量或者短时。又如汉语里有"阳光灿烂。天气晴朗。心情舒畅。身体健康。"这些句子，它们意思各异，但是结构相同，都是名词在前，形容词在后，直接组合，表示被陈述和被陈述的关系，加上句调构成了主谓句。由此可见，语法指的是抽象出来的公式，舍弃了个别的、具体的内容差别。一种语言里具体的词多如牛毛，由这些词组合而成的短语和句子更是难以计数，但它们内部的组合规则和格式是有限的。语法学的任务是描写、解释组成词、短语和句子的规则和格式。由此可见，语法具有抽象性、概括性。

(二)稳固性

在语言的各要素中，语法的发展变化是最为缓慢的。一种语言不会在较短的时期里废弃旧的语法结构系统，而产生一个新的系统。许多语法手段和语法格式千百年来经久耐用、长盛不衰。一些旧的规则的衰亡是逐渐实现的，新的语法规则也是逐渐发展起来的。与语音、词汇相比，语法具有稳固性。

(三)民族性

每种语言都有明显的民族特点，不仅表现在语音和词汇上，同时也表现在语法上。不同语言的语法有同有异，既有共性也有个性，个性是其特点所在。汉语里的词没有表示句法功能的形态变化，没有性、数、格、体、态等范畴和词的内部曲折变化等手段，表达语法意义的主要语法手段是语序和虚词。即使同是重语序的语言，其表达形式也可能不同：汉语说"我写字"，藏语说成"我字写"；汉语说"两本书"，傣语说成"书两本"。各种语言中的词的组合手段也有差异。现代汉语的"两本书"是名词和数词组合，其间要用相应的量词。而英语的"two books"没有加量词这条规则，但采用了数词在前、名词在后这个语序，两种语言又是共同的。研究语法要注意不同语言的共性和个性，不能只重视共性而忽略了语法的民族特点。

三、语法单位

现代汉语语法结构是由一个层级体系组合而成的，这一层级体系是由一个个语法单位通过复杂的组合规则构成的。语法单位可以分为三级六种：语素、语素组；词、短语(词组)；句子、句群(句组)。

现代汉语

　　语素是语言中最小的音义结合体，是构词的备用单位。语素可以组合成合成词，有的可单独成词。

　　语素组是一个词内部几个语素的组合。例如："科学工作者"中的"科学"、"工作"和"科学工作"。

　　词是比语素高一级的单位，是最小的能够独立运用的语言单位，是构成短语和句子的备用单位。一部分词加上句调可以单独成句。

　　根据词的内部构造即构成词的语素的多少，词可以分为单纯词和合成词：由一个语素构成的词叫单纯词，由两个或更多的语素构成的词叫合成词。

　　根据词的外部功能，即组合能力和充当句法结构成分的能力，词可以分为名词、动词、形容词、数词、量词、代词、副词、介词、连词、语气词等。

　　词是很重要的一级语法单位，是词法和句法的分水岭或联结点。

　　短语(词组)是比词大的造句单位，是词和词按一定的语法或语义关系组合起来的语法单位，是造句的备用单位。短语必须由至少两个词组成。大多数短语可以加上句调成为句子，也可以作为句中的一部分。

　　短语根据内部组成成分之间的语法关系，可以分为主谓短语、动宾短语、偏正短语、中补短语、联合短语、连谓短语等。

　　短语根据语法功能的不同可分为名词性短语、动词性短语、形容词性短语、副词性短语等。

　　句子是前后都有停顿并且具有一个句调、能够表达一个相对完整意思的语言单位。句子是交际中最基本的使用单位。

　　从语气上看，句子可以分为四类：带有陈述语气的句调的句子是陈述句，带有疑问语气的句调的句子是疑问句，带有祈使语气的句调的句子是祈使句，带有感叹语气的句调的句子是感叹句。根据语气分出来的句子类型叫作句类。例如：

　　① 我刚到。(陈述句——说明事实)
　　② 你身体好吗？(疑问句——提出问题)
　　③ 请你来我办公室一趟。(祈使句——提出要求)
　　④ 中华人民共和国万岁！(感叹句——有明显的感情色彩)

　　根据句子的结构分出来的句子类型叫句型。从结构上看，句子可以分为单句和复句。

　　单句是由一个带句调的短语或词构成的。单句可分主谓句和非主谓句。主谓句是由主谓短语构成的句子。根据谓语的构成材料，主谓句又可分为名词谓语句、动词谓语句、形容词谓语句和主谓谓语句。

　　非主谓句是由主谓短语以外的短语或是单个的词构成的句子。根据全句主要词语的词性，非主谓句又分五种：名词性非主谓句、动词性非主谓句、形容词性非主谓句、叹词性非主谓句、拟声词非主谓句。例如：

　　① 什么？(名词性非主谓句，疑问句)
　　② 跑！(动词性非主谓句，祈使句)
　　③ 好。(形容词性非主谓句，陈述句)

④ 哎哟！(叹词性非主谓句，感叹句)
⑤ 咣当！(拟声词非主谓句，感叹句)

复句由两个以上分句组成。分句是类似单句而没有完整句调的语言单位。例如：

① 没有共产党，就没有新中国。(两个分句)
② 这些花的香味，跟葱蒜的臭味一样，都是植物气息而有荤腥的肉感，像从夏天跳舞会上头发里发泄出来的。(钱钟书《围城》)(四个分句)

句群(句组)是句子的组合，是由两个或两个以上在意义上有密切关系的句子组成的，是最大的语法单位，相当于文章的层次或段落。

四、学习语法的目的和途径

(一)学习语法的目的

学习语法主要有以下两个目的。

1．可以帮助我们提高分析和应用语言的能力

语文既是掌握各种文化科学知识的基础，又是从事各种工作和学习的最基本的工具。对于从事语言文字和文化宣传工作的人以及将要从事语文教学工作的人来说，掌握语言这个工具更为重要。语法是语言必不可少的要素之一，是听、说、读、写各种语言实践活动的重要因素。学与不学语法大不一样。

运用语法知识能帮助我们造出通顺明白的句子，准确无误地表达自己的思想；运用语法知识同样也能帮助我们透过通顺明白的语言，准确无误地理解他人所表达的思想。如此推而广之，整个社会的语文水平必然逐步提高，各项工作的效率也必然会逐步提高。

2．可以促进现代汉语的规范化工作

学好语法，对自己可以少出语病或不出语病，对别人还可以纠正语病或分析语病，这样就可以促进汉语的规范化工作，使我们的汉语健康发展，为汉民族的文化思想交流更好地服务。

(二)学习语法的途径

学习语法主要有以下几个途径。

(1) 对于基本概念、基础知识一定要搞清楚，不懂就问，要有勤学好问的精神，问老师、问同学、问朋友，只有多问，才能学扎实。孔子曾说过"三人行，必有我师"，这是有道理的。

(2) 要理论联系实际，做到学以致用。理论联系实际，有两层意思：一是指善于自觉地运用语言理论去分析研究语法实际。平时说话、写文章，凭着丰富的感性体验，再加上一定的文化水平，一般都能做到通顺明白。但是，光凭感性体验是不够的，还必须把感性的语言实例提高到理论的高度去理解。感觉到了的东西，我们不能立刻理解它，只有理解了的东西，才能深刻地感觉它。二是指把学习语法知识同提高口头和书面语言表

达能力的实践结合起来。学习语法当然要适当地读一些语法书,但是,只注重读书还是不够的,还必须在说话或写文章时自觉地运用语法知识。鲁迅说过,写文章,有删减,也会有增补。删减和增补固然要考虑表达主题思想的需要,但是,涉及语言不流畅的地方,无疑就要靠语法知识来解决了。在学习语法知识的过程中,应该贯彻理论知识和实践相结合的原则。

(3) 要分清现象与本质。例如,动宾短语是由动词和其所涉及的对象构成的,动词在前,涉及对象(往往是名词、代词)在后。但是,不能认为只要前面有动词,后面跟着名词或代词的短语就是动宾短语。"生产布匹"和"生产经验",表面看上去一样,内部结构关系其实并不一样,前者是动宾短语,后者则是偏正短语。可见,前面是动词,后面是名词或代词只是动宾短语的现象,二者有无支配关系,才是动宾短语的本质。

(4) 要区别一般与特殊。语法规律是从语法现象中概括抽象出来的,但是各种规律常常有例外,因此,我们学习语法既要掌握一般规律,又要懂得某些特殊现象,不能因一般规律而否定特殊现象,也不能因特殊现象而否定一般规律。例如,形容词一般可以按AABB方式重叠,重叠后表示程度加深的语法意义,但是,有些形容词(如光荣、伟大)则不能重叠。尽管这类形容词不是个别的,我们还是应该作为特殊现象来对待。又如,副词一般不修饰名词,但"人不人鬼不鬼"只能按特殊现象来对待。

(5) 要集中精力掌握好一种语法学体系。不要认为语法学的体系很多,就没有办法掌握。只要能下功夫掌握好一种语法学体系,就可以用这种体系去研究各种语法现象。在此基础上,就可以一通百通、触类旁通、举一反三,正确理解各种语法体系了。

思考和练习一

1. 什么是语法?什么是语法学?二者有何联系和区别?
2. 语法有哪些性质?
3. 语法单位有哪些?各种语法单位都有哪些小类?
4. 现代汉语语法有何特点?
5. 学习语法有何用途?
6. 你准备怎样学习语法?

第二节 实 词

学习要点:划分词类的标准,词的语法功能,现代汉语的词类系统;各类实词的语法特征;运用词的分类方法对现代汉语的词进行语法归类;纠正词性误用的语法错误。

一、词类的划分

词类是指词在语法上的分类,指的是词在语法结构中表现出来的类别,不是指词在词汇上的分类。

(一)划分词类的目的

给词分类的目的是为了讲述词的用法，说明语句的结构规则。语言中有些词的用法相同或相近，和另外一些词有明显的不同，主要是因为它们的语法特征不同。从语法上给词分类，分成有限的几大类和若干小类，可以帮助我们掌握词的特点和使用规律，更准确恰当地遣词造句。

(二)划分词类的标准

划分词类的主要标准是词的语法功能，词的语法意义和形态特征可作为参考标准。

词的语法意义不是指某个词的具体意义，而是指某类词的概括意义。"李白、桌子、故乡"之所以归在名词里，是因为它们都表示人或事物的名称。"唱歌、写字、上学"之所以归在动词里，是因为它们都表示动作行为。

词的语法功能是指词的组合能力和在句中充当句子成分的能力，表现为两方面：①经常与哪些词组合，组合以后构成什么关系，不能与哪些词组合；②能不能充当句子成分，经常充当什么成分，一般不充当什么成分。

词的语法意义和语法功能是可以大体统一起来的。事实证明，有相同语法意义的一些词，也大多具有相同或相近的语法功能；有相同语法功能的一些词，也大致具有相同或相近的语法意义。例如，前头能加数量短语又不能加"不"的词，共同的语法意义是表示人或事物的名称，通常把这些词叫作名词。所以在给所有词具体划分词类，或给某个词准确归属词类时，可以把两个标准结合起来。

词的形态特征(主要是词形变化)也可以作为一项参考标准。词形变化主要包括词的重叠形式等，例如：形容词是 AABB 式，高高兴兴、干干净净、老老实实；动词是 ABAB 式，学习学习、研究研究、讨论讨论。再如：词缀"子"、"儿"、"头"等构词成分可算名词的语法特征。由于汉语缺乏严格意义的形态变化，以上的形态特征在汉语里也只体现在一小部分词上，缺乏普遍的意义，所以形态变化特征标准只能作为划分词类的次要依据。

(三)现代汉语的词类系统

汉语的词可以逐层地加以分类。根据能否充当句法成分，把词分为实词和虚词两大类。实词都能单独充当句法成分，虚词则不能单独充当句法成分。根据词的组合能力的差别，实词可分为名词、动词、形容词、数词、量词、代词、副词、区别词、叹词和拟声词十类；根据所表语法意义的差别，虚词可分为介词、连词、助词和语气词四类。

二、实词及其运用

下面主要从比较的角度来讨论各类实词及其运用。

(一)名词、动词、形容词及其运用

1．名词与动词、形容词的比较

1) 语法意义比较

名词是表示人或事物名称的词。有表示人的，表示事物的，表示时间的，表示处所的，表示方位的等。

动词是表示人或事物的动作行为、心理活动或存在、发展、变化、消失等的词。有表示动作行为的，表示心理活动的，表示存在、发展、变化、消失的，表示判断的(判断动词)，表示可能、意愿、必要的(能愿动词)，表示趋向的(趋向动词)，表示使令的动词(如：使、叫、让、请、命令、要求)等。

形容词是表示人或事物的性质、状态的词。

2) 语法特征比较①

(1) 名词前一般能加表示物量的数量词。可以计量的名词能用定量的数量短语修饰，如"一件事，两本书，五份文件，六道习题"等；不能计量的名词可以用不定量的数量短语修饰，如"一点心意、一些东西、一种习惯、一股风"等。

动词、形容词前不能加数量词，如不能说"一个听，两个做"等。

(2) 名词前一般不能用副词修饰，动词、形容词前一般能加副词修饰。如不能说"不书"、"很桌子"等，但常说"不走、再来、很喜欢、十分同意"及"很勇敢、不整齐、最认真"等。至于"人不人鬼不鬼"、"什么山不山的"等格式，是特殊现象。这种格式总是成对或者连说，不能单说"不人、不鬼、不山、不水"等。

(3) 名词在句中常做主语、宾语，动词常做谓语，形容词大多能做谓语(所以动词、形容词合称谓词)和定语等。

名词一般不做谓语，只有少数说明天气、时间或籍贯的名词可以做谓语。例如："十月一日国庆节"、"今天阴天"、"他原籍广东"。

(4) 名词一般不能重叠，少数动词、形容词能重叠。例如，不能说"学生学生、桌子桌子、黑板黑板"等，但可以说"学习学习、研究研究、讨论讨论"，也可以说"干干净净、整整齐齐、漂漂亮亮"等。

少数带有量词性质的单音节名词前面直接加数词，可以按量词重叠式重叠，不应当看作是名词的重叠。重叠后表示"每一"的语法意义，如"年年、月月、家家、户户"等。

(5) 名词能同介词组成介词短语，动词、形容词则不能。

(6) 名词和动词、形容词的词缀不同。有些名词可带前缀"老"、"阿"，可带后缀"子、头、儿、性、者、员、家"等；动词可带词缀"化、于"等；形容词可带叠音词缀"汪汪、淋淋、洋洋、油油、彤彤"等。

(7) 名词不能用肯定否定并列形式提问，如"桌子不桌子？"就不成话。动词、形容词则可以，如"去不去？好不好？"等。

---

① 语法特征包括词的功能和形态。

2. 动词与形容词的比较

动词和形容词有许多相同的语法功能：都经常做谓语，合称谓词(还包括代替动词、形容词的代词)；都能受副词修饰，例如"不看"、"已经宣布"、"很明白"、"十分积极"等；都能用肯定否定相叠的方式表示疑问，如"发展不发展"、"明白不明白"等。

动词和形容词在语法特征方面的区别也是很明显的，主要有以下3个方面。

(1) 动词多数能带宾语。例如"看书、写信、研究问题、保卫祖国"等。这里涉及动词的及物与不及物的问题。及物动词所表示的动作涉及其他事物，后边能直接带宾语。说及物动词带宾语，并不是说它非带不可，在具体语言环境里，及物动词的宾语可以不出现，例如"我说(　　)了"、"他不听(　　)"等。只有一部分及物动词必须带宾语，例如"姓王"，"具有竞争意识"，"加以改造"等。不及物动词所表示的动作不涉及其他事物，后边一般不能直接带宾语，例如"睡觉"、"闭幕"、"站立"等。

形容词不能带宾语。例如，"端正态度"、"红了眼"、"黑着脸"中的"端正"、"红"、"黑"等词不是形容词而是动词，它们属于兼类词，兼属形容词和动词两类。

(2) 动词可以同副词组合，但是，多数不能同程度副词组合。例如能说"不走"、"再来"，但不能说"太走"、"更来"、"非常来"等。至于"很有学问"、"很看了几眼"中的"很"，表示数量多的意思，不能用其他程度副词去替换，可见它不是程度副词"很"。只有少数表示心理活动的动词和表示可能、意愿的能愿动词可以受程度副词修饰，例如"很喜欢"、"十分想念"、"很应该"、"非常愿意"等。

形容词绝大多数都能受"很、太、经常"等程度副词的修饰。例如"很漂亮"、"太好了"、"非常整齐"等。有一部分形容词本身带有某些程度的意义，就不能再与副词组合。例如"雪白"、"笔直"等。带叠音缀的形容词以及其他复杂形式的形容词，也不能用程度副词修饰，例如"黑乎乎"、"黑压压"、"黑洞洞"、"黑油油"、"黑不溜秋"、"黑咕隆咚"等。

(3) 动词和形容词的重叠形式不同。许多动词可以重叠，表示"动作时间短暂"或"尝试"的意思，是动态的一种表示法。单音节动词重叠形式是 AA 式(后一个音节读轻声)，例如"想想"、"看看"、"听听"等。双音节动词的重叠形式是 ABAB 式(后头两个音节读轻声)，例如"讨论讨论"、"分析分析"、"休息休息"等。

部分形容词也可以重叠，形容词重叠后作状语时一般表示程度加深。单音节形容词重叠后作定语时表示程度适中，有的带有喜爱的感情色彩，例如"高高的个子"、"红红的脸"等。单音节形容词重叠形式也是 AA 式(后一音节不读轻声，读阴平往往还要儿化)，例如"高高(的)、好好(的)、慢慢(的)"等；双音节的形容词的重叠形式是 AABB 式(第二个音节读轻声)，例如"大大方方"、"整整齐齐"、"漂漂亮亮"。形容词重叠后表示程度加强，不再受程度副词修饰。

3. 名词、动词、形容词中的兼类问题

有些词既属甲类，又属于乙类，也就是一个词兼有两类词的语法功能，我们把这种词称为兼类词。汉语中绝大多数词只属一类，有少数属于两类的。这种兼类词有个条件，是

在两个不同的句子中属类不同,而不是在同一个句子里。

有的词是兼属名词和动词。例如:组织、代表、病、建议、工作、学习、通知、领导等。

有的词兼属形容词和动词。例如:丰富、繁荣、端正、清楚、明确、忙、破、方便等。

有的词兼属名词和形容词。例如:典型、理想、标准、困难、矛盾、经济、道德、科学等。

有的词兼属名词、动词、形容词三类。例如:麻烦、方便、便宜等。

辨别名词、动词、形容词的方法有以下几种。

根据能否前加否定副词"不",可以鉴定出是名词还是谓词。前面不能加"不"的是名词;能加"不"的是动词或形容词。

根据能否带宾语可以鉴定出是动词还是形容词。动词后能带宾语,形容词后不能带宾语。

根据能否受程度副词修饰这条规则,可以鉴定出是动词还是形容词。动词除表示心理活动、可能、意愿的动词外,一般不受程度副词修饰;形容词绝大数能受程度副词"很、非常、太、十分、最"的修饰。

名、动、形三种实词的使用,主要应注意认清它们的词性,以便正确地运用。

4.特殊动词

特殊动词包括能愿动词、趋向动词、判断动词"是"等。

1) 能愿动词

能愿动词可分为表示可能的,如"能、能够、可能、可以、会"等;表示应该、必要的,如"应、该、应该、应当、要、得";表示意志、愿望的,如"愿、愿意、肯、敢"等几类。能愿动词与一般动词相同的地方是:大都能单独回答问题,单独做谓语,能用肯定否定相叠的方式表示疑问。能愿动词与一般动词不同的地方是:一般情况下常做状语;不能重叠;后边不能加助词"着、了、过";不能带宾语("要东西"、"会英语"中的"要"和"会"是一般动词)。

2) 趋向动词

趋向动词是表示动作趋向的词。这类词数量不多,单纯趋向动词有"来、去、上、下、进、出、过、回、开、起"等,复合趋向动词是由单纯趋向动词组合而成的。如下表所示。

	上	下	进	出	过	回	开	起
来	上来	下来	进来	出来	过来	回来	开来	起来
去	上去	下去	进去	出去	过去	回去	开去	

趋向动词有两种用法:一种是单独作谓语,功能与一般动词相同,例如"我不过去,你过来吧";另一种是附在动词或形容词后边,表示趋向,在句中作补语。例如:

① 拿出一本书。

② 走进来一个人。
③ 一切都会好起来的。

有的趋向动词可表示开始、持续、兴起等意义。例如："干起来"的"起来"表示开始；"干下去"的"下去"表示继续。这种起附着作用的趋动词，一般读轻声。

3) 判断动词"是"

"是"，表示判断，在句中自成一类，被称为判断动词。

"是"作为动词，跟一般动词既有共同之处，又有其特殊性。

第一，它只能加否定副词"不"，不能加"没"。

第二，不能附加时态助词"着、了、过"，也不能重叠。

第三，在一般情况下，"是"在句中可带宾语，不能带补语。

"是"的主要作用是对主语和宾语的关系作出判断。这种判断作用体现在两方面：其一表示主语和宾语是同一关系，其二表示主语和宾语是类属关系(等同或归类)。有时主语和宾语之间不是简单的同一关系或类属关系，这时"是"的作用往往要根据具体的语言环境来确定。例如：

① 不懂就是不懂，不要装懂。
② 我们学校的教学骨干多的是。
③ 林子前面是条小河。
④ 他是聪明，可不踏实。
⑤ 我们不是一个系的，他是物理，我是化学。

(二)数词及其运用

1. 数词的意义和种类

数词是表示数目和次序的词。数词可分为基数词和序数词。

1) 基数词

基数词表示数目的多少。例如：一、二、三、四、五、六、七、八、九、十、百、千、万、亿、零、半等。

这些基数词组合起来，可以表示任何数目。例如：一百、二十五、三万六千五百三十一等。

"零""半"是两个特殊的基数。

"零"有占位作用，不能用在数目的头一位(电报、邮政编码及电话的编码例外)，只能用在中间或末尾。"零"在任何场合都是一个词，例如：三百零三(三个数词组成)、三千零八十七(四个数词组成)。

"零"是表示多位数中间的空位，三位以上的数，中间有空位，不管空几位，只说一个"零"。例如：7006，读作七千零六。

"半"与别的基数连用，一定要用在量词之后，例如："一个半月、五斤半"等。

汉语中的合成数词有时用一个音节表示。例如：廿(二十)，音 niàn；卅(三十)，音 sà，如"五卅运动";卌(四十),音xì(现已不用,但汉语词典中仍保留着)。

2)序数词

序数词里表示次序的词。序数词是由基数词前加某些词缀组合而成的。例如:

第一、第五、第十、第三十八届(基数前加"第")。

初一、初二、初五、初十 (基数前加"初")。

"初"后面只能用"一"到"十",表示阴历的日期,不能说"初十一"。

另外,还有"头一次"、"头二十个"、"末一次"、"末一位"等表示序数,但用得很少。

序数和基数的主要区别是:序数表示的数目是"点",仅仅指一个数目,如"一九九九年"仅指一个年头;基数表示的数目是"线",如"他活了一百零一岁",指的是从一到一百零一这个过程,不仅仅指一个年头。

2. 数词的语法特征

数词的语法特征有以下4方面。

(1) 数词经常和量词组合成数量短语使用。

(2) 在现代汉语中,数词一般不直接与名词组合,中间要用量词。至于像"一针一线"、"一草一木"、"千山万水"、"三心二意"等数词直接修饰名词的情况,应当看作是文言格式的保留。

(3) 数词一般不能重叠。某些成语,如"三三两两"、"千千万万"是特殊的现象。

(4) 数词一般不单用,但在分类列举时,可以单用。例如:"对犯了错误的同志,一要看、二要帮"。前面有指示代词时也可单用。例如:"这一伟大的任务"。

3. 数词的运用

1) 分数、倍数和概数的表达

分数、倍数和概数都是基数的变化形式。其表达问题,前面谈了一些,这里稍做补充。

分数还可以用"×分之×"的格式表示,例如:"百分之五","千分之十二"。分数既可以用于数量的增加,也可以用于数量的减少,例如:"我省钢的产量增长百分之六"、"本市人口生育降低千分之二"。

倍数只能用于数目的增加,不能用于数目的减少。用分数的形式表示倍数,用假分数,例如:"两倍"就是"百分之二百"。

表达数目的增减必须拿原来的数目做基数,不能拿增减后的数目做基数。数量增减有以下一套习惯用语。

第一,表示数量增加的,可以用"增加了×倍"和"增加到×倍"来表示,但是要注意区别"增加了"和"增加到"的不同用法。"增加(了)"、"增长(了)"、"上升(了)"、"提高(了)"等不包括底数在内,只指净增数,例如,从三增到十二,可以说"增加了三倍",不能说"增加了四倍";"增加到(为)"、"增长到(为)"、"上升到(为)"等包括底数在内,指的是增加以后的总数,例如,从三增到十二,可以说"增加到四倍",而不能说"增加到三倍"。

第二,表示数量减少的,可以用"减少了"来表示,也可以用"减少到"来表示,但应注意二者在用法上的区别。

"减少(了)"、"降低(了)"、"下降(了)"等指的是差额,例如,从十减少到一,应该说"减少了十分之九",不能说"减少到十分之九",也不能说"减少了九倍";"减少到(为)"、"降低到(为)"、"下降到(为)"等指减少后的余数,例如,从一百减少到十,以分数计算,应该说"减少到十分之一"。

概数的使用不能前后矛盾或重复。例如:"近十万多立方米"、"大约三十岁上下"都不对。

2) "二"和"两"的区别

作为序数,只用"二",不用"两"。可以说"第二次握手",不能说"第两次握手";可以说"第二天上午",不能说"第两天上午"。作为基数,"两"可用在量词前面,不过限于单用,不跟别的数字组合,例如"两个黄鹂鸣翠柳",不能说"十两个"或"两十个"。

在超过千位的多位数里,"两"可用在最前头,例如"两千二百二十二",不能说"二千两百二十两"。

当单独用在度量衡量词前的时候,除"二两"不能说成"两两"外,用"二"用"两"都可以,例如:二斤、两斤,二尺、两尺。单独用在其他量词前就用"两"不用"二",例如能说"两个",不说"二个";能说"两条鱼",不说"二条鱼"。但"位"前用"二"或"两"都可以,是个例外。

"俩"是"两个"的意思,后面不能再与量词组合,不能说"俩个人";"仨"是"三个"之意,如"哥儿仨",后面也不能再用"个"或其他量词。

(三)量词及其运用

1. 量词的意义和种类

量词是表示计量单位的词。汉语的量词十分丰富,是外国人学习汉语感到最头痛的一个问题。

量词有物量词和动量词两类。

1) 物量词

物量词表示人或事物的单位的量词,有"专用"和"借用"两种。

(1) 专用物量词包括以下四种。

① 表示度量衡单位,例如:"丈、尺、寸、元、角、分、升、斗、斤、两、磅、吨、亩、顷、刻、米"等。

② 表示个体单位,例如:"个、位、件、本、间、把、条、根、张、匹、块、片、只、架、枝、艘、辆、幅、座、句、段、篇、章、首"等。

③ 表示集体单位,如:"双、对、副、堆、批、群、帮、班、套、串、打(dá)、

伙"等。

④ 表示不定单位，例如："些、点"等。

"些"、"点"前面的数词只能是"一"，表示不定量。

(2) 借用物量词包括以下两种。

① 借自名词的，例如：头、口、尾、杯、盒、桶、桌、身、屋子(一屋子人)、肚子(一肚子意见)、脑门子(一脑门子官司)、汽车(一汽车菜)等。

② 借自动词，例如：挑(一挑水)、捆(一捆柴)、发(一发子弹)、包(一包糖)、卷(一卷胶卷)、封(一封信)、堆(一堆砂子)等。

2) 动量词

动量词是表示动作行为的单位的量词，也有专用的和借用的两种。

专用的有：次、回、趟、顿、阵、番、遭、下、遍等。

借用的分两种情况，一种借自名词，例如：笔(画一笔)、枪(开一枪)、刀(切一刀)、口(咬一口)、拳(打一拳)、脚(踢一脚)等；一种借自动词，例如：看(看一看，看了一看、看他一看)、摸(摸一摸)等。

表示时间的词也可以借来表示动量，可以称作时量词。例如："做了三天"、"住了一年"。

有的量词既可用于物量，又可用于动量。动量词一般在动词后作补语，物量词一般在名词前作定语。请比较以下两组词

动量词：笑一阵、打一顿、咬一口、见一面、看两遍等。

物量词：一阵风、一顿饭、一口井、一面旗、一刀纸等。

有时量词正好处在动词后、名词前，究竟该算作动量词还是物量词，主要看与哪个关系较为密切。例如：

① 他按了(一下)电铃。(动量词)

② 妹妹吃了(两碗)饭。(物量词)

量词一般都是单纯的，即只从某一标准出发计量的，如"一尺布"、"写两遍"分别按一定长度和频率来计量。20 世纪 50 年代以来，陆续出现了一些表示复合单位的复合量词，这种量词是同时按两个标准单位来计量的，即用物量、动量词连用，简明地表示了物量和动量的总和。例如："架次"表示飞机飞行架数和次数的总和；"班次"表示客车辆数和次数的总和；"吨公里"是陆运的吨数、公里数的计量单位；"秒立方米"表示一秒钟时间内，水在河床里流过的立方米的量。

与古代汉语和印欧语相比较，现代汉语的量词特别丰富，不仅外国人学起来头痛，就是中国人使用起来也有出问题的时候。某个名词前面应该使用什么量词，在普通话和方言里各有一定的习惯，有时一致，有时不一致。例如普通话说"一根针"、"一把刀"，有的方言说"一口针"(长沙)、"一支刀"(厦门)。方言区的人学习普通话时要注意改方言量词为普通话量词。

2．量词的语法特征

(1) 量词一般不单用，经常出现在数词或指示代词"这、那"后边，构成数量短语或指量短语，统称为量词短语。量词短语常作宾语、定语、状语或补语。

表物量的量词短语，在句中主要做宾语。例如：

① 文学院有三个系。
② 我买了两本语法书。

表动量的量词短语，在句中主要做补语。例如：

① 我在北京住了三年。
② 这篇文章改了五遍。

(2) 一部分口语化的单音节量词可以重叠。例如：

个：个个　件：件件　张：张张
点：点点　条：条条　阵：阵阵

重叠后一般表示"每一"、"逐一"、"多"等附加意思。在句中作主语、定语、状语、谓语。例如：

① 件件都是上等品。(作主语，表示"每一")
② 条条大路通罗马。(作定语，表示"每一")
③ 芝麻开花节节高。(作状语，表示"逐一")
④ 歌声阵阵。(作谓语，表示"多")

度量衡量词不能重叠，但"斤斤计较"是固定用法。

有的数量短语也可以重叠。例如：

(一架一架)的飞机　　(一箱一箱)的衣服
(一遍一遍)地说　　(两辆两辆)地并排开过

这种数量短语重叠后作定语，表示数量多；作状语则表示分组按次序地进行。这种重叠的数量短语，当数词是"一"时，后面的"一"字也可以省略。如"一架架、一箱箱"，意义和用法不变。

3．量词的运用

有些量词所表示的意义相近，但又不能任意互换，使用时应该审慎选择。如"个"与"位"都是用于人的个体量词("个"除指人外，还可以用于事物，它是个通用的个体量词)。"个"用于人时，不含敬意；"位"则包含敬意。该用"位"而用了"个"，显得对人不大尊重；不该用"位"而用了"位"的，也并不妥当。例如：

① 一位小偷，偷盗了旅客的行李。
② 根据两位被告人的犯罪事实、情节和悔罪态度，根据刑法有关规定，分别判处其有期徒刑六个月。

什么样的名词就要配以什么样的量词。事物不同，使用的量词也不同。例如：马以"匹"计，书以"本"计，山以"座"计，汽车以"辆"计等，彼此一般不能对换。之所以如此，这是由我们的语言习惯所决定的。违背了这种习惯，就会影响语言的纯洁和健康。误用量词的例子在日常语言中有很多，我们一定要注意纠正。

(四)代词及其运用

代词是有代替、指示作用的词。代词几乎能代替所有的实词和短语。

1．代词的类别

1)　人称代词

人称代词代替人或事物名称的词，相当于名词。人称代词包括三身代词和称谓代词。三身代词有以下几种。

①　第一人称(说话者一方)：我、我们。

②　第二人称(听话者一方)：你、你们、您(敬称)。

③　第三人称(说话者和听话者以外的一方)：他、他们(用于男性)、她、她们(用于女性)、它、它们(用于指物)。

④　第一、二人称的合称：咱、咱们。

称谓代词有以下三种。

①　自称代词(复称)：自(自我)、自己(你自己)、自个儿(她自个儿)。

②　他称代词：别人、人家。

③　泛称代词(统称)：大家、大伙儿、彼此。

2)　指示代词

指示代词是指称或区别人、物、情况的词。

指示代词包括以下几种。

①　指称人的或事物的：这、那(=名词)。

②　指称处所的：这里、那里、这儿、那儿(=处所名词)。

③　指称时间的：这会儿、那会儿(=时间名词)。

④　指称数量的：这些、那里、这么些、那么些(=数量词)。

⑤　指称性质、状态、方式的：这样、那样、这么样、那么样(=谓词：动词或形容词)。

⑥　指称程度的：这么、那么(=副词)。

另外，"每、各、某、另、别、凡、任何、一切、所有、本、该、其他、其余"等也都是指示代词。"每、各"分指；"某"不定指；"另、别"旁指；"凡、任何、一切、所有"指全体；"本(本人，自指)、该(该同志，他指)"是定指；"其他"是外指；"其余"是指部分。

3)　疑问代词

疑问代词是表示疑问的代词。

疑问代词包括以下几种。

①　问人或事物的：谁、什么、哪(=名词)。

②　问处所的：哪儿、哪里(=处所名词)。

③ 问数量的：几、多少、若干(=数量词)。
④ 问时间的：多会儿(=时间名词)。
⑤ 问程度的：多、多么(=副词)。
⑥ 问动作行为或性质状态的：怎样、怎么、怎么样(=谓词：动词或形容词)

2．代词的语法特征

代词同它所代替或指示的实词或短语的功能大致相当。除叹词外，代词几乎可以代替一切实词。

代词除了有它所指代的词的语法特征之外，还有以下两个特点。

(1) 一般不受其他词语的修饰。但某些欧化句法中的代词，有时可以附加上修饰语。例如：作为中国人民朋友的我，向你们表示谢意。

(2) 不能重叠。

3．代词的运用

1) 人称代词中"我们"和"咱们"、"你"和"您"、"他们"和"她们"的用法

人称代词可分为三种：第一人称指说话者一方，单数用"我"，复数用"我们"；第二人称指听话者一方，单数用"你"，尊称用"您"，复数用"你们"；第三人称指说话和听话的以外的一方，单数用"他"、"她"、"它"，复数加"们"，"他们"、"她们"分别指男性、女性，"它"不指人而指物。

(1) "我们"和"咱们"一般都表示第一人称复数，但是两者用法并不完全一样，有细微的差别。"我们"和"咱们"在同一场合出现，"我们"主要表示说话人(复数)一方的若干人，不包括对方，与"你们"相对，排除听话人一方，可称为"排除式"；"咱们"则一定包括说话人和听话人双方，与"他们"相对，可以称为"包括式"。例如：几位客人向主人告别说："我们走了，咱们再见吧"。

普通话"我们"可以是"排除式"，也可以是"包括式"；"咱们"只能是包括式。例如：

① 老王，我们该走了！(包括老王)
② 老大娘，喝茶我们自己倒。(排除老大娘)
③ 老大娘，咱们是一家人。(只有包括式)

"咱"相当于"咱们"，但有时也可以代替"我"，这是一种委婉的表达方式。所以在某些作品里"咱"会有两个意义。例如：

① 咱怎么敢跟人家比呢？人家是火车头，咱得向人家看齐。(咱 = 我)
② 吴天宝就眯着眼笑起来："好，好，不用斗嘴，不用斗嘴，不服气咱就赛赛。"(咱 = 咱们)

(2) 表第二人称的"你"和"您"两个代词，也有不同的用法。"你"加"们"表示复数；"您"在口语里不用于复数，所以一般不加"们"，不说成"您们"。如果需要表示尊称的复数，就用"您几位""您诸位"一类短语。近年来，书面语里用"您们"表示第二人称尊称的复数多起来了，有人建议也可以用"您们"来表示敬称的复数，这种说法

能否成立,还得通过语言实践的检验来最后确定。不过,在口语里,"您们"的读音有些拗口。

(3) "他们"和"她们"都表示第三人称的复数,二者语音相同,书面形式不同,表意也有性别上的差异。但是,如果表示男女都在内的第三人称复数时,就只能用"他们",而不必写成"他们和她们"或"他(她)们"、"她(他)们"等叠床架屋的表达方式。

2) 一些人称代词的特殊用法

(1) 单数可以当复数用。例如:

(我)国 → 我们国家

(我)校 → 我们学校

(你)处 → 你们那里

(你)方 → 你们那一方

这些属于文言格式遗留下来的用法,一般只用于书面,也是为了音节和谐的需要。在句中作定语。

(2) 复数也可以当单数用。例如:写评论文章,作者为了阐述自己的观点,往往写成"我们认为"。这种用法含有自谦、委婉之意,比用"我"客气点。

(3) 用于虚指。表示单数的人称代词对举时,并不确指哪类人称,而是用于虚指。例如:

① 你一言,我一语,说个不停。

② 大家你看我,我看你,谁也不说话。

现代汉语书面语里有时还保存文言中的人称代词"之"和"其"。"之"在句中作宾语,相当于"他(它)、他(它)们";"其"在句中经常作定语,相当于"他(它)的、他(它)们的";"之"、"其"也有作兼语的。例如:

① 凡有益于人民的人,必须歌颂之。

② 这个年轻人,村里人都称之为好后生。

③ 他的话虽然说的尖刻,其用心还是好的。

④ 这种坏习惯,不能任其发展。

"其中"(那里面),"其时"(那时候)的"其",则属于指示代词。

3) 指示代词的用法

指示代词"这"是近指,"那"是远指;距离说话人近的用"这",远的用"那"。例如:

① 这是你的,那是我的。

② 这袋面没有受潮,那袋面发霉了。(只指示不代替)

如果不对举用,"这"没有近指义。例如:

这个人不知哪里去了。("这"不是近指)

有时"这""那"前后配合着用,指示的事物并不确定,也属于虚指。例如:

这也不行,那也不对,你到底想怎样?

"这也不行,那也不对"实际上是"什么都不对"的意思。

"每、各、某、另"等也是指示代词:"每、各"是分指,指全体中的任何一个;"某"是不定指,"另"是旁指,都是指没有明确说出的人或事物。例如:"每人一支枪"、"某军驻地"。

指示代词"其他",指特定范围以外的人或事物。有人在指物时用"其它",其实,无论指人或者指物,都应写作"其他",因为其中的"他"并非第三人称代词,是"别的、另外的"之意。

4) 疑问代词的用法

疑问代词的主要用途是表示有疑而问(询问)或无疑而问(反问),但是在一定的语言环境中也可以不表示询问或反问,而表示任指或虚指。

(1) 任指。所谓"任指",就是表示周遍性,强调在所说的范围内毫无例外,句中常有副词"也"、"都"与之相呼应,或者用两个相同的疑问代词前后照应,共同或分别代替某人或某一事物。例如:

① 我什么都不会说。
② 怎么想就怎么说。
③ 谁见了都说好。

(2) 虚指:所谓虚指,就是用疑问代词来代替不确定的人或事物。例如:

① 他没有说什么。(虚指所说的内容)
② 他在村里没有碰见谁。(虚指某人)
③ 我好像在哪儿见过他。(虚指某一地点)

疑问代词在表示任指或虚指时,因为已不表示询问或反问的意义了,所以在句末不用问号,都用句号或感叹号。

哪(nǎ)是疑问代词,可用来表示疑问、反问、任指。例如:

① 你是哪个学校的?(表示疑问)
② 天下哪有这样的事?(表示反问)
③ 你们哪一位来都欢迎。(表示任指,句末不用问号)

疑问代词"什么"也有特殊的用法,在叙述事情中,常用"什么"代替省略的部分。例如:

① 什么腰酸、腿疼、头晕、眼花都忘记了。
② 什么鱼呀、肉呀、菜呀买了一大筐。

"什么"可用在前,也可用在后。例如:

我们到村里时,老乡们早给我们准备好了粮食、蔬菜什么的。

代词的运用一定要注意以上几个问题,否则就会发生误用现象。代词使用不当往往表现为"指代不明"、"人称不对"或"近指远指混用"几种情况。

(五)区别词及其运用

区别词是只能在名词和助词"的"前面出现的黏着词。例如:金(金钥匙、金的)、慢性(慢性病、慢性的)。它不是名词,不受数量词修饰,不能作主语、宾语;也不是形容

词,不受"很"修饰,不能作谓语。

1. 区别词的类别

(1) 单音节区别词不多,常见的有:金、银、男、女、雌、雄、公、母、棉、夹、正、副、粉(的)、别(的)。

(2) 双音节区别词数量较多,例如:彩色、袖珍、野生、法定、国产、外来、大型、重型、微型、良性、急性、慢性、上等、初级、新式、西式、双边、任何、额外、公共等。

(3) "共同、自动、长期、局部"兼属区别词和副词,做定语时是区别词,做状语时是副词。

区别词的结构,有的是短语,有的是词。例如:"男医生、女运动员"能加"的"扩展,是短语;"男人、女孩儿"不能扩展,是词。

区别词表示一种分类标准,因此往往是成对成组的。例如:男、女;金、银;单、双;民用、军用;有限、无限;单、夹、棉。

2. 区别词的语法特征

区别词的语法特征有以下3点。

(1) 能直接修饰名词作定语;多数能带"的"形成"的"字短语。例如:"西式服装、大型轿车、慢性肺炎、彩色电视、大号的、野生的、男的、金的"。

(2) 不能作谓语、主语及宾语,但组成"的"字短语后可以作主语和宾语。例如:"西式的比较贵"、"他要买彩色的"。

(3) 否定时前加"非",不能加"不"。例如:"非正式"。

3. 区别词和他类词的辨识

区别词与形容词的不同点:形容词能充当定语,还可以充当谓语、补语和状语,能前加副词"不";区别词则只能充当定语,不能充当谓语、补语等,不能前加"不"。

区别词和名词的不同点:名词能受数量短语修饰,能作主语、宾语;区别词不受数量短语修饰,只能作定语。例如能说"一块铁"、"一块铜",不能说"一块金"、"一块银"。"铜"、"铁"是名词,"金"、"银"是区别词。

(六)副词及其运用

1. 副词的意义和种类

副词是修饰、限制动词或形容词,表示程度、范围、时间、肯定否定和语气等意义的词。

表示程度的副词有:很、最、极、挺、顶、非常、十分、极其、格外、分外、更、更加、越、越发、有点儿、稍、稍稍、稍微、略微、几乎、过于、尤其、太、异常、比较、特别、较为、确实等。

表示范围的副词有:都、总、共、总共、统统、只、仅仅、单、光、一齐、一概、单单、就、合、全都、通共、皆、一共等。

表示时间、频率的副词有：已、已经、曾、曾经、刚、才、刚才、刚刚、正、正在、将、将要、就、就要、马上、立刻、顿时、终于、也曾、刚巧、恰好、方才、然后、快要、常、常常、时常、往往、渐渐、一直、一向、向来、从来、始终、总是、永、永远、赶紧、仍然、还是、屡次、依然、重新、还、再、又、也、再三、早晚、逐渐、忽然、偶尔、偶然、时刻、匆匆、往后、每每等。

表示肯定、否定或可能的副词有：必、必须、必定、必然、当然、准、的确、一定、无疑、不、没有、没、未、别、莫、勿、是否、不必、不用(甭)、未必、未曾、莫不、也许、大概、大约、或许等。

表示情态、方式的副词有：大肆、肆意、特意、亲自、猛然、忽然、公然、连忙、赶紧、悄悄、暗暗等。

表示语气的副词有：难道、岂、究竟、到底、偏偏、偏、索性、简直、就、是、可、难怪、幸而、幸亏、反倒、反正、果然、居然、竟然、何曾、其实、明明、恰恰、未免、只好、不妨、何必、决、绝、却、倒、竟、敢情、果真、毕竟、终归等。

同一小类的副词，语义和用法不一定都相同，有的差别还比较大。所以，同类副词在用法上的差别值得注意。例如，"都、只"都表示范围，但是"都"表示总括全部，一般是总括它前面的词语，而"只"表示限制，限制它后面的词语的范围。如"中文(2)(3)(4)班的同学都去了，只(1)班的同学没去。"这一句的"都"所总括的对象是前面的"中文(2)(3)(4)班的同学"，而"只"所限制的范围是后面的"(1)班的同学"。当然，"都"在疑问句里也可限制后面的词语。例如，"你都去过哪些地方？"、"你都学会些什么？"再如，同样是否定"看"，"不看"是说话人就自己的意愿说的，"没看"是说这种行为尚未成为现实，"别看"是对别人的行为进行禁止和劝阻。

对副词的分类，是大致的、粗略的，有的副词用法很多，如"也、才、就、还……"虽是同一个副词，也可能属不同的小类。

以"就"为例："我一会儿就去。"中的"就"表示事情短期内即将发生，表时间；"我就两张了，怎么能给你呢！"中的"就"表示范围，相当于"只"；"他就不听你的，你能怎么办？"中的"就"表示语气，相当于"偏"。可见，一个副词究竟表示什么意思，必须结合全句语境体会。

2．副词的语法特征

副词的语法特征包括以下几点。

(1) 副词在句中主要作状语。一般在主语后、谓语前，也有个别放在主语前的。例如：

① 大家〔都〕到了。
② 〔也许〕他〔还〕不知道。
③ 这个主意〔非常〕好。

少数副词如"很"、"极"也可以作补语。"很"作补语，前面要加"得"，如"好得很"。"极"作补语时后面要加"了"，如"难过极了"。

作状语时，不论是单音副词还是双音副词都可放在谓语中心之前、主语之后。有些双音副词还可以放到主语之前，例如："也许她已经到教室了。"、"难道我又说错了？"，"已经"、"又"修饰句中谓语，"也许"、"难道"是句首状语，修饰全句。

(2) 副词一般不能单独回答问题，通常不能修饰名词。只有"不、别、没有、马上、也许、大概、一点儿、有点儿、当然、何必、刚好、刚刚、的确"等少数副词，在一定条件下能单独回答问题。例如：

① "你去吗？" "不，我不去。"
② "什么时候开始？" "马上。"
③ "老张来了吗？" "没有。"
④ "你累了吧？" "有点儿。"

需要注意的是，在句子里，有一些副词既可以修饰动词和形容词，也可以修饰名词性成分。用来修饰名词的副词不多，有"就、仅、仅仅、只、光、单、单单、几乎"等，表示限制人或事物的范围。例如："今天就你迟到"(表示限制人的范围)；"光衣服就装了两大箱"(表示限制衣服的范围)；"仅这个理由就够了"(表示限制理由的范围)。"才、就、好、仅、大概、已经、不过、将近、恰好"等词可以修饰数量短语，用来表明说话人对数量的一种看法，这种句子所叙述的事情都是已经成为事实的。这些带有数量义的结构可以做多种句法成分，例如："住了恰好三天"；"一会儿工夫就来了好几十人"；"近50人被困在井下"；"恋爱已经六年了"；"没考上大学的就四个人"。

(3) 副词不能用肯定否定相叠的形式表示疑问。例如：不能说"非常不非常"，"很不很"，"马上不马上""仅仅不仅仅"，"极其不极其"。

(4) 部分副词能兼有关联作用。有单用的，有成对使用的，例如：

单用：说了又说、打不赢就跑、说清楚再走、不去也可以、这样更好。

合用：又白又胖、不依不饶、越说越气、既聋又哑、也好也不好、非去不可。

和连词配合使用：不但……还、只有……才、既然……就、除非……才、如果……就、即使……也、虽然……却、不论……都。

3．副词和他类词的区别

1) 副词和形容词的区别

副词一般作状语，有些形容词也能作状语，所以要细心分辨作状语的到底是副词还是形容词。

(1) 从意义上看，副词是限制修饰动词、形容词，表示程度、范围、时间等的词，而形容词是表示性质、状态的词。

(2) 从语法特征上看，副词不能修饰名词。如不能说："很火车"，"不品质"。形容词可以修饰名词。例如："新书"，"好思想"，"聪明的学生"。

(3) 副词不能做谓语，形容词能够做谓语。如不能说："山很"，"山已经"，却可以说"山多"，"山高"。

(4) 副词不能用肯定和否定相重叠的方式表示疑问，形容词却可以。如不能说："最

不最",却可以说"满意不满意","快不快","好不好"。

试看下面的例子。

"忽然下起雨来了"和"突然下起雨来了"(作状语)都可以说,但还可以说"这个消息太突然了"和"突然事件";"偶然也去看场电影"和"偶尔也去看场电影"看似一样(作状语),但还可以说"这次事故完全是偶然的(作谓语)"、"这完全是偶然事故(作定语)"。

所以,"突然"、"偶然"是形容词。

"白"、"怪"、"老"、"净"、"直"、"挺"、"光"等都是同音同形容词或副词。这些词修饰名词时是形容词,修饰动词、形容词时是副词。因为在两个位置上,它们的词义和语法特征都是不同的。比较下面两组词。

形 容 词	副 词
白裤子(表性质)	白忙了一阵(白等于空,表方式)
怪人(表性质)	怪难为情的(怪等于很,表程度)
直线(表性质)	痛得直哭(等于一直,表时间)
鼻子很挺(表性质)	挺沉的(等于十分,表程度)

上例中的两个"白"、"怪"、"直"、"挺"都是同一个字,但它们是两类词,因语义和语法性质都不同,两者意义上已经失去了联系,应该认为是同音词,不是形容词兼副词。同音同形与兼类的区别在于同音同形不但功能不同,而且在语义上也相差很远,而兼类仅仅是功能不同,在语义上有比较密切的关系的。

2) 副词和动词的区别

这里主要讲一下"没有(没)"、"在"的词性辨别。

"没有"(没)是副词又是动词,是兼类词。动词"没有"、"没"和副词"没有"、"没"的区别是用在动词、形容词前是副词,用在名词、代词前是动词。例如:

从来没有见过这样的场面。

否定动作或性状的曾经发生或存在,是副词,做状语。例如:

没有枪,没有炮,敌人给我们造。

"没有"否定事物的存在或对事物的领有,是动词,做谓语中心。例如:

没有调查就没有发言权。

前一个"没有"是副词,后一个"没有"是动词。

简言之,如果句中没有其他主要动词作谓语中心,即"没有(没)"在名词、代词前否定事物的存在或否定对事物的领有时,它是动词;当句中有主要动词时,即"没有(没)"在动词、形容词前作状语,否定行为、性状的曾经发生时,它是副词。

副词"在"表示动作的进行、持续,也可以说"正"、"正在"。副词"在"总是用在动词的前边,在句中作状语。例如"他在看电视"、"火车在运行",副词"在"不同于动词"在"。动词"在"表示事物的存在,在句中可以单独作谓语,如"他在上海,我在北京,我们不经常见面"。

区分"在"是动词还是副词,也可以使用以上区分"没有(没)"的方法。

3) 时间副词和时间名词的区别

时间副词和时间名词有时也混淆，要注意区别，它们的相似点是都可做状语，但是时间副词不能做主语、宾语、定语，而时间名词可以。例如：

① 校园里刚刚发生了一件事。(状语)
② 校园里刚才发生了一件事。(状语)
③ 这件事发生在刚才。(介词宾语)
④ 刚才的事情就这样发生了。(定语)

"刚刚"是副词，"刚才"是时间名词，尽管都可以充当状语，但时间名词"刚才"还可以充当定语和宾语。

4．副词的运用

副词的误用，主要有以下三种情况。

(1) 不明词义，该用甲副词而误用了乙副词。例如：

① 我以为他很忙，今天不能来参加会议了。走进会场一看，他果然早来了。

"果然"表示事情与所料相符，"出乎意料"该用"居然"。

② 新来的政委同老政委一样，更会体贴战士。

"更"表程度进一步增加，两个政委比较起来，既然"一样"，就不能用"更"，应用"很"。

③ 这个东方的巨人始终诞生了。

"始终"是从开始到最后的意思，包括一个过程，经历一段时间，用它修饰"诞生"不当，此处误将"始终"当作"终于"，"终于"是"到底"之意，应用它修饰"诞生"。

(2) 把副词误当形容词。例如：

① 我们兄妹蜷缩在地板上，合盖着薄薄的被子，冻得发抖，只好用相互的身子暖和着对方。

"相互"是副词，不能修饰名词"身子"，应改为"相互用自己的身子暖和着对方"。

② 他这次犯错误决不是偶尔的，因为他平时就好贪小便宜。

"偶尔"是副词，误用作形容词，应改为"偶然"。

③ 比赛的胜负是暂时的，两国人民的友谊是永远的。

"永远"是副词，误为形容词，应改为形容词"永恒"。

(3) 否定副词使用不当。

一般说来，在一个句子里，一个否定词表意为否定，两个否定词意思为肯定，三个否定词，意思又是否定的，反问等于一重否定，这同数学里的正负得负、负负得正是一样的。如果否定不当，即否定副词运用不当，就会引起混乱。例如：

① 难道能否认培养国家建设的人才不是我们的责任吗？

三重否定，等于否定，与原意相反。

② 要成为一个优秀的运动员,一个优秀的歌唱家、演奏家,一个优秀的科学家,无不例外地要求有比较扎实的基础。

"无不例外"的意思是全部例外,这同作者愿意正好相反,应改为"无一例外"。

③ 谁也不会否认,地球不是绕着太阳转的。

"谁也不会否认"等于"大家都承认",与事实正好相反,应改为"谁也会否认"。

总之,要正确运用副词,一定要掌握好副词的语法特征。

(七)叹词及其运用

叹词是表示感叹和呼唤、应答的词。

叹词是一种通常独立于句法结构之外,以模拟人类自己的声音、表示人类自身情感为主的特殊的词类。

现代汉语叹词的数量并不多,常用的有三十多个,其中大多是单音节的,例如:"啊"、"哦"、"噢"、"哈"、"哇"、"嘿"、"嗨"、"哼"、"呸"、"嚇"、"喔"、"哎"、"唉"、"哟"、"咄"、"咦"、"嗤"、"呵"、"嘘"、"吓"、"嚯"、"喷"、"嘻"、"喝"、"嘀"、"诶"等,也有一些是双音节的,例如"啊呀"、"哎呀"、"嗨呀"、"喔哟"、"哎哟"、"哎唷"、"哟嗨"等。

叹词的独立性很强,常用作感叹语(放在句首作独立成分),也可单独成句、放在句末或放在句中。

(1) 单独成句,例如:

① 哎呀!(可怕)

② 啊——!(极度惊恐,无以言之)

(2) 放在句末,例如:

① 有这等事儿?啊!(惊奇、出乎意料)

② 我怎么会碰到你这样无赖的家伙,呸!(憎恶、鄙视和唾弃)

(3) 放在句中,例如:

① 咱这里,哈,就数你的脾气好。(赞叹)

② 她,哼,和大杂院里的娘儿们没有什么两样。(鄙视)

③ 孩子,唉,这也是没有办法的办法呀。(无奈)

值得注意的是,叹词的写法不十分固定,同一个叹词往往可以有不同的词形,例如:啊——呵、哟——唷、嗤——嗨、喝——嘀、诶——欸等。同一声音,往往可以用不同的汉字表示。同一个词形,往往可以有不同的读音,例如:诶(ê, ei, ai),唉(ei, ai),哟(yō, yāo),嗯(n, ng),呕(ou, ao),哎哟(aiyo, aiyou, aiyao)等,在写作的时候,要尽量采用通行的写法。

同一个叹词,往往可以表示多种情感,而相同的情感,常常可以用不同的叹词来表达。例如"啊"可以分别表示赞叹、惊讶、领悟等,可以分别读成四种不同的声调,"啊"读不同的声调,便是不同的叹词,表示不同的意义。例如:

① 啊(ā)！我多伟大！(表示自我陶醉)
② 啊(á)！怎么是你啊？(表示惊讶)
③ 啊(ǎ)！是这样啊！(表示恍然大悟)
④ 啊(à)！我来了。(表示应诺或知道了)

(八)拟声词及其运用

拟声词是模拟声音的词，又叫"象声词"。例如："砰、咣、啪、咩、当、嘀、喵、乒乓、哗啦、沙沙、汪汪、格格、稀里哗啦、叽叽咕咕、噼里啪啦、叽里咕噜、哗哗剥剥"。拟声词主要是模拟各类事物声音的，因此，在描摹声音时，它的表意作用是使语言具体形象，给人以如闻其声的音响效果和如临其境的生动实感。作为"拟声"辞格，经常在口语和文学作品里使用。

拟声词可以作状语、独立语、定语、谓语、补语等，也可单独成句。作状语最常见，其次是作独立语中的插入语，有时后加"地"，有时后加"一声"。例如：

① 底下有人〔嘀嘀咕咕〕地说着什么。
② 水〔哗哗〕地流着。(以上作状语，充当状语时，可以没有"地")
③ 她〔扑哧一声〕笑了。
④ 鞭炮声噼噼啪啪了一阵。(拟声词也可以作谓语中心)
⑤ 扑通！他跳水里了。(独立成句)
⑥ 咯喳，树枝断了。(作独立语)
⑦ 她们笑得〈咯咯〉的。(作补语)
⑧ 外面响起了(咚咚)的敲鼓声。(作定语)

拟声词能作状语、定语、谓语，这跟形容词有相似之处，但是它不受否定副词、程度副词修饰，又能作独立语，这又跟形容词不一样。可见拟声词是比较特殊的一类实词。

思考和练习二

1. 划分汉语词类的标准是什么？
2. 根据词的语法特征，先用能否作述语或加否定副词"不"区分出名词和谓词，再用能否带宾语和能否加"很"区分出动词和形容词。试分析下列词语。

作用	使用	盼望	欲望	果断	断定	饱满	充满
疾苦	痛苦	热爱	可爱	智慧	聪明	开发	开通
腐败	腐朽	兴奋	兴趣	感情	感人	感染	急性
充裕	充足	充满	重要	重用	重视		

3. 副词前不能加上介词，利用这个特点区别下列时间名词和时间副词。

从前 从来 有时 时常 平时 去年 现在 刚刚 目前 早就 上午

4. 区分疑问代词的任指和虚指的用法。
(1) 我刚来的时候，谁也不认识。

(2) 我不知道怎样感谢他才好。
(3) 饮水的人难忘谁为大伙儿掘的井。
(4) 领导分配我到哪儿，我就到哪儿。
(5) 我真想不起在哪儿看过那篇文章。

第三节　虚　词

学习要点：介词、助词的特点和分类，语气词的作用，叹词和拟声词的作用和特点；词的兼类现象和词的同音现象、活用现象；纠正虚词误用的语法错误。

在这一节中，主要讨论虚词，同时还将对汉语的词类问题进行简单小结。

一、虚词及其运用

虚词有共同的特点：一是依附于实词或语句，搭配关系粘着定位，没有明确的词汇义，只表示语法意义；二是不能单独成句，不能单独做句法成分；三是不能重叠。这些都与虚词的无词汇意义有关。此外，虚词的数量不多且全都封闭，使用频率相对较高。

虚词的功用主要是附着或连接词或短语，表达各种语义关系，表示各种语法意义。虚词虽然数量不多，但使用频率很高，且用法复杂多样。汉语的实词缺乏表示语法意义的形态变化，虚词(和语序)成了表示语法意义的主要语法手段，显得特别重要。同一类虚词有共性，而其中的每个虚词又有个性，很多虚词往往不止一种语法意义。实词大多是共性大于个性，而虚词基本上是个性大于共性，所以必须逐个学习、逐个记忆，分辨相似、易混的一些虚词的细微差异。

虚词的数目不多，只有介词、连词、助词、语气词四类。就这四类虚词而言，介词和连词比较接近，都是用于协助实词表达关系义的，所以有人统称为关系词；而助词和语气词比较接近，都是用于协助实词表达辅助性意义的，所以有人统称为辅助词。

下面分别谈介词、连词、助词、语气词的部分用法，其他用法结合句法各节来讲解。

(一)介词及其运用

1．介词的意义和种类

介词是指依附在实词(主要是名词)或短语前面，共同构成"介词短语"，起标记作用的词。介词短语主要修饰、补充动词性及形容词性词语，充当状语、定语、补语，有时也用作句首状语，表明跟动作、性状有关的时间、处所、方式、原因、目的、施事、受事、对象等，因总是依附在前面，所以介词又叫前置词。有的介词还可以放在动词性、形容词性词语前做标记，例如"某名人因逃税受罚"，"王经理以精明著称"，"火灾由吸烟引起"等均表原因。介词后面的成分叫介词宾语，与动词宾语性质不同，由于介词是虚词，介宾之间的组合是粘着的附加关系。

介词主要有以下类型。

表示时间、处所、方向：从、自、自从、打从、到、在、当、于、往、由、向、至、趁、当着、沿着、顺着。

表示方式、方法、依据、工具、比较：按、按照、依照、遵照、依据、靠、本着、用、经过、通过、根据、据、以、将、凭、拿、比。

表示原因、目的：因、因为、由于、为、为了、为着。

表示施事、受事：被、给、把、叫、让、由、归、管。

表示关涉对象：对、对于、关于、跟、和、给、替、同、向、除了。

对于上面的语义分类，还需注意两点：第一，不少介词是多功能的，在不同的搭配中，可以表示不同的语义关系。例如，"从"既可以表时间(他们〔从昨晚〕玩儿〈到现在〉)，也可以表处所(他〔从北京〕来)，还可以表方向(红红〔从东〕找到西，还是不见妹妹)。第二，具有上述语义关系的介词短语的句法功能存在着一定的差异。例如，表施事、受事、被动的只能作状语，而表处所的既可以作状语，也可以作句首修饰语，少数还可以作补语。

2．介词的语法功能

不能单独作句法成分，必须构成介词短语作状语，少数还可以构成介词短语作补语、定语。

(1) 作状语，例如：

① 他〔从上海〕来。
② 你〔把门〕锁上了。(表示处所)
③ 我们〔要〕〔向雷锋同志〕学习。(表示对象)
④ 应该〔按规矩〕办事。(表示方式、方法)
⑤ 广西桂林〔以山清水秀〕名闻遐迩。(表示依据)

(2) 作补语，例如：

① 我们〔要〕给朋友〈以热情的帮助〉。(表示方式、方法)
② 大家〔一齐〕走〈到广场〉。(表处所)
③ 马克思生〈于1818年〉，卒〈于1883年〉。(表示时间)

(3) 作定语，例如：

① 古代有(许多)(关于才子和佳人)的故事。(表示关联对象)
② 我们研究了(对这一问题)的不同看法。(表示关联事物)

部分介词短语的结构分析，是有争议的，例如"走向胜利"、"献给人民"、"走到广场"、"来自五大洲"、"忠于人民"、"落在你肩上"、"前往上海"、"生于北京"等结构形式，既可以认为"向胜利"是一个介词短语，充当"走"的补语，也可以认为"走向"相当于一个动词，"胜利"直接充当宾语，整个"走向胜利"是动宾短语。

3．介词与动词的区分

汉语的介词绝大多数是动词虚化而来的，有些词至今还是动、介兼类词。动词和介词的区分，理论上大致有如下四个方面。

(1) 介词不能单独作谓语中心，动词可以。

(2) 介词不能以任何方式重叠，动词可以。有些动词也不能重叠，不能带补语，甚至不能带有时态助词，如"属于"、"懒得"、"乐意"等，但它们都可以单独作谓语中心。

(3) 介词不能带时态助词，动词可以。如"为着"、"随着"、"沿着"、"趁着"、"照着"、"为了"、"除了"、"通过"、"经过"后面的"着"、"了"、"过"现代已不是时态助词了，已经成了构词语素。

(4) 介词都不能带补语，动词可以。

简言之，辨别动介兼类词时，主要看句中还有无其他动词，如除此之外再没有动词了，这个词就是谓语动词；如全句还另有主要动词，这个词就是介词。试比较下面两组句子。

介词	动词
他给我买了本语法书。	他给了我一本语法书。
我真替你高兴。	我替你干。
他在教室。	他在教室自习。

4．介词的运用

下面介绍几个常见的介词的基本用法。

1) "对"和"对于"

介词"对"和"对于"都是表示介引动作的对象或与动作有关的人或事物。一般来说，凡是能用"对于"的地方都可以用"对"，但是，能用"对"的地方不一定都能用"对于"。因为"对"的意思更为广泛一些。两者的区别在于，当"对"表示"向"和"对待"这两种意思时，只能用"对"，不能用"对于"。例如，"对人民负责，对他笑了笑"的"对"是"向"的意思，"他对老师很尊敬"的"对"是"对待"的意思。这里的"对"都不能换成"对于"。

写作中误用了"对"和"对于"，容易出现滥用或主客体倒置的毛病。例如：

① 我们做任何工作，都要对于党和人民负责。（"对于"换成"对"）
② 对于总批和眉批是同时使用的。（"对于"多余，应删去。）
③ 这种强盗行为，对于世界各国人民都是不能容忍的。(主体客体位置颠倒。应改为"世界各国人民，对于这种强盗行为都是不能容忍的。")

2) "对于"和"关于"

"对于"的主要作用是引进对象，"关于"的主要作用是引进所涉及事物的某一范围或某一方面。例如：

① 关于牛郎织女，民间有个美丽的传说。
② 关于如何贯彻新学制，学校正在考虑采取有效措施。
③ 我对于他来说，无关紧要。

这两个介词在用法上的区别，主要有以下三点。

第一，表示关联、涉及的事物，用"关于"；指出对象，用"对于"。例如：

① 关于招生问题，请与招生办公室直接联系。
② 对于不正之风，我们不能听之任之。

第二，"关于"组成的介词短语作状语，只能放在主语之前；"对于"组成的介词短语作状语，放在主语前后都可以。例如：

① 关于美学，我所知有限。
② 对于美学，我很感兴趣。
③ 我对于美学，很感兴趣。

第三，"关于"组成的介词短语是一个自由的可以单用的语言单位，可以做标题；"对于"组成的介词短语是一个粘着的不可以单用的语言单位，不能作标题。如"关于中国现代文学"可以作标题，"对于中国现代文学"就不能作标题，后面必须有后续成分，需在后加"的看法"使之构成偏正短语"对于中国现代文学的看法"才行。

3） "在"和"于"

"在"和"于"都是表示时间、处所的介词。

"在"经常跟方位名词及由方位名词"上、中、下"等构成的方位短语构成介词结构，表示动作、行为的时间、处所、方位、条件或范围等。例如：

① 无边的暗夜里，一簇簇的篝火烧起来了。
② 他在列车上度过了二十个春秋。
③ 只有在科学的基础上才能建设社会主义。

有时，"在"同方位名词配合不好，就会出现这样或那样的毛病。例如：

在学习经营管理经验中，他们联系了本单位的实际。

"经营管理经验"后缺少了东西，介词后一般要求带名词或以名词为中心的偏正短语，有时后边的方位名词是必不可少的，这样介词短语才算完整。

注意："在……上"，"在……下"中间插的应该是名词或名词性短语，不能是动词或谓词性短语。下面的句子就不对。

在工程局负责人及参加工作的工人不顾劳累寒冷地积极工作下，工程进度很快。

应在"工作"后加"的情况"，或将"在"改为"由于"，去掉"下"。

"在……中"中间如果插入动词或动词性短语，则表示该动作、行为处于某种状态，"在"是动词。例如："祖国在建设中"，"新一代在茁壮成长中"。

另外还有一种常见的语病，是不应该用"在……上"而滥用了。例如：

有的人在看问题的方法上是错误的。

"在……上"应删去，全句就通顺了。

"于"是个文言词，它的某些用法在现代汉语中保留下来了。"于……"除了用来表示时间、处所外，还可以用来表示比较，如："或重于泰山，或轻于鸿毛"中的"于"就相当于"比"，是"有的比泰山重，有的比鸿毛轻"的意思。至于"终于、属于、等于"中的"于"仅仅是构词成分，不是单独的介词。

4) "把"和"被"

"把"和"被"是两个具有特殊作用的介词,它们可以构成两种特殊的句式,即"把字句"和"被字句"。例如:

① 我们把他批评了。
② 他被我们批评了。

从结构上看,"把"和"被"分别同它们后边的词语"他"、"我们"组成介词短语,在句中做状语。

从意思上看,"把"字后的"他"是批评涉及的对象,意思是"我们批评了他",这里"把"和"他"组成介词短语,放在"批评"之前有一种处置的意思。所以"把"字句也叫作"处置式";"被"字后的"我们"实际上是"批评"这个动作的发出者,"他"则是"批评"这个动作的承受者,"被"和"我们"组成介词短语,用"被"把主动者引进来,表示被动的意思,所以"被"字句也叫"被动式"。但是,"被"有时也可以直接放在动词之前,表示被动之意,如"他被批评了",省略了主动者;"把"字则没有这种用法。

使用"把字句"和"被字句"应注意以下几点。

(1) "把"、"被"组成的介词短语所修饰的一般是能够带宾语的动词。如上例中的"批评"就是这样的动词。

(2) 由"把"、"被"组成的介词短语所修饰的动词,如果是单音的话,这个动词前面或后面往往带一些相呼应的词语,否则就不符合汉语习惯。例如:

我们把这件事的前因后果连起来才能得出正确的结论。

但是,诗歌、戏曲一类的韵文,由于格律的要求,不受上述限制。

(3) 否定副词或能愿动词,一般要放在"把"、"被"之前。例如:

① 为什么不把他们留下来试一试呢?
② 我是一个愿意把丑话说到头里的人。
③ 不被别人理解是很痛苦的。
④ 他坚信她不是一个能被金钱收买的人。

(二)连词及其运用

1. 连词的意义和分类

连词起连接作用,连接词、短语、分句和句子等,表示并列、选择、递进、转折、条件、因果等关系。

连词可以分为以下三类。

主要连接词、短语:和、跟、同、与、及、或。

连接词语或分句:而、而且、并、并且、或者。

主要连接复句中的分句:不但、不仅、虽然、但是、然而、如果、与其、因为、所以。

2. 连词的语法功能

(1) 连词在句中只起关联作用(连接作用)。在连接词和短语的连词中，"和"、"跟"、"同"、"与"这四个词常常连接名词和名词性短语，表示并列关系。例如"生活和(跟/与/同)学习要协调好"、"广州和(跟/与/同)深圳都是我国南方的大城市"。连词"和"在一定的条件下也可以连接动词性或形容词性成分，例如"爱和恨"、"长和宽"。充当谓语的动词性或形容词性成分是双音节且前面有附加成分时，也可用"和"连接。例如"他们的品质那样的纯洁和高尚"、"事情还需进一步调查和核实"。

连词"而"、"而且"，"并"、"并且"常连接动词性或形容词性成分。例如："我们应该且(并且)必须这样做"(动词)、"它的表面柔软而(而且)光滑"(形容词)——均表递进。"而"的用法最灵活，如"任重而道远"、"伟大而光荣"、"紧张而有序"。还可连接状语和中心语，如"侃侃而谈"、"为人民的利益而死"、"为理想而奋斗"。

"及"和"以及"这两个连词有同也有异。相同的是"及"和"以及"所连接的成分有时有主次之分，有时主次不分。例如"人员、图书、设备及(以及)其他配套设施均已到位"。不同的是"以及"还是关联连词，可以连接分句。例如"他问了我很多问题，那里的气候怎么样，生活是否过得惯，以及(≠及)当地老百姓对我怎么样等"。另外，"及"后面一般都要接"其"，而"以及"后面接"其他"。例如：

① 节日期间，厂领导及其家属都参加了文艺联欢会。
② 校长、书记以及其他几位校领导都在会上发了言。

"或"、"或者"常连接各种词语表示选择关系。例如：
只有到教室或(或者)图书馆，才能找到他。

"和、跟、与、同"的风格色彩和用法略有不同，大致的区别是："跟"带有北方口语色彩，"同"有南方口语色彩，"与"带有书面语文言色彩；"跟"显得随便，"与"显得庄重，例如"战争与和平"不宜说成"战争跟和平"；"和"、"同"书面语口语都用。

(2) 连词在句中不能单独充当句子成分，但能帮助实词或分句或句子表明逻辑关系。例如：

① 教师和学生。(表并列关系)
② 教师以及学生。(表主次关系)
③ 教师或学生。(表选择关系)

3. 连词和他类词的区分

1) 连词和介词的区分

"和、跟、与、同"既可作连词，又可作介词。例如：

① 小张和小王都是山西人。(连词)
② 我们要和他们讲清楚操作的程序。(介词)
③ 王老师跟朱老师都在开会。(连词)
④ 我跟他们说了又说，他们还是不同意。(介词)

为了避免使用上的混乱，可以从以下三个方面来区别介词和连词。

(1) 连词"和"前后的词语是并列关系，可以构成一个联合短语，连词连接的前后两个词或短语可以互相调换位置，而调位后基本结构关系和意义都不变；介词"和"前后的词语不是并列关系，介词所联系的词或短语处于介词之后，所以介词前后的词语不能调换位置，若调位后就不能构成一个短语或者改变意义了。

(2) 介词前边可以插入某种语言成分，做状语；连词前边则不能插入别的语言成分。

(3) 介词可以出现在一个句子或一个成分的最前面，而连词却不能。这是因为介词前头的成分可以省略，而连词前头的词语不能省略。

(4) 连词"和"有的可以略去改用顿号；介词"和"不能略去或改用顿号。

"和"用作连词还是介词，在某些句子里会有歧义。例如：

我和他讲过这首诗。

A. 我讲过，他也讲过。(连词)

B. 我对他讲过，他只是听，没讲过。(介词)

为了准确地表达思想，避免歧义，在我国宪法里用"和"作连词，用"同"或"跟"作介词。例如：

我国根据平等、互利、互相尊重主权和领土完整的原则同其他国家建立和发展外交关系。

2) 连词与副词的区分

连词同具有关联作用的副词的区别在于：连词不能单独充当句法成分，没有限定和修饰作用，只有连接作用。例如：

① 他写得好而快。(纯粹连接"好、快"两方面)

② 他写得又好又快。(既有关连作用，又有修饰作用对"好、快"起强调作用)

4．连词的运用

(1) "和、跟、同、与"常常连接名词、代词或名词性短语，表示并列关系。例如：

老师和同学都赞成这么做。

"和"换成"跟、同、与"都可以，"和"常用，"与"多用于书面语。

使用连词时，要细心体会同一个连词在不同的句子里用法上的细微差别。例如：表示并列关系的连词"和"，它所连接的词语有时就有很大差别。如在句子"我和他是学生"中，"和"表示"加而不合"的并列关系，即"我"和"他"可分别被陈述，说成"我是学生，他是学生"。而在"我和他是老乡"中，"和"表示"加而且合"的并列关系，即"我"、"他"只能一起被陈述，不能说"我是老乡，他是老乡"。

(2) "并、并且"常用来连接动词或动词性短语，表示并列或递进关系。

(3) "而、而且"连接形容词，表示并列或递进关系。例如：

① 文笔简练而生动。

② 表面柔软而且光滑。

(4) "而"在书面语里可以连接两个动词，表示顺承关系。例如：死而无怨，战而胜

之、取而代之、分而食之(文言格式沿用)。"而"还可以连接动词和它的状语。例如：为实现四个现代化而学习。

(5) 连接句子时，连词经常成对使用，或同副词配合使用。例如："虽然……但是，不但……而且，如果……就……，即使……也……"等。

(6) 要细心体会一个连词的变化形式所带来的用法上的差异。连词一般没有变化形式，但个别连词却有。例如：
我们的大会不仅仅是一次成立大会，而且更重要的，它还是一次学术交流大会。
"不仅"重叠为"不仅仅"，产生了一种强调的附加意义，使后一分句递进的意味更强烈。

(7) 不同的连词用在同一个语言片段里能显示出层次关系。例如：
魏晋风度及文章与药及酒之关系。
"及"、"与"都是表示联合关系的连词，但是，它们用在一起却能反映出词语组合的层次来。很显然，两个"及"把前后的词语组合后，再用"与"把两个"及"所组合起来的词语组合起来，最后再通过结构助词"之"同"关系"构成偏正短语。

(三)助词及其运用

1. 助词的意义和种类

助词的作用是附着在实词、短语或句子上面表示结构关系或动态等语法意义。根据所起作用和所表意义的不同，可以分为以下几类。

结构助词：的、地、得。
动态助词：着、了、过。
比况助词：似的、一样、(一)般。
其他助词：给、连、们、所。

助词必须附着在别的词语的后头或前头，助词的共性特征是独立性差而附着性强。表现在功能上，它们都是附着的，且大多是后附，少数是前附；表现在作用上，它们都是辅助的，用来辅助各类实词、短语和句子；表现在读音上，它们大都要发生一定程度的音变，有相当一些要弱化并读成轻声。具体来说，凡是后附的(的、着、似的)都读轻声，前附的(所、给、连)不读轻声。当助词附着在词语上时，就和这些词语组合得很紧密，好像一个语素一般，例如："好的、吃过、来了、看着"。助词的个性特征也很明显，每个助词在附着对象、表义方式、虚化程度、使用频率等各个方面都有较大差别。

2. 助词的语法功能

1) 结构助词的语法功能

结构助词主要表示附加成分和中心语之间的结构关系。普通话里助词"de"，在书面语里习惯写成三个字：在定语后面写成"的"；状语后面写成"地"；补语前面写成"得"。这样可以使书面语里的结构关系更清楚，增强语言的准确性，避免歧义。我们必须学会分辨它们之间的细微差别。例如：

"的"：漂亮的衣服、校园的早晨、飞快的列车。
"地"：热烈地追求、认真地思考、像剑一样地飞出去。
"得"：冷得厉害、听得十分专注、装饰得很温馨。

在结构助词中，"的"使用频率最高，使用情况也最复杂，值得注意。

在书面语里，有时仍然会沿用古汉语的结构助词"之"。用双音节定语修饰单音节中心语时会这样用，例如："星星之火"。要是用"的"，就得说成"星星点点的火花"才顺口。有一些还一直习惯用"之"，例如："命运之神"无法换成"的"。而在需要连用几个"的"字时，交错使用"之"字，可以分清语言结构层次，表意也更灵活多变。例如：

马列主义、毛泽东思想是我党我军的立党立军之本。

"的"还可以附在名词、动词、形容词、区别词及其相关的短语后面构成"的"字短语，指称人和事物，具有名词性，在句中充当主语、宾语。例如：

① 水泥的比混凝土的坚固。(主语)
② 打水的打水，扫地的扫地，大家很快就把教室打扫干净了。(主语)
③ 我喜欢蓝的。(宾语)
④ 这家厂是民营的，不是国营的。
⑤ 精装的贵，我要简装的。

句中的"的"字短语意义很具体，离开了句子，就有比较大的概括性。例如"红色的"可概括各种带红色的事物。因此，如果所说的人或事物具有泛指性，往往会用"的"字短语来代替。但"的"字短语显得不够尊重，有点随意。比较：

当兵的——军人　　教书的——教师
扫马路的——环卫工人　　种地的——农民

2) 动态助词的语法功能

动态指的是动作或性状在变化过程中的情况，是处在哪一点或哪一段上，它反映的是动作处于一种什么动态。它虽不表示事件具体发生的时间，但和时间有关系，它可以表示事件在过去、现在或将来的动态。

(1) "着"、"了"、"过"的语法功能。

A. "着"用在动词、形容词后面，表示动作正在进行或状态正在持续，也可以表示动作完成后的存在形态。就"着"本身而言，它和动作或性状发生的时间没有必然联系，并不是表示事件具体发生的时间，但它和时间有关。例如：

① 他嘴里哼着歌。(动作正在进行)
② 灯亮着。(状态正在持续)
③ 他穿着一身新衣服。(动作完成后遗留状态的持续)

表动作正在进行，可以同副词"正、在、正在"同时出现。但是，有些动词既可以表示动作的进行过程，也可以表示动作完成后的状态，例如："山上架着炮"既相当于"山上正在架炮"，也相当于"炮架在山上"。所以，在没有其他的语境制约的情况下，上例是歧义的。

B．"了"用在动词、形容词后面，表示动作或性状的实现，即已经成为事实。例如："年纪大了"(表示具备了年纪大的性状)、"来了一个人"(表示动作实现了、完成了)。同样，就"了"本身而言，表动作或性状的变化过程是处在哪一点上，和动作或性状发生的具体时间没有必然的联系，但受其他词语的制约，"了"表示实现，可以是现在实现、将来实现或过去实现。例如：

① 她现在到了北京。(现在实现)
② 到了北京就来信。(将来实现)
③ 昨天中午她就到了北京。(过去实现)

"了"加在表示性状的动词和性质形容词之后，不是表示完成，而是表示性状的实现。例如：

① 他懂了不少道理。(原来不懂，现在开始懂了)
② 母亲头发白了不少，还瘦了很多。(原来不白不瘦，现在变白变瘦了)

"着"和"了"因语法意义不同而用法有别："着"着眼于时段(表示动作开始后、终结前的时间段)，表明动作、性状在变化过程中，因此它跟动词、形容词后的结果补语或时量、动量补语是不相容的，例如"学会开车"、"跑十圈"里不能加"着"；但是"了"着眼于时点(表示动作处在某一个时间点上)，表明动作、性状已经实现，它可以跟这些补语同现，例如可以说"学会了开车"、"跑了十圈"，这里用"了"表明动作的结果或动作持续的时间量已经实现。因此，"着"只能紧接在动词、形容词之后，而"了"可以加在中补短语之后。

C．"过"用在动词、形容词后面，表示曾经发生这样的动作或者曾经具有这样的性状。可以认为"过"是表示经历态，表示过去有过某种经历。例如：

① 我去过北京。(表示曾经发生"去北京"的动作)
② 他打过字。(表示曾经有打字的经验)

"过"也可以用在形容词之后，表示过去有过某种状态。例如：

① 那个歌星几年前红过一阵子。(表示曾经具有"红"的状态)
② 她年轻时也曾苗条过。(表示过去有过"苗条"的状态。)

"了"和"过"用法有些相似。很多能用"过"的动词后，都能用"了"替换，且句意大致相同。例如："吃了(过)苦头就明白了。"但两者还是有很大区别，应注意分辨，以提高用语的准确性。试比较：

① 我们游览了黄山。("游览"的动作已实现)
② 我们游览过黄山。(以往有"游览"的经历)
③ 他去了上海。(暗示现在"去"的，"去"的动作已实现，着眼点是现在)
④ 他去过上海。(暗示不是现在"去"的，着眼点是过去)
⑤ 他当了学生会主席。(暗示现在成为学生会主席，着眼点是现在)
⑥ 他当过学生会主席。(暗示现在不是学生会主席，着眼点是过去)

(2) 其他动态助词的语法功能。

助词"看"念轻声，用在动词或动词短语后面表示尝试或加强尝试。动词常用重叠式

或者后面带动量、时量补语。例如:"说说看、试试看、活动活动看、唱几句看、跑一趟看"。

还有两个助词"的"和"来着",也跟时间有关。

"的"主要插在动宾短语之间、离合动词内部,强调过去发生的事情,偏重于强调动作的时间、处所、方式、施事等。例如:

① 我上午十点才吃的早饭,一点儿不饿。(强调动作"吃"的时间)
② 你在哪儿理的发?(强调动作发生的处所)
③ 他坐火车去的北京。(强调动作"去"的方式)

"来着"用在句末,一般表示不久前刚发生的事,多用于口语。例如:

① 你刚才说什么来着?
② 昨天你说要买什么来着?

"来着"偏重于强调动作行为。

(3) 比况助词的语法功能。

"似的、一样、一般"是表示比况的助词,它们附着在名词性、动词性、形容词性词语后面,表示比喻。例如:

只见那乌鸦张开两翅,一挫身,直向远处的天空,箭也似的飞去了。(鲁迅《药》)

比况助词常用"像("如、跟")……一样(一般)"表示比喻,相当于一个形容词在句中起作用,修饰人或物。例如:

① 手脚瘦得像芦柴棒一样。(夏衍《包身工》)
② 孩子们呵着冻得通红,像紫芽姜一般的小手,七八个一齐来塑雪罗汉。(鲁迅《雪》)

这里的"像"是介词、动词还是其他什么词?"像……一样(一般)"是否可看作介词短语?吕叔湘先生在《现代汉语八百词》中,把"像+名+一样(这样、那样)+形/动"中的"像"看作动词,例如:"像你一样勤奋","人群像潮水一般涌向广场";把"像+动+名+动+似的(一般、一样)"中的"像"看作副词,是"仿佛、好像"的意思,例如:"像有人来了似的","我像在哪儿见过他似的"。这是很有道理的。

在语言中运用"比况结构",可以使文章显得形象、生动。如"像箭一样","像芦柴棒一样","像紫芽姜一般","箭也似的"等,都非常形象、生动。

(4) 其他助词的语法特征。

"所"是书面语沿用下来的助词,用在及物动词前面,"所"的作用主要有三点。

第一,放在单音节动词前组成名词性短语——所字短语。例如:所见、所闻、所属、所感、所思、所想、所学非所用、夺人所爱、强人所难。"所见"指称看到的人或事,"所闻"指称听到的事情,"所属"指称归属的人或事,"所思"指称想的事情,"所难"指称为难的事情。

第二,经常跟"被、为"配合使用,组成"被……所"、"为……所"的格式,表示被动。例如:"被世人所唾弃"、"为汉奸所害"、"为广大群众所欢迎",这时候的"被……所"、"为……所"格式起到介入施事对象,使陈述对象处于被动状态的作用。

实际上，被动是用介词"被、为"来表示的，助词"所"的作用在于强调。

第三，同"的"配合，将主谓短语转化为偏正短语做定语。例如：

① (我所喜欢的东西)你都买来了。
② (你所要的)书都有了。
③ (他们所需的)物品来了。

"给"用在动词前面，表示加强语气，是个口语色彩较浓的助词，起加强处置性的作用。例如：

① 花盆儿被猫儿给打碎了一个。
② 自行车给人骑走了。

上面例子中"给"既可用于主动句，也可用于被动句，删去后也不影响句子的基本意义。

"连"用在名词性、动词性、形容词性词语前面表示强调，隐含有"甚而至于"或暗示深层的意思，动词或形容词前面一般用"也、都、还"与之呼应。例如：

① 连老师的话也不听了。(暗示还能听谁的话？谁的话都不可能听了)
② 连问也不问就拿走了。(暗示更不用说等人应允了)
③ 连门外都站满了人。(暗示屋子里就更不用说，水泄不通)
④ 连你都知道啦？(暗示所有人都知道了)

和"给"一样，这种"连"字也可以删去而不影响句子的基本意思。"连"字后的名词性词语可能是施事，也可能是受事。例如："连我都不认识了"，其中的"我"到底是施事还是受事，就要靠上下文确定，该句句意有歧义。

3．助词的运用

1) "的、地、得"

"的、地、得"这三个结构助词分别是定语、状语、补语的标志。为了增强语言的准确性，避免歧义，有必要学会分辨它们的用法。有些人不大理会这三个结构助词的区别，尤其是"的"、"地"的区别，例如：

① 问题彻底的解决了。(应改为"地"，因"彻底"是动词"解决"的修饰成分)
② 问题解决的不彻底。(应改为"得"，因"不彻底"是动词"解决"的补充成分)

在主语位置上，用"的"和"地"似乎都可以。用"的"和"地"时，表义重点不同：用"地"时讲的是怎么样地"解决问题"，重在内容；用"的"讲的是什么样的"解决问题"，重在方式。例如：

① 彻底的解决问题是不容易的。(改为"地"，则表达怎么样的"解决问题"是"不容易的"，重在陈述内容)
② 问题还没有得到彻底地解决。(应改为"的"，因"彻底"是宾语中心语"解决"的修饰成分定语)

部分动词如"进行"、"加以"、"予以"、"作了"以及"给……以"等格式后面的动词宾语之前，要用"的"，不用"地"，有的教科书把这种动词叫形式动词。本书把

这种动词叫准谓宾动词(只能带动词性或形容词性宾语的叫谓宾动词,准谓宾动词是可以带以动词或形容词为中心的定中短语,而不能带动宾、状中等短语),宾语一定是定中短语。例如:

① 大家热烈地讨论了倡议书的每一项条款——大家围绕着倡议书,进行了热烈的讨论。

② 他仔细而又周密地调查了每一个细节——他对这件事的来龙去脉,作了周密的调查。

③ 我们必须严厉地打击票贩子——我们必须给票贩子以严厉的打击。

2) "了"

"了"是表示实现的动态助词,用时要注意不要同其他词语发生矛盾。例如:

我市体育中心正在修建了。

"了"与"正在"意思矛盾,应删去其中的一个。连用的词语在内容上不能重复,否则,将会犯画蛇添足的毛病。

(四)语气词及其运用

1. 语气词的意义和种类

语气词常用在句尾表示种种语气,也可以用在句中表示停顿。汉语语气的表达主要借助于语调(也叫句调,书面上用标点符号表示)、语气词、表示语气的副词及叹词等,而且这些手段还可以配合使用。

依据所表达语气的不同,语气词可以分为下面四种。

表示陈述语气:的、了、吧、呢、啊、着、嘛、呗、罢了(而已)、也罢、也好、啦、嘞、喽、着呢。

表示疑问语气:吗(么)、呢、吧、啊。

表示祈使语气:吧、了、啊。

表示感叹语气:啊。

2. 语气词的语法功能

语气词的语法功能有以下三个方面。

(1) 附着性强,只能附着在句子或别的词语后面,起一定的语法作用。语气词虽然改变不了结构关系,却能表达各种不同的语气。

(2) 语气词和所表示的语气有交叉现象。同一种语气可以用不同的语气词表示,同一个语气词又可以表示不同的语气。

(3) 语气和语气词不完全是一回事。语气可以用语气词表示,也可以不用语气词表示。不用语气词而通过标点符号或者句调虽然也可以表示一定的语气,但用不用语气词表示,语言风格不一样,所收的效果也不一样。

3. 语气词的运用

上面列举了许多语气词,但普通话中典型语气词只有"啊"、"吧"、"吗"、

"呢"、"的"、"了"六个，这六个语气词的用法相当复杂，基本涵盖了汉语语气词的各种用法。

1) "啊"

(1) "啊"，受到前一音节的影响，可以分别写成"呀(ya)"、"哇(wa)"、"哪(na)"等。

"啊"用在陈述句句末，主要起到延缓语气的作用，有时还可以起到加强解释、提醒、申明等作用。例如：

① 谁不想出去玩儿，就是没有时间啊。(解释)
② 这可是咱们部队的老传统啊。(提醒)
③ 小妹妹，你可别介意啊。(解释)
④ 你还要指挥全连的呀！(提醒)
⑤ 他们还没有死心哪。(申明)

(2) 用于疑问句句末，无论是是非问、特指问还是正反问，都有舒缓语气的作用，但在不同类别的疑问句中，所起的作用强弱并不完全一致。例如：

是非问：明天你也去上海呀？
这么晚了，你还要出去啊？
你说的是南京东路步行街呀？
特指问：你明天去哪儿啊？那么我们谁去买菜呀？
正反问：他们明天来不来啊？

(3) 用于感叹句句末和祈使句句末，"啊"的基本作用仍然是在表达请求、劝告和命令，或者表示感慨和惊叹的同时，使句子的语气略微舒缓一些。例如：

① 你也去看看哪！
② 等等我啊！我马上就好。
③ 你看呀！他又在写了。
④ 风景多美啊！
⑤ 这几个孩子多么可爱呀！
⑥ 外面的风刮得好大啊！

2) "吧"

"吧"主要表示说话人对自己的看法不很肯定。在不同的句类中，其揣度性语气的强弱并不相等。在陈述句句末，表示叙述不很肯定；在疑问句句末，希望对方给予证实；在祈使句句末，可以使请求、命令、劝告、催促等语气略为舒缓一些。例如：

① 他已经知道了吧。
② 你妈妈还没有回来吧？
③ 你过来吧。

"吧"还可以在表示列举、选择、让步、容忍时强化延宕的语气。例如：

① 就说小张吧，他从小就很懂事。
② 譬如喝茶吧，里面也有许多讲究。

③ 去吧，又没有时间；不去吧，又有点不甘心。
④ 就算你说得有道理吧，你也应该给他一个机会。

3) "吗"

"吗"是一个典型的疑问语气词。"吗"在疑问句中的基本功用就是突显疑问焦点，强化疑问语气。从"吗"所附着的疑问句形式类别看，主要用于是非问句句末，也可以用于附加问(附加问就是在一个陈述后面，再加上一个肯定或否定的附加疑问形式)、回声问。例如：

① 你喜欢看小说吗？
② 今天是星期六，是吗？
③ 她并不是一个很用功的学生，不是吗？

从"吗"所附着的疑问句的疑问程度看，既可以用于疑问度为百分之百的真性疑问句，也可以用于疑多于问，甚至完全肯定的假性疑问句。例如：

① 你也是新来的吗？
② 这件事情他知道了吗？
③ 你们也要一起去吗？
④ 这一切难道都是我的过错吗？

4) "呢"

"呢"既可用于疑问句，也可以用于陈述句；既可以用于句末，也可以用于句中。用于疑问句时，"呢"主要用于特指问、选择问、正反问，不用于是非问。"呢"在疑问句中其实并不真正负担疑问信息，即不用"呢"也可以表疑问。其主要功用在表示一种深究的语气。例如：

① 他们会到哪儿呢？
② 我到底怎么办呢？(以上是特指问)
③ 是我去呢，还是你来呢？
④ 派小张去好呢？还是派小王去好呢？(以上是选择问)
⑤ 你到底去不去呢？(正反问)

"呢"有时还兼有指明焦点的作用，主要是指明疑问焦点。试比较：

① 你知道老李是哪个地方的人吗？
② 你知道老李是哪个地方的人呢？

前句用"吗"，重在问"知道还是不知道"；后句用"呢"，则指明问点"哪个地方"。

同样，"呢"也可以用在没有任何疑问信息的反问句。例如：

① 我怎么可能不知道呢？
② 这样的人谁还会同意和她合作呢？

"呢"直接跟在一个体词或体词性短语后面，可以构成一种特殊的疑问句。例如：

① 书呢？(≈书在哪儿呢？)
② 我准备去图书馆，你呢？(≈你打算怎么办？)

这种特殊的疑问句主要有两种功用：一是问该人或物的处所；二是问对策。

5) "的"

(1) 作为语气词，"的"用于陈述句句末，主要用以加强对事实的确定和未来的推断，表示一种明白无误、显而易见的语气。例如：

① 我昨天问过他的，这不可能。
② 我曾经调查过的，不会错。
③ 你不要这么大惊小怪的。

(2) 语气词"的"常和副词"是"配合使用。例如：

① 我是绝对不会放过他们的。
② 我这话不是随便说的。

(3) "的"有时也可以用在疑问句和感叹句的句末，以加强对疑问点和感叹事实的确定。例如：

① 你是怎么搞的？(加强对疑问点的确定)
② 就是我亲眼看见的！(加强对感叹事实的确定)

6) "了"

(1) "了"表示新的情况，一般都是有预设的。例如："问题早已解决了"的预设是"听话人以为问题还没解决"；"稿子交给他们了"的预设是"听话人以为稿子还没有交"。

所谓"已然"是从"体"的角度说的，同"时"并没有必然的联系，所以"已然"的情况，并不一定都是发生在过去。例如下句说的是将来的情况。

以后等你工作了，就不会这样想了。

(2) "了"有时也可以用于疑问句和感叹句句末，以加强对新情况(就说话人的角度看)的疑问和感叹。例如：

① 你来了多久了？
② 今天谁去值班了？
③ 你也太不像话了！
④ 她俩相差太远了！

(3) "了+没有/(是)不是"多用于询问新情况和反问。例如：

① 我跟你说到的事你考虑了没有？
② 他这样做太过分了是不是？

4．几个语气词和他类词的区别

1) 语气词"的"与结构助词"的"的区别

语气词"的"表陈述句气，只用在陈述句的句末，或句中停顿的地方(往往用逗号隔开)，表示事情本来确实如此之意，去掉"的"全句仍然可以成立，只是确定的意味稍差一点罢了。例如：他今天会回来的。(语气词，用在句末，可以去掉)

结构助词"的"是定语的标志，用在名词，代词前，表示前面的部分是名、代词的定语。可以构成"的字结构",相当于名词性短语。"的字结构"作宾语,"的"往往也出现在句末,但它后面可以加上名词或代词,"的字结构"中的"的"不能去掉。例如:他是个教书的。("的"不能去掉,后可以加上"人")

2) 语气词"了"与动态助词"了"的区别

语气词"了"放在句末宾语、数量补语后头,主要表示事态的变化已成定局。

动态助词"了"放在句中即动词、形容词后面,补语、宾语前面,主要表示动作、变化的完成状态。例如:

① 他掌握了三门外语了。
② 这本书我读了三天了。
③ 这本书我读了三天。

"了"如果紧挨在句末动词、形容词后,则兼有语气词和动态助词两种作用。例如:

① 树叶儿红了。
② 他已经看了。

3) 语气词"啊"与叹词"啊"的区别

语气词"啊"和叹词"啊"书写形式相同,但读音和用法都不同。语气词"啊"总是附着在句末或句中停顿处,读轻声,依附性特强,不能构成独词句或分句;而叹词"啊"的位置比较灵活,可以在句首、句中出现,也可以在句末出现,它不读轻声,可以有四种声调。它的独立性最强,总是独立在句子结构之外,作独词句或独立语。例如:

① 咱们走的不是一条路啊!(语气词不能分开)
② 啊,他学得真好哇!
③ 总理,啊,人民的好总理!
④ 你说什么啊?(句末)

叹词"啊"不管在哪里出现,它后面都有标点符号,出现在句末、句中它前面必然有标点符号。而语气词前面总没有标点隔开。

二、词类小结

词类是根据词的语法意义和语法特征划分出来的。词类的语法意义是从一类词的语法特征中概括出来的,因此是抽象的。词类的语法特征往往是相互交错的。一方面,一类词有几个语法特征,而每个特征并不是本类词中每个词都具有的,即往往缺乏普遍性,不能贯彻到某类词的每一个分子之中;另一方面,一个特征往往不是一类词所专有的。因此我们划分词类,要在复杂纷纭的现象中分清主次,要记住什么是一般规律,什么是有条件的特殊规律,什么是个别现象。不能用特殊的(有条件的)或个别的来否定一般的,也不能用一般的来代替所有的,或把一般、特殊、个别三者混淆起来,否则就没有多少语言规律可言了,词类也就不好划分了。

由于词类的语法特征的错综复杂性,就使得某些词存在着兼类和活用现象。关于词的兼类和活用,在讲各类词的时候,都作过介绍,这里再系统地总结一下。

(一)词的兼类

汉语里大部分词都归属于某一词类，只有少数词经常具备两类或两类以上词的语法特点，而基本词汇意义仍密切相关，这就叫词的兼类，即一词兼属几类的现象。例如：

① 我们主张把经济搞活。(动词)

我们的主张非常正确。(名词)

② 他很精神。(形词)

他的精神很好。(名词)

③ 小明在家。(动词)

小明在家学习。(介词)

④ 他的态度很端正。(形词)

他端正了态度。(动词)

上例中的几组词都是一词兼两类的情况，它们所具备的两类词的语法功能很难说出主次来，因此叫兼类词。

所谓兼类词并不是在同一句子里同时具备两类或多类词的语法功能，而是在不同语言环境中，分别体现出不同词类的语法特点。

常见的兼类词的情况有以下几种。

兼动词、名词的：病、圈、决定、组织、领导、工作、代表等。

兼名词、形容词的：锈、左、科学、精神、经济、道德等。

兼形容词、动词的：破、忙、丰富、明确、端正、明白等。

兼介词、动词的：在、到、让、比、按照等。

兼副词、动词的：没有、像等。

兼副词、区别词的：共同、长期等。

兼连词、介词的：和、跟、与、同、由于等。

兼属语气词、助词的：的、了等。

下面的情况不属词的兼类。

第一，有的词有固定的类别，但进入句子时能充当两种以上成分，这不能看作兼类。这是汉语词的多功能性的表现。例如：

我们提高了认识。(谓语)

我们的提高是普及基础上的提高。(主语、宾语)

不过"提高"这个词的主要功能是做谓语，作主语和宾语是有条件的，即常常在判断句中充当主语和宾语，即使作主语和宾语时，仍能受副词修饰。例如：

逐步提高是可能的。

受副词修饰恰恰是动词的一个特点。

第二，同音词不是词的兼类。

同音同形而意义不同的词是两个不同的词，所以不能看作一词兼类，而是几个不同的词，分别属于几个不同的类罢了。例如：

写字台很光。(形容词：光亮)
写字台光放电脑，不放别的。(副词：只)
打球。(动词：动作)
打今天起。(介词：从)
爱校如家。(动词：像)
如不能按时到校，请提前联系。(连词：如果)
把头发别起来。(动词：夹)
别去。(副词：不要)

第三，词的活用也不是兼类。

(二)词的活用

某类词在特定的条件下，为了表达上的需要，临时当作别类词来使用，这就是词的活用。词的活用是一种特殊的表达方法。例如：

① 他太教条主义了。
② 他比阿Q还阿Q。

"教条主义"、"阿Q"本是名词，临时活用为形容词了。

此外，像前面讲的，名词、动词被临时借用作量词的现象(如：头、桶、挑、捆、堆、枪、笔、刀、看、摸等)，还有，叹词活用为句子成分(如：定、述、状、补)的现象，也应该看作词的活用。

思考和练习三

1. 下面各组句子里的"和"、"的"、"在"在词性上有什么不同？为什么？
(1) 小王和我一起去看书。　　小王和我说了半天的好话。
(2) 这本书是图书馆的。　　　昨天我去过图书馆的。
(3) 他在家打扫卫生。　　　　他在教室。

2. 修改下列病句在用词方面的错误，并说明改正的理由。
(1) 我家今年一亩收成了一千斤稻子。　(2) 那真是一个多么感动的场面啊！
(3) 咱们和你一起去动物园。　　　　　(4) 我今天吃了一个橘子和二个苹果。
(5) 他关于这个忽然事件毫无思想准备。

第四节　短　语

学习要点：掌握短语的内部结构、外部功能，短语的层次性和层次分析的目的、方法；正确熟练地运用图解法分析短语的层次，并标明直接成分间的结构关系。

现代汉语

一、短语及其分类

(一)什么是短语

短语是大于词、小于句子的语言单位,是由若干个词组合起来的造句单位。词和词的组合,不是任意的,必须是在语义和语法上都有搭配关系的一组词。

短语与句子的区别是:短语没有语调,语义不独立完整;句子一般都有语调,是独立完整的。

短语主要由实词加实词组成,也可以由实词加虚词组成,但无论如何,不能是虚词和虚词的组合,而且组成成分之间一定要有语义和语法关系。

在任何一种语言里,实词的数量都远远超过虚词,所以实词和实词的组合是大量的,或者说实词是构成短语的基本材料。从理论上说,所有的实词都能构成短语。但是,实际上词与词的组合不是任意的,要看它们的意义能不能搭配。例如动词"打扫"和名词"教室"可以组合成动宾短语"打扫教室",但是"打扫"和"思想"尽管也是一动一名,却不能组合成"打扫思想";又如量词"个"跟数词结合后可修饰许多名词,"一个人"、"一个灯泡"、"一个笑话"等都可以成立,但是,却不能组合成"一个水"、"一个纸"等。可见,词与词的组合要受意义的搭配和制约,组合能力是有一定限度的。

有些短语里词的意义虽然能够互相搭配,但可以有不同的搭配方式,可以这样搭配,也可以那样搭配,容易出现歧义现象。例如:"三个大学的教师"可以理解为教师是分属于三所大学的,也可以理解为三个人都是大学的教师。短语的这种歧义现象从一个侧面也说明了意义搭配是构成短语的基本条件。

下面来谈谈短语的语法手段。

词和词的组合不仅要受词义能否搭配的制约,而且要使用一定的语法手段。汉语词的组合主要通过语序、虚词等语法手段来实现语义和构词方式的不同。

如前所述,语序就是词的排列顺序。在意义可以搭配的情况下,同样的词由于排列顺序不同,就可以产生不同结构关系的短语。例如:"跳起来"是中补短语,"起来跳"就是连动短语;"民众联合"是主谓短语,"联合民众"就是动宾短语;"幸福生活"是偏正短语,"生活幸福"就是主谓短语。

有时词序改变后,虽然不影响结构关系的变化,却带来了意义上的某种变化。例如:"绿叶白菜"和"白菜绿叶"都可以看作偏正短语,但前者表示的是什么样的白菜,后者表示的是什么菜的绿叶。

短语的构成还靠虚词这一语法手段。例如:"讨论问题"是动宾短语,"讨论的问题"则是偏正短语。这种结构关系的变化并不是由于改变了词序造成的,而是由于加上结构助词"的"造成的。这说明虚词也是词与词组合的语法手段。

增减或变换虚词,往往会改变短语的类型。用不用虚词会造成结构不同,例如"市场繁荣"(主谓)和"市场的繁荣"(偏正);"提出建议"(动宾)和"提出的建议"(偏正)。用不同的虚词,结构意义关系也不同。例如"我和弟弟"(联合)和"我的弟弟"(偏正)。

也有一部分短语加了虚词却不改变结构关系。例如:"我们国家"和"我们的国家"(偏正),"哥哥弟弟"和"哥哥和弟弟"(联合),"打扫干净"和"打扫得干净"(补充)等。

依靠虚词,可以辨认某些短语的结构类型。例如:用结构助词"的、地"的是偏正短语,如"他的书"、"慢慢地说"等;用助词"得"的是中补短语,如"跑得快"等;用连词"和、或、并"等的是联合短语,例如"物质和精神"、"说或写"、"讨论并通过"等。

(二)短语的分类

短语可以从多种角度去观察,从而分出各种不同的类别。短语最重要的有两种分类:一种是结构类,这是向内看的分类,主要看它内部结构类型;另一种是功能类,根据它在更大的单位里充当句法成分的能力来确定它的类型。

此外,按短语构成要素是否凝固来分类,可分为固定短语和临时短语(非固定短语,也叫一般短语),在本书词汇一章中举例谈过固定短语,这里不再赘述。

短语从意义上分,可以分为单义短语和多义短语。

还可以按它的成句能力来分,加句调能成句的叫自由短语,加句调也不能独立成句的叫不自由短语,又叫黏着短语,例如"从表面、资料的查找"等。

按照短语的层次多少划分,可以分为一层短语(又称简单短语)和多层短语(又称复杂短语)两类。

总之,不同的分类,服从不同的目的。目的不同,依据的标准不同,就可分出不同的类别。

(三)短语的结构类

短语的结构类是向内看的分类,主要从短语的内部结构关系来划分的类型。从构成要素上说,短语可分为两大类:一是实词和实词组合的短语,这种短语主要按照短语内部各组成成分之间的语法关系,兼顾词性和语序构成;二是实词和虚词组合的短语,以虚词为一个组成部分,以实词或短语为另一个组成部分,这种短语是特殊的短语,因虚词缺少词汇意义,划分这种短语的类型主要不是依靠组成成分内部的语法关系,而主要看短语构成后,具有什么语法意义。

1. 主谓短语

主谓短语由两部分构成,前一部分是被陈述的对象,叫主语部分,后一部分是陈述前一部分的,叫谓语部分。例如:

心地善良　　　　大家研究
历史悠久　　　　祖国昌盛
信寄出去了　　　他高个子

主谓短语的前一部分经常由名词、代词充当,是表示"谁"、"什么"的部分,后一

部分主要由谓词充当,是表示"是什么"或"怎么样"的部分。主语和谓语是被陈述与陈述的关系,存在多种形式。从以上各例可见:有的主语是施事,如"大家";有的主语是受事,如"信";有的主语既不是施事,也不是受事,如"心地"、"历史"。

主谓短语有以下几种。

名+形:阳光灿烂、头脑清醒、历史悠久、心情舒畅。

名+动:思想解放、房子盖了、人声嘈杂、鲜花盛开。

名+名:今天星期三。

代+动:他们学习。

代+形:那儿干净、她们漂亮。

名词性成分+主谓短语:他热泪盈眶。

2．动宾短语

动宾短语由动语和宾语两部分组成。前一部分是动词,表示动作或行为;后一部分是宾语,表示动作、行为所支配关涉的对象,两部分之间有支配或关涉的关系。例如:讨论提案、进行表决、开展活动、写过文章、来了客人、学习语法。

动宾短语中宾语的情况比较复杂:有的是名词,有的是动词,有的是形容词,有的是复杂的短语。

3．偏正短语

偏正短语由修饰语和中心语两部分组成,修饰语在前,是"偏",描写或限制后面的中心语;中心语是"正",它们的关系是修饰与被修饰的关系。按照短语的功能来区分,偏正短语又包括以下两种。

1) 定中短语

前一部分是定语,是修饰、限制后一部分中心语的,这种短语叫作以名词为中心的名词性偏正短语。如:

(精神)文明　　(祖国)大地　　(我)的故乡

(遥远)的地方　(向往)的目标　(前进)的步伐

(一朵)桃花　　(一道)霞光　　(一片)红叶

定语和中心语之间有时用"的",有时不用。

2) 状中短语

前一部分是状语,修饰限制后一部分中心语,而后一部分中心语是动词或形容词,这种短语叫作以动词或形容词为中心的动词性偏正短语或形容词性偏正短语。例如:

[热烈]欢迎　　[精心]设计　　[愉快]地劳动

[已经]理解　　[能够]处理　　[深入]地讨论

[十分]聪明　　[很]好看　　　[非常]壮观

[不]容易　　　[相当]快　　　[无限]美好

状语和中心语之间有时用"地",有时不用。

4．中补短语

中补短语是由中心语和补语两部分组成，中心语在前，表示动作、行为或性状；补语附加在中心语的后头，补充说明中心语。两部分是补充和被补充的关系。例如：

扫<干净>　　干得<好>　　做<不完>　　说<清楚>
拿<走>　　　红得<很>　　唱<起来>　　跑<过来>
住<两天>　　写<两遍>　　看<一次>　　学<一年>
快得<很>　　快<极>了　　搞得<怎样>　长得<绿油油的>

中补短语的中心语一般由动词、形容词充当，补语多由形容词、动词、趋向动词、副词、代词和数量短语充当。补语一般从状态、时间、趋向、程度等方面对中心语补充说明。两部分之间有时用结构助词"得"，有时不用。

补语不能是名词，如果是名词，就有可能变成动宾短语了。

5．联合短语

联合短语由两个或两个以上的部分组成，各部分之间是平等的并列、顺承或选择等联合关系。有的用连词或起关联作用的副词来连接，有的不用。例如：

工人农民　　　科学文化　　　语法、修辞和逻辑(名+名+名)
侦察审判　　　调查研究　　　继承并发展(动+动)
生动活泼　　　既好又贱　　　勤劳而勇敢(形+形)
又蹦又跳 (副词配合)　　真善美(不用副词、连词)
审判、合议和回避(动+动+动)　　一遍又一遍(数量+数量)

许多联合短语的成分能变换位置，其基本意义不变，如"科学文化"、"又蹦又跳"、"既漂亮又便宜"都可以这样处理；有的联合短语的成分则不能任意变换位置，如"真善美"就是如此，这是约定俗成的顺序；如果几个成分的意义有侧重时，成分的位置也不能任意改变，如"北京及河北北部"；还有按照事物发展顺序排列成分的联合短语，也不能任意变换位置，如"调查研究"、"讨论通过"等。

联合短语的几个成分一般是同类词之间的联合，例如："党和人民"(名+名)，"又高又大"(形+形)不能说"同学和上课"，"老师和学习"。因为这是异类词，不能平等联合。有的则是肯定否定的联合，例如："好不好"、"是不是"。

6．同位短语

同位短语由两部分构成，前一部分叫前位，后一部分叫后位，两部分从不同角度，同指一个人或一件事。同做一个句子成分，前后两项有互相说明的作用。例如"我自己、文学家司马迁、首都北京、婆媳俩"等。

有的同位短语，前后两部分可以调换位置，例如："北京首都"，这种同位短语都由专有名词作为构成成分。有的同位短语则不能前后换位，因为前后两部分实际上有侧重点，如"我自己"重点在"我"，所以不能换位。

7. 连谓短语

连谓短语由两个或两个以上的动词或动词性短语(动词有时还带宾语)连用构成，中间没有停顿，也不用关联词语，又没有联合、偏正、动宾、主谓和补充等结构关系。例如：

去游泳　　抬着走　　上车坐下　　打电话问情况
来看书　　有钱买　　出去念书　　买瓶汽水喝

这些连谓短语所表示的意思有差别。有的前后两个动词分别表示方式和状态，如"抬着走"；有的前后两个动词分别表示估量和结果，如"有钱买"；有的前后两个动词表示动作的先后，如"上车坐下"、"出去念书"；还有的前后两个动词分别表示方式和目的，如"买瓶汽水喝"。这种连谓短语比较特殊，即前一动词的宾语"汽水"同时也是后一动词的宾语，因此，这种短语的后一动词不能再带宾语，只能带补充性的词语，如"买瓶汽水喝一口"。

8. 兼语短语

兼语短语由一个动宾短语套着一个主谓短语构成，动宾短语的宾语兼做主谓短语的主语，中间没有停顿。例如：

请他讲　　叫他来　　派你去　　使人高兴
有人来　　是谁唱歌　　让律师辩护
派队长了解情况

这种短语可分为兼语前、兼语和兼语后三个部分，例如："请他讲"的三部分分别为"请""他""讲"。

兼语短语有几个特点：第一，兼语前这一部分一般由使令性动词充当，诸如"使、叫、让、请、派、命令、要求"，有时候判断动词"是"和存在动词"有"等也可以做兼语前的动词；第二，兼语前部分里的动词所表示的动作，一般都是兼语后部分的原因，兼语后部分则是兼语前的动作所要实现的目的或可能达到的结果，如"请"是"讲"的原因，为什么要"讲"，因为有人"请"，"讲"又是"请"的目的；第三，兼语在很多情况下是由表示人的名词或代词充当的，这种兼语既是兼语前动词的受事，又是兼语后动词的施事，但是，有的兼语则由表示事物的名词充当，这种兼语一般是拟人化的用法，如"叫高山低头，让河水改道"。

9. 方位短语

方位短语是由方位词直接附在名词性或动词性词语后面组成，主要表示处所、范围或时间，具有名词性。例如：

街上、教室里(名+方，表处所)
周五前(名+方，表时间)
三点后(数量短语+方，表时间)
打完球之后(动宾短语+方，表时间)
你离开我之后(主谓短语+方，表时间)

宽敞的教室里(偏正短语+方，表处所)

宿舍与餐厅之间(联合短语+方，表范围)

由"东、西、南、北、左、右"组成的方位短语只表示处所，例如"淮河以北、广场东"；其余的既可以表示处所、范围，也可以表示时间，例如"师生之间(范围)、五天之内(时间、范围)"。

方位短语也常常跟介词一起组成介词短语，例如"在希望的田野上、从天安门前"。方位词"上、里"等在一些方位短语里已经没有什么方位义。例如"事实上(情况)、党的领导下(条件)、讨论中(过程)"表同一意义。

10．量词短语

量词短语是由数词或指示代词加上量词组成。由数词加量词组成的短语叫数量短语，由指示代词加量词组成的短语叫指量短语，统称量词短语。详见本章数词、量词、指示代词部分。

11．介词短语

介词短语是由介词附着在名词等词语前面组成。介词短语都可做状语，修饰谓词，主要用来标明动作的工具、方式、因果、施事、受事、对象等多种语义。

介词短语由两部分组成：前一部分是介词，后一部分是词或短语。介词是这类短语的标志。详见介词部分。

12．助词短语

助词短语是由助词附着在词语上组成。助词短语包括"的"字短语、"所"字短语和比况短语等。详见助词部分。

(四)短语的功能类

短语也可以根据它的语法功能(充当句子成分的能力)来分类，主要有以下两大类。

1．名词性短语

名词性短语包括名词性的偏正短语(如中国人民、新书、一本好书、标点符号的使用、生活水平的提高)、名词性的联合短语(如纸和笔、这个和那个)、名词作谓语的主谓短语以及其他名词性短语(如数量短语、指量短语、方位短语、"的"字短语、"所"字短语等)。名词性短语用法同名词，即经常充当主语、宾语的短语。

2．谓词性短语

谓词性短语包括动词性短语和形容词性短语。动词性短语包括动词性的偏正短语、动词性的联合短语、动宾短语、动词为中心的中补短语、主谓短语、连谓短语、兼语短语(如"不来"、"来得早")等；形容词性短语包括形容词性的偏正短语、形容词性的联合短语、形容词为中心的中补短语(如"不好"、"好得很")等。

二、短语的分析方法

短语有的简单，有的复杂。只有一个结构层次的叫简单短语；短语里面包含着短语，不止一个结构层次的叫复杂短语。复杂短语都是多重短语。根据表达的需要，简单短语可以扩展为复杂短语，复杂短语也可以缩减为简单短语。例如：

① 前途光明
前途无限光明
我们的前途的确无限光明

② 学汉语
学好现代汉语
努力学好基础课现代汉语

③ 看书
不看书
不看这本书
看不看《子夜》这本书

④ 讨论问题
深入地讨论问题
深入地讨论理论问题
非常深入地讨论革命理论问题

上面四组每一组都是同型结构，从上往下看是从简单到复杂的扩展；从下往上看是同型结构的缩减，是从复杂到简单。同型结构的扩展和缩减主要是增减附加成分或联合成分。缩减法对于找出复杂短语的主干或中心有用处，它可以帮助我们弄清词的语法关系，理解短语的含义，并且可以帮助我们检查短语的结构有无语法错误。利用缩减法缩减句子的时候，要尽量保持原短语的基本意义，就是说个别附加成分(如否定词等)要保存，否则基本意义就改变了或者不成话了。

短语的扩展还可以改变总的结构关系，从而产生许多更复杂的短语。例如：

我们讨论问题
我们讨论问题的情况
我们讨论问题的情况和他们学习文件的情况

分析短语较为通用的有中心词分析法(符号分析法)和层次分析法。中心词分析法是传统的大家熟识的分析方法，这里主要介绍层次分析法。

对复杂短语进行结构层次分析的方法叫作"层次分析法"，层次分析法又叫作"直接成分分析法"。层次分析法是结构主义语言学最常用的方法之一。

关于切分的原则，语法学界尽管有不同的看法，但归纳起来不外乎功能、结构和意义三条原则。正确的切分，要求在结构和意义上满足以下三个条件。

(1) 切出的两个成分必须有语法关系。这就是所谓的功能原则，是指切分后的语言片段可以按照汉语的语法规律搭配。例如：

一/座桥上(错)——一座/桥上(错)——一座桥/上(对，方位短语)

一家/研究单位的工程师(错)——一家研究单位的/工程师(对)

(2) 切出的两个成分必须都是词、短语或短语的省略形式。这就是所谓结构原则，是指切分后的语言片段各自能成为一个结构，必须有意义。例如：

一/朵红花(错)——一朵红/花(错)——一朵/红花(对，偏正短语)

一/片大好形势(错)——一片大/好形势(错)——一片/大好形势(对)

(3) 前后的成分加起来符合原意。这就是所谓意义原则，是指切分后的语言片段不能违背原来短语所具有的意思。例如：

他穿/好衣服出去了(错)——他穿好/衣服出去了(对)

小红闹着要穿好/衣服(错)——小红闹着要穿/好衣服(对)

毒害/儿童的黄色读物(错)——毒害儿童的/黄色读物(对)

要注意分析一些形式看似相同，但意义有别的短语。例如：

我们　最亲密的朋友　　　　我们最喜欢　的　歌星

前例的"亲密"是双方或多方的行为，在这个短语中，"我们"和"朋友"构成"亲密"关系，所以，"最亲密"只能修饰"朋友"而不能陈述"我们"，否则，就成了"我们"之间"最亲密"，"朋友"便被排除在"亲密"的行列之外，这是不符合原意的。后例表面上和前例的结构一样，但表意不同，"喜欢"是单方面的行为，"最喜欢"是可以并应该陈述"我们"的。因为"歌星"是不能陈述"我们"的，必须由"最喜欢"陈述"我们"后再修饰"歌星"。

就层次分析法而言，除了联合等结构之外，一般采用"从大到小，基本二分"的方法，即把一个短语逐层切分出两个最大的直接成分。另外，对一个复杂短语进行具体分析时也可以采用"从小到大"的方法。"从大到小"和"从小到大"两种分析方法的结果一致，不过步骤上是有差别的。例如：

从大到小：

① A. 参加　演出　的　在　系　里　集合　　　主谓
　　　　　└──的字短语──┘　└─────┘偏正
　　　　　└──动宾──┘　　　└─介词短语─┘

② A. 重视　语料　的　收集　和　核实
　　　└──────────────┘动宾
　　　　　└──────────┘偏正
　　　　　　　└───+───┘联合

从小到大：

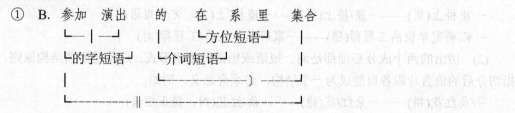

② B. 重视 语料 的 收集 和 核实
```
         |    |         └──+─┘ 联合
         |    └──)──────────┘ 偏正
         └──|──┘ 动宾
```

切分式图解法和组合式图解法的优点是比较形象细致、清楚明白，但画起来占地方、费时间，超过一行字的短语就无法画图。为了省事，可以使用简易的读书标记法，即在原句上画成分的简易加符号法。这也有两种方法：第一种是使用竖线的加符号法，第二种是使用横线的加符号法。例如：

竖线法：
① C. 参加演出的‖〔在系里〕集合
② C. 重视｜(语料)的收集和核实

横线法：
① D. 参加演出的〔在系里〕集合
② D. 重视(语料)的收集和核实

双竖线表示前主后谓，单竖线表示前动后宾。双横线表示主语，同时表示它右边的词语全是谓语，谓语符号（——）画出来占地方，所以省去。谓语里用浪线标明宾语，浪线前就有动语，动语符号(--)不画自明。定语都可以省去不画，复杂的定语可以抽出来画。本书一般使用从大到小的切分式图解，为了省时省地才用加符号法，它不能用来标记复杂短语中所有的成分。

三、多义短语

多义短语是指同一个短语在不同的语言环境中可以有至少两种意义的短语。构成多义短语的因素有语音方面的、词汇方面的和语法方面的。例如，"拿一本书出来"中的"出来"如果读轻声，是趋向动词，第一层就是中补短语；如果"出来"读原调，是一般动词，第一层就是连谓短语。这是由于语音不同造成的多义。再如，"他是一个地下工作者"中的"地下"有"地面之下"和"秘密活动的、不公开的"两个意义，所以他可能是在地底下工作的"采煤工人"，在战争年代，他也可能是一个打进敌人内部的党的"地下工作者"，还有可能临时委婉地表达"已经去世了，埋在地底下了"之义。这是由于词义不同造成的多义。

下面介绍一下语法方面的原因造成的多义短语。

(一)结构关系不同的多义短语

(1) 层次相同。例如：

鲜奶面包

  A. 鲜奶 面包   B. 鲜奶 面包
   └─+─┘ 联合   └─)─┘ 偏正

类似的还有：进口产品(动宾/偏正)、翻译小说(动宾/偏正)

(2) 上面层次相同，下面层次不同。例如：

调查方法十分重要

  A. 调查方法十分重要   B. 调查方法 十分重要
   └───── ‖ ─────┘ 主谓   └───── ‖ ──────┘ 主谓
   └)─┘ └)──┘ 偏正   └─│─┘ └)──┘ 偏正
                 动宾

(二)语义关系不同的多义短语

例如：

大红花

  A. 大 红 花   B. 大 红 花 (偏正)
   └)───┘   └───)┘
   └)─┘   └)─┘
  (大号的红花)   (大红颜色的花)

(三)结构和语义关系都不同的多义短语

例如：

一些朋友送来的花篮

  A. 一些朋友送来的花篮   B. 一些朋友送来的花篮
   └)───────────┘ 偏正   └───────────)┘ 偏正
    └────────)┘ 偏正   └────── ‖ ┘ 主谓
     └ ‖ ┘ 主谓   └)──┘ 偏正

再如：

① 三个中学的老师

A. 三个中学)的老师 (偏正)

B. 三个)中学的老师(偏正)

② 打败敌人的部队

A. 打败│敌人的部队(动宾)

B. 打败敌人)的部队(偏正)

③ 奖励小高的老师
A. 奖励 | 小高的老师(动宾)
B. 奖励小高)的老师(偏正)

④ 接待我们的台湾同胞
A. 接待 | 我们的台湾同胞(动宾)
B. 接待我们)的台湾同胞(偏正)

多义短语的情况比上面所说还要复杂。上面都是书面上的短语。有些在口语里的短语，因有轻重音和停顿的不同，可以化解多义；有些在上下文等语境中可以消除多义，即由多义变成单义。有时候，语境不能消除多义，就容易使人产生误解，因此多义又称歧义。消除歧义的办法主要有两种：一是适当增加或变换词语，像把"学生家长"说成"学生和家长"(联合)或"学生的家长"(偏正)，把"一个老师的建议"说成"一位老师的建议"或"一项老师的建议"；二是改变结构，像"穿好/衣服"可以说成"把衣服穿好"，别人就不会产生"穿/好衣服"的歧义了。消除歧义现象，对正确运用语言，提高表达效果有积极意义。

四、短语小结

短语可以充当更大的短语内的句法成分，短语里的成分可叫短语成分。有些短语加上句调就可形成单句；反过来说，有些单句除去句调就成了短语。把短语成分分析清楚了，也就把单句结构分析清楚了，短语成分也就成了句子成分。短语中的几种基本结构类型，合成词也有，掌握短语的结构分析，合成词的结构分析也就不难了。由此可见，短语在语法里的地位十分重要，这也说明学好短语分析的必要性。

简单短语和复杂短语的根本区别不在于组成成分的多少，而在于组合层次的多少。简单短语是指词与词在一个层次上的组合；复杂短语则指词与词在两个或两个以上层次的组合。如"教师、学生和工友"和"工厂、企业、机关、学校、医院及社区"这两个短语都是简单短语，因为联合短语中的并列项可以是两项，也可以是三项或者四项、五项，从理论上说是可以无限延长的；而"看电视的时候"、"在公园玩得很好"是复杂短语。

词和短语不是句子，但是可以构成句子。句子同词、短语的差别是：句子是交流思想的最基本的语言运用单位，能表达一个相对完整的意思，有一定的语调；词和短语是造句材料，是语言的备用单位，没有句子所具有的语调。例如："好"是一个词，"好文章"是一个短语，如果在议论一篇文章的时候说"好！"或"好文章！"它就能表达一个相对完整的意思，并具有了一定的语调，就成了句子。同样的一组词或一个词，可以作句子，也可以只作句子成分。例如"我住在北京"这一语言片段有陈述句的语调，能表示一个相对完整的意思，所以是句子；而在"我住在北京是去年的事了"里因为它处于被包含的地位，没有独立的陈述语调，也不独立地表达一个相对完整的意思，所以"我住在北京"只是一个短语，是句子的组成成分，是造句的材料。可见句子是语言的使用单位，是"成品"，短语和词是语言的备用单位，是"材料"。短语和词加上语气、语调等因素之后才从备用单位(材料)变成使用单位(成品)——句子。

思考和练习四

1. 说明下列短语的结构类型和功能类型。

论问题　　英勇顽强　　两年以上　　讲清楚　　通讯员小李
一本　　　非常安静　　市场繁荣　　买房子的　跑一趟
他转告　　躺着不动　　考托福　　　关于这事　所关心
得注意　　静得很

2. 指出下列短语的基本类型，用从大到小的层次分析法分析每个短语的层次和结构关系。

(1) 思考问题探索真理寻找答案的学习风气

(2) 大伙批评了他一顿

(3) 世界珍贵稀有动物熊猫的故乡中国

(4) 小王劝你别去

(5) 当他走进教室的时候

(6) 春天黎明以前乘车出游时的愉快心情

(7) 希望老师辅导三月中旬以后布置的作业

(8) 赶到学校开一个紧急会议讨论一下这件事

(9) 派他到镇上粮食棉花收购站看一下市场情况

(10) 雨后的天空显得比平时更晴朗

(11) 建设高度文明高度民主的社会主义新中国的基础

(12) 难忘的大学课外生活的一个侧面

(13) 前面来了一个卖菜的

(14) 培养分析问题和解决问题的能力

(15) 要学习人家的长处

3. 下列短语都是多义短语，试分析其内部结构层次和结构关系的不同。

(1) 哥哥和弟弟的朋友　　　　(2) 一个农民的意见

(3) 看见他笑了　　　　　　　(4) 准备了两年的食物

(5) 咬死猎人的狗　　　　　　(6) 只关心孩子的母亲

(7) 他反对哥哥袒护妹妹　　　(8) 一朵大红花

(9) 对老师的意见　　　　　　(10) 刚来的老师和学生

(11) 桌子上放着许多朋友的来信　(12) 一个勇敢的军人的妻子

(13) 自行车没有锁　　　　　　(14) 我们三人一组

(15) 喜欢穿高跟鞋的女孩

第五节 句法成分

学习要点：掌握各种句法成分的名称及如何判定短语及句子中的基本句法成分；理解句法成分的含义，主语的类型，谓语的功能类型，宾语的类型，补语的类型，主语和施事的含义，宾语和受事的含义，宾语和补语的区别，复杂偏正短语中定语，状语的排列等。

句法成分是短语和句子结构的组成成分。汉语的短语和句子大都是由较小的语言单位逐层构成的，按照不同的结构类型中的结构关系来确定不同的句法成分。下面主要介绍主语、谓语、动语、宾语、补语、定语和状语、中心语和独立语这几种主要的句法成分。

一、主语

(一)主语及其构成材料

主语作为被陈述的对象，在句首能回答"谁"或者"什么"等问题。主语可分为名词性主语和谓词性主语。名词性主语由名词性词语充当，包括名词、数词、名词性的代词和名词性短语，多表示人或事物。这种句子可以叫名词主语句。例如：

① 沙发很舒服。　　　　　　　　(名词)
② 后面是一堵墙。　　　　　　　(方位名词)
③ 五是单数。　　　　　　　　　(数词)
④ 我们去海边吧。　　　　　　　(代词)
⑤ 黑板上有字。　　　　　　　　(方位短语)
⑥ 她的衣服好漂亮。　　　　　　(偏正短语)
⑦ 一米是一百厘米。　　　　　　(量词短语)
⑧ 我的同学张艳是云南人。　　　(同位短语)
⑨ 床和衣柜都买好了。　　　　　(联合短语)
⑩ 高个子的是我哥哥。　　　　　("的"字短语)

汉语的主语(以及宾语)缺乏形态标志，主语和谓语的关系也比较松散，有时主语后面有停顿或出现语气词，如"我啊，还在北京呢！"因此，分析主语和谓语，只有从形式的语序和语义上的施受关系来考虑。

一些词语用作主语，一般要求有一定的语言环境点明它所指称的人或事物。例如"高个子的是我哥哥"中的"的"字短语的意义是靠上下文点明。

主语可以由谓词性词语和一部分主谓短语充当，谓词性词语包括动词、形容词、谓词性的代词、动词性短语、形容词性短语(含主谓短语)。这是以动作、性状或事情做陈述的对象，这种句子可以叫谓词主语句。例如：

① 危险是安全的近邻。　　　　　　　　(动词)
② 谦虚使人进步。　　　　　　　　　　(形容词)

③ 这样也好。　　　　　　　　　　　　(代词)
④ 做不做由你。　　　　　　　　　　　(动词联合短语)
⑤ 诚实善良是一个人好的品质。　　　　(形容词联合短语)
⑥ 开车要有一定的技术。　　　　　　　(动宾短语)
⑦ 你不去真遗憾。　　　　　　　　　　(主谓短语)
⑧ 请他做比较好。　　　　　　　　　　(兼语短语)
⑨ 不断努力就会实现梦想。　　　　　　(状中短语)
⑩ 生活得幸福是她的追求。　　　　　　(中补短语)
⑪ 出去旅游是近年比较流行的休闲方式。(连谓短语)

名词性主语后头的谓语在词性上不受限制，只要语义能搭配，可以用各种谓词充当；而谓词性主语句(含主谓主语句)的谓语不是这样，它总是由非动作性谓词(判断动词、形容词等)充当。

(二)主语的意义类型

主谓关系是结构关系，而施受关系是意义关系，具体而言是就主语所表示的人、事物和谓语所表示的动作之间的语义关系。其间的关系很复杂，概括起来说，有施事主语、受事主语和当事主语三种。

1．施事主语

施事主语是指主语表示发出动作、行为的主体，主谓的语义结构及关系是"施动者+动作"的关系。例如：

① 她在打游戏。
② 我回来了。
③ 今天老师表扬了我。
④ 晓燕唱了两首歌。
⑤ 她的话深深地印在我的心里。

从语法关系上看，这里所说的施事，含义要宽泛一些，不妨看成广义的施事，既包括动作的发出者，也包括不能发出动作的事物。"她的话"是无生命体，但仍应该看成施事。

主语是施事的句子叫施事主语句，也就是主动句，是汉语最常用的句式。这种句子，如果谓语里的动词是及物动词，一般要求带上受事的成分，否则句子在语义上是不自足的，脱离语境不能成句，如"她在打游戏"不能说成"她在打"。只有在一定的语境里已表明"打"的受事(必有成分)"游戏"，这样才能成句。

2．受事主语

受事主语是指主语表示承受动作、行为的客体，也就是动作、行为所涉及的对象。主谓的语义关系是"受动者+动作"。例如：

现代汉语

① 水盆踩裂了。
② 热水器装好了。
③ 他被老师批评了。
④ 你要的东西都买好了。
⑤ 材料已经被老张拿走了。

这里的受事是广义的,含义比一般也要宽泛一些,只要从意义上看可以认为是动作、行为所针对的对象,包括动作的承受者、结果和对象,都是受事。"水盆"是"踩裂"这一结果的承受者,这是一种广义的受事;"你要的东西"并未接受动词"买好"的影响,却是"买好"所针对的对象。受事主语句的主语一般是具体确定的,而谓语则往往是复杂的,即不是单独的动词。

主语是受事的句子叫受事主语句,这种句子的谓语动词是及物动词。主语既然为受事,一般地说,动词后不再出现宾语,但是仍然会有下面句子。

小丽〔被同伴〕开了〈几句〉〈玩笑〉话,哭了。

3. 当事主语

当事主语是指主语是表示非施事、非受事的人或事物,而是描写、判断、说明的对象。有人把这种主语叫作中性主语,它主要包括以下两种情况。

一是谓语是形容词或名词的句子,其主语属于当事主语。例如:

① 阳阳很可爱。
② 北京的夏天很热。
③ 今天周日。

二是谓语是动词,主语并不具施受关系,而是表判断、说明意义或与动词有关联的事物。例如:

① 门前坐着很多人。(说明)
② 她是我的好朋友。(判断)
③ 这台电脑专门学习打字。(主语是与动词有关联的事物)

二、谓语

(一)谓语及其构成材料

谓语是对主语进行叙述、描写或判断的句法成分,能回答主语"怎么样"或"是什么"等问题。经常用来作谓语的是谓词和谓词性短语。谓语中动词主要用来叙述主语的动作、行为和变化;"是、像"等非动作性动词主要用来判断、说明主语的类属和情况;形容词主要用来描写主语的性质和状态。例如:

① 我们国家有丰富的矿产资源。
② 这篇文章的结构严谨而自然。
③ 你怎么啦?

④ 咱们研究研究。
⑤ 草绿了。

经常用来作谓语中心的动词、形容词前后往往有其他成分，单独作谓语是有限制的，通常是用在复句里或对话中。例如：

① 胆大，心细。
② 月亮走，我也走。

名词、名词性短语单独作谓语有条件限制。名词作谓语限于说明节日、天气、人物的籍贯、容貌或者说明事物的情况、价值等的简短句子。用形容词、数量短语修饰的名词性短语常作谓语。例如：

① 后天中秋。
② 今天晴天。
③ 老舍北京人。
④ 那个姑娘大眼睛。
⑤ 这两篇文章一个主题。
⑥ 这张桌子三条腿。
⑦ 一斤芹菜五毛钱。

名词性短语作谓语多数可以加"是"，加否定词时一定要加"是"。

有时还可以只用数词或数量短语作谓语，用来说明数量、价值、年龄等。重叠的量词做谓语，用来描写事物之多。例如：

① 一米三尺。
② 一斤白菜三毛。
③ 我二十，他二十五，你呢？
④ 笑声阵阵。
⑤ 白云朵朵。

数量短语作谓语的条件有以下两点。

第一，主语本身也是数量短语，谓语对主语有解释作用。

第二，主语虽不是数量短语，但谓语对主语有说明或描写的作用。例如：

① 一斤苹果五毛。
② 太阳的光芒万万丈。

另外，主谓短语、连动短语、兼语短语也可以作谓语。例如：

① 这件事我们研究了。
② 两个人笑着说。
③ 他叫你来。

用主谓短语作谓语的句子叫主谓谓语句，用连动短语作谓语的句子叫连动句，用兼语短语作谓语的句子叫兼语式。在后面单句类型中还要详讲。

有时还可以由连动短语和兼语短语套在一起去充当谓语。例如：

① 你打电话叫小王马上来一趟。

② 你让孩子们出来玩玩吧。

这两种短语套用以后去充当谓语，就使得谓语更加复杂了。

(二)谓语的类型

1. 谓语的功能类型

从充当谓语的词或短语性质的差别这个角度，谓语可分为名词性谓语和谓词性谓语；谓词性谓语又可分为动词性谓语、形容词性谓语和主谓谓语等。

1) 名词性谓语

由名词或名词性短语充当的谓语。例如："今天星期六"、"一斤苹果五毛"、"那个姑娘大眼睛"中的谓语都属这类谓语。又如"她卖豆腐的"中的谓语是"的"字结构，也是名词性谓语。

名词性谓语对主语进行说明或判断，这是这类谓语的主要作用。以名词为中心的偏正短语作谓语，其主要作用是描写，这类句子叫名词性谓语句。

2) 动词性谓语

由动词或动词性的短语充当的谓语，是动词性谓语。如"红旗飘扬"、"他休息了"都是单个动词作谓语的例子，"去不去"是动词性联合短语作谓语的例子。此外，动词性偏正短语、动宾短语、中补短语、连动短语、兼语短语作谓语，也都是动词性谓语。

动词性谓语对主语进行叙述，这是这类谓语的主要作用。"是"作谓语中心，主要是起判断或归类的作用，这类句子叫动词性谓语句。

3) 形容词性谓语

由形容词或具有形容词性质的词组充当的谓语，是形容词性谓语。例如："这篇文章的结构严谨而自然"、"草绿了"都属于这类谓语。形容词性谓语的主要作用是对主语进行描写，这类句子叫形容词性谓语句。

4) 主谓谓语

由主谓短语充当的谓语，是主谓谓语，如"他心眼儿好"。这类谓语同主语存在着各种关系，这在以后讲到单句类型时再详细介绍。

2. 谓语的意义类型

谓语的意义类型主要是看谓语为主语的作用。可以分为三大类：一类着重于叙述，叙述主语所做的或与主语有关的一件事情，这主要由动词性词语充当，如"他叮嘱我照顾好自己"、"他们不能生产这种产品"、"妈妈唠唠叨叨地又把那件事和我说了一次"等；一类着重于描写，即描写主语的性状，这主要由形容词性词语(这里包括形容词性的主谓短语)充当，如"她活泼、聪明"，又如"小鹏学习态度端正、积极"；一类着重于判断说明，即说明主语的类属或情况，如"他是个疼爱孩子的老人"，又如"小芳是三好学生"。

谓语的意义类型跟谓语的词性不完全对应。谓语动词主要是叙述主语的动作行为的，但是由"是、有、像"等非动作动词组成的谓语只是用来判断说明主语的情况。例如，

"人生就是一本书"、"她像一只圆规似的戳在门边"、"路边有两排路灯",这些句子只是作出解释、肯定具有、表示比喻等,而不是叙述一个活动、一件事情。

三、动语

动语是从谓语部分划分出来的、能带宾语的成分。如果谓语部分由动宾短语充当,那么它就能分成动语和宾语两部分。如果谓语部分不是由动宾短语构成,而是由偏正短语或中补短语构成的话,那就没有动语,只有谓语中心和它的修饰、补充成分了。动语部分有时由一个单个动词来充当,有时由一个以动词为中心的偏正短语或中补短语充当,可分为"动语中心和状语"或"动语中心和补语"。

总之,动语是相对宾语而言的,没有宾语就没有动语,动语一般表示动作、行为或性状的变化。

动语常由动词或动词性词语充当。例如:
① 我们要努力学习科学文化知识。
② 谁是最可爱的人。
③ 做一个有理想有作为的青年。
④ 门口站满了人。
⑤ 谁也不知道来了多少人。
⑥ 她觉得有点紧张。
⑦ 知识给人力量。
⑧ 我送你一本好书。

动语可以是及物动词或以它为中心的短语,也可以是不及物动词或以它为中心的短语。不及物动词做动语时,后面一般要带上补语或助词。

一些兼类词也可以作动语,如"多、少、好、坏"等,兼动词、形容词两类。例如:
① 今天的白菜比往日贵五毛钱。
② 他高我一头。

值得注意的是,动语不同于谓语,谓语是相对于主语来说的,而动语是相对于宾语来说的。可以这样说,能做动语的都能做谓语中心,但能做谓语的并非都能做动语。动语仅仅指能带宾语的谓语中心。构成谓语的,可以是动词、形容词以及谓词性短语,也可以是名词或名词性短语,还可以是数词、数量词以及主谓短语等;而构成动语的只能是动词或动词性词语,形容词、名词、数量词一概不能做动语。

四、宾语

(一)宾语及其构成材料

宾语是被关涉支配的对象。宾语跟主语相似,也分名词性宾语和谓词性宾语两种。名词性宾语很多,例如:

现代汉语

① 桌子上有<u>一个苹果</u>。　　　　　　(名词性偏正短语)
② 站着的是<u>我弟弟</u>。　　　　　　　(名词性偏正短语)
③ 我喜欢<u>云南</u>。　　　　　　　　　(名词)
④ 我上周回了<u>一趟老家</u>。　　　　　(名词性偏正短语)
⑤ 学院开了<u>电视电话会议</u>。　　　　(名词性偏正短语)
⑥ 这毛衣花色很好,我买了<u>一件</u>。　(数量短语)
⑦ 桌子是<u>脏的</u>,椅子是<u>干净的</u>。　("的"字短语)
⑧ 这条路上有<u>饭店、超市和宾馆</u>。　(联合短语)
⑨ 婶子给我 <u>一箱牛奶</u>。　　　　　 (双宾句)

谓词性词语充当宾语有一定条件,只能出现在能带谓词性词语的动词后边。下面这些动词都常带谓词性性宾语。

感到　主张　打算　希望　禁止
进行　给以　受到　严加　发现
同意　赞成　反对　喜欢　担心

第一排的动词可以带单个的动词、形容词或各种谓词性词组作宾语,例如:打算去香格里拉(动宾短语)、打算打扫干净(中补短语)、打算去北京学修理技术(连谓短语)、打算让她去进修(兼语短语)、打算她去进修(动词性主谓短语)、打算明天去(动词性偏正短语)、感到自豪(形容词)、主张去(动词)、希望你们幸福(形容词性主谓短语)、禁止停车(动宾短语)等。

第二排的动词能带的宾语范围比较小,充当宾语的单个动词,一般是双音节的,此外还有一些以动词为中心的偏正短语用作这类动词的宾语。例如:给以鼓励(动词)、受到批评(动词)、进行清理(动词)、进行彻底清理(动词性偏正短语)、受到严厉地批评(动词性偏正短语)、严加看管(动词)、发现出现一种新现象(动宾短语)等。

第三排动词既能带名词性宾语,又能带谓词性谓语。例如:赞成这个意见(名词性宾语)、赞成写个建议书交上去(谓词性宾语)、喜欢这个地方(名词性宾语)、喜欢逛街(谓词性宾语)、同意去北京(谓词性宾语)、同意他的建议(名词性宾语)、反对打架(谓词性宾语)、反对这种说法(名词性宾语)、担心出问题(谓词性宾语)、担心你的前途(谓词性宾语)等。

有些动词带名词性宾语比较自由,带谓词性宾语则有些限制,例如:"讨论、研究"等后面的谓词性宾语通常是个疑问形式,这些动词带疑问句形式的宾语,整个动宾短语不表示疑问。例如:"研究如何促进经济发展"、"研究派什么人去"、"讨论哪个部门去调查"、"讨论哪个比较合适"等。有的动词带疑问形式的宾语时,整个动宾结构也表示疑问,例如"觉得哪件衣服漂亮"、"打算下一步干什么"、" 计划去哪儿旅游"、"准备什么时候出发"等。

(二)宾语的意义类型

主语是对谓语说的,宾语是对动语(述语)说的。例如:"他看书"。从表面看,动词"看"前面是主语"他",后面是宾语"书",似乎二者同在一个平面,其实主语"他"

是和谓语"看书"发生联系，宾语"书"则是和动词"看"发生联系的。根据动词和宾语之间的复杂的语义关系，可以将宾语粗略分成三种：受事宾语、施事宾语、当事宾语(中性宾语)。

1. 受事宾语

受事宾语表示动作、行为直接支配、关涉的人或事物。例如：
① 他看报。
② 我讲故事。
③ 她擦地。
④ 我爱我家。

受事宾语最庞杂，对受事宾语进行细分，大致上有如下类别。

动作的结果：写作业、打开水、编程序。
动作的工具：打电话、吃大锅、开新车。
动作的受事(动作的承受者)：洗衣服、看病人、打人。
动作的对象：尊重长辈、爱护公物、疼爱孩子。
担任的角色：演主角、当班长、任主任。

2. 施事宾语

施事宾语表示动作、行为的发出者、主动者，可以是人或自然界的事物。例如：
① 后面有棵树。
② 门口有一条河。
③ 床上堆着衣服。
④ 天边挂着一道彩虹。

有施事宾语的句子，说明什么地方存在、出现或消失什么人或什么事物，动词表示存在、出现或消失；或者表示什么东西可以供多少人使用，动词表示使用方式。这种句子的动词一般是不及物动词，动词后通常带动态助词或补语等才容易独立成句。这种宾语如果由于语用的需要(改变话题或语境)可能移位到动词前，充当主语，例如"一道彩虹挂在天边"、"衣服堆在床上"。

3. 当事宾语

当事宾语也叫中性宾语，指受事、施事以外的，或难以断定是受事还是施事的宾语。

有当事宾语出现的句子，其中的动词并不表示一种明显的动作或行为，常用"是"、"像"、"有"、"成为"等，整个谓语只是对主语起判断或说明的作用。

当事宾语细分起来其关系也是多种多样的。
(1) 表处所：去北京、回家乡。
(2) 表时间：玩通宵、过年。
(3) 表工具：吃火锅、坐公交。
(4) 表方式：刷信用卡、走特快。

(5) 表原因：躲债、避风头。
(6) 表目的：找线索、争荣誉。
(7) 表类别：她当老师、他做警察。
(8) 表存在：壶里有水。
(9) 其他：上岁数、进货。

值得注意的是，"施事宾语是表示动作、行为的发出者、主动者"这点没有争议。而关于受事宾语和当事宾语的归属，学术界却有争议。本书认为"表示动作、行为直接支配、关涉的人或事物"是受事宾语，而有的教科书则认为"不能简单地把动宾关系仅仅理解为狭义的动作与对象的直接关系"，而应更广泛地理解。这样一来，本书里当事宾语中表动作处所(去北京、回家乡)、动作的方式(刷信用卡、走特快)、动作的原因(躲债、避风头)、动作的目的(找线索、争荣誉)等类别就应放到受事宾语一类中去。

宾语是动词分类的主要依据。

另外，根据带宾语的情况可把动词分成及物动词和不及物动词，这是就表示动作行为的动词的分类。能带受事宾语的动词叫及物动词，例如"做、给、看"等；不能带受事宾语的动词叫不及物动词，例如"休息、游行"和"来、去"等。

五、补语

(一)补语及其构成材料

补语是谓语后面的补充说明成分，回答"怎么样"、"多少"、"多久"等问题。
最常做补语的是形容词，一般回答"怎么样"的问题。例如：
① 衣服洗<干净>了。
② 孩子想<明白>了。
③ 他比我想得<周到>。
④ 衣服穿得<整整齐齐>。

动词也可以做补语，一般表示动作的结果或趋向。例如：
① 他冷得<发抖>。
② 天渐渐地暖和<起来>了。
③ 你怎么写<起>小说<来>的？
④ 我已经把这本书看<完>了。

副词作补语，只限于"很""极"等少数程度副词。例如：
① 孩子们高兴<极>了。
② 这样想好得<很>。

少数问性状、动作或方式的疑问代词，如"怎样，怎么样，如何"等，也能做补语。
例如：
① 工作完成得<怎么样>？
② 工作进展得<如何>？

表示时量、动量的数量短语也可以做补语，一般回答"多久"、"多少次"的问题。例如：
① 我曾经在北京住过<一年>。
② 我去过上海<一次>。

介词短语和其他一些短语也可以充当补语。例如：
① 毛主席逝世<于一九七六年>。
② 小伙子长得<高大结实>。
③ 校园建设得<又快又好>。
④ 老师讲得<很清楚>。
⑤ 他穿得<真精神>。
⑥ 同学们高兴得<跳了起来>。
⑦ 鲁迅的杂文写得<精妙极>了。
⑧ 你说得<很有道理>。
⑨ 小王的这句话逗得<大家笑了起来>。

需要注意的是，名词和名词性短语一般不作补语，但是，状态补语有可能用名词或名词性短语。例如："急得他呀！"、"吓得一身冷汗！"、"笑得一脸皱纹。"等。

(二)补语的意义类型

1. 结果补语

结果补语在动词后面表示动作的结果，一般用动词、形容词、代词(怎么样)以及谓词性短语充当。例如："说<清楚>了"、"说<穿>了"、"听<懂>了"、"说得<很清楚>"、"说得<又清楚又形象>"、"说得<怎么样>"、"说得<感情激动起来>"、"笑得<合不上嘴了>"。

在结果补语里，补语不一定是同动词具有语义关系的，补语同哪一成分有语义关系可以通过转换形式来分析。例如：
① 我打<赢>了他。——我打他，我赢了。
② 我打<坏>了他。——我打他，他坏了。
③ 我打<完>了他。——我打他，打完了。

这样一转换，更容易看出结果补语表意作用的不同。

上述分析，只说明常见的情况，实际的句子还要复杂。有些句子的核心动词跟宾语不一定能联系上，例如"她睡肿了眼睛"的"睡"是不及物动词，不能与宾语"眼睛"有语义语法关系，而与主语有密切关系；结果补语"肿"与主语"她"不发生关系，而和宾语"眼睛"有密切语义关系。句子表达的意义是："她睡+眼睛肿"，以至于不带上补语，动词就不能带宾语。例如：
① 她弯下了腰。——她弯+腰弯。
② 小王跑断了腿。——小王跑+腿断。

有一部分结果补语带有描写性,主要作用是描写动作或人、物的情态。如:
① 大家干得<热火朝天>。
② 麦子长得<绿油油的>。
这种补语的前面都要有"得"。

2．程度补语

程度补语用在形容词和少数动词(主要是表示心理活动的动词)后面表示性状的程度。动词、形容词及其短语大都可以作程度补语,副词"很"、"极"、"数量短语"、"一些"、"一点"也可以作程度补语。例如:
① 好得<很>。
② 漂亮<极>了。
③ 不是好<一些>,而是好<很多>。
④ 她激动得<心都要跳出来了>。
⑤ 他急得<像热锅上的蚂蚁>。

3．趋向补语

趋向补语是用趋向动词表示动作的趋向。合成趋向动词是一种"离合词",中心可以插入宾语。如果有这种离合词充当的趋向补语,同时又有宾语,那么要注意补语和宾语的位置。有些"对象宾语"有三种位置,例如:"拿<出>一本书<来>"、"拿一本书<出来>"("出来"读轻声)、"拿<出来>一本书"。
补语位置不同,意义也有所不同。

4．数量补语

数量补语有两种,一种是数词和动量词来计算动作的次数,例如:"看了<一遍>"、"走了<两趟>"、"打了<一棍>"、"踢了<一脚>";一种是用数词和时间名词等计算动作所占有时间的长短,也就是"时量、时段",例如:"住了<两年>"、"等了<一会儿>"、"好了<三天>"。

5．时间、处所补语

时间、处所补语多用介词短语来表示动作发生的时点和处所。例如"他出生<于1990年>"这句话中,"于1990年"是出生的那一年,是时点,不是时段。"他坐<在书桌旁边>"、"跑<到操场>""走<向胜利>",其中"在……"、"到……"、"向……"都是处所补语。

6．可能补语

可能补语是表示可能或不可能的补语,它只表可能性,多数是尚未实现的事情。这种补语的中心语主要是动词,也有少数是形容词。

可能补语有两种。一种是用"得"或"不得"充当,表示有无可能进行,或表示动作结果能否实现。例如:

① 这东西拆<得>拆<不得>?
② 这个人你可小看<不得>。

另一种是在结果补语或趋向补语和中心语之间插进"得、不"(轻声)，表示动作的结果、趋向可能不可能实现。例如：

说清楚——说得清楚、说不清楚　　听懂——听得懂、听不懂

打开——打得开、打不开　　　　　抬出来——抬得出来、抬不出来

还有一个中心语动词带两三层补语的，这种多层补语只有下面四种，它们的排列顺序是：结果补语最靠近动词，处所补语或数量补语次之，趋向补语(来、去)总在最外一层。例如：

① 听懂一点。(动词带结果补语再带数量补语)
② 累倒在工作岗位。(动词带结果补语再带处所补语)
③ 走到我面前来。(先带处所补语后带趋向补语)
④ 草丛中飞出两只彩蝶来。(先后带两层趋向补语)
⑤ 摔倒在地上两次。(带结果补语、处所补语，再带动量补语)

分析这种多层补语时，可先外后内或先远后近，和多层定语、状语的分析原则相同。

(三)补语和助词"得"

助词"得"是补语的标志，但补语也不一定都带"得"，反之带"得"的也不都是补语。例如："写得<好得很>！"中，两个"得"不在一个层次上，第二个"得"不是"写"的补语。而在"懂得这个道理"中的"得"是构成动词"懂得"的一个语素，不是补语的标志。

补语前面带不带"得"，大致可有以下几种情况。

(1) 副词"极"、趋向动词、数量短语和介词短语等做补语，前面不带"得"。例如："好<极>了"、"跳<起来>"、"跑了<三趟>"、"出生<于1990年>"。

(2) 副词"很"、疑问代词、动词(一般动词)、形容词的重叠式和数量短语以外的其他短语作补语，前面要带"得"。例如：

① 好得<很>。　　　　　　写得<怎么样>。
② 打扫得<干干净净>。　　激动得<流下了眼泪>。
③ 高兴得<又唱又跳>。　　收拾得<很整齐>。
④ 讲得<大家眉开眼笑>。　多得<数不清>。

(3) 形容词做补语，带不带"得"，表示不同的语法意义。例如：

① 衣服洗<干净>。
② 衣服洗得<干净>。

不带"得"时，表示某种要求；带"得"时，在说明已经证实的事情时表示结果或情状的意义，在说明未经证实的事情时表示可能的意义。所以形容词做补语可以带"得"，也可以不带"得"，带不带"得"要由语句所表示的语法意义来决定。如果要表示某种要求，发出祈使、命令的语句就可以不带"得"；反之，如果要表示可能的语法意义或结

果、情状等意义时,就要带上"得"。

补语前面用助词"得"很常见,但也有用"个"、"得个"做标记的。例如:"雨下个不停"、"喝个痛快"、"打了个稀巴烂"、"闹得个不亦乐乎"等。这里的"个"、"得个"等于结构助词"得",也可以换用成"得",而不影响语法意义。

结果程度补语在一定环境里可以省去而只出现"得"。例如:"你看她的脸红得"、"看你急得"、"看你那头发乱得"、"看把你气得"。"看你"、"你看"、"看把你"等均可看作插入语,因为无实在意义。"红得"是"红得这个样"的意思,由于一定的语言环境,补语就用不着了。

(四)补语和宾语的顺序

如果谓语里既有补语又有宾语,就有个排列先后的问题。补语与宾语的顺序有以下几种。

1. 补语在前,宾语在后是常见的顺序

他一天看<完>三本书。(结果补语+受事宾语)

他拿<出来>一本新书。(趋向补语+受事宾语)

他回了<一趟>家。(数量补语+处所宾语)

困难吓<不倒>我们。(可能补语+受事宾语)

2. 补语在宾语后是有条件的

数量补语要放在代词宾语后面。例如:

我到北京看了他<三次>。

用介词"以"构成的介词短语作补语,要放在宾语后,趋向补语有时也放在宾语后。例如:

给犯罪分子<以致命的打击>。(书面语)

给我找一支铅笔<来>。

3. 受事、施事、处所宾语都有插在一个双音节趋向补语之间

他从书柜里拿<出>书<来>。

忽然走<进>一个人<来>。

他开车<回>家<去>。

此外,双宾语中间有时也可以放进数量补语,例如:"给过他<三回>钱"、"少分配他们<几次>任务"。还有两个补语的,例如:"把重点转移<到教学科研上><来>"。

(五)补语和宾语的辨别

补语和宾语在一般情况下都处在谓语部分,这就带来了怎样辨析它们的问题。形容词做谓语,根本不能带宾语,它后边的成分只能是补语。例如:"红得<很>"。

至于某些具有使动意义的形容词,应看作兼属动词的词,做动语则能带宾语。例如:"我正热着菜呢"(使菜热)、"他端正了学习态度"(使学习态度端正)。

谓语部分常常既有宾语，又有补语，甚至动语同时带宾语、补语。那么，怎样断定谓语部分动词后面的成分是补语还是宾语呢？要看这个成分的意义以及充当这个成分的词或短语的语法性质。

补语与宾语的辨别有以下四种方法。

(1) 看词性。宾语一般是由名词、代词和表物量的数量短语等名词、名词性词语来充当的。补语一般由动词、形容词等谓词、谓词性词语或副词(很、极)、介词短语等来充当。所以谓语动词后面的成分是名词性的，一般就可以断定为宾语；是谓语性的成分，则既有可能是宾语，也有可能是补语。

(2) 看能否转换成"把字句"。因为用"把"字可以将宾语提前，所以能转换为"把字句"的是宾语；不能转换成"把字句"的就是补语了。例如："我写了〈三天〉，才写完这篇文章"，不能转换；"我花了三天，才写完这篇文章"，可以转换为"为了写这篇文章，我把三天都花上去了"。

(3) 看助词"得"。助词"得"是补语的标志，如果能认定这个成分前面的"得"是结构助词，那么此成分就一定是补语了。如果这个成分前面的"得"不是结构助词，而是构成词的一个语素，与前面的一个构词成分一起组成合成词，再不能单独分开时，那么这个成分就是与"得"所构成的那个合成词所支配的宾语了。例如："觉得好看"、"获得丰收"、"晓得这个道理"等。

(4) 看量词的性质。动词后面是由物量词组成的数量短语，那么此物量短语是宾语；如果是由动量或时量词组成的数量短语，那么此动量、时量短语就是补语了。例如："他挑了一担水，水缸就满了"（"他挑了一担，水缸就满了"）；"他挑了〈一次〉水，就喊腰酸了"(他挑了〈一次〉，就喊腰酸了)；"他挑了〈一天〉水，都不觉得累"。

数量短语同宾语一起出现在谓语部分时，数量短语是宾语还是补语，比较好辨认。例如：

他买了(一斤)菜。

他买了〈一趟〉菜。

"一斤"表事物"菜"的数量，在句中做定语。"一趟"虽然也处在"菜"之前，但它是补充说明"买"的，在句中做补语。

数量短语单独出现在谓语部分时，是宾语还是补语较为难辨。例如："吃了一个"、"吃了〈一顿〉"、"吃了〈一天〉"。

他买了一斤。

他买了〈一趟〉。

他挑了一担，水缸就满了。

他挑了〈一担〉，就喊腰酸了。

(六)补语和状语的辨别

有些词语既可以作补语，又可以作状语，但所表示的意义往往不同。数量词可以作补语，也可以作状语。例如：

我拉了他<一把>。
我[一把]拉住了他。
我没有去过<一次>。
我[一次]也没去过。

有些副词既可以作状语,也可以作补语,意思也不相同。例如:

甲:"这本书[很]好。"
乙:"这本书好得<很>。"

甲表示的程度往往不如乙深。

"[到操场上]跑。"(表示动作发生、开始的处所)
"跑<到操场上>。"(表示动作结束、终止的处所)

六、定语

(一)定语及其构成材料

实词和短语大都可以做定语,例如:水泥地(名词)、豪华的宾馆(形容词)、绿绿的树(形容词)、驰骋的骏马(动词)、我们的宿舍(代词)、(一件)衣服(数量短语)、那头猪(指量短语)、平坦而顺畅的公路(联合短语)、最远的景点(状中短语)、讲道理的家长(动宾短语)、摔碎的瓶子(中补短语)、高兴得跳起来的学生(中补短语)、我们走过的路(主谓短语)、根据法律的准则(介词短语)、房间里的床(方位短语)、(队长李彬)的家(同位短语)等。可以说除副词性词语以外的词和短语都能做定语。

定语一般是修饰限制名词性中心语的,但也有谓词性词语做中心语的。例如:
① 她的出现着实让他兴奋不已。
② 王萍的努力被同学看在眼里。

定语和中心语的语义关系多种多样,总的说来,可以分为描写性定语和限制性定语两大类。

描写性定语一般能回答"什么样的"问题,描写性定语的作用主要是描绘人或事物的性质、状态,突出其中本来就有的某一特性,使语言更加形象生动。描写性定语多用形容词成分充当,例如:灿烂的阳光、光滑的桌面、干干净净的玻璃、红彤彤的苹果、热闹的集市。

限制性定语一般能回答"哪一种"或"哪一类的"问题,限制性定语的作用主要是给事物分类或划定范围,使语言更加准确严密。这种定语越多,中心语所指的人或事物的范围就越小。一般说来,名词性词语、动词性词语和区别词做定语多是限制性的,表示人或事物的领有者、时间、处所、环境、范围、用途、质料、数量等。例如:(文学院)的办公楼(限定指出事物的所属、处所)、(一把)椅子不够(限定指出事物的数量)、(今年)夏天(限定指出事物的时间)、(一套)(皮质)沙发(限定指出事物的数量、质料)、(这种意外)的发生(限定指出事物的范围)。

除专有名词前的描写性定语外,有些描写性定语也有限制作用,例如:"(阴暗恐怖)

的电影"里的"阴暗恐怖",在描写状态的同时,也起限制范围的作用,它把诙谐幽默、积极向上的电影排除在外,限定了电影的范围,但修饰的重点不在限定范围,而在于描写电影的性质,使之更具体、形象、生动。可见,描写性定语和限制性定语之间的界限有时并不十分清楚,我们必须以其表义主要趋向去判断。

有时候,定语还能够满足结构的需要,甚至有成句的作用。有一些词,特别是表抽象事物的词,需要带上一定的定语,才可做主语和宾语。例如:在"<u>这一堆菜</u>〔可以〕吃(一个)星期"里,要不是用了定语,就不能构成动宾组合。有一些做主语、宾语的词需要加上定语,以表确指,句子才能成立。例如:

① 这次调研来了几个人?
② 基本完成还不是全部完成。

(二)定语和助词"的"

定语和中心语的组合,有的必须加"的",有的不能加"的",有的可加可不加。加不加"的",涉及定语的词类,也可能涉及定语或中心语的音节多少,以及其间的语义关系。下面从词类角度来叙述。

单音节形容词做定语,通常不加"的",例如:白毛衣、黄土地、旧衣服、坏孩子。

双音节形容词做定语,常常加上"的"字,特别是用来描写状态的词,例如:高高的楼房、漂亮的学校、干净的玻璃、明亮的教室、蓝蓝的天空。加或不加"的"字,有时也取决于上下文音节的协调与否,有时为了避免"的"用得太多,在不致发生歧义的情况下,"的"可以不用。例如:漂亮衣服——漂亮的衣服、完美推理——完美的推理。

名词做定语,有时可以直接修饰中心语,例如:图书馆管理员、检察院法官、乡村教师、山西老陈醋,这是把定中短语用作一种名称。如定中短语的中心语是谓词性时,就必须加"的",例如:古墓的发掘、电影的拍摄、人才的引进、功能的特异、学习的优秀。

一些单音节名词做定语必须加"的",例如:车的外观、胶的粘度、水的流动。

双音节名词做定语而中心语是单音节的,也常常加"的",例如:丝质的纱、沙发的腿、故乡的秋。用不用"的"都可以的话,一般讲究音节的调整,读起来顺口,例如:洪湖水啊,浪呀么浪打浪;洪湖岸边是呀么是家乡啊,其中"洪湖水、洪湖岸边"就不再加"的"了。有时候加不加"的"影响定语的性质和意思,加"的"表领属关系,不加"的"表性质、属性,试比较:

定语表领属	定语表性质、属性
汉族朋友	汉族的朋友

人称代词做定语表示领属时,一般要加"的",例如:我的同学、她的头发、你的朋友、我们的老师。如果用在句子或者一个更大的组合里,有时也可以不用"的",例如:她妈妈是我的老师。

中心语是国家、集团、机关、亲属的名称,有时候也可以不加"的",例如:我们学院、他们食堂、你们宿舍、她哥哥。如果亲属称谓是单音词,就不用加"的"了,例如:你爸、我妈、她哥、他姐。

人称代词和名词一样，后面紧接着指示代词或表示时间、处所的定语，一般也不用"的"，例如：我这个星期很忙。

动词做定语，有两种情况：单音节动词做定语，中心语是具体名词时，一般不用"的"，常见的是跟烹调等有关的动词，例如：烤烟、烤鸡翅、煎羊肉、溜肥肠；双音节动词做定语时，如果从语义关系上看前后两部分很难构成动宾关系，特别是中心语为抽象名词时，一般不用"的"，例如：修饰成分、演讲稿，如果可能构成动宾关系，一般要用"的"，例如：调查的结果、逃逸的车辆。

短语做定语，一般要加"的"，例如：(老师最喜欢)的学生(主谓短语)、(勤劳而善良)的人们(联合短语)、(出去抽烟)的男人(连谓短语)、(说谎话)的小孩子(动宾短语)、(关于烹饪)的书籍。没有重叠成分的量词短语后面一般不加"的"。例如：这位老师、一张照片。

(三)多层定语

结构复杂的定中偏正短语有两种值得注意的情况。
一种是定语本身是定中偏正短语，即定语内部还可以分出定语。例如：
① 隔壁的超市的收银台　　② 两斤葡萄的重量

另一种是定语中心语本身是个定中偏正短语。例如：
① 一堆腐烂的垃圾　　② 一个漂亮的水壶

这两种情况也可能同时存在。例如：
庞大的桥梁建筑的总工程师

要注意区分这三种复杂短语，有多层定语的偏正短语和有复杂定语的偏正短语最容易混同。其中要特别强调的是第二种情况，即定语中心语本身是个定中偏正短语，这种由定中短语整体加上定语的情况就是我们要重点讨论的多层定语。例如："一股清凉的海风"的"海风"加上定语"清凉"就又成了一个定中偏正短语，再加上"一股"还是一个定中偏正短语，而"一股"、"清凉"、"海"三个定语是不在同一个层次上的，这就形成了有多个层次的多层定语。

用框式图解法表示如下。
一股清凉的海风

也可用加符号法(读书标记法)表示，例如：

(一股)(清凉)的(海)风

为了突出偏正短语里的主干成分,我们书中把定语和定语的标记助词"的"都画进括号里,但是要注意助词"的"是不能充当句子成分的,定语是不包括标记助词"的"的。"的"字短语的"的"要另立一层分析。例如:

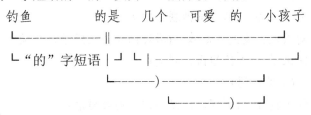

从离中心语最远的词语算起,多层定语的一般次序是以下几种。
(1) 表示领属关系的词语(表示"谁的")。
(2) 表示时间、处所的词语(表示"什么时候?什么地方")。
(3) 指示代词或量词短语(表示"多少")。
(4) 动词性词语和主谓短语(表示"怎样的")。
(5) 形容词性词语(表示"什么样的")。
(6) 表示质料、属性或范围的名词、动词(表示"什么")。

以上排序是对一般情况而言的。一般说来,多层定语的次序总是按逻辑关系来排列,跟中心语关系越密切的定语就越靠近中心语。但是一些词语也有灵活性,值得注意的是数量短语,其排列次序最灵活。例如:

(学院)的(两个)学生　　　　(两个)(学院)的学生

这两个例子的量词短语的位置就不同。附带说明,使用多层定语要注意避免歧义。如上例"(两个)(学院)的学生"就有歧义,"两个"可以是"学院"的定语,也可以是"学生"的定语,这就要求用移位或更换(量词)的办法来消除歧义。把"(两个)(学院)的学生说成(学院)的(两个)学生"叫移位法;"(两个)(学院)的学生"中,如果"两个"指"学生"的话,可以换成"两位",叫替换法。

带"的"和不带"的"的动词做定语有不同的位置,不带"的"的动词紧贴中心语。例如:

(一只)(香辣可口)的(烤)鸡翅　　　　(一场)(有趣)的(钓鱼)比赛

直接做定语的动词紧接中心语,在形容词或名词之后。

七、状语

(一)状语的构成材料

状语不只是由副词充当,还可以由时间名词、能愿动词、形容词(特别是表示状态的形容词)充当,介词短语、量词短语和其他一些短语也可以做状语。例如:
① 他〔很〕高。(副词)
② 我〔慢慢〕地走着。(形容词)

③ 你〔明天〕〔就〕回去吧。(时间名词、副词)
④ 她〔沙发上〕睡。(方位短语)
⑤ 你们〔不〕〔要〕〔这么〕说话。(副词、能愿动词、代词)
⑥ 我〔两斤两斤〕地买。(数量短语重叠式)
⑦ 部队〔迅速而出色〕地完成了任务。(形容词性联合短语)
⑧ 解放军〔非常勇猛〕地〔对敌人〕发起了总攻。(形容词性偏正短语、介词短语)
⑨ 我〔一个小时前〕〔就〕回来了。(方位短语、副词)
⑩ 同志们〔肩并肩〕地战斗。(主谓短语)
⑪ 敌人〔只〕〔能〕〔无条件〕投降。(副词、能愿动词、动宾短语)

可以直接修饰动词做状语的一般名词、动词是少数，限于能用来表示动作、方式、手段、状态的词，例如：短信联系；后天去；巴士旅游；网络购物等。动词常常组成短语来做状语，例如：洗得干干净净地晾着；惊讶地看着。

状语一般放在主语后面，紧靠中心语，但一些表示时间、处所、范围、情态、条件、关涉对象或者语气的状语有时还可以出现在主语前面，特别是由"关于"组成介词短语作状语，只能出现在句首。放在主语前面的状语叫句首状语，修饰主谓短语或几个分句。例如：

① 去年暑假，我去了北京。(名词，时间，强调状语)
② 慢慢地，她习惯了一个人的生活。(形容词，情态，强调状语)
③ 在云南，处处都有花。(介词短语，处所，强调状语)
④ 在我的梦里，这样的场景经常出现，现在却出现在现实生活里。(介词短语，处所，修饰两个分句，照顾了结构，避免用语重复，也照顾了表意)
⑤ 缓缓地紧张地费力地，他终于站起来来了。(情态，状语较长、较多，放在句首可以使主语和谓语中心靠近，使句子结构紧凑，便于理解句意)

那些可以有两种位置的状语，放在句首时常常有一些特别的作用：或者是强调状语；或者是照顾上下文的连接；或者是状语较长、较多，放在句首可以使主语和谓语中心靠近，使句子结构紧凑，便于理解句意；或者放在句首修饰几个分句，这样既照顾了结构，避免了用语重复，也照顾了表意。

(二)状语和助词"地"

助词"地"是状语的标志。状语后面加不加"地"的情况很复杂。

单音节副词做状语，一般不加。例如〔很〕高、〔不〕好

有些双音节副词加不加"地"均可，一般在特别强调时，才能带"地"。例如：〔特别〕(地)激动、〔完美〕(地)配合、〔非常〕(地)开心。

形容词里，单音节形容词做状语比较少，大部分也不能加"地"，例如：〔慢〕走、〔快〕跑、〔好〕说、〔妙〕做。

有相当一部分多音节形容词做状语加不加"地"都可以，例如：〔认真〕(地)读、〔特殊〕(地)对待、〔痛快〕地喝、〔兴奋〕(地)跳起来、〔轻松〕地生活。

也有少数不能加"地",例如:"她一直认为自己是对的"里的"一直"。

还有少数必须加"地",例如:〔悠闲〕地散步、〔慢慢〕地跑、〔出神入化〕地表演、〔细细〕地品尝、〔津津有味〕地吃、〔紧紧〕地跟着我走。

代词、表示时间或处所的名词、能愿动词、方位短语和介词短语做状语,都不加"地"。例如:

① 她〔马上〕就走。(时间)
② 你〔一会儿〕再说。(时间)
③ 〔对韩剧〕〔极其〕迷恋。(对象)
④ 〔为学艺〕四处拜师。(目的)
⑤ 我〔跟爸爸〕学开车。
⑥ 她〔把饭〕〔重新〕热了一下。(介词短语)
⑦ 她〔从车里〕出来。(处所)
⑧ 〔两口〕〔就〕〔把包子〕吃完了。(介词短语)

那些可加可不加"地"的,加上了,往往有强调的意味,是要突出状语。例如:〔一遍一遍〕(地)练习、〔一次一次〕(地)做、〔大声〕(地)说、〔不好意思〕(地)笑了、〔激动〕(地)哭了、〔慢慢〕(地)理解了。

(三)多层状语

状中短语整体加上状语,就会形成多层状语。其情形和多层定语相似。它的分析顺序也像分析多层定语一样,左边的状语修饰右边的中心语,即以左统右。例如:

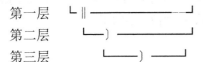

多层状语的排列次序不太固定,有时候位置不同,意思就不一样,例如"全不去/不全去"意思不同,"很不好/不很好"也不一样。一般来说,大致的次序是:条件、时间、处所、语气、范围、否定、程度、情态、对象。例如:

总之,语序排列顺序的前后,主要取决于谓语内部的逻辑关系和表意的需要。

① 她‖〔很小〕〔就〕看过这部电影。
　　　　　时间　语气
② 他　〔很早〕〔就〕〔在办公室〕〔对大家〕宣布了这个好消息。
　　　　时间　语气　　处所　　　范围

多层状语的语序问题比较复杂，上面的排列顺序有时也有灵活。
① 她〔从家里〕〔匆忙〕地跑出去了。
　　　　处所　　　情态
② 她｜〔匆忙〕地〔从家里〕跑出去了。
　　　情态　　　　处所

八、中心语

中心语是偏正短语、中补短语里的中心成分。偏正短语里的中心语前面有附加成分定语或状语；中补短语里的中心语后面有附加成分补语。在有多层定语、状语的偏正短语中，每层定语、状语所修饰的中心成分都是中心语，它可以是词也可以是短语。例如：

(一朵)大红花　　(大)红花　　(红)花
(一朵)(大)(红)花。

中心语有以下三种。

1. 定语后的中心语

定语后的中心语，经常是名词或名词性短语，例如："(白)布"、"(新)白布"等。但在一定的条件下，也可以是谓词或谓词性短语。例如："标点符号的使用"，"宪法的制定"、"老人的孤独"等。

定语后的中心语在主谓句中限于做主语中心或宾语中心。定语和中心语一起构成名词性偏正短语，整个名词性偏正短语在主语部分、宾语部分时，则中心语为主语中心或宾语中心；如果不在主语、宾语部分时，则同做一个成分，不再划分；例如："他高高的个子"；如果直接构成非主谓句，则只叫作中心语，例如："(好大)的胆子！"

2. 状语后的中心语

状语后的中心语经常是谓词或谓词性短语，例如："[不]好"、"[很]不好"、"[已经]做完"、"[很]有道理"等；少数是名词性词语，例如："[已经]深秋了"、"身上[净]土""教室里[就]两个人"。

状语后的中心语在谓语或动语部分时，则中心语为谓语中心或动语中心，例如："我们[一定][要][极大]地提高整个中华民族的科学文化水平。"如果不在谓语或动语部分时，则整个偏正短语同做一个成分，例如："我们要养成(独立思考)的习惯。"如果直接构成非主谓句，则只叫作中心语，例如："[太]好啦！"。

3. 补语前的中心语

补语前的中心语常见的是动词、形容词，例如："走得<很快>"、"多得<数不清>"；也可以是固定短语，例如："胆大心细得<很>"。

九、独立语

句子里的某个实词或短语，跟它前后别的词语没有结构关系，不互为句法成分，但又是句意上所必需的成分，这就是独立语。独立语在句子里的位置大都比较灵活，可以出现在句首、句中或句末，以适应表达的需要。从表意作用看，独立语有下面四种。

(一)插入语

插入语的作用是使句子严密化，补足句意，或突出说话者对话语的态度，或引起听话者的注意。

(1) 表示肯定或强调的语气，表明说话者那种不容置疑的态度。有时又点明特别值得注意的内容，以加深听话者的印象。通常用"毫无疑问、不可否认、不用说、十分明显、尤其是、特别是、主要是"等。例如：

她特别喜欢舞蹈，尤其是民族舞，更是钟爱有加。

(2) 表示对情况的推测和估计，口气比较委婉，对所说事情的真实性不作完全的肯定，留有重新考虑的余地，通常用"看来、由此看来、看样子、说不定、算起来、我想、充其量、少说一点"等。例如：

她说不定已经去了北京了。

(3) 表示消息、情况的来源，通常用"听说、据说、据调查、据报道"一类字眼来说明。例如：

听说，她在国外很成功。

(4) 表示引起对方的注意，有时说话者希望对方接受自己的见解，又不愿用一种强调的语气，就会用"请看、你想、你瞧、你说、你听"一类字眼来提醒听话者注意，使对方能同意所说的内容。例如：

你看，山上的那座庙好雄伟啊！

(5) 表示总括性意义或次序，有承上启下作用的词语，通常用"总之、综上所述、归根结底、由此可见、由此看来、首先、其次"等。例如：

归根结底，出现这种情况主要是因为疏忽了日常的生产安全。

(6) 表示注释、补充、举例的，通常用"也就是、包括、正如、恕我直言、请恕我直言"等来表示。例如：

恕我直言，你这种方法是不对的。

(7) 表示对语意的附带说明——展示说话人的看法、态度和语气，通常用"严格地说、一般地说、不瞒你说、说句笑话、说句公道话、依我看、老实说、说实在的、不错"等。例如：

不瞒你说，我也有我的难处。

(二)称呼语

称呼语是用来称呼对方，引起注意或明确说话对象。例如：

① 你好，张莉！
② 小朋友，你准备干什么去啊？
③ 老妈，饭好了吗？

(三)感叹语

感叹语是表示感情的呼声，如惊讶、感慨、喜怒哀乐等感情和应对等。例如：
① 啊，怎么这么多好吃的啊！
② 哎呀，你走了那么远的路啊！
③ 哎呦，脚好疼啊！

值得注意的是，感叹词后面如果用上了感叹号，就成了非主谓句；感叹词后面如果用逗号，不是一个句子而是独立语中的感叹语。
① 啊，你们这儿真漂亮呀！（感叹语）
② 啊！你们这儿真漂亮呀！（非主谓句）

(四)拟声语

拟声语是模拟事物的声音，给人以真实感，以加强表达效果。例如：
淅沥——淅沥——，春雨洒落在干涸的大地上滋润着万物。

十、句法成分小结

传统语法把语法分成词法和句法。句子成分和短语成分都属于句法成分，即句法结构成分。短语和句子是句法研究的对象，都是句法结构，句法结构里的成分，都叫"句法成分"。

为了说明句子内实词和实词组合关系，传统语法学使用六大"句子成分"名称，人们称之为成分分析法(所谓传统语法学指流行于 19 世纪以前的西方语法学派，19 世纪末传入中国，由《马氏文通》最早作全面的阐述，到现在对教学语法仍有影响。它作语法分析时重视意义的逻辑关系，尽量把施事看作主语，把受事看作宾语，它总结出一套遣词造句的规范用法，让人们遵守)。这种分析法的目的在于说明句子里实词和实词组合时发生的结构关系，进而理解句子的结构格式、结构规律和句子的意思。它很重视寻找句子成分和词类的对应关系，规定句子成分和词相对应，不和短语对应。析句时要找出短语里的中心词和附加成分或连带成分，只有找到了中心词，才算找到了句子成分。因此又叫中心词分析法。例如：

(我们) 所 ‖ 〔又〕 研制 〈出〉 了 (新) 产品。
定语　主语　状语　谓语　补语　　　定语　宾语

成分分析法是这样操作的：对一个主谓句，第一步先找出两个基本成分。上面例句的"所"和"研制"分别是句子前后两个短语的中心词，于是分别定为主要成分主语和谓语。第二步找出动词的连带成分——宾语"产品"。第三步再找附加成分，即主语名

"所"前的定语"我们"和宾语名词"产品"前的"新"。最后一步是找出动词谓语(或形容词谓语)前后的状语和补语。上例是动词谓语"研制"前的状语"又"和动词谓语"研制"后的补语"出"。成分分析法要求一次分出基本成分和非基本成分,如上例七个实词分析出七个句子成分,所以又叫"多分法"。这种分析法可以显示出句子的整体结构情况,也便于检查句子的语法错误,但是这种分析法反映不出汉语结构里一层套一层的实际情况,因而产生了层次分析法。

层次分析法认为,词语构成句子是有先后的,句子的结构是一层套一层的,在每一层上,除了联合结构、同位结构等有可能由多个并列词语组成外,其余的都能分出两个直接组成成分,所以又叫二分法。二分法的析句目的是要认清句子的结构层次,明确结构关系、结构规律,并确定句子类型,以便更好地了解句子的意思。层次分析法来源于 20 世纪初在欧美形成的结构主义语法的直接成分分析法,汉语语法学家引进后,借用成分分析法的成分术语来说明每一层次的两个直接成分的语法关系。人们把结合句子成分的直接成分分析法叫作层次分析法,在作语法分析时重视语序等语法形式特征,不凭意义上的施事、受事定句子成分,客观地描写语法结构。

后来为了说明每一层次的内部结构关系,层次分析法也借用句子成分名称,但句子成分不只是由词充当,也可以由短语充当,一般认为各种短语都能充当句子成分,例如上例可作这样的分析:

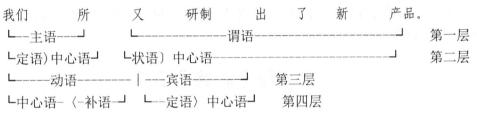

层次分析法可以这样操作:第一次切分可以分出"我们所"和"又研制出了新产品"两个直接成分,分别定名为主语和谓语;第二次切分是分别在主语"我们所"和谓语"又研制出了新产品"进行,切分出中心语"所"、定语"我们"和中心语"研制出了新产品"、状语"又";第三次切分只在中心语"研制出了新产品"中进行,切分出动语"研制出"和宾语"新产品";第四次切分分别在动语"研制出"和宾语"新产品"中进行,切分出中心语"研制"、补语"出"和中心语"产品"、定语"新"。就这样,层层二分直到每一个句法结构都是词为止。

层次分析法中充当句子成分的常常是短语,和中心词分析法由词充当句子成分不同,由于短语可以充当句子成分,分析时,经常要分析定中、状中、中补等短语中的两个成分,这就需要使用"中心语"代替"中心词"这一句子成分的名称。例如前一句的主语是定中短语,要分析出定语"我们"和中心语"所";谓语是状中短语,要析出状语"又"和中心语"研制出了新产品"。这一中心语又可以分析出动语和宾语,二者仍然是短语,还要再做下一层次的分析。这时,如果不用"中心语"这个名称,跟定语、状语、补语等相配的成分就没有一个合适的成分名称了;如果不采用"动语"(或述语)这个名称,跟宾语相配的成分就没有一个相对应的成分名称了。有的书上为了减少语法术语,把跟宾语相配的成分仍称为动词。但是宾语是句子成分名称，是根据成分之间的结构关系而定的，而动词是根据它的语法功能等特性而定的词类名称，两者是不同性质的概念。再说，跟宾语发生结构关系的成分不一定是一个动词，可能是个短语，如上例的"研制出"。

主语、谓语、宾语、定语、状语、补语是传统的成分分析法的六大成分名称。现在用层次分析，坚持成分对成分的做法，把中心词改为中心语，把动词改为动语，合起来共有八种一般句法成分，同时也是短语成分。另外还有一个特殊的句法成分，名为独立语，它不是短语成分。上述八种一般句法成分在一个句子或短语里出现时不是并列关系，而是具有上位、下位的层次关系或包容关系。

分析短语内部词语之间的结构关系时也用上述八个一般句法成分名称，不必另造一套，因为短语里主语和谓语的关系跟句子里主语和谓语的关系是一致的，而且一般认为，自由短语加句调、语气，就能成为句子，短语成分也就成了句子成分。但是句子和短语不能画等号，其差别主要表现在以下三点。

(1) 句子有特定的语气、句调，有陈述句、疑问句等；短语没有特定的语气、句调，没有陈述短语、疑问短语等。

(2) 短语有主语、状语、谓语、补语、定语、宾语等成分；句子也有这些成分，还多出独立语这种语气用成分。

(3) 句子有成分的倒装和省略，有倒装句、省略句；短语没有倒装短语等。

以上三点说明两者本质不同，句子是语言运用单位，是动态单位；短语是造句备用单位，是静态单位。

思考和练习五

1. 谓词性词语作主语的条件有哪些？
2. "一锅饭吃十个人"与"十个人吃一锅饭"的主语是否相同？主语与施事、宾语与受事是否有对应关系？
3. 以下列语言片段开头的词语应当看作什么句法成分？
    (1) 现在屋里没有人 　　　　　(2) 今天不去
    (3) 明天星期日 　　　　　　　(4) 大街上这时候响起了一阵鞭炮声
    (5) 十月一日是她的生日 　　　(6) 校门口他们栽了两棵桐树
    (7) 教室里少了一张桌子
4. 指出下列短语的结构成分。
    (1) 寄回信　寄回去 　　　　　(2) 唱一次　唱一首
    (3) 打扫干净　打扫房间 　　　(4) 记得这一切　记得很真切
    (5) 暂时的困难　个人的痛苦 　(6) 晚上演出　晚上的演出
    (7) 担心地问　担心出事 　　　(8) 值得试试　懂得这个道理
5. 下列各题中的修饰语在结构上充当什么成分？在语义上和哪一部分相关？
    (1) 今天他总算吃了顿饱饭 　　(2) 一个人喝闷酒

(3) 圆圆地画了一个圈儿　　　　(4) 辣辣地做了一碗汤

第六节　句子及其分类

学习要点：了解句子的特点、句子与词和短语的关系；掌握句子的语气分类和四种疑问句的特点、现代汉语的句型系统、现代汉语中几种常见的句式及其特点，能准确地判断句型和句式。

一、句子概说

句子是在具体的语言环境里能够独立表达一个相对完整的意思，并且有一个特定语调的语言单位。

在连续的谈话中，句末通常有较大的停顿；在书面上，句末用句号、问号或感叹号来表示全句的语气和停顿。

人们的交际，在口头上包括说和听；在书面上包括写和读。由于交际的需要，说的话或写的文章有长有短、有繁有简，但不管怎样，话得一句一句地说，文章得一句一句地写。一个演讲、一篇文章由若干段落组成，一个段落常常由若干句群组成，一个句群由若干句子组成。因此，句子是语言使用中的一个基本单位。在语意内容上，句子要表达一个完整的意思。所谓一个完整的意思，指的是或者叙述(说明)一件事情，或者提出一个疑问，或者表示一个请求或命令，或者抒发一种感情。例如：

① 这首歌好听。　　　　　　(陈述对这首歌的性质)
② 这首歌好听吗？　　　　　(提出对这首歌的疑问)
③ 你唱一下这首歌吧。　　　(表示对这首歌的请求)
④ 这首歌真好听！　　　　　(抒发对这首歌的赞叹)

以上这些都表达了一个完整的语意，都会使听者或读者得到满足。

所谓表达一个完整的意思，还必须注意具体的语言环境。说话时的前言后语，写作时的上文下文，都是具体的语言环境。同样一个语言单位，在这里可能就是句子，在那里可能就是句子成分了。例如：

① A. 这首歌好听。　　　　(句子)
　　B. 我觉得这首歌好听。　(句子成分)
② A. 这首歌好听吗？　　　(句子成分)
　　B. 好听。　　　　　　　(句子)

同样是"这首歌好听"，在例①A 中独立表达一个陈述意义，是一个句子；而在例①B 中，它就不是一个句子，而是一个句子成分。例②A 中的"好听"是一个句子成分，例②B 中的"好听"虽然是一个词，却回答了问题，即表达了一个完整意思，因此是一个句子。

句子可以根据不同的标准来分类。

根据句子的语气分出的叫句类。句类的分类如下。

句类	例句
陈述句	天气十分闷热。
疑问句	你身体好吗？
祈使句	咱们去吃饭吧。
感叹句	西湖的风景多美呀！

根据结构特点分出的叫句型。句型的具体分类如下表：

	句 型		例 句
单句	主谓句	名词谓语句	今天星期日。
		动词谓语句	老师们认真备课。
		形容词谓语句	苏州的园林十分秀美。
		主谓谓语句	天上白云朵朵。
单句	非主谓句	名词性非主谓句	老虎！ 好大的胆子！
		动词性非主谓句	下雨了。 请多关照。
		形容词性非主谓句	好极了！ 实在是高！
		叹词句	哈哈！ 嗬！
		拟声词句	呼——！呼——！
复句	略，看复句一节		

各种句子都可根据一定的标准再行分类，一个句子从不同的角度或标准看可以属于不同的类别，例如：

① 来吧。（祈使句、单句、动词性非主谓句）

② 一个人在他的一生中要作出很多选择。(陈述句、单句、主谓句、动词性谓语句)

以上是从基本语气、基本结构及谓语的性质来划分句子类别，句子还可以从很多角度来划分。

从主语的角度划分，可分出主动句和被动句。主动句主语是施事，被动句主语是受事。

从句子有无省略成分的角度划分，可分出完全句和省略句。

从句子成分排序是否正常的角度划分，可分出常式句和变式句。

二、句类

句子所表示的语义总是和带有一定语气的语调相联系。根据句子的语气分出来的类型

叫作句类,包括陈述句、疑问句、祈使句和感叹句四种。

(一)陈述句

叙述说明一件事情的语义的句子,都有一个表示陈述语气的语调,这种句子叫陈述句,它有时可带语气词"了、的、嘛、呢、罢了、啊"等。例如:

① 课余,同学们活跃在球场上。
② 我不去游泳了。
③ 他自己开车去的。
④ 事情就是这样的嘛,别胡思乱想了。
⑤ 小张还写得一手好字呢。
⑥ 我不过说说罢了,何必当真。

"双重否定"可以用来表示肯定的意思。陈述句常在一句话内用两个互相呼应(抵消)的否定词,如"不……不……"、"没有……不……"、"非……不……"等。

① 我们明天老地方不见不散。(见了才散)
② 没有谁不喜欢她。(每一个人都喜欢她)
③ 这事非这样处理不可。(事情一定要这样做,口气坚决、确定)

需要注意的是,双重否定的句子跟相应的单纯肯定的句子的意思并不完全一样,尤其是有些有能愿动词的双重否定并不等于肯定。例如:

不能不去=必须去≠能去

不可不去=应当去≠可以去

不可能不去=一定会去≠可能去

不应该不去=应该去(以上双重否定句口气更坚决、确定)

不该不去=该去

不肯不去=一定要去≠肯去(跟表示肯定的句子意思差不多)

不会不去=会去(双重否定句比较委婉些)

不敢不去=只好去≠敢去(双重否定句的口气略显无奈,带有"情势迫使"的意思)

口语中还有"非得去"、"非要说"等说法跟"非……不可……"的意思相同,但形式上没有"双重否定",这种说法就是从"非……不可……"转变来的。例如:

你今天非得把课文给我背下来。

在书面语言中常见"无不、无非、不无、未必不"等说法,形式上也没有"双重否定"。例如:

① 观众们无不为主人公的坎坷遭遇叹息。
② 他的话也不无道理。
③ 领导未必不知情。

"无不、无非"都比相应的肯定的意思加重,"不无、未必不"则比相应的肯定的意思减轻些。

(二)疑问句

具有疑问语调表示提问的句子叫疑问句。疑问句主要是表示询问的，有疑而问的叫询问句，询问总是希望听话人或被问人作出回答，因而疑问句是希望听话人用言语反馈的句子，所以"问"总是和"答"相联系的。例如："你姓什么？——我姓武。"无疑而问的叫反问句。提问的手段，有语调、疑问词、语气副词、语气词或疑问格式，有时只用一种手段，有时兼用两三种。其中语调是不可或缺的。一般来说，疑问句句末用升调的多，不过不同的疑问句句末语调不完全一样，用不用语气词，语调也会有所不同。书面语中，疑问句句末用问号标示。由于含有疑问语气的句子不一定都有疑问，我们按疑问信息的有无即疑问程度把现代汉语疑问句分为以下三类。

(1) 有疑而问。

提问者确实有疑问，期待被问者或对方回答，以获得新的信息，这种疑问句就是有疑而问的疑问句，又叫真性疑问句。例如：他是谁？/你是学生？

(2) 半信半疑。

提问者对某一问题已有些主见，对提出的问题已有一定的倾向(倾向于肯定或否定)，但又不能确定，提出问题的目的是期望被问者或对方予以证实，这类问句又叫测度句，"吧"是测度句的句末语气词。例如：你明天还来吧？/你明天还来，是吧？/你明天是不是还来？/你明天还来，对吧？

(3) 无疑而问。

提问者对某一问题明明已经有了确定的见解，只是用疑问语气或疑问方式表达出来，目的是为了增加表达效果，而不期望对方回答，这类句子又叫反问句或反诘问句。反问句的反问口气相当于否定口气。反问句常用"难道"、"岂"、"倒也"、"就"、"当真"、"便"、"也"、"还"、"更"等副词，或句末有"不成"或使用"怎么"、"哪里(哪儿、哪个)"跟助动词或"是"连用，句首有"谁说"、"谁知道"或句子中有"何必"、"何不"、"何以"、"何至于"，或者用"你说"、"你看"、"你想想看"等。例如：难道这不正是他想要的吗？/你没看见我正忙着吗？/他们哪个能和你比呢？/谁说我不愿意等他？/你说这事可笑不可笑？

上述分类是就疑问句的表达内容即疑问程度来划分的，大致说来，就疑问程度来看，有疑而问＞半信半疑＞无疑而问，无疑而问简直就是没有疑问。

根据表示疑问形式上的特点和语义情况，疑问句可以分为四类：是非问、特指问、选择问、正反问。

(1) 是非问。

是非问的结构像陈述句，只是要用疑问语调或兼用语气词"吗""吧"等(不能用"呢")。它一般是对整个命题的疑问。回答是非问句，只能对整个命题作肯定或否定，用"是、对、嗯"或"不、没有"等作答复，或用点头、摇头回答。例如：他就是张平老师？/你认识他吗？/爸爸在家吗？

是非问句形式既可以表示有疑而问，也可以表示半信半疑和无疑而问。例如：

① 你知道这件事吗？(有疑而问)
② 是老师让你办的吧？(半信半疑，是测度疑问)
③ 领导说的难道就一定对吗？(无疑而问)

没有语气词的是非问句，句末用上升句调，表示问话者对事情有一定猜测；有语气词的是非问句，一般用降调，靠"吗"负载疑问信息，如上例。

(2) 特指问。

特别问是用疑问代词(如"谁、什么、怎样"等)和由它组成的短语(如"为什么、什么事、做什么"等)来表明疑问点，说话者希望对方就疑问点作出答复，句子往往用升调。特指问句只有有疑而问和无疑而问，没有半信半疑的。例如：

① 你看，这事谁做合适啊？(有疑而问)
② 我们这里谁还讲原则？(无疑而问)

特指问常用语气词"呢、啊"，但是不能用"吗"。

(3) 选择问。

选择问是用复句的结构提出不止一种看法供对方选择，用"是、还是"连接分句。常用语气词"呢、啊"。例如：

你是今天去，还是明天去？(选择问句)

选择问句也只有有疑而问和无疑而问，没有半信半疑的。例如：

① 是五点开会，还是六点开会？(有疑而问)
② 是妥协还是抗战？是腐败还是进步？(无疑而问)

"是妥协还是抗战？是腐败还是进步？"一句，对说话者来说是没有疑问的，乃至对听话者也是没有疑问的，是无须选择的，因而是反问句，即属于无疑而问。

(4) 正反问。

正反问是由谓语的肯定形式和否定形式并列构成的问句。正反问可分为三种句式：a. V 不 V(去不去)；b. V 不(去不)，省去后一谓词；c. 先把一句话说出，再后加"是不是、行不行、好不好"一类问话形式。例如：

① 你明天去不去颐和园？(a.)
② 一会儿去看电影，你去不？(b.)
③ 你帮帮他，好不好？(c.)

正反问句既可以表示有疑而问，也可以表示半信半疑或无疑而问。例如：

① 你去不去逛街？(有疑而问)
② 老师是不是去了上海了？(半信半疑)
③ 你说世界上还能不能找到像这样不讲理的人？(无疑而问)

就疑问程度来看，即使是"有疑而问"的疑问句本身也有疑问程度的差别，一般来说，特指问句因对所询问对象全然不知，所以疑问程度最高；其次是是非问句；再次是选择问句和正反问句。这样就可以从疑问句的疑问程度角度构成一个降级疑问序列：特指问句＞是非问句＞选择问句/正反问句＞测度句＞反问句。

(三)祈使句

句子传递信息有两类不同的情况,一类是使信息储存的句子,像陈述句、感叹句都是使信息储存的句子,使信息储存于听话人的大脑中;另一类是使信息反馈的句子,疑问句和祈使句就是使信息反馈的句子,要求听话人有所反应。疑问句要求听话人用语言反馈;祈使句要求听话人用行动来反馈。可见,要求对方做或不要做某事的句子叫祈使句。祈使句可分为以下两大类。

1. 表示命令、禁止

表示命令的祈使句说话人和听话人地位一般不平等,往往是上级对下级、地位高对地位低、长辈对晚辈、年龄大对年龄小、优势一方对弱势一方等。如果说话人和听话人不构成这种关系,就不能使用这种语气强烈的命令式祈使句,否则会引起听话人反感,而起不到命令作用。表示禁止的祈使句明确要求听话者不能、不准做什么事,要求听话者遵守照办,不做所禁止的事项,语气直率,一般不用敬辞,不用语气词,多用否定词或否定词加助动词,因而言辞急促、态度坚决、语调急降而短促,句子简短,往往没有主语,不用语气词,也不用敬辞。这种句子经常不用主语,结构简短,语调急降而且很短促,不大用语气词。例如:出去!/站起来!/出发!/抓住他!(表示命令)/禁止高声喧哗!/不许动!/不要践踏草坪!(表示禁止)

表示禁止的祈使句跟命令句实质上是一样的。命令句主要是从肯定、正面方面下命令的。表示禁止的句子是从否定、反面来下命令的,所以命令句和禁止句可以连用。例如:安静!不许说话!/站住!别动!/别磨蹭!快走!

表示命令、禁止的祈使句都用降调,但在语气的运用上略有不同。表示命令的祈使句一般带有强制性,口气强硬、坚决。相对来说,表示禁止的句子因为使用了否定词或助动词,口气没有命令句强硬。

2. 表示请求、劝阻

表示请求、劝阻的祈使句包括请求、敦促、商请、建议和劝阻等,也用降调,但往往比较平缓。表示请求时,多用肯定句,常用语气词"吧"或"啊",表示劝阻时,多用否定句,常用"甭、不用、不要、别"等词语和语气词"了、啊"等。

表示请求的祈使句语气比命令句、禁止句舒缓一些,常使用语气词"啊"、"吧",常使用敬辞"请"或"您"、"诸位"、"几位",有主语的句子也相对多一些。例如:诸位请多包涵!/请您来一下。

表示劝说的祈使句语气更为缓和、委婉,一般用语气词"吧",也多使用敬辞"您"、"各位"、"诸位"等,有主语的句子多一些,还可以有否定词"别"、"不好"、"不要"、"不好"等。例如:各位去休息吧!/您少说两句吧!/你不要再生气了!

表示敦促的祈使句含有催促他人立刻或尽量、尽快做某些事情的意思,句中常用

"快"、"快些"、"快点儿"、"倒"、"倒是"等词语,语气舒缓的催促句,句末常使用语气词"啊"、"吧"或使用敬辞"请"、"您"等,也常有主语。例如:快点来啊!/说!你倒是快点儿说呀!

表示商议的祈使句因对要办的事情是协商着办的,语气缓和,常用语气词"吧"或用敬辞"您",常用"让"构成兼语句,也常用主语。例如:请您等会儿再来吧!/这事就让他去办吧!

表示许可的祈使句含有同意、认同听话人做某事的意思,常用语气词"吧",也常用主语和表示许可的助动词,句子也常有主语。例如:您可以进来了。/你就这么办吧!

表示号召的祈使句多见于标语、口号,祈使对象泛指,一般是非主谓句。例如:要珍惜每一寸土地!/为理想而努力奋斗吧!

表示提醒、警告、威胁的祈使句旨在要听话人防备什么事情、警告对方不该做什么或者威胁对方。可以使用语气词,多有主语。例如:当心受骗!/您慢点!/你等着瞧吧!/你敢胡说!

祈使句要使用祈使语气,祈使句在语调上有两个特点:一是句尾一般用降调,稍长一点的句子后面几个音节语速加快;二是整个句子的语音强度一般都比陈述句重些。在书面语中,当祈使语气特别强烈时,句末一般用感叹号;若语气不太强烈,是一般性的命令、请求、劝止时,句末也可以用句号。祈使句有时也可以用语气词"吧"、"罢"、"啊"、"呀"、"哇"、"哪"等。

(四)感叹句

感叹句主要是表达感叹语气的。所以,带有浓厚的感情的句子叫感叹句。

感叹句表示快乐、喜悦、惊讶、悲哀、赞赏、愤怒、厌恶、恐惧、醒悟、斥责、鄙视、无可奈何、意外等浓厚的感情。其表达的感情是强烈的,也是多种多样的,感叹句一般用下降语调。由于感情不同,感情的强烈程度也不同,因而表达方式也有差异,感叹词、感叹语气词、某些副词、某些句式都可以帮助表达不同的感情,语调更是主要的表达方式。一般来说,感叹句的语调是尾音拉长而下降,不过表示斥责感情时也可以用升高语调(人的身躯又怎能从狗洞子里爬出),表示惊讶或意外等时也可能用曲折语调,所以感叹句的语调(句调)往往随感情的变化而变化。感叹句有以下几种情况。

(1) 有的感叹句由叹词构成。又叫叹词非主谓句。不过,叹词句往往作为始发句,要跟后续句组成句群。例如:

① 呸!你这不要脸的东西!
② 哎哟!疼死我了!

有的叹词,只是独立语,用在句首。例如:"哈哈,真是有意思啊!"有的叹词,它所代表的感情,我们一听就知道,如"呸"表示鄙视。但有的叹词表示什么感情,需要看前后的话才能确切知道。例如:

① 哎呀,你可吓死我啦!(表示惊讶)

② 哎呀，好漂亮啊！(表示赞赏)
③ 哇，真没羞！(表示斥责)
④ 哇，太好了！(表示喜悦)

(2) 有时使用一个名词("天"、"妈"、"娘"、"上帝"或名词性短语等)跟"啊"结合起来表示感叹。这些名词往往感叹语气词结合起来表示感叹，这时名词便失去实在的意思，成了纯粹的感叹语，作用同叹词。例如：

① 天哪，这么好呀！
② 我的妈呀，你到底说真话了！
③ 上帝啊，你睁开眼睛看看吧，这是一个什么样的世道啊！

(3) 有的感叹句只是一句口号，有的是祝词。例如：

① 为民族解放事业献身的英雄们永垂不朽！
② 祝您生活幸福，万事如意！

(4) 更多的感叹句是句尾有语气词或常有副词、代词"多、多么、好、真、太、可、这么、怎样、什么、何等"等跟语气词配合使用。句末带感叹语气词，这是常用的表达感叹语气的方式。例如：

① 祖国，我心中伟大的祖国啊！
② 好美丽的城市啊！
③ 多么壮丽的河山呀！

"好"还可以做定语表示感叹，"好一个"是专指表示感叹的。例如：

① 好小伙子！
② 好一个青天大老爷！
③ 好大一张脸面！

"这么"、"怎样"、"什么"作定语也表示感叹语气。例如：

① 这么大的蛋糕啊！
② 这是怎样的场面呀！
③ 什么东西！

此外，有主语和谓语的感叹句还往往采用倒装句的形式，来突出对谓语部分的感叹。例如：

① 多么伟大啊，我们的祖国！
② 放心吧，妈妈！

三、句型

根据句子的结构划分出来的类型叫句型。从结构是否单一这点来看，句子首先分出单句和复句。本小节主要介绍单句，复句将在其他小节介绍。单句具有单一的结构，如上面所举的例子都是单句。单句根据陈述和被陈述的部分是否都出现，又可分为主谓句和非主谓句两种。

(一)主谓句

由主语、谓语两个成分构成的单句叫主谓句。主谓句是较为常见的句型。谓语是句子结构的核心，因此对主谓句下位句型的划分主要的依据是谓语的功能。根据充当谓语的词语功能的不同，可以把主谓句分为四个下位句型：动词谓语句、形容词谓语句、名词谓语句和主谓谓语句。

1．动词谓语句

动词性词语充当谓语的句子叫动词谓语句。动词性短语类型多，结构复杂，所以动词谓语句可以按照充当谓语的动词性短语的结构的不同进行分类。动词单独做谓语在句法上受到限制。动词谓语句的常见形式是动词前面有状语或后面有宾语、补语或动态助词，也可以是这几个成分同时出现，也就是说，谓语动词对它前后的成分有一定的依存性。例如：

① 我‖爱热闹，也爱清静。(主+动+宾)
② 杏花‖开了。(主+动+动态助词)
③ 小王‖说明白了。(主+动+补)
④ 我‖最近又读了一遍《红楼梦》。(主+状+动+补+宾)

一般来说，谓语动词对它前面的成分的依存性并不很大，状语的应用主要取决于语义的需要，有时也能满足动词在句法上的成句要求，特别是表示时间、频率的副词和能愿动词常常用来帮助成句。例如："她会开车。"状语还常常牵涉到动词谓语句的句式变化。

连动短语可充当谓语，例如："他放下行李走过来跟我说了几句。"

兼语短语也可充当谓语，例如："屋里有人轻轻地哼着小调。"

动词谓语句在日常交际中占了很大的比重，是汉语的常见句型。

2．形容词谓语句

形容词性词语充当谓语的句子叫形容词谓语句。主要的作用是描写主语的性质状态。例如：天晴了。/吸烟对健康不利。(性质)/校园里十分安静。(状态)

单个性质形容词作谓语时，一般要求有对举句(有比较意味)或前后句，或者在问答句中。例如：

① 这件贵，那件便宜。
② 天气冷，出门要多穿些衣服。
③ 哪个好？——这个好。

形容词作谓语也常常用复杂形式。例如：

① 天气冷极了。(形+补)
② 这小姑娘确实乖得很。(状+形+补)
③ 这孩子老实憨厚。(两个以上的形容词并列)

状态形容词做谓语时常加"的"。例如：

外面冷清清的。房间里干干净净的。

3. 名词谓语句

名词性词语充当谓语的句子叫名词谓语句。名词直接做谓语往往表示天气、日期、年龄、价格、籍贯等。例如：

① 今天晴天。
② 昨天中秋节。
③ 小李班长，小王团支书。
④ 鲁迅‖浙江绍兴人。
⑤ 小王‖都15岁了。

现代汉语中名词性词语充当谓语是有条件的，尤其是单个的名词充当谓语限制更多。名词性词语一般是不能作谓语的，只有在以下四种条件限制下才能充当谓语。

(1) 句式上，只能是肯定句，不能是否定句。
(2) 形式上，只能是短句，不能是长句。
(3) 风格上，只能是口语式，不能是书面语句式。
(4) 内容上，限于说明时间、天气、籍贯、年龄、容貌、数量等。

从这四种条件限制看，名词谓语句与前两种无条件限制的句型不同，属于不完备的句型。

4. 主谓谓语句

主谓短语充当谓语的句子叫主谓谓语句。例如："她个子很高"，在这个句子中，"她"是全句的主语，"个子很高"是全句的谓语，而这谓语本身还是一个主谓短语，其主语是"个子"，谓语是"很高"，这样就有两个主语和两个谓语了。一般来说，我们把全句的主语(上例"她")称为大主语，把全句谓语里主谓短语的主语(上例"个子")称为小主语，把全句的谓语(上例"个子很高")称为大谓语，把全句谓语里主谓短语的谓语(上例"很高")称为小谓语。

观察主谓谓语句这类句子，可以从全句的主语(称为大主语)和主谓短语里的主语(称为小主语)是施事还是受事以及其间的关系等方面来看，大体分为下面五种。

(1) 大主语是受事，小主语是施事，全句的语义关系是：受事‖施事——动作。例如：

① 这个道理‖我懂。
② 出现的新情况‖我们正在讨论研究。
③ 一口水‖我都没喝。

大主语可以说原来是谓语里的一个成分，由于表达的需要，移位到句首当主语。有时候，大主语只是大谓语中某个动词(不一定是小谓语)的受事，大主语只和一个动词发生施受关系。例如：

① 这个消息‖老师已经让人通知大家了。
② 我给妈妈买的衣服‖我已经托人带回去了。

这类句子都是谓语中某个成分移位到句首做主语的，带有明显的话题性质。这类句子大多可以把主语回移到谓语中，使句子转换成"主——动——宾"格式。

(2) 大主语是施事，小主语是受事，全句的语义关系是：施事‖受事——动作。这种句子的受事有时有周遍性(指所说没有例外)，有时表示列举的事物。有周遍性的受事，可能前面有任指性词语，后面有"都"或"也"相呼应，有往大里夸张的意味。例如：

① 妈妈‖什么菜都会烧。
② 她‖任何难题都能解开。

或者用"一"和"不、没有"相呼应，有往小里夸张的意味。例如：

① 我‖一口水也没喝。
② 他‖一句话都没说。

(3) 大主语和小主语有广义的领属关系。例如：

① 这个房间装修简洁大方。
② 华北地区气温下降。
③ 她态度很端正。

这类句子因为大主语和小主语之间有领属关系，有的大主语和小主语之间可以添加"的"(如"这个房间的装修简洁大方。")，变换成一般主谓句。但如果因此认为这是偏正短语做主语的主谓句，则不妥当。加"的"与不加"的"应视为两种不同的句型。理由有二。

其一，并不是所有的这类句子都可以添加"的"。例如：

① 全班同学手拉手唱起歌。——全班同学的手拉手。(错)
② 他们四个人玩。——他们的四个人玩。(错)

其二，部分句子在大主语和大谓语之间或者有停顿、有句中语气词，或者可插入副词等状语隔开，这些句子都不能加"的"，这些正是主谓关系的标志。例如：

① 你两个孩子确实可爱。
② 她啊，态度很端正。

(4) 谓语里有复指大主语的复指成分，例如：

① 家这是多么温暖的地方。
② 丛林探险这是多么刺激的活动。

(5) 大主语前暗含一个介词"对、对于、关于、在……上/中"等。大主语如果加上介词，就变成句首状语了。这类句子的大主语表示范围、对象、关涉的事物等。例如：

① 他的事儿，我不关心。(关涉的事物)
② 这件事情，我不发表意见。(对象)
③ 文艺理论，我不懂。(范围)

以上的主谓谓语句里的小谓语是谓词性词语，其实还有用名词性词语的，这多见于口语短句，只有肯定形式可以随语境而出现省略了的动词。例如：

① 芒果，二十块钱一小筐。(芒果二十块钱买一小筐)
② 裤子，一百一条。(裤子一百元买一条)

主谓谓语句是凭结构定的名称。因为它是汉语很有特点的一类句型，而且这种句子的类型越来越多，使用频率也越来越高，放在主谓句中一起谈便于了解它的特点。若按功能分类，它应归入谓词谓语句，即按小谓语的词性来分类，小谓语是动词的，归动词谓语句(哪儿‖他都要去看看)；小谓语是形容词的，归形容词谓语句(小姑娘眼睛很亮)；小谓语是名词的，由于这种谓语名词有表述性，有的又能加状语，这种句子的否定形式必定是动词谓语句，因此，论功能可算谓词谓语句。如：房子，三千多一平方米。——房子，三千多买一平方米。——房子，三千多才(只、仅、就)一平方米。

(二)非主谓句

分不出主语和谓语的单句叫非主谓句。它由主谓短语以外的短语或单词加句调形成的，这类句子大都要在一定的语境里才能独立成句。非主谓句可以分为以下几类。

1．动词性非主谓句

动词性非主谓句大都由动宾短语或其他动词性短语构成，单个动词用得比较少。这种句子并不是省略了主语，而是不需补出或无法补出主语。它不需要特定的语言环境就能表达完整而明确的意思。例如：下大雨了。/着火了！/下班了。/严禁随地吐痰！/欢迎光临！/打倒帝国主义！

动词性非主谓句子通常用来说明自然现象、生活情况、祈望、叫卖、问答，有的是口号。还有一些兼语句、连谓句也是非主谓句。例如：有辆小车停在门口。/上车买票！

2．形容词性非主谓句

形容词性非主谓句由形容词或形容词性短语构成，常常用来表达说话人的态度和感情。通常由一个形容词或形容词性短语形成。例如：好！/真糟糕透了！/安静点儿！

3．名词性非主谓句

名词性非主谓句由一个名词或定中短语构成。按照表达的内容，名词性非主谓句大致分为以下几种。

(1) 用于剧本或小说、散文，以说明故事发生的时间、地点、场景和景象、人物描写。例如：1997年7月1日。/北京的一家五星级酒店。/一个仲夏的傍晚。/红绿灯。/高高的个子，四方脸，浓眉，大眼，笔挺的西装。

(2) 表示感叹，一般由名词性短语构成。例如：多好的小伙子啊！/多俊的姑娘啊！(表示赞叹)

(3) 表示突然出现或发现的事物。例如：大象！/血！/快撤！

(4) 表示招呼、应答、问答、斥责。例如：小李！/谁？——我！/什么东西！

此外，还用于标题和表示祈使、叫卖等。例如：《现代汉语语法》身份证！油条！煤气！

4．叹词性非主谓句

叹词性非主谓句由叹词构成，例如：哼！/哇！/喂！

5. 拟声词性非主谓句

拟声词性非主谓句由拟声词构成，例如：呼——！／啪！

四、常见的句式

句型和句式都是根据结构分出的类名。句型是根据全句的特点分出的上位类名，句式是根据句子的局部特点分出的下位类名。在上述句型中，主谓句中的动词谓语句最复杂、特点多。这里介绍其中的几种句式。

(一)双宾句

谓语中心之后先后出现指人和指事物两种宾语的句子叫双宾句。双宾语是一个动语后边接连出现两个宾语，两个宾语之间没有句法关系。例如：

① 她递给我一张纸。

离动语近的宾语一般指人，叫近宾语，也叫间接宾语；离动语远的宾语一般指物，叫远宾语，也叫直接宾语。

双宾语有如下特点。

第一，动词要有"给出"、"给予"、"表称"等意思。例如：交、给、送、教、问、接、受、讨、占、要、借、租、贷、取、分、称、评、叫、当等。例如：

② 她交给我一份调查问卷。

③ 她租我的房子。

④ 大家称他万事通。

双宾语还可以分出其他的类别。例如"我爱她甜甜的笑"可以看作是表原因的双宾语，"她蹭了我一身涂料"可以看作表示结果的双宾语。

第二，近宾语一般指人，回答"谁"的问题，靠近动词，中间无语音间歇，常用简短的代词、名词充当；远宾语一般指事物，回答"什么"的问题，远离动词，前头可以有语音间歇或逗号，一般比较复杂，可以由词、短语、复句形式充当。也有两个宾语都是指人或都是指物的。例如：

① 老师托付给我一个同学。(两宾语皆指人)

② 祖国人民捐给台湾同胞钱和衣物。(两宾语皆指物)

第三，双宾语有的可变换为非双宾句同义句，多数用介词将指物宾语提前。例如：

① 她给我一箱苹果。——她把一箱苹果给我。

② 她当我好朋友。——她把我当好朋友。

③ 学院评我优秀教师。——学院把我评为优秀教师。我被学院评为优秀教师。

有的双宾动词要求后面两个宾语缺一不可，如"称他万事通"中的"称"；有的双宾动词可以单留一个近宾语，不能单留远宾语，如"托你一件事"，可以说"托你"不能说"托一件事"；有的双宾动词可以单留远宾语，不能单留近宾语，如"借了我一件衣服"可以说"借了一件衣服"，不能说"借了我"；有的双宾动词可以只出现双宾语中的任何一个，如"她教我园艺"，可以说"她教我"，也可以说"她教园艺"。这一点和话题的焦点息息相关，所涉及的宾语是话题的焦点，就不能缺失。

(二)连谓句

现代汉语中，有些句子的谓语部分是相当复杂的，谓语可以连用多个谓词或谓词性短语。谓语部分连用谓词或谓词性短语的格式主要可以分为连谓句和兼语句两类。

由连谓短语充当谓语或独立成句的句子叫连谓句。例如：

① 她‖走进去｜坐在座位上。(连谓短语做谓语)
② 马上跑步｜去｜接老师。(连谓短语构成的非主谓句)

连谓句的前后谓词语有如下的语义关系。例如：

① 我做完功课看电视。(表先后发生的动作)
② 单位拿发票报销。(前后表示方式和目的关系)
③ 我开车去书店。(前一动作表方式)
④ 她坐在沙发上一动也不动。(从正反两方面说明一件事)
⑤ 老朋友见面很激动。(后一性状表前一动作的结果)
⑥ 她累了坐在沙发上。(前后两件事表因果关系)
⑦ 我们有条件做到最好。(前后有条件和行为的关系，"有"字型连谓句往往表示条件、能力和动作的关系，较为特殊)

连谓句需要注意以下几点。

第一，连谓短语并不是总做谓语，连谓短语还可以做其他句法成分。例如：

① 买票上车的人很多。(定语)
② 买票上车是我们每个人应尽的义务。(主语)
③ 我们一定要买票上车。(宾语)

第二，谓词或谓词性短语连用也不一定是连谓短语。在现代汉语句法结构中，谓词或谓词性短语连用现象很多，除连谓短语、兼语短语外，还有其他。例如：吃饭打牌唱歌(联合短语)；站起来、爬出来(动补短语)；爱玩游戏、喜欢逛街(动宾短语)；盘旋上升、滚动播放(偏正短语)。

可见，谓词和谓词性短语连用是否是连谓短语还要有一定的限制，这些限制就是连谓短语的特点。

第三，连谓句有以下特点。

(1) 连用的谓词或谓词性短语能和同一个主语发生主谓关系，就是说每个谓词结构都可以和同一个主语分别构成主谓短语。例如：

你去医院看看她吧。(你去医院+你看看她吧)

(2) 连用的谓词或谓词性短语之间没有语音停顿，书面上不能有逗号隔开。例如：

① 她走到阳台晾衣服。(连谓句)
② 我吃过饭，出了门开车，到单位门口。(不是连谓句而是连贯复句)
③ 我每天都是买菜、做饭、收拾房间。(联合短语)

(3) 连用的谓词或谓词性短语之间没有关联词语，也没有五种结构关系。连谓句的谓词或谓词性短语之间有动作的先后关系(动作或事件在时间上有先有后、互相衔接、连续发生)、动作方式、动作目的、动作因果等关系，例如：

① 她下了班就回家。(时间先后)
② 妹妹每天骑自行车上学。(方式、手段)
③ 我们去云南调查民族语。(目的)
④ 她跑步扭了脚。(因果)
⑤ 她笑着说话。(互补)

要特别注意紧缩句和连谓句的区别。下面的句子不是连谓句：

① 她一说话就笑。(条件紧缩句)
② 你不舒服怎么不和我说啊！(转折紧缩句)

连谓句在谓语部分连用两个或两个以上的谓词或谓词性短语，并共一个主语，删除了一些成分，且没有停顿，因而跟非连谓句相比，连谓句显得简洁、精练、经济、连贯。

(三)兼语句

由兼语短语充当谓语或独立成句的句子叫兼语句。例如"老师让我打电话通知你们"是个主谓句，兼语短语"让我打电话通知你们"是这个句子的谓语；"派她去"(兼语短语独立成句)是个非主谓句，这个非主谓句是由兼语短语套在一起构成的短语，其中动宾短语的宾语兼主谓短语的主语，即兼语短语里存在一个宾语兼主语的成分，这个成分就是"兼语"。上例中"让我打电话通知你们"这个兼语短语就是由动宾短语"让我"和主谓短语"我打电话通知你们"套合而成的，其中"我"就是宾语兼主语的"兼语"。

根据兼语前一动词的语义，兼语句大致可以分为以下三种。

第一，前一动词有使令意义，能引起一定的结果，常见的动词有"请、使、叫、称、认、骂、让、派、催、逼、求、托、封、追认、命令、吩咐、动员、促使、发动、组织、鼓励、号召"等。这是典型的兼语句，也占兼语句中的大多数。例如：

① 我托她照顾孩子。
② 部队追认他为烈士。
③ 单位动员我们积极给灾区捐款捐物。
④ 学校组织同学们去野游。

第二，前一动词常是表示赞许、责怪或心理活动的及物动词，它是由兼语后面动作或性状引起的，隐含原因和结果的关系，前后谓词有因果关系。常见的动词有"称赞、表扬、夸、笑、骂、爱、恨、嫌、喜欢、感谢、埋怨"等。例如：

领导称赞她工作积极上进。

句意可理解为"领导称赞她，因为她工作积极上进"或"因为她工作积极，所以领导称赞她""她工作积极上进"是原因，"领导称赞她"是结果，这种因果关系也是这类兼语句跟主谓短语做宾语的句子的区别所在。

领导知道她工作积极上进。

这是主谓短语做宾语的句子，"知道"跟"她工作积极上进"之间没有因果关系。

第三，前一动词用"有"(包括没有、没、无)、"轮"等表示领有或存在等。例如：

① 轮我值班。
② 学院有个老师出版了一本书。
③ 我没有同学住在附近。

学习兼语句，应注意把它和其他类型的句子区别开。下列几类句子就不是兼语句。

(1) 名词性宾语后面有停顿。例如：

下面是停车场，(停车场)停满了车。

这些有停顿的句子都是复句。后一分句的主语是前一分句的宾语，所以省略。

(2) 连谓句谓语的每个谓词性词语都跟同一主语发生主谓关系，而兼语句的第二个动词的主语是第一个动词的宾语，跟第一个动词的主语不同。

她缠着我没完没了地唠叨。

这是连谓句。如果两个动词既能共用一个主语，第二个动词又能以第一个动词的宾语为主语，则是连谓兼语融合句。例如：

她送我去车站。(她送我+她去车站+我去车站)

(3) 主谓短语作宾语句跟兼语句不同。试比较：

① 妈妈让我去买菜。
② 妈妈知道我去买菜。

"妈妈知道我去买菜"是主谓短语做宾语句，可以在第一个动词"知道"后停顿(妈妈知道，我去买菜)并可以插入状语(妈妈知道今天我去买菜)。而"妈妈让我去买菜"是兼语句，不能在第一个动词"让"后停顿并插入状语，只能在名词性词语"我"后停顿并插入状语(妈妈让我今天去买菜)；做宾语的主谓短语可以提到句首(我去买菜妈妈知道)。兼语句不能这样移位。

兼语句的第一个动词往往是具有使令意义的动词，带主谓短语做宾语的动词一般是认知、感知意义的动词。当然，主谓短语做宾语句跟兼语句的结构层次不同。

(4) 兼语句和双宾语句不同，双宾语句的两个宾语之间不存在任何结构关系，如"我给班级两盆花"中"班级"跟"两盆花"之间没有结构关系。

需注意的是称呼动词有两种句法形式。如"邻居叫她小林妈"和"邻居叫她做小林妈"两句，"她"和"小林妈"之间隐含判断关系，如果这种隐含的判断关系显现化，则是另一种句法形式"邻居叫她做小林妈"，从形式着眼，可以把前一句式看作宾语句，把后一句看作兼语句。

(5) 部分紧缩句的外在形式和兼语句相像，但这类句子隐含条件、假设关系，不是兼语句。例如：

① 打死我也不说。(假设)
② 你想死他也回不来。(假设)
③ 骂他也没反应。(条件)

兼语句的兼语是宾语兼主语，实际上，兼语更像一个语义成分，说兼语是一个受事兼

施事的成分也许更合理些,即"兼语"兼第一个动词性词语的受事和第二个动词性词语的施事(广义的)。

(四)把字句

"把"字句是指在谓语动词前头用介词"把"引出受事,或对受事加以处置的一种主动句。"把"字句也是汉语很有特点的一类句子。例如:

① 他‖惯坏了孩子。(一般主动句)
② 他‖把孩子惯坏了。("把"字句)
③ 你‖洗一下衣服吧。(一般主动句)
④ 你‖把衣服洗一下吧。("把"字句)

"把"字句有处置作用。所谓处置作用,是指谓语动词所表示的动作对"把"引介的受事对象施加影响,使它产生某种结果,发生某种变化;或出于某种状态,遭受某种遭遇。这种谓语动词有对"把"引介的对象加以处置的意味,我们称为处置作用。例如"他‖把孩子惯坏了"一句里,"惯"的结果是"坏了","把"将"孩子"提到动词"惯"前,使之产生了"坏了"的结果,"孩子"是被处置的对象;在"你‖把衣服洗一下吧"一句里,"把"将"衣服"提到动词"洗"前,使之产生了"洗干净"的结果,"衣服"是被处置的对象。

用介词"把"介引的词语不能分析为动词的宾语提前(介词所介引的词语可简称"介引成分、介引对象",但为了从众,称它为宾语也可以,也有教科书把介词短语叫介宾短语)。绝大多数介引成分都能移后作动词的宾语。例如:

① 弟弟把我的书撕破了。——弟弟撕破了我的书。
② 他把烧鸡吃了。——他吃了烧鸡。
③ 妈妈还没把饭做好。——妈妈还没做好饭。
④ 战士们把水和食物发放给灾区人们。——战士们发放水和食物给灾区人们。

"把"字句是运用介词"把"将谓语动词涉及的事物(即宾语)置于动词前做状语的后一种句式,值得一提的是,有部分"介引成分"在一定的句子格式里不能移到(复原)动词后面。例如:

① 她把家打扫得特别干净。
② 大家把老师的夸奖当成一种奋斗的动力。

前面几句是动词后有主谓短语做补语的句子,第二、三句是动词后另有宾语的句子,其中的介引成分不能移后作动词的宾语。

并不是所有的主谓(动宾)句都可以变换为"把"字句。如"她安慰哭泣的妹妹"、"她带了几件衣服"、"我会离开这儿"等。

"把"字句有以下四个特点。

(1) 动词前后总有别的成分,动词一般不能单独出现,尤其不能出现单音节动词。通常后面有补语、宾语、动态助词,或者是动词前面有状语,至少也要用动词的重叠式。例如:

① 你把衣服洗洗。(动词重叠式)
② 我们把宿舍打扫干净了。(带补语)
③ 她把绝情的话都说完了。(前有状语)
④ 她把咖啡递给了好朋友小王。(后有动态助词和宾语)

少数动补结构的双音节动词，可以单独进入"把"字句的谓语部分。例如"我们要把不良习惯改正"、"大风把大树连根拔起"等。

韵文中可以不受上述限制，如可以说"把饭吃、把人打、把车停、把房子盖"之类。

(2) "把"的宾语一般来说，在意念上是确定的、已知的人或事物。从语用上看，"把"字的后置成分即"把"字的宾语是谓语处置的对象，有的教科书称为"有定"的人或事物，所谓"有定"是指说话者认为或假定是听说双方都已知的事物。有定的事物往往有一定的标志，如有"这"、"那"修饰；有一定的其他修饰语或者是专有名称；泛指事物或周遍性事物。例如："他把那个人叫来。"(听说双方都已知的人)。即使是单个的普通名词或有数量词的名词短语，用在"把"字后边也要是听说双方所已知的某一或某些特指的事物。例如："我把手套丢了"(特指"我"的手套)、"她把外套脱了"(特指"她"的外套)。

如果用不确定的、泛指的词语，常是泛说一般的道理，例如"不要把希望变成绝望，一切都还有机会"等。

(3) 谓语动词一般都有处置性，就是动词对受事要有积极影响。有些动词是不能进入"把"字句的谓语部分的。例如：

表示关系的动词：是、有、没有、像、姓、好像、标志着、意味着等。

表示心理、认知活动的动词：爱、喜爱、记忆、感觉、感到、觉得、认识、知道等("你把我整死了"等是述补短语做谓语部分)。

能愿动词：能、会、可能、能够、得等。

趋向动词：来、下、进、出等。

不及物动词：盛产、劳动、示威、飞舞、着想、搏斗、呻吟、旅游、散步、弥漫、出现、行动、微笑、发生、死等。

非动作性及物动词：遇到、显得、懒得、免得、见面、涉及、遭到、遭受、合乎、在于、善于等。

只有动作性强的及物动词才有可能进入"把"字句的谓语部分。例如：

① 卖鱼的人把鱼刮了鳞。
② 她把我的手烫了一大块。

即使是动作动词，单个动词也很难进入"把"字句的谓语部分，尤其单音节动词更难。在这些动词前后添加适量的成分，句子就成立了。

没有处置性的动词比较少见，例如："你把自己照顾好，这样才不会老是生病。"

(4) "把"字短语和动词之间一般不能加能愿动词、否定词，这些词只能置于"把"字前。例如：

① 你把自己的想法说出来吧。

② 我把闹钟修了一下。

有时候,"把"的介引成分跟动词没有多少语义上的联系,而是跟动补短语有联系,整个短语用来说明介引成分怎么样。例如:

① 雨把我的衣服淋湿了。
② 电灯把周围的黑暗照亮了。

(五)被字句

在动作动词谓语中心的句子中,施事做主语的是主动句,例如:"她写完了作业"、"我修好了电脑"。受事做主语的句子表示被动意义,是被动句,例如:"作业她写完了"、"电脑被我修好了"。

汉语的被动句按有无被动形式标志可以分为两类,一类是无标志的被动句,或叫意义被动句、概念被动句,如:"作业她写完了。"另一类是有标志的被动句,"被"字句就是有标志的被动句中的典型。

"被"字句是指在谓语动词前面,用介词"被(给、叫、让)"引出施事或单用"被"的被动句。它是受事主语句的一种。

"被"字句有如下几种类型。

(1) 由"被"引进施事,格式是:受事+被+施事+动词性词语。例如:
① 她被孩子骗了。
② 抢劫犯被警察包围了。

(2) "被"后边施事没有出现,格式是:受事+被+动词性词语。由于"被"后边没有宾语,此处的"被"字是助词。例如:
① 她被吓坏了。
② 运动会被推迟了。

(3) "被……所"固定格式:受事+被+施事+所+动词性词语。这种格式一般只在书面语中使用,是从"为……所"演变而来的,也可以使用"为……所"式或"由……所"式和"受……所"式,后面的动词多为双音节。例如:
① 周围的事物都被浓雾所笼罩。
② 大家被她的感人事迹所感动。

(4) "被(让、叫)……给"固定格式:受事+被+施事+给+动词性词语。例如:
① 衣服被我给洗坏了。
② 我的计划让她给否定了。

(5) "被……把"格式。这种句式里的两个受事往往有领属、同一等关系。例如:
① 削苹果时,她不小心被刀把手给割了。("她"和"手"都是受事,两者有领属关系)
② 她没来的时候,被同学们把她骂了一通。("她"和"她"是同一对象的关系)

"把"字句有"处置"意义,"被"字句相对可以说具有"被处置"意义。即主语所表示的人或事物在意念上是受动者,被谓语动词代表的动作所处置,处置行为来源于

"被"字的后面成分，处置的后果使得主语事物有了某种结果，发生某种变化，或处于某种状态，有了某种经历，谓语部分的复杂性就是要体现这些处置的后果。主语的这种被处置意义对主语来说往往是不如意或不企望的，这就致使"被"字句的表意一般是不如意、不企望的事情。例如：

① 花瓶被我打碎了。
② 衣服被风吹跑了。

有的"被"字句表示的不如意、不企望的意思是针对主语的，如上例。可是也有"被"字句表示的不如意、不企望的意思，不是针对主语的，而是有针对说话者、针对某种关系，或无法明指的。例如：

① 好的 CD 碟都被他拿走了。(对说话者来说是不如意的)
② 他被送进医院了。(对他的家人来说是不如意的)
③ 几条路都被堵住了。(无法明说对谁是不如意的，但事件本身确实不如意)

表示"不如意"的"被"字句是多数，可近几十年来，书面语里的"被"字句使用范围扩大了，也有少数句子是中性的，甚至带有如意、高兴的色彩。例如：

① 弟弟被同学叫走了。(中性的)
② 小明被名牌大学录取了。(愉快的、如意的)

可见，现代汉语中多数"被"字句有不如意、不愉快的感情色彩；但中性的或表示如意的、愉快的"被"字句也是存在的。

如同"把"字句一样，"被"字句也不能由任何主动句变换而成，也有自己的构成和应用条件。

(1) 动词一般是有处置性的，跟"把"字句里的动词差不多。能进入"被"字句谓语部分的动词一般不能是简单形式。动词后面多有补语或别的成分。如果只用一个双音动词，前面就要有能愿动词、时间词语、否定副词等状语。例如：

① 她没有被传染感冒。(前面有否定副词)
② 妈妈肯定会被爸爸说服。(前面有副词、能愿动词)
③ 她的眼睛被朋友蒙住了。(后有动态助词)
④ 弟弟被老师批评了一通。(后有动态助词和补语)

进入"被"字句的动词比"把"字句宽泛些，像部分心理动词、认知动词等也可以进入"被"字句的谓语部分。例如"这其中的道理被她领悟了"。但也不是所有的心理认知动词都能进入"被"字句充当动语，如"怕"、"希望"、"害怕"、"主张"、"觉得"等就不能进入。综合起来看，不能进入"被"字句的动词有以下几种。

关系动词：是、有、没有、像、姓、等于、属于、意味着等。
助动词：能、会、可以、应、应该等。
趋向动词：来、起来、出、进来、上来等。
部分心理认知动词：懂得、怕、生怕、后悔、小心、妄想等。
不及物动词：生活、劳动、前进、死、旅行、病、落、出现、消失、发生等。
非动作性的及物动词：敢于、勇于、从事、懒得、免得、乐得、乐于、生于、加以、给予、给以、适合、符合、备有、依从、遭受、遭、予以等。

(2) 主语所表示的受事一般必须是确定的。"被"字句的主语要求具有有定性,这点和"把"字的后置成分要求具有有定性是相同的。就是要求主语必须是交际双方共知的或说话者假定双方共知的事物,有的有指示代词修饰,有的有其他修饰语,有的是专有名称,有的是周遍性事物。例如:

① 这些人被学校通报批评了。
② 我们被突然开过来的车吓了一跳。
③ 所有的学生都被老师留在教室了。

即使没有有定标志,在具体交际中也是确知的某一事物或某些事物,例如:"我的英语书被她借走了"的"我的英语书"一定是确定的"英语书",而不是泛指的。

(3) 能愿动词和表否定、时间等的副词只能置于"被"字前。例如:

① 绝不能被这些困难阻挡我们前进的步伐。
② 她已经被批评过很多次了。

"被"字句与"把"字句、一般主动宾语有变换关系。例如:

弟弟关了电脑。(主—动—宾)——弟弟把电脑关了(主/施—状/把+受—动)——电脑被弟弟关了。(主/受—状/被+施—动)。

(六)是字句

"是"字句指用"是"表示判断或强调的句式。"是"字句主要有以下两种类型。

(1) 判断句。"是"是动词,作谓语。后边的宾语大多是名词性的词语,表示主语和宾语之间具有等同、归类的关系或主语具有宾语所表示的某种特征。例如:

① 石钟山是《激情燃烧的岁月》的编剧。
② 张艳是云南人。
③ 她是个暴脾气。

有时,后边的宾语也可以是谓词性的词语。例如:

她最大的优点就是诚实、善良。

(2) 强调句。"是"是副词,作状语。用在动词、形容词之前甚至可以放在主语之前,表示对谓语的强调,加重语气,对某种行为、性质和事物加以肯定,有"确定、实在、的确"的意思。例如:

他最近老是做同一件事情。

句中"是"字可以省去而句子的基本意义不变。

副词"是"和语气词"的"常配合运用。例如:

这个道理,她是明白的。

注意汉语中有两个"是……的"格式,一个是由副词"是"和语气词"的"构成的,一个是由判断动词"是"和结构助词"的"构成的,要加以区别。试比较:

① 这么做是对的。("的"不作成分,"是……的"可以去掉)
② 这顿饭是她做的。("的"字结构作宾语,"是……的"不可去掉)

现代汉语

(七)存现句

存现句表示什么地方存在、出现或消失了什么人或物的一种句型。句首有处所词语做主语，宾语表示存现的主体。例如：

① 村东头有一座寺庙。/家里客厅有沙发、电视和饮水机。(表示某处存在某物)
② 火车站挤满了赶车的客人。/院子里站满了人。(表示某处存在某人)
③ 家里来了一位客人。/单位来了一个年轻人。(表示某处出现某人)
④ 班里又走了一位同学。/那几位年轻人离开了调查地点。(表示某处消失某人)

这些句子基本上可以分为三个部分，句首是表处所的词语，句中是表示存在、出现、消失意义的动词性词语(有时可以没有动词性词语)，句末是存在、出现、消失的人或事物。可见，存现句的基本结构类型是"处所+动词性词语+名词性词语"。

存现句表示"存现"意义，但表示存在的句子并不一定都是存现句，表示存现的句子是否是存现句，还必须看它是否具有存现结构的特点。像"她在家"虽然表示存在，但不符合存现句结构的要求，不是存现句；像"在茶几上放着很多零食"，由于处所前有介词，不能做主语，介词短语在这些句子里都是状语，所以不是存现句，而是一种非主谓句。

存现句可以分为存在句和隐现句两类。

存在句表示什么地方存在什么人或物。动词后一般加助词"着"，有时也用"了"。例如：

① 山坡开满了鲜花。
② 墙上挂着全家福。

部分存在句谓语动词后面带上"着"以后表示一种静态存在状态，有人叫静态存在句，如"站着"、"睡着"、"趴着"、"刻着"、"铺着"、"印着"等。例如：

① 床上铺着漂亮的床单。
② 柱子上刻着两条龙。
③ T恤上印着"I Love China"。

还有部分动词带上"过"，表示曾经有过某种存在的情状的句子。例如：

① 她原来来过这里。
② 前院种过西红柿、黄瓜和豆角。

动词表示动作完成后的持续状态时用"有"、"是"等词的是静态存在句，"有"、"是"是关系动词，表示一种存在关系。如"这儿是地下室"、"教室里有课桌和椅子"；动词表示在进行中的动作的是动态存在句，有的动词虽然带上"着"，但不是表示静态的存在状态，而是动作正在进行，如"天空飘着几朵白云"、"锅里炖着排骨"；这类句子有的还带有"正、正在"等表示进行意义的副词，因而又叫动态存在句。

有的存在句没有中段，后段是名词性词语直接做谓语，名词性的谓语一般是偏正短语，多数带数量词。这类名词谓语句式的存在句，往往可以在主语和谓语之间加上"是"、"有"。这类句子的作用不在叙述、判断、说明，而在描写，尤其可以用于文学作品的场景描写，例如："田埂两边一片片金灿灿的油菜花，花上晶莹剔透的露珠，远处一家家农户，一阵阵清脆的鸟鸣声，一缕缕袅袅的炊烟……啊，村里一幅油画般的清晨景色。"若换成"有"字句或"是"字句则成了叙述或说明。

隐现句表示什么地方出现或消失了什么人或物。例如"她脑子里突然想出一个主意"、"县里来了新书记"表出现；"她拿走了一些书"、"我丢了一些资料"表消失。

隐现句的动词后常加助词"了"或趋向补语；宾语也常常带有数量短语，大多是表示施事。例如：

① 外面起了风。
② 单位调来了一个新同志。
③ 山脚下出现了一些游客。

存现句的实际应用范围很广，如文学作品的写景、剧本中的舞台布景、说明文中对建筑物的布局陈设的说明等，均常用到存现句，所以应引起我们的重视。

思考和练习六

1. 指出下列句子的句型。
(1) 别忘了带雨伞。
(2) 小朋友等着听他的歌
(3) 多可爱、多英俊的小伙子呀！
(4) 你问问气象站明天有没有大雨。
(5) 真棒！
(6) 墙上挂着一幅画。
(7) 把那杯茶端给我喝。
(8) 有一头大熊隐藏在野树林中。

2. 用简单划线法分析下列句子，并指出它们的句型。
(1) 知识渊博的人常常责备自己。
(2) 在演算和证明这些公式时，小霞全神贯注的眼睛变得更黑更深沉。
(3) 他万万没有想到那后果会落到自己的头上。
(4) 他拿着假条躲在家里学英文。
(5) 他们忘了头上大雨滂沱，脚下一片泥泞。
(6) 大厅里弥漫着一种森严气氛。
(7) 勤劳让你有钱花。
(8) 在苍黄的天底下，远远横着几个小山村。
(9) 他用油包把火柴棒包起来放进了盒子里。
(10) 一对夫妇只生一个孩子好。

3. 下列句子属于哪一句类。
(1) 面对这一派大好形势，我们能无动于衷吗？
(2) 给他两块钱上街买冰棍儿吃。

(3) 快点动手吧!
(4) 多么惊心动魄的场面啊!
(5) 不当家不知柴米贵。

4. 下列两组句子是否相同,为什么?如不同请说说它们的区分方法。
(1) 我通知他明天来。
我告诉他明天来。
(2) 他知道我今天参加活动。
他告诉我今天活动不举行了。

第七节 复 句

学习要点:复句的定义、特点,复句的各种类型,复句和单句的区别,各类复句的特点和常用关联词语;能区分单句和复句、判别复句各种类型,能根据实例说明关联词语的位置和使用形式方面的特点,分辨关联词语在运用上的正误,能正确分析多重复句。

一、复句概说

复句由两个或两个以上相关但结构上互不作句子成分的分句组成。

分句是结构类似单句而没有完整句调的语法单位。复句中的各分句之间一般有停顿,书面上用逗号或分号、冒号表示。

复句的特点有以下几个方面。

(1) 从意义上看,复句的分句之间必须有某种内在的逻辑联系,意义没有联系的几个单句不能构成复句。例如:

周末很清闲,所以我们一起去唱歌吧。(因果复句,前因后果)

复句的分句的互相依存主要表现在构成一个复句的各分句之间在语义上互相依存、互相关联,分句凭一定的逻辑语义关系而连接。若分句间没有一定的语义依存关系,即使有关联词语也不能构成复句。

分句之间的语义关系是靠语序或关联词语来表示的,靠语序来表示的,叫"意合法"。如"时间很紧张,我们一定要快点儿干才能完成";靠关联词语来表示的,就是"明示法",如"晚上七点,你要出去散步还是在家看电视呢"。靠意合法表示分句之间的意义的句子在口语中较常见,而在书面语中,则是大量的依靠关联词语去表达分句之间的关系的,因此,关联词语在复句里意义重大。

关联词语主要是连词和具有关联作用的副词,还有少量充当独立成分又具有关联作用的习惯语,例如:"总之、反之、总而言之、一方面、另一方面……"

关联词语绝大部分成双成对、前呼后应的,不同的关联词语,表示不同的意义关系。例如:

① 如果你身体不舒服,你一定要去医院。(分句间有假设关系)

② 只要你身体不舒服，你就一定要去医院。(分句间有充分条件关系)
③ 因为你身体不舒服，所以你一定要去医院。(分句间有因果关系)
④ 我们有这方面的人才，而且都特别优秀。(分句间有递进关系)
⑤ 我们有错，他们也不对。(分句间有并列关系)
⑥ 我们有错，错在太粗心。(分句间有顺承关系)

(2) 从结构上看，组成复句的分句具有相对的独立性，互不作句子成分，否则就不是复句了。
① 我觉得因为下雨，她没有来上班。(单句，复句形式作"觉得"的宾语)
② 这部电视剧，主要讲述了一个工厂兴衰的故事。(单句)

复句的分句之间都有一个短暂的连接性的语音停顿，书面用逗号、分号或冒号表示；整个复句只有一个统一的语调，书面上用句号、叹号或问号表示，停顿时间较分句之间的长。

从结构上看，构成复句的分句可以是词，也可以是短语；可以是主谓短语，也可以是非主谓短语。例如：

要起风了，我们赶紧收衣服吧！(前一分句是非主谓句，后一分句是主谓句)

各分句的主语可以相同，也可以不同；可以省略，也可以不省略。例如：
① 白云飘飘，草儿青青，牛羊满山坡。(主语不同)
② 一切就绪，你回来就可以开始了。(分句后省略主语)
③ 山里有好的风景，丰富的土特产，更有山里人的善良勤劳的品质。(2、3句承前省)

主语相同时，一般为了语言精练，都承前或蒙后省略，但是为了强调或反复，则可不省而出现，例如：

电影点亮人生，电影感动人们，电影激励人们。(主语相同，为了强调不省)

这句重复主语"电影"，还收到修辞中"反复"和"排比"两种辞格的表达效果。

关联词语能明确地表示分句间的关系。试比较下面句子。
① 如果你走，我就走。　　⑥ 只要你走，我就走。
② 只有你走，我才走。　　⑦ 因为你走，我才走。
③ 不管你走不走，我都走。⑧ 与其你走，不如我走。
④ 宁可你走，也不能我走。⑨ 是你走，还是我走？
⑤ 你走，我也走。　　　　⑩ 你走，或者我走。

可见，关联词语使复句分句间的依存关系更加显豁。

复句无论多么复杂，也无论由几个分句构成，从作为句子的角度看，复句只是一个句子，因此复句作为句子有一个统一的语调。

二、复句的类型

根据分句间的意义关系是否平等划分，复句可以分为联合复句和偏正复句两大类。

现代汉语

联合复句内各分句间意义上平等，无主从之分；偏正复句内各分句间意义有主有从，也就是有正句有偏句，正句即主句，是句子的正意所在，偏句是从句，意义从属于正句。

(一)联合复句

联合复句又分为并列、顺承、解说、选择、递进五小类。

1. 并列复句

并列复句是前后分句分别叙述或描写有关联的几件事情或同一事物的几个方面。分句间或者是平列关系，或者是对举关系。

(1) 平列关系就是分句间表示的几件事情或几个方面并存。平列关系的关联词语有前后分句成对使用(合用)的，也有只在后一分句单独使用的。例如：

① 暖暖的风，暖暖的阳光，暖暖的心！（意合）
② 她去旅游，我也去旅游。（单用关联词语"也"）
③ 她一边愉快地走，一边轻轻地哼着歌。（关联词语"一边……一边……"）
④ 她既是老师，又是演员。（关联词语"既…又…"）
⑤ 她又善良，又勤劳。（关联词语"又……又……"）

(2) 对举关系又称对待关系，就是前后分句的意义相反相对，表示两种情况或两件事情对比对立，也就是用肯定和否定两个方面对照来说明情况和表达所要肯定的意思。关联词语可以成对使用，也可以只在后一分句单用。例如：

① 人之初，性本善；性相近，习相远。（意合）
② 这不是你一个人的错，而是我们大家共同的责任。（关联词语"不是……而是……"）

2. 顺承复句

顺承复句是前后分句按时间、空间或逻辑事理上的顺序说出连续的动作或相关的情况，分句之间有先后相承的关系，又叫连贯复句、承接复句。

顺承复句按内在联系，可以分为以下三类。

一是时间上的顺承，分句是按时间的先后排列的。例如：

她迅速地穿上衣服，关上门，开车赶到了事发地点。

二是空间上的顺承，分句按空间位置的顺序排列，这一般是按人的视点顺序排列的，有由远及近，有由近而远，有由大到小，也有由小到大。例如：

这儿是一片庄稼地，庄稼地前边就是李家庄，李家庄前边就是你们要去的村。

三是事理上的顺承，分句是按照一定的事理逻辑来安排的。例如：

我们院里有个老王，老王有个儿子叫王伟。

正确的认识来源于合理的判断，合理的判断产生于细致周到的分析，细致周到的分析出于对客观事物的了解和熟悉。

顺承关系多用意合法，分句的次序是按逻辑顺序相继而下，作鱼贯式排列，一般不能变换次序。这与并列关系不同，并列关系的分句是雁行式排列，往往可以变化次序。

3．解说复句

解说复句是分句间有解释或说明、总分的关系。按分句间的解释、说明或总分意义关系可分为两类：解说关系复句和总分关系复句。

(1) 解说关系复句一般靠分句前后次序和意义来体现，不用关联词语，也有在后一分句对前句或前句的某一部分直接予以解说，后一分句前往往有"即"、"就是"、"就是说"、"这就是"、"那就是"、"意思是"等词语连接，有的后一分句前有冒号，来标明解说关系。例如：

① 我现在只有一个办法，这就是等。
② 会议正在讨论一个问题，即究竟该评谁为优秀教师。
③ 事情已经结束了，也就是说，你以后不要再提起这件事了。
④ 我接到老师的电话：马上去一趟他的办公室。

(2) 总分关系复句的一种是先总说，后分说(后两分句和前一分句是总分关系，先总说，后分述)。例如：

① 我有很多同学，有的是云南的，有的是新疆的，有的是四川的，有的是广西的。
② 我有我的做人标准：一是善良，二是诚实。

另一种是先分述，后总说，总说分句往往有总括型词语"都"或总括性的语句。例如：

① 他一个姐姐是律师，一个姐姐是医生，两个人都很优秀。
② 或者接着走，或者往回走，你必须选择其一。

也有可能先总说，后分说，再总说。例如：
她有两个选择，一个是留在北京，一个是回老家，这两个选择让她很犹豫。

4．选择复句

选择复句是几个分句间具有选择关系的复句。它可以分为两类：未定选择和已定选择。分别说出两种或几种可能的情况，让人从中选择，这叫未定选择；内部又分数者选一(又称任选)和二者选一(又称限选)两类；说出选定的其中一种，舍弃另一种，实际上不存在选择，这叫已定选择，又称决选。

在未定选项中，数者选一表示或此或彼的意思，说话人态度灵活，分句提供两个以上的选择项，至于选择哪一项，说话者没有确定，要与听话者商量着选择，又叫商选式。例如：

或者你去，或者我去，或者我们一起去。(表示商量选择)

不管是合用还是单用，"或者"、"或是"、"或"都表示陈述式选择，"是……还是"、"还是"表示疑问式选择。例如：

① 我今天去，或者我明天去。(陈述式)
② 你是一个人去，还是和别人一起去？(疑问式)

在未定选择中，二者选一表示非此即彼，两分句在意义上互相排斥，二者必居其一，没有第三种可能，语气肯定，关联词语必须成对使用，选择是限制性的选择，这种叫限选

式。例如：

不是你去北京，就是我去北京。(二者必属其一，无折中余地，限选式)

先舍后取的已定选择可以成对使用关联词语，也可以只在后一分句单用关联词语。例如：

① 我们晚点结束，也要把工作做好。

② 与其闲聊，毋宁好好做点儿有意义的事情。(舍一取一，又称取舍关系复句，决选式)

与其说她要去那个地方，倒不如说她要去见那个人。

先取后舍要成对使用关联词语。例如：

我宁愿在家里发呆，也不愿意和她出去散步。

具有取舍意义的复句表示在两种情况中衡量得失，是舍此而取彼或取此而舍彼，选择其中较好的，舍弃其中较差的。说话者的主观态度十分明显，抉择语气十分坚决。相对来说，先舍后取的句子，语气比较委婉；先取后舍的句子，语气比较坚定，是一种强调的说法。

5. 递进复句

后面分句的意思比前面分句的意思更进一层，一般由少到多，由小到大，由轻到重，由浅到深，由易到难，反之亦可。内部可区分一般递进关系和衬托递进关系两类。递进关系必须用关联词语。

1) 一般递进

一般递进分递进意味较弱的顺进式和递进意味较强的逆进式两种。

顺进式就是后一分句以前一分句的意思为基点来顺向推进。"不但…而且…"是这类递进复句的典型关联词语。

① 她不仅学习日语，而且还学习法语。

② 我喜欢旅游，我更喜欢去国外旅游。

③ 她不想上网，甚至连电脑也不想碰。

顺进式复句的两个分句都表示肯定，层层推进，合用关联词语，递进的意思比单用关联词语的强些。

一般递进的逆进式复句，前一分句表示否定，后一分句表示肯定，从反面把意思推进一层，即前一个分句以否定的意思为基点，后一分句则向一个肯定的意思反向推进，"不但不……反而……"是这类递进复句的代表关联词语。例如：

① 他不但不感谢我，反而埋怨我。

② 她不但不买东西，反而把货物到处乱放。

③ 老师不但没有批评我，反而鼓励了我。

2) 衬托递进

衬托递进是前面分句是后面分句的衬托，后面分句的意思推进一层。这是一种强调的说法。衬托递进主要在于强调后一分句，因而有学者认为这类复句应归到偏正复句里边。关联词语可以合用，也可以只用承上关联词语，或只用启下关联词语。例如：

① 别说是你，就是我也会骂他一顿。
② 今年五月就这么热，更何况七月呢。
③ 她老师尚且不怕，何况是你呢。

递进复句常常隐含某种预设，如"她不但会唱民族歌曲，而且还会唱美声"，预设会唱民族歌曲的不一定会唱美声。因此递进复句的使用要注意预设的正确和合理，否则句子会不正确。如"她不但会唱歌，而且还会说话"，隐含的预设是不会说话会唱歌，这一预设是不合理的，所以该复句本身也有问题。

(二)偏正复句

偏正复句又分为转折、条件、假设、因果、目的五小类。

1．转折复句

转折复句是前后分句的意思相反或相对，即后面分句不是顺着前面分句的意思说下去，而是突然转成同前面分句意思相反或相对的说法，后面分句是说话人所要表达的正意。一般来说，偏句在前，正句在后，前后分句在语意上是由一个方向转向了另一个方向，也就是说后一分句在语意上对前一分句有所转折。根据前后分句意思相反、相对程度的强弱，转折关系分重转、轻转、弱转三类。

1) 重转复句

重转复句是正句跟偏句明显对立，语意明显相反或相对。例如：
① 她虽然很努力，但学习成绩一直上不去。
② 虽然我们藏得很隐蔽，但还是被他发现了。

关联词语有预设转折的作用。重转转折复句，含有让步的意味，分句间的意思是先让步后转折，相反意味很重，又叫让步转折句。重转复句的关联词语要合用。

重转复句有时偏句在后，这种形式主要是为了突出正句，偏句起补充说明作用。这时候，正句不能有"但是"一类词。例如：
① 她很害怕，虽然外面的灯很亮。
② 这盆花一直没看，尽管已经养了很久了。

"尽管"比"虽然"语气重。"尽管"如换成"虽然"，语气便轻多了。

2) 轻转复句

轻转复句的转折语气比重转轻。偏句没有预示转折的关联词语，只有正句用"但是"一类的启下或承上关联词语突然转折，也叫"突转句"，这类转折复句语意上比有预示转折词语的重转复句轻一些。例如：
① 太阳落下了，但明天还会升起来。
② 他很早就困了，可是一直没睡着。

无论重转复句还是轻转复句，"但是"类词都可以跟"却"连用表示转折。例如：
她虽然不高兴，但是脸上却没有表现出来。

3) 弱转复句

弱转复句正句跟偏句意义上的相对往往不那么明显，转折语气较弱，常在正句前只用承上关联词语"只是"、"不过"、"只不过"、"倒"连接。例如：
① 她什么也没说，只是笑了一下。
② 这种水果不好看，不过很好吃。

转折复句一般要用关联词语，但有时偏句和正句对比很明显时也可以不用关联词语，靠意思来显示转折。例如：
① 他不说话，心里已经有了主意。
② 这个办法不行，还有其他办法可以试试。

值得注意的是，转折不用关联词语时，前后关系必须明确。

2. 条件复句

条件复句是偏句提出一种条件，正句表示满足条件的情况下所产生的结果。条件关系分有条件和无条件两类，有条件又分充足条件和必要条件两类。

1) 充足条件复句

充足条件复句是表示偏句是正句的充足条件，用充足条件关联词语，(典型的关联词语是"只要 A，就 B")前一分句是一个充足条件，后一分句说明具备这个条件就能产生的相应结果，但不排除其他条件也会产生那个结果，不具排他性。充足条件句的语气和缓。
① 只要你提供材料，我就能写出相关的文章来。
② 只要加入肥料，就会开花。

2) 必要条件复句

必要条件复句是用必要条件关联词语，(典型的关联词语是"只有 A，才 B")偏句提出一个必要的条件，缺少了这个条件，就不能产生后面正句叙述的结果。必要条件句的语气坚定。
① 只有这样做，才符合逻辑啊。
② 除非你来，否则事情不能顺利进行。

必要条件经常是唯一条件，例如：
只有团结在一起，我们才能共渡难关。

但有时也不是唯一条件，例如，勤奋、刻苦、聪明都是取得成绩的不可缺少的必要条件，所以下列句子都是合理的。
① 只有勤奋，我们才能取得好成绩。
② 只有刻苦，我们才能取得好成绩。
③ 只有聪明，我们才能取得好成绩。

"只有……才……"和"除非……否则……"所表达的意思有差别。

"只有……才……"从正面强调必要条件，含有强制性地迫使听话人去认识说话人所提条件的决定性的作用，至于是否是唯一条件，说者和听者未必关心。"除非……否则……"从突出结果方面来强调必要条件，"否则"的意思是"要是没有前面分句所说的条件，那么就……"例如："除非你来，否则事情不能顺利进行"的表意是"要是没有'你来'这个条件，那么'事情不能顺利进行'"。

3) 无条件复句

无条件复句指无条件关联词语要成对使用。典型的关联词语是"无论 A，都 B"，前面偏句排除一切条件，后面正句说明在任何条件下，都会产生相同的结果。结果的产生不受任何条件的约束，是无条件的。

① 任凭你怎么说，他就是不改变主意。
② 不论你去哪儿，我都跟着你。

用"只要"、"只有"、"无论"等关联词语的条件复句，有时为了突出正句，也可以让正句移前，偏句在后起补充说明的作用。例如：

我们什么都可以做，只要你幸福。

3．假设复句

假设复句是指偏句提出假设，正句表示假设实现后所产生的结果。假设关系有一致关系和相背关系两类。

1) 一致假设复句

一致假设复句是用表示一致关系的关联词语，前一分句即提出假设，后一分句即正句说出这种假设的结果，典型的关联词语是"如果 A，就 B"。假设与结果一致，又叫承接假设。例如：

① 如果要出去旅游，我们就去云南。
② 如果我今年考上大学，妈妈就给我买一台电脑。

2) 相背假设复句

相背假设复句指用相背关系关联词语，典型的关联词语是"即使 A，也 B"，前一分句即偏句提出假设，后一分句即正句说出与假设不同的结果，偏句、正句语义是相背的，假设和结果不一致。这种偏句先退一步说，把假设当作事实承认下来，正句则说出不因假设实现而改变的结论的假设，有更加强调正句的作用。由于假设与结果不一致，相背假设复句有转折的意味。例如：

即使有别人的帮助，也得靠他自己的努力。

相背假设与转折的区别在于相背假设，有假设意味，尚未实现，而转折复句则偏句表示自己是实现的事实。关联词也不同，"虽然……但是……"是转折。

假设与条件也会混淆，因其确有一定联系，我们提出一个假设，本身就意味提出一个条件；反之，我们提出一个条件，这条件也总是尚未实现的事情，它只是一个假设的情况。所以很多时候，可以说假设里有条件，而条件里也有假设，有些书又将他们合称为"假设条件复句"。

4．因果复句

因果复句中一般偏句在前，正句在后，偏句说出原因或理由，正句表示结果。因果关系分为说明因果关系和推论因果关系两类。

1) 说明因果复句

说明因果复句是对客观存在的因果关系进行说明和描写。典型的关联词语是"因为A，所以B"，前句说明原因，后句说明由这原因产生的结果，这结果已经实现是事实。说明因果关系关联词语可以合用，也可以在后一分句或前一分句单用。合用关联词语表达比较郑重、严密，书面语中用得较多；单用表"因"关联词语，侧重原因表达，单用表"果"关联词语，侧重结果表达，口语中常使用。例如：

① 因为你，我们店里都没人来了。(单用表"因"关联词语)
② 因为堵车，所以我今天迟到了。(合用关联词语)
③ 我身体不舒服，所以没有参加昨天的聚会。(单用表"果"关联词语)

"因为"和"由于"略有不同："因为"常和"所以"合用；"由于"常单用，也可以和"因此、因而、所以"合用。例如：

① 因为弟弟调皮捣乱，所以经常被老师批评。
② 由于你的失误，我们的实验还需要很长一段时间才能做完。

"因此"、"因而"单用在后面分句，作用相当于"因为……所以……"，但这两个关联词仍有区别："因此"联系的分句含有"因为这样，所以……"的意思；"因而"联系的分句所叙述的事实有连续关系。例如：

① 明天有很多事情，因而今天晚上要早点儿睡。
② 这部电视剧剧情特别好，因此，我看了好几遍。

用"之所以……是因为……"格式把表示原因的分句放在后面。例如：

我之所以这么说，是因为我们是朋友。

因果复句通常偏句在前，有时偏句移后，这是为了突出正句，偏句起补充说明的作用。例如：

我不怕和你讨论这个问题，因为我掌握了大量的数据和材料。

"以致"、"致使"多用于后果不好的情况或说话人所不希望的结果。例如：

① 昨天晚上风太大了，致使很多电路都不通了。(不好的情况)
② 天气不好，以致我们的行程被耽搁了。(不希望的结果)

说明因果复句也可以没有关联词语。例如：

今天下雨，你要带伞啊。

说明因果复句有时也可以表示未实现的因果关系。例如：

① 天要降温了，你要多穿点儿衣服。(原因未然，结果已然)
② 天可能要降温了，你要多穿点儿。(原因未然，结果未然)

2) 推论因果复句

推论因果关系的复句关联词语可以合用，也可以单用。偏句提出理由或根据，正句是从理由或根据推出的结论。所推论的结果还未实现，仅是推断而已。这种因果关系是以一定的事实或知识前提作为根据或理由，从而推出一种新的结果或预测某一种结果，结果不一定是实现了的，而且也可能是不真实的。推论因果可以由因推果，也可以由果推因。例如：

① 既然都准备好了，我们就开始吧。(由因推果)
② 既然都开始了，我们已经准备好了。(由果推因)

因果复句也可以不用关联词语。例如：
① 她心情不好，不想吃饭。(说明因果)
② 做了错事，应承认错误并及时改正。(推论因果)

5. 目的复句

目的复句指偏句表示一种行为，正句表示这种行为的目的。目的复句的关联词语都单用，目的关系可分为得到什么和避免什么两类。

1) 得到什么

用得到什么类关联词语，表示要得到什么目的，因表示积极追求某一目的，又称积极目的式。典型的关联词语是"为了A，B；A，以便B"。例如：
① 我们早早起床，为的是按时赶到目的地。
② 大家尽快把作业交给老师，以便老师做出期末成绩。

2) 避免什么

用避免什么类关联词语，表示要避免某种不希望的情况发生，因消极地说明要避免发生某种情况，又称消极目的式。典型的关联词语是"以免……；免得……；省得……"。例如：
① 你还是早点睡吧，省得明天又迟到了被老师批评。
② 我还是早点儿准备好东西，免得明天出发的时候丢三落四。

这类句子后一分句的主语往往承前省略。"以免"用于书面语，"省得"用于口语。

(三)多重复句

1. 什么是多重复句

根据结构层次多少划分，复句可以分为一重复句和多重复句。只有一个结构层次的复句叫一重复句，一重复句一般指由两个分句组成的复句，只处于一个层面上，表示一种逻辑事理关系，结构上很简单。如果有三个或三个以上分句组成，但也只处于一个层面上，表示一种逻辑事理关系，结构上也很简单，也只有一个层次，也是一重复句。这样的一重复句，往往是由多项并列性的或承接性的分句处于同一个层面上组成的。例如：

① 时间就是金钱，②｜时间就生命，③｜时间就是效率。
　　　　　　　　　并列　　　　　　　并列

此例虽然包含三个分句，但各分句是并列的。

①没有天哪有地，②｜没有地哪有家，③｜没有家哪有你，④｜没有你哪有我。
　　　　　　　　顺承　　　　　　　顺承　　　　　　　顺承

此例虽然包含四个分句，但各分句是顺承的，因此也只有一个结构层次，是一重分句。

多重复句是指有两个或两个以上结构层次的复句。由两个分句构成的复句在结构上只有一个层次。而如果复句有两个或两个以上的层次，那这个复句就是多重复句，又叫多层复句。多重复句至少要有三个分句才能组成。换而言之，包含三个或三个以上的分句，同时又有两个或两个以上的层次的复句，叫多重复句。例如：

①我家后面有一个花园，｜②虽然不大，‖③但在花园里也可以坐在摇椅上喝着茶看
　　　　　　　　　　　　　顺承　　　　　　　转折
小说，‖④也可以欣赏眼前的美景。
　　　并列

2. 分析多重复句的步骤

分析多重复句的步骤有以下三方面。

(1) 总观全句，确定分句界限，在每个分句开头表明数码。

(2) 找出关联词语，判定分句间的关系。

(3) 尽量一分为二，先用单竖线把第一层次的分句隔开，并在上方写明前后分句间的关系，然后用双竖线把第二层次的分句隔开，并且写明关系。如剩下的还可以分出第三层次，就用三条竖线隔开，并且写明关系。逐层分析，一直分析都是单个分句为止。例如：

①同学们都意识到，团结就是力量，｜②因此，在任何困难面前，大家总是团结在
　　　　　　　　　　　　　　　　　　　因果
一起，‖③总是为一个共同的目标而努力。
　　　　并列

总观全句，确定分句界限，在每个分句开头表明数码。全句虽有五处停顿，却只有三个分句，再确定关系。理解句意，找准第一层。找出关联词语，正确判定分句与分句之间的关系。例如：

①十年前经常有很多人来，‖②但我不知道他们是谁。｜③因为这个家是我丈夫自己设计建造的，‖④所以就算只是工作关系认识的人，‖⑤也会招待他们到家里来看这幢房子。
　　　　　　　　　　　　　转折　　　　　　　　　　　　　　　　　因果
　　　　　因果　　　　　　　　　　　　　　　　　　　假设

因果关系是统率全句的，是主要的逻辑关系，③分句对②分句的转折关系做出解释，也顺利引出④⑤假设关系的分句。

3. 多重复句分析举例

①前途是光明的，‖②道路是坎坷的。｜③只要我们努力，‖④一定会成功。(二重)
　　　　并列　　　　　　　　　　条件　　　　　　　　条件

①山西有很多名胜古迹，｜②因为我不但是山西人，‖③而且也去过其他地方，‖④看到其他的名胜古迹。(三重)
　　　　因果　　　　　　　　　　　　递进　　　　　　　　　　　顺承

①我们无论做什么事情，‖②都要全心全意地去做，‖‖③不但要看到困难，‖‖‖‖④而且要看到事情积极的一面，｜否则，就不能做好这件事情。(四重)

    条件   并列   递进

    条件

(四)紧缩句

紧缩句是把复句的分句紧缩在一起形成一个单句形式，但所表示的意义仍然是复句的意义的句子。例如：

① 如果他不去，你就去。(假设关系)

② 他不去你去。(紧缩句)

例②把①分句间的语音停顿取消了，并缩略了一些词语形成了紧缩复句。

紧缩复句各部分之间不是句子成分的关系，而是分句的关系，有时还用关联词语连接，所以它不是单句；同时，各部分无语音停顿，有的还有成分省略，因而它也不是复句。可见紧缩复句是一种既不同于单句，又不同于复句的特殊句子。

紧缩句有以下两种情况。

1．非固定格式的紧缩句

非固定格式的这种紧缩句各个部分直接粘在一起，中间没有明显的语音停顿。例如：

① 你为难我更为难。

② 鸡飞蛋打。

③ 你不说我替你说。

2．固定格式的紧缩句

固定格式的紧缩句常套用一些固定的关联词语，各部分之间不仅没有明显的语音停顿，而且结构上往往有所缩略。

1) 使用成对关联词语

A．"不……不……"，假设关系，相当于"如果……就……"。例如：

① 他不见棺材不掉泪。

② 不打不相识。

B．"非……不……"，条件关系，相当于"除非……否则……"。例如：

① 我非弄个水落石出不可。

② 这事非你出马不可。

C．"不……也……"，假设关系，相当于"即使……也……"。例如：

① 他不愿意也得来。

② 我不考也是第一。

D．"再……也……"，假设关系，相当于"即使……也……"。例如：

① 声音再大也不解决问题。

② 树影再长也离不开树根。

E. "一……就……"，连贯关系或条件关系，相当于"……接着……"、"只要……就……"。例如：
① 她一来就打扫卫生。
② 这绳子一拉就断。

F. "越……越……"，条件关系，相当于"只要……就……"。例如：
① 我越走越累。
② 语言越精越好。

2) 使用单个的关联词语

紧缩句常用"也"、"再"、"就"、"又"、"才"等关联词语。例如：
① 我没喝过什么蜂王浆也活了七八十。
② 有胆量再往前走一步。
③ 我想说什么就说什么。
④ 听了又听。
⑤ 无私才无畏。

紧缩句一般只是表示一重复句的关系，但有时也表示多重复句关系的。例如，"你爱吃不吃"是"你爱吃，你就吃；你不爱吃，你就别吃"的紧缩。

紧缩句可以单独成句，这时不用分析句子成分；它也可以作为复句的分句。

思考和练习七

1. 分析下列各句哪些是单句，哪些是复句，哪些是紧缩句。
(1) 小王站起来走过去开门。
(2) 他是我的老师，同时也是我的朋友。
(3) 无论谁，都得遵守法律。
(4) 只要你能工作，就应当工作。
(5) 他一上课就睡觉。
(6) 他不管在什么情况下，都要把事情做完。
(7) 他不管碰到什么问题，都要坚持下去。

2. 分析下列复句指出分句间关系。
(1) 共产党员是实事求是的模范，又是远见卓识的模范。
(2) 过了那林，船便弯进了港，于是赵庄便真在眼前了。
(3) 酒一到肚子里，话就多起来了。
(4) 不是鱼死，就是网破。
(5) 他虽说家里穷，但为人却很厚道。
(6) 只要坚持锻炼，身体就会强壮起来。

3. 用划线法分析下列多重复句。
(1) 我们面前的困难是有的，而且是很多的，但是我们确信，一切困难都将被全国人民的英勇斗争所战胜。

(2) 我们不论认识什么事物，都必须全面去看，不但要看它的正面，还要看它的反面。

(3) 按理来说，他这家个体小饭馆是不允许代买副食品的，可今天是大年三十，人家又等着急用，就算让工商管理局查出来，也没有什么大不了的，除非是故意找茬。

(4) 谁要是工作起来马马虎虎，不管他说得多么好听，人们也不会信任他。

(5) 我向来是不爱放风筝的，不但不爱，并且嫌恶它，因为我认为这是没有出息的孩子所作的玩意。

4. 修改下列病句，并说明理由。

(1) 与其在敌人的压迫下苟延残喘，还是勇敢地拿起武器跟他拼。

(2) 我们的工作已经很有成绩，但是以后还要继续努力。

(3) 技术革新以后，不但加快了生产速度，提高了产品的质量。

(4) 不管天气很冷，我们却干得满头大汗。

(5) 任凭我们已经做了许多工作，也不必自吹自擂。

(6) 他们的质量不是比沿海低，就是成本比沿海的高。

(7) 如果分析什么文章，只有掌握了这种方法，才能迎刃而解。

(8) 他生长在偏僻的山区，因而从小就对农民有深厚的感情。

(9) 只有谦虚谨慎再接再厉，就能取得更大的成绩。

第八节　句　　群

学习要点：了解句群的定义，句群与复句的区别，句群与段落的区别；掌握句群的类型以及正确分析多重句群的方法。

一、句群概说

(一)什么是句群

句群也叫句组，它由前后连贯共同表示一个中心意思的几个句子组成。例如：

① 老人男人坐在矮凳上，摇着大芭蕉扇闲谈，孩子飞也似的跑，或者蹲在乌桕树下赌玩石子。女人端出乌黑的蒸干菜和松花黄的米饭，热蓬蓬冒烟。(鲁迅《风波》)

② 天地有如此静穆，我不能大笑而且歌唱。天地即不如此静穆，我或者也将不能。(鲁迅《野草题辞》)

③ 你家院里有棵小树，树干光溜溜，早瞧惯了，可是有一天它忽然变得七扭八弯，愈看愈别扭。但日子一久，你就看顺眼了，仿佛它本来就应该是这样子。如果某一天，它忽然重新变直，你又会觉得说不出多么不舒服。它单调、乏味、简易、象根棍子！(冯骥才《高女人和她的矮丈夫》)

(二)句群与复句的区别

句群和复句既有联系,也有区别。句群和复句的联系主要表现在,句群的句子之间的关系类型和复句的分句间的关系类型基本上是相同的,因而在一定语境中有些句群可以变换成复句,有些复句可以变换成句群。

句群和复句的根本区别是构成单位不同:首先,句群的构成单位是句子,复句的构成单位是分句;其次,二者关联词语的使用情况不同,在复句中经常成对运用的关联词语,有些在句群中不能出现;最后,有些句式如问答句式、连问句式、连叹句式等,在句群中有,在复句中却没有。

(三)句群和段落的区别

这里的段落指的是自然段。一个自然段如果是由一个句子构成的,则段落中没有句群,如果是由几个甚至几十个句子组成的,则可能分出一个或几个句群;或分为既有句群,也有句群之外的句子。

由此可见句群和段落是两个不同的概念,其区别主要有两点:①句群是语言使用单位,属语言学范畴,划分的依据主要是语意上的向心性、逻辑上的条理性和相应的关联词语;自然段是文章结构单位,属文章学范畴,它的划分要受到多种因素的制约,如文章的内容、风格、题体裁、流派,作者的个性、习惯等。二者相比,自然段具有更大的任意性。②划分的目的不同。划分句群主要是为了研究句群的结构规律及其表达效果;划分自然段主要是为了使文章的眉目清楚,结构显豁。

二、句群类型

句群可以根据不同的标准进行分类。根据层次的多少划分,可以分成一重句群和多重句群两类;根据句际关系划分,句群可以分成并列、顺承、解说、递进、选择、转折、因果、目的、假设、条件、衬附等。

思考和练习八

1. 什么是句群?句群有哪些类型?
2. 句群与复句有何联系与区别?
3. 举例说说复句、段落与句群的不同之处。

第九节 常见的语法错误

学习要点:掌握常见的语法错误的类型及分析修改的方法,能纠正常见的语法错误。

学习语法,不仅要从正面掌握句子结构的规律,知道句子应当怎样组织,还应该从反面知道句子不应该怎样组织。因此，在学习语法的过程中，应该有意识地加强发现和纠正错误的训练，了解造句时常见的错误，更好地培养理解语言、运用语言的能力。下面介绍句法方面常见的语病。

一、搭配不当

(一)主语和谓语搭配不当

搭配不当的"搭配"指句法结构之间的组合关系和语义搭配关系。搭配不当，或指功能上不能组合，或指语义上不能对应，或兼而有之。搭配不当往往是由于不理解词义的配合或粗心大意而造成的。例如：

这个厂每年的奶粉的生产量，除了供给本地外，还向北京、河北等地运送。

检查句法错误，经常用拨开枝叶，先看主干后看枝叶的压缩法。拨开附加成分之后，剩下主干"生产量"(主语中心)和"运送"(谓语中心)，就容易看出主干是否能配合，因为运送是"奶粉"而不是"奶粉的生产量"，所以"的生产量"应该去掉。

想起当年的情景来，热烈的劳动场面和劳动时欢乐的笑声，就浮现在我的脑海里。

主语包括"劳动场面"可以"浮现在脑海里"，而"笑声"是只能听到不能"浮现"的，主谓搭配不当。这句话可改为："想起当年的情景来，热烈的劳动场面就浮现在我的脑海里，劳动时欢乐的笑声回响在我的耳边。"

(二)动语和宾语搭配不当

动语同宾语的组合，用途广、式样多，容易出错。例如：

我们怀着无比激动的心情参观了和倾听了革命图片展。

谓语中动词有两个，其中只有"参观"可以和"图片展"搭配，"倾听"不能和"图片展"搭配。这句话可以改用两个分句表达："我们怀着无比激动的心情参观了革命图片展，倾听了革命图片的简介。"原句两个动词共带一个宾语，其中一个能搭配，另一个不能搭配，因此顾此失彼而造成动宾搭配不当。

(三)定语、状语、补语与中心语搭配不当

(1) 定语与中心语搭配不当。例如：
干净的水源和干净的个人卫生习惯对每个人的良好的身体有很重要的影响。

主语中心同定语搭配不当，"干净"和"个人卫生习惯"不能搭配，应将"干净"改为"良好"。

(2) 状语与中心语搭配不当。例如：
他静悄悄地看着我。

谓语中心语同状语搭配不当，一般不说"静悄悄地看着我"，可以将"静悄悄"改为"默默"。

(3) 补语与中心语搭配不当。例如：
运动会上，她跑得快而好。
"跑"只能说"快"，不能说"好"，应删去"而好"，补语与中心语搭配不当。

(四)主语和宾语意义上不能搭配

在"是"字句里，主语和宾语之间常常表示同一事物或同类事物，否则就会出现主宾搭配不当的语病。例如：
今年的玉米收成是近几年来玉米收成最好的一年。
压缩掉枝叶以后，主干是"收成是一年"，这显然不合情理。可以改为"今年的玉米收成是近几年来最好的"或者改为"今年是近几年来玉米收成最好的一年"。
你知道她是个什么样的人？这种人是什么样的性格？
"这种人是什么样的性格"，主干是"人是性格"，显然主语和宾语不搭配，可以把"是"改为"具有"。

二、残缺和多余

残缺和多余是指成分残缺和成分多余，是句子不完整的表现，它可以造成句子结构不完整，表达的意思不准确。

(一)成分残缺

1. 主语残缺

一般的句子以主谓词组为材料，包含着主语和谓语两个部分。主谓句中的主语是陈述的对象，谓语则对主语加以陈述。没有主语，要说的是什么不清楚，没有谓语，话等于没说。在一定条件下，主语或谓语可以省略：第一，对话；第二，上文已经出现，或下文即将出现。不符合这两个条件，就不能乱省。运用主谓句，如果不具备上述两个省略的条件，无主或缺谓都是句子不完整的表现。主语残缺主要有以下几种情形。

(1) 滥用介词结构而缺主语，这是极为常见的毛病。例如：
① 在这次讨论会上，开得有声有色。
介词"在"经常同"上、下、方面、时候、里、中、内"等组成介词结构，用作状语，限定时间、处所、范围，不能用作主语。上例应让"这次讨论会"作主语，删"在"、"上"。
② 从这个寓言中告诉我们一个道理：我们都要做一个诚实的人。
"从"和"中"应删，让"这个寓言"作主语。

(2) 误把分句当作主语，这也是极为常见的毛病。例如：
① 看到您这么健康，使我很高兴。
"看到您这么健康"本来是一个分句，蒙后省略主语。但是后一分句误用一个"使"字，变为一个兼语词组，"看到您这么健康"成了全句的主语，实在不妥。"使"字应删，让"我"做全句的主语，还"看到您这么健康"以分句的地位；或删"看到"，让

"您这么健康"作全句的主语。

② 老教授带领的调查组所调查的地方，受到村里人们的热情招待。

"受到……热情招待"的本应是"老教授带领的调查组"，"调查组"在意念上是受事主语。但在后面加上"所调查的地方"，使"受到……热情招待"的对象变为"地方"，这在逻辑上是说不通的。应把"所调查的地方"这个偏正词组变为一个分句，恢复"调查组"作为全句主语的地位，即"老教授带领的调查组每到一个村"。

(3) 有时主语有较长的定语，写了前面忘了后面，把真正的主语(中心语)给丢了。例如：

院子前面，一片绿绿的、嫩嫩的，开着漂亮的小花。

后头缺少名词性中心语同定语搭配，全句因而缺主语。应在"嫩嫩的"之后加"草地"。

(4) 误用省略而丢失主语。例如：

她是语言学界的老专家，1980年就把她作为中坚力量来培养了。

第二分句如果也是承前省略"她"，就与全句不能完全配合了，因为她不能把自己作为中坚力量来培养，能培养她的是暗中更换主语(上级领导)，但缺少了。这个句子可以改为"她是语言学界的老专家，1980年领导就把她作为中坚力量来培养了"。

2．谓语残缺

相对于主语来说，谓语是更为重要的。没有谓语，说了主语等于没说。整个谓语部分全缺的情况极少见到，通常见到的谓语部分残缺的毛病是其中主要组成部分残缺，或宾语残缺。例如：

今年七月，山西省全省中小学生珠心算竞赛。

"竞赛"像是动词，但前面加上"全省中小学生珠心算"这个定语，已经用作定语中心，因此全句缺少谓语动词，应在"全省"之前加上"举办"。

3．宾语残缺

宾语一般是动作、行为的对象、结果或主动者等。由"主——动——宾"这种结构组成的句子，宾语是相当重要的成分，缺少了它，句子便不完整。宾语全部残缺的情况不多见。除非是非常粗心大意，才会把简单的宾语丢失，造成宾语全部残缺。更多的是动语和宾语搭配不当。例如：

电通了，村民的用电问题得到了。

"电通"不可能"得到用电问题"，只能是"用电问题得到了"什么，这个"什么"没说出来显然不行，宜加"解决"。

4．定语、状语缺少或者不完整

定语和状语都是修饰语，定语和状语缺少或不完整会造成句子的语义模糊或不够准确。例如：

① 你现在只是迈出了万里长城的第一步，要取得好的成绩，还要在今后相当时间内，继续努力才行。

"相当时间"一般是指某一个时间，语义模糊，应在"相当"后加"长的"，让"相当长"作时间的定语。

② 今年就要高考了，我们应当努力地学习。

应在"努力"前加"更加"之类的程度副词作状语，因为在平时的学习中都应当努力，"努力"前不加状语，语义就不够准确。

(二)成分多余

成分多余有两种情况。一种是句子里有多余的成分，但意思表达得还算清楚。例如：

面前摆着一张木头的木桌子。

既用"木头"，自不必再说"木桌子"。这种情况就是所谓的重复。

另一种是句子里多了一些根本不能有的成分，因而意思不通，不好理解。下面要讲的就是这种情况。

1. 主语有多余成分

这些年轻的学者，为了科学的进步，为了祖国的繁荣，这些专家呕心沥血奋斗在科研战线上。

"这些专家"是多余的主语，应该删去。

2. 谓语有多余成分

有些句子已有一个动词或动词性词语作谓语，又加进一个动词或动词性词语作谓语。例如：

你的这种言行严重影响到了我们公司的形象，我们一定要加以严厉批评。

"加以"是多余的，应该删去。

3. 宾语有多余成分

动词后本来有合适的宾语，可是还硬要加进不合适的词语，造成宾语有多余的成分。例如：

这次损失是你的失误造成的结果。

这个例子的毛病是判断词"是"和多了个赘余成分的宾语不搭配，使句子主干成了"损失是结果"，删除"结果"。

4. 定语多余

她在专业的大学里学习了四年英语。

"大学"当然是专业的，定语"专业的"应当删除。

5. 状语多余

这个电视剧和我们的现实生活紧密地密切联系在一起。

"密切"是多余的，应删去。

6．补语多余

广场上经常出现出一个穿着红色风衣的女人。

"出现"后的补语"出"是多余的，应删去。

三、语序不当

语序是汉语的重要语法手段之一。语序既有灵活性，也有强制性。不同的语序往往反应不同的结构层次和结构关系。语序不当，会使句意表达不清，产生歧义甚至造成语病。

(一)定语和中心语的位置颠倒

东区家属院学校，我家就在那儿。

因为"学校"是上位概念，"东区家属院"是下位概念，应该是前者限制后者。原句定语和中心语位置颠倒了，应改为"学校东区家属院"。

(二)把定语错放在状语的位置上

她用自己情绪饱满的感染着大家。

"饱满的"应放在"情绪"的前面，原句把定语错放在状语的位置上了。

(三)把状语错放在定语的位置上

解放军消灭了彻底野蛮的侵略者。

"彻底"应放在"消灭了"的前面，原句把状语错放在定语的位置上了。

(四)多层定语语序不当

多层定语的排列顺序有很大的强制性，由远及近层层递加至中心语。如果排列不好，就会造成多层定语语序不当。例如：

这是一种特效的治疗心脏的药。

"特效"是形容词，应移到"药"的前边，并去掉前一个"的"字。

(五)多层状语语序不当

为了配合学院建设，必须把科研通过各位老师的辛勤工作搞上去。

"搞"前头有两个状语是"把科研"和"通过各位老师的辛勤工作"，两个状语语序排列不当，应颠倒过来。

四、句式杂糅

内容相关的两个句子杂糅在一起，造成结构混乱、语义不清，这种语法错误叫作句式杂糅。句式杂糅常见的有两种情况。

现代汉语

(一)两种说法混杂

同一内容,往往可以采用不同的说法,如果在说话、写作时拿不定主意,既想用这种说法,又想用那种说法,结果把两种说法都用上,糅到一起,形成两句混杂。例如:

参观了抗日战争的图片展,对我启发教育很大。

这句的改法有两种:①改成"抗日战争的图片展,对我启发教育很大"。②改成"参观了抗日战争的图片展,我受到了很大的启发教育"。

(二)前后牵连

把前一句的后半句用作后一句的开头,硬把前后两句连成一句,就会造成前后牵连。例如:

我用了两个月的时间做好了课件为我以后的教学打下了良好的基础。

"课件"既是"做好了"的宾语,又是"为我以后的教学打下了良好的基础"的主语,却又不是兼语句。可以把"好"后头的"了"改为"的":我用了两个月的时间做好的课件为我以后的教学打下了良好的基础。

思考和练习九

修改下列病句,简单说明原因。
(1) 我坦率地自报了家门、职业和如何认识对方。
(2) 全班同学都聚精会神地注视着和倾听着老师的讲解。
(3) 这个问题需要认真地深刻地思考和讨论一下。
(4) 哥哥一回家,没说一句话就抱着大哭,然后躺在床上病倒了。
(5) 孩子们漂漂亮亮地穿衣服,准备去演出。
(6) 家长不应当助长甚至迁就孩子的缺点。
(7) 往事的回忆又像电影一样一幕一幕地在我眼前映现。
(8) 敌人已经发现我们了,这里不能久住,今晚六点出发瓦窑堡。
(9) 我们在教学上一定要提倡普通话。
(10) 考试场设在一间古色的大厅里举行。

第六章　修　辞

章首语：本章主要讲述修辞的基本概念以及基本原则，修辞与语音、词汇、语法、逻辑、语用之间的关系，词语、句子以及声音的选择，各种常见的辞格和语体等，让学生对现代汉语修辞有一个全面的了解，能够掌握词语锤炼、句式选择的方法和要求，熟练地分析和运用各种常用的修辞格，熟悉各种语体的特点并能辨析不同的语体，充分调动各种修辞手段来提高语言表达能力，增强语言表达效果。

第一节　修辞概述

学习要点：什么是修辞；修辞的基本原则；修辞与语音、词汇、语法、逻辑、语用之间的关系。

一、修辞和修辞学

语言是人类最重要的交际工具。语言表达效果的好坏，往往会影响到语言交际功能的发挥程度。在具体的运用语言传递信息、表情达意的过程中，表达同样一个意思，可以有不同的表达方式，但总有一种是最准确、最可理解、最具感染力的，并且最符合说话者的表达意愿，最适合接受对象和交流场合的、得体的、适度的表达。人们应当通过采用各种方法和手段，追求最佳的表达效果，这样的言语实践，就是修辞。可见，修辞不同于一般的语言行为，它是在一定的题旨情境下，运用恰当的语言手段，以追求理想表达效果的一种言语表达行为。修辞可从以下三个方面加以理解。

第一，运用恰当的语言手段。它既包括词语的选用和配合，句子的锤炼和选择，也包括运用特定的修辞方式、篇章结构和语体风格等；既包括同义手段的选择，即在同一个意思的不同表达方式中，选择其中最有效的表达手段，也包括某一手段的变异使用，即把某一表达方式加以变化，变为异乎寻常的表达手段来提高语言的表达效果。

第二，适应特定的题旨情境。语言交流总是在一定的情境下进行的，修辞现象总是特定的语言环境的产物，它不可能脱离具体的修辞内容、接受对象和语言情境而存在，而此三者正是特定的题旨情境的构成因素。通俗地讲，在交流过程中，我们要提高语言表达效果，就不能不分清接受对象，就不能不与特定的语言环境相适应。

第三，追求理想的表达效果。运用恰当的语言手段，适应特定的题旨情境，目的是为了取得理想的表达效果，这一点也正体现了修辞的终极目的。古人云："言之无文，行而不远。"（《左传·襄公二十五年》）其中的"文"就是指文采、文饰，也就是语言的艺术性，对"文"的要求，正是对理想的表达效果的期望，这也恰恰说明修辞对表达效果所起到的重大作用。

在修辞实践中，以上三个方面是紧密联系、不可分割的。使用什么样的语言手段取决

于对题旨情境的适应，而好的表达效果又要通过语言手段来实现。如果忽视或取消了某一个方面，就不能达到修辞的目的。在这三个方面中，运用恰当的语言手段是关键。

通过以上的分析，我们可以得出这样的结论：修辞是以在特定的题旨情境中运用恰当的语言手段为研究对象的，从词、句到篇章、语体的所有表达手段都是它的研究内容，而追求理想的表达效果，则是修辞的根本任务。

在我国，"修辞"一词出现得很早，但在相当长的一段时间里，修辞学并不是一门独立的学科，有关修辞的论述只是散见于解经、文论、史论、诗话、词话、笔记、随笔等之中。魏晋南北朝时，刘勰的《文心雕龙》对诗文的修辞规律进行了较系统的探讨。直至元朝的《修辞鉴衡》，才出现了我国第一部以修辞命名的著作。五四运动以后，修辞作为一门独立的学科，得到了全面、系统的探讨和研究。而 1932 年陈望道的《修辞学发凡》开拓了修辞研究的新境界，标志着现代修辞学的创立。修辞学就是对积极有效的言语表达行为的规律规则的概括和归纳，其主要任务是通过自身的理论探讨汉民族语言艺术交际的技巧，通过美的言语形式获得成功的交流与沟通，并引导人们的审美价值取向，开拓人们的情感世界与心灵美德，为提高人们的语言素质和审美能力、为加强社会主义精神文明建设，发挥自己应有的作用。

二、修辞原则

修辞是一种追求有效性的言语表达形式，有效与无效是由听话者确定的，因此说话者(言语表达者)不能不考虑听话者。为了使交际顺利有效地进行下去，达到交际的目的，修辞必须遵守以下两条原则。

(一)合作原则

修辞的基本功能是为了增强语言的表达效果，以期达到理想的交际目的。我们运用种种修辞手法，不是仅为了自我欣赏，而是为了提高语言的表现力、感染力、说服力，使听众或读者能对所表达的意思有正确的理解，受到强烈的感染，引起一定的反应。从这个意义上讲，在语言交际过程中，听话人与说话人占着同样重要的地位。俗话说"话不投机半句多"，双方的真诚合作，是获得良好的交际效果的前提和基础。

这里所说的合作不仅指形式方面的合作，更重要的是指内容与精神方面的合作。严格地说，应该叫合作精神。只要交际能进行下去，无论采取何种方式都是合作。例如：

老张："老王，有一阵没见了，过得怎么样啊？"
老王："哎！断了把儿的茶壶啊。"
老张："老朋友有什么难事了啊？说来听听，看我能不能帮你。"

上述对话中，老王所言"断了把儿的茶壶"，显然是歇后语"断了把儿的茶壶——没法儿提"的前半句，它的言外之意则是后半句；而老张理解了话外之意，因此他的回答就表现出了一种合作精神。两人的对话得以顺利完成，正是基于这样的合作精神。反之，假设老张回答："茶壶是怎么断把儿的呢？"则表明合作关系断裂，对话就无法正常进行了。

第六章　修辞

合作原则是交际的前提，没有合作就无所谓交际，更谈不到交际效果的好坏。因此，修辞的首要原则就是合作，只有合作才会有修辞。

(二)得体原则

怎样才能获得理想的交际效果，取决于语言形式是否得体。所谓得体，指的是言语交际时说什么、怎样说，一句话有几种说法，哪种说法最合适，什么时间、什么地方、对什么人说，上一句是怎么说的，下一句打算怎么说等。用一个词概括——语境。语境是指客观存在的语言活动的环境，是社会制度、政治气候、时代思潮、人文状况及特定交际环境的总和。语境不仅规定了语言的含义，规定了语言的表达方式，对语言的表达具有制约功能，而且对语言的理解也具有解释功能，它对语言的运用有非常大的影响。修辞效果只有在一定的语境中才能体现出来，离开了语境，很难评定各种修辞手段的优劣。例如：

他走近柜台，从腰间伸出手来，满把是银的和铜的，在柜台上一扔说："现钱，打酒来！"
(鲁迅《阿Q正传》)

他不回答，对柜里说，"温两碗酒，要一碟茴香豆。"便排出九文大钱。……

他从破衣袋里摸出四文大钱，放在我手里，见他满手是泥，原来他便用这手走来的。
(鲁迅《孔乙己》)

同样是沽酒，同样是付钱，在鲁迅先生的笔下却分别用了"扔"、"排"、"摸"。这三个极平常的动词，却活灵活现而且非常得体地刻画出阿Q、孔乙己这两个极不平常的人物形象来。作者在这里所考虑的不外乎是不同的语境因素，即表达目的、所刻画人物的身份、性格、处境、心情等。

(金三爷说)"亲家！怎么回事哟！日本鬼子把你打成这样？我日他们十八辈儿的祖宗！"
(老舍《四世同堂》)

在那样的时刻，在那样一个特殊的语境当中，出自金三爷这样的人物之口，连脏话、粗话也是很得体的。

再比如，同样是问对方的年龄，就可以有以下多种问法。

您今年高寿？(适于询问高龄长者)

你几岁了？(一般只适于问低龄孩童)

您贵庚？(书面色彩浓，适于较庄重的场合)

请问芳龄几何？(适于询问年轻女性)

当然，针对不同的交际环境，必会有一种选择是最为协调、最为得体的。

得体原则是保障合作原则实现的必要条件，得体原则贯穿于语言交际的始终。

三、修辞方式

通过语言单位表达意义并取得理想效果的手段或方法叫作修辞方式。修辞方式可以分为两类：一类是以语言的词汇、语法、语音的结构形式本身去实现的，叫作一般修辞方式或消极修辞；一类是以语义的特殊手段采取特定的表达方法去实现的，叫作特殊修辞方式

或积极修辞。一般修辞的各种规则简称辞律,特殊修辞的各种格式简称辞格。辞律和辞格都是修辞的规律或模式。辞律又可以概括为两种,即词语选用的规律和句式选择的规律。辞格又可以分为若干个小类,如比喻、比拟、借代等。(此部分内容后文专门阐述)

思考和练习一

1. 有人说:"修辞就是讲究字词,就是选用适当的语句,就是玩文字技巧。"你对这种说法如何理解?
2. 修辞与语言的三要素之间有什么关系?
3. 用修辞原则解释下面几句问年龄的不同说法。
① 您今年高寿?
② 请问贵庚多少?
③ 芳龄几何?
④ 您今年多大了?
⑤ 你几岁了?

第二节 词语的选择

学习要点:掌握词语选择的基本要求和词语选择的范围;能够从选择词语的角度分析词语的修辞效果。

一、选择词语的要求

词语是语言建筑的材料,我们说话、行文总是从运用词语组成句子开始的,组词成句是话语表达最基础的一环,运用词语的好坏,最先影响到修辞的成败。

刘勰在《文心雕龙·章句》里把用词妥帖精确作为立言之本。如果用错了词或用了不恰当的词,就会"辞不达意"。所以在话语交际中,选择词语尤其重要。

选择词语有两个要求:一要准确贴切,二要简练生动。

(一)准确贴切

准确贴切是选用词语的基本要求,使用词语首先要准确,既能使语句通顺,更要能准确地传情达意,完成交际任务。

要做到准确贴切,得从两个方面加以考虑:首先必须准确地理解词语的意义和用法,准确地掌握意义相近的词语之间、同一个词语的几个相关的意义之间的细微差别,只有这样,选用时才能得心应手,准确定位;其次必须适合语境,选用词语必须考虑到交际的对象、内容、场合等,与语言环境相协调,相吻合,不致影响意思的准确表达。如:

可是从此以后,每逢看到蜜蜂,感情上疙疙瘩瘩的,总不怎么舒服。

(杨朔《荔枝蜜》)

"疙疙瘩瘩"、"不怎么舒服"准确而贴切地描写了作者对蜜蜂既不喜欢又不是很讨厌的别扭心情。

(二)简练生动

在准确贴切的基础上，选择词语还要求用词的简练和生动。就是说，要尽量避免重复和啰唆，要在真实的基础上，创造性地叙事、状物或写人。例如：

我们在青帝宫寻到个宿处，早早睡下，但愿明天早晨看到日出。可是急人得很，山头上忽然漫起好大的云雾，又浓又湿，悄悄挤进门缝来，落到枕头边上，我还听见零零星星几滴雨声。我有点焦虑……

(杨朔《泰山极顶》)

只一个"挤"字，就包含了极大的信息量：既反映了门缝里进雾的特点，也反映了外面云雾之浓，还反映了"我"不愿意接受雾而又无力排除它的矛盾心情。

赵劲脸色严峻，那由心里涌出来的难过爬上了嘴角。

(杜鹏程《保卫延安》)

"爬"字，把"难过"心理的流露写活了。

以上例句中的这些词语都很简练，但正是由于这些简练而传神的词语，使语句放出了光彩，增添了神韵。

二、词语选择的范围

选用词语最常见的是动词、形容词、名词。

(一)动词的选择

动词在结构句子和传递信息中具有独特的作用。动词在汉语中是相当丰富的，各种动作和行为的细微差别都可以用适当的动词区别开来，从修辞的角度看，我们在叙事、写人或描绘景物时，用好动词往往也显得特别重要。例如：

司令员向外看，黑暗已经悄悄地从他身边逝去，黎明爬上了窗子。

(杜鹏程《保卫延安》)

一个动词"爬"很好表现了黎明到来时，光线渐渐照到窗子上的过程，这样写，寓静于动，简捷而鲜活。

"一手交钱，一手交货!"一个浑身黑色的人，站在老栓面前，眼光正像两把刀，刺得老栓缩小了一半。

(鲁迅《药》)

"刺"极其精确地写出刽子手的可怕与凶恶，同时配合使用一个"小"字，衬托出老栓这样普通老实的人在当时社会中的卑微地位。

(二)形容词的选择

形容词表示事物的性状，对形容词加以选择，可以使事物的性质更为明显，状态更为生动，例如：

初稿：从此就看见许多新的先生，听到许多新的讲义。
改句：从此就看见许多陌生的先生，听到许多新鲜的讲义。

(鲁迅《藤野先生》)

初稿中两处使用了同一个词"新"，表意不很明确，并产生了歧义：第一处"新的先生"是新来的，还是新认识的？第二处"新的讲义"是指新印出的，还是指新鲜内容？改为"陌生的先生"、"新鲜的讲义"后，表意就非常明确了，歧义也就随之消失了。

我掀开帘子，看见一个小姑娘，只有八九岁光景，瘦瘦的苍白的脸，冻得发紫的嘴唇，头发很短，穿一身很破旧的衣裤，光脚穿一双草鞋，正在登上竹凳想去摘墙上的听话器，看见我似乎吃一惊，把手缩了回来。

(冰心《小橘灯》)

上例中用"瘦瘦"、"苍白"、"发紫"、"破旧"等形容词真实地刻画了一个被生活所困的小姑娘的形象。

(三)名词的选择

名词表示人或事物的名称，一种事物往往可以有多个名称，用什么名词来指称特定语境中的人或事物，还是很有讲究的。例如：

于是我自己解释说：故乡本也如此——虽然没有进步，也未必有如我所感的悲凉，这只是我自己心情改变罢了。因为我这次回乡，本没有什么好心绪。

(鲁迅《故乡》)

"心情"、"心绪"本来意思十分接近，这里分别选用，既避免了重复使用，也是应上下文语境的需要而确切反映作者的思想状态的。

词语的选用并不限于动词、形容词、名词，还可以选用数词、量词、副词、代词甚至某些虚词，选用得好，都有增强表达效果的作用。例如：

你这没有骨气的文人！

(郭沫若《屈原》)

郭沫若将初稿中"你是没有骨气的文人"改为"你这没有骨气的文人"，仅仅改用了一个代词，将陈述句改成感叹句，语气陡增，这句台词也顿时增色生辉。

过了八公里长的瞿塘峡，乌沉沉的云雾突然隐去，峡顶上一道蓝天，浮着几小片金色浮云，一注阳光像闪电样落在左边峭壁上。

(刘白羽《长江三日》)

因为作者是在三峡中看蓝天，不能把整个蓝天尽收眼底，所以看上去只是"一道"；浮云是"几小片"，也很恰当；"一注"阳光尤其精彩，"注"本是动词，这里借来作为

量词,形象地写出了阳光不是大片而是成线条状照射在峭壁上,就像水注射到峭壁上,像闪电落到峭壁上。"一道"、"几小片""一注"写出了三峡奇特的美景。

白求恩同志,我也要批评你两句。你不很注意——不,是很不注意——自己的健康!

(电影《白求恩大夫》)

"不"和"很"两个副词,组合顺序不同,表意不一样。"不很注意",说明还比较注意;"很不注意",说明非常不注意。先说"不很注意",表意不精确,改用"很不注意",就充分表现了白求恩同志毫不利己、专门利人的崇高精神,表意十分精确。

可见,词语的选用对于加强语言的表达效果有很大作用。

思考和练习二

1. 词语选择有哪几方面的要求?
2. 从选择词语的角度谈谈下面加点词语的修辞效果。
(1) 祥子的脸通红,手哆嗦着,拍出九十六块钱来:"我要这辆车!"
(2) 洋缎、洋布、洋粉、洋取灯儿、洋钟、洋表,还有洋枪,像潮水一般地涌进来,……钱都随那个"洋"字流到外洋去了!
(3) 我这时很兴奋,但不知道怎么说好,只是说:
"阿!闰土哥,——你来了?……"

我接着便有许多话,想要连珠一般涌出:角鸡,跳鱼儿,贝壳,猹……但又觉得被什么挡着似的,单在脑里回旋,吐不出口外去。

他站住了,脸上现出喜欢和凄凉的神情;动着嘴唇,却没有作声。他的态度终于恭敬起来,分明的叫道:

"老爷!……"

(4) 他给我拣定了靠门的一张椅子;我将他给我做的紫毛大衣铺好坐位。他嘱我路上小心,夜里要警醒些,不要受凉。(朱自清《背影》)

第三节 句子的选择

学习要点:明确句式选择的要求和句式选择的范围;能够从句式选择的角度分析句子和语段的修辞效果。

一、选择句子的要求

句子是语言运用的最小单位。要表达同一个意思,可供选用的句子、句式往往会有很多。不同的句子所表现出的语气、情味、风格、色彩等也各不相同,这就必然会影响到运用语言进行交流的最终实践。从语言运用的角度讲,一个句子有无修饰与附加成分、附加

成分的多少、词与词的先后次序、虚词的有无等，都可以影响到句子的表达效果。例如：

① 山呼，海唱。
② 山在欢呼，海在歌唱。
③ 巍巍群山在欢呼，滔滔大海在歌唱。

这三句都是由两个主谓句构成的复句，但表达效果并不相同。

例①形象不够具体，但语气急促，简洁明快；例②形象虽然也不够具体，但语气较舒缓，增加了一些抒情色彩；例③形象具体鲜明，语气也更舒缓，使得抒情色彩更浓了。

再如"他不认识我"和"他也不认识我"，后一句就比前一句多了一层"还有别人不认识我"的意思了。而"他不认识我吧"、"他不认识我的"意思又有所不同。因此，我们必须对汉语的各类句子进行分析研究，了解各类句子的表达效果，才能有效地选择、调整句子，增加表达的文采，提高语言的表现力。

有效地选择句子，需遵守以下三个基本要求。

第一，句间句内紧密连贯、协调流畅。

一个句子或分句，在具体的话语环境里是受前后语句制约的。配置时必须注意上下语句衔接紧密和意义连贯，否则不能准确表意。例如："作者没有把简·爱写成美丽多情、温柔娇弱的天使，而是一个渴望自由平等、勇于和自己所处的恶劣环境作斗争的妇女。"前一分句是说作者没有把简·爱写成天使，后一分句在结构上好像是承接前句的，但是从意思上看却是陈述简·爱的，两个句子衔接不上。如果在后一分句的"而是"后面补上"把她写成"，句子就通畅了，上下语句在结构上也要协调一致，否则也会影响句子的连贯流畅。又如："我们学校积极开展工作，落实各项政策，拨乱反正，整顿校风，把'四人帮'的流毒彻底肃清。"最后一个分句用"把"字句，跟前面的分句不协调，应该改为"彻底肃清'四人帮'的流毒"。有时句子与句子的关系需要用连接性词语来说明。连接性词语像环子，把不同的句子串连起来。缺少了这类词语，句子就会脱节。例如："许多青年同志喜欢读诗，也喜欢写诗。不管为了读诗或写诗，都不应该忘记我国诗歌的优良传统，我们自然会想起唐诗，寻找这个诗歌的艺术宝藏。"这里每一个分句，每一个句子都是完整的，但是"不应该忘记我国诗歌的优良传统"与"我们自然会相起唐诗"衔接不上，中间缺少了一些连接性的词语。如果加上"一谈到诗"，句子就连贯流畅了。

第二，句子严谨周密，意思完整集中。

要把句子组合得精确严密，不仅要审慎地选择和使用修饰语，还要注意句子成分的完整性、成分与成分关系的妥帖性。由于修饰语在句中主要起描写和限制的作用。句子的一些细微的差别、特殊的含义，往往是通过修饰语来体现的。缺少了这些必要的修饰语，意思就表达得不明确。例如："我们做青年工作的同志必须坚决支持青年的要求，维护青年的利益。"这里"要求"和"利益"前面缺少了必要的修饰成分，意思就没有表达清楚。如果分别加上修饰语，说成"支持青年的合理要求，维护青年的正当利益"，就准确、严密得多了。有时一个句子，缺少了必要的成分，或者某些成分不完整，也无法正确表达意思。例如："当我遇到一些困难，他总是想尽一切办法帮助我解决。"介词"当"后面要求带名词性的宾语，应该在"困难"的后面加上"的时候"，介词结构才能成立。有时不

第六章 修辞

注意句中成分的关系,会使句子的意思自相矛盾。例如:"您在这新的长征路上将如何前进呢?是退却,是踌躇,还是勇往直前呢?"这一句子中前面讲"如何前进",下面却出现了"退却"、"踌躇"等词语,显然上下文脱节,不相照应,当然谈不上表达上的周密完整了。

第三,句子随情切境,表达简练生动。

汉语中有无数的句子,它们在句形长短、结构整散、关系松紧、语体色彩等方面都有自己的特点,因此,在写文章说话时,必须要根据特定的情境来选择使用不同的句子。在这个方面做得好,就能切情切境地传情达意,使话语富有艺术魅力。

二、句子选择的范围

(一)整句和散句

整句就是把结构相同或者相似、语气基本一致的一组句子整齐地排列在一起。散句则是把结构不一致、长短不一、语气各异的一组句子交错地排列在一起。从修辞效果上看,整句和散句各有特色:整句往往用对偶、排比、层递、顶针、回环等修辞格构成,形式整齐,音律和谐,气韵贯通,意义鲜明、集中,有利于突出作者的思想感情,具有整齐美,因而多用于诗歌、文艺性散文;散句则不拘一格,自由活泼,富于变化,能产生明快、生动的表达效果,具有参差美,因而多用于记叙文、说明文。例如:

我们分担寒潮、风雷、霹雳;我们共享雾霭、流岚、虹霓。

(舒婷《致橡树》)

上例这个整句的两个分句字数相同,句式也相同,构成对比关系,分述恋人之间同甘苦、共患难的不同情况,表现那种较为理想的、建立在理解、支持与平等基础之上的爱情关系,抒情强烈激越,音调悦耳和谐。

为了搭起滑道,他们翻越了多少陡峭的悬崖绝壁;为了找寻水路,他们踏遍了多少曲折的幽谷荒滩。

(袁鹰《井冈翠竹》)

上例两个分句构成对偶形式,凝练集中地表达了井冈山人创业的艰辛。

车开了。经过短暂的混乱之后,人们又已经各得其所,各就各位。各人说着各人的闲话,各人打着各人的瞌睡,各人嗑着各人的瓜子,各人抽着各人的烟。

(王蒙《春之声》)

上例各分句构成排比句式,基本全面地反映了闷罐子车中人们各行其是而又彼此相安的特殊氛围。

希望是附丽于存在的,有存在,便有希望,有希望,便是光明。

(鲁迅《在北京女师大学生会的讲话》)

上例采用顶真句式,精辟地说明了"存在、希望、光明"之间相互依存的辩证统一关系,突显了作者的睿智,给人以深刻的启迪。

走生路,生而出新;走险路,险而出奇;走难路,难而不俗。

(徐刚《黄山拾美》)

上例这个整句由三个分句组成,分句字数、结构都相同,语气也一致,兼用排比、顶真句式,表达一个完整、醒目的意思。

散句的表达效果是变化美和飘逸美,它灵活自然,能取得生动活泼的艺术效果。例如:

不过,瞿塘峡中,激流澎湃,涛如雷鸣,江面形成无数漩涡,船从漩涡中冲过,只听得一片哗啦啦的水声。过了八公里的瞿塘峡,乌沉沉的云雾,突然隐去。峡顶上一道蓝天,浮着几小片金色浮云,一注阳光像闪电样落在左边峭壁上。

(刘白羽《长江三日》)

上例描写瞿塘峡的景色,句式各种各样,字数长短不一,各种句式交错使用,散而不乱,参差灵活,形象生动,把瞿塘峡的美景描写得栩栩如生,避免了单调呆板、毫无生气之嫌。

一般情况下,整句和散句交错运用,在整齐中有变化、匀称中见参差,使语句既生动活泼又气势连贯。例如:

燕子去了,有再来的时候;杨柳枯了,有再青的时候。但是,聪明的,你告诉我,我们的日子为什么一去不复返呢?

(朱自清《匆匆》)

这段文章开头用整句写时节往复的规律,接着用散句对光阴流逝提出疑问,突出不甘岁月蹉跎的文意。整散结合,如行云流水,使人得到美的享受。

(二)长句和短句

长句只是就短句而言的,是指词语多、容量大、结构复杂、形体较长的句子。短句是指词语少,结构简单,形体较短的句子。至于复句,不管它有多长,容量有多大,只要构成复句的单句,符合短句的特点,那么这个复句就同样属于这里所说的短句了。长与短是相对而言的,不必作机械的划分。

长句和短句各有各的表达效果。长句表意严密、周详、精确、细致,抒情深沉、细腻,使整个表达条理贯通、气势磅礴。它一般是在精确地叙述事物或严密地说理论证的情况下使用。政治论文、科学论文以及文学作品中描写自然景色或人的心理状态、思想变化的句子多用长句。例如:

这是我们交际了半年,又谈起了她在这里的胞叔和在家的父亲时,她默想了一会儿之后,分明地,坚决地,沉静地说了出来的话。

(鲁迅《伤逝》)

这个句子在宾语中心词"话"的前面用了很长的定语,构成一个长单句。

每逢看到了欣欣向荣的庄稼,看到刚犁好的涌着泥浪的肥沃的土地,我的心头就涌起像《红旗歌谣》中的民歌所描写的——"沙果笑得红了脸,西瓜笑得如蜜甜,花儿笑得分

第六章　修辞

了瓣，豌豆笑得鼓鼓圆"这一类带着泥土、露水、草叶、鲜花香味的大地的情景。

(秦牧《土地》)

这个长句子用了复杂状语：两个"看到了……"；宾语"情景"又有一个很长的定语："像《红旗歌谣》……鼓鼓圆"、"这一类……大地的"。经过多重修饰限制，具体、细致、明确、生动地描写了"我"心头涌现的情景，使读者如同身临其境，充分地领会作者对土地的深厚情感。

至于我的喊声是勇猛或是悲哀，是可憎或是可笑，那倒是不暇顾及的；但既是呐喊，则当然须听将令的了；所以我往往不恤用了曲笔，在《药》的瑜儿的坟上凭空添上一个花环，在《明天》里也不叙单四嫂子竟没有做到看见儿子的梦，因为那时的主将是不主张消极的。

(鲁迅《呐喊·自序》)

这是一个五重复句，通过分句间的并列、因果、转折等关系构架，把"我"在处理自己作品时特殊的内心想法展示得清清楚楚。

短句的表达效果是简洁、生动、明快、有力，节奏性强，叙事简明，抒情强烈。它常用于口语中；在文艺作品中一般用于表达欢快、激动、愤怒的感情，渲染激烈、紧张、恐怖的气氛等。例如：

但竟在执政府前中弹了，从背部入，斜穿心肺，已是致命的创伤，只是没有便死。同去的张静淑君想扶起她，中了四弹，其一是手枪，立仆；同去的杨德群君又想去扶起她，也被击，弹从左肩入，穿胸偏右出，也立仆。但她还能坐起来，一个兵在她头部及胸部猛击两棍，于是死掉了。

(鲁迅《记念刘和珍君》)

这段文字几乎全用短句构成，节奏快而有力，突出了反动政府对青年学生进行虐杀的残酷本性以及作者无比愤慨的思想感情。

啊，美，伟大的美，令人陶醉的美。

(峻青《沧海日出》)

上例对"美"的三重递进，构成了短促有力的感叹句，节奏鲜明，感情激越，简洁明了表达了作者对日出美景的赞叹。

虽然长句多用于论说性的文章，短句多用于文艺性作品，但是较多的情况下，是把长短句配合起来使用，根据表达的需要，该长则长、该短则短，长短交错，把话语组织得灵活多变，曲尽其妙地传情达意，增强话语的表现力。例如：

周家的罪恶，我听过，我见过，我做过。我始终不是你们周家的人，我做的事，我自己负责任。不像你们的祖父、叔叔，同你们的好父亲，背地做出许多可怕的事情，外表还是一副道德面孔，是慈善家，是社会上的好人物。

(曹禺《雷雨》)

这段前边先用三个短小精悍的句子，节奏快而激昂；后边用了两个长句，语气变得舒缓。这种长短相间、错落有致的句子排列，既表达了说话者愤怒、激动的感情，也表达了说话者对周家罪恶的深刻认识。

就一般情况来说，说话写作时，在不损害表意的原则下，以多用短句为好。因为短句容易组织，少出错误，明白易懂。

(三)肯定句和否定句

在交流过程中，同一个意思，可以从正面去表达，也可以从反面去表达。从正面去表达意思，对事物作肯定判断的句子，是肯定句；从反面去表达相同的意思，对事物作否定判断的句子，是否定句。两者语意的轻重、强弱不同。一般来说，肯定句语气明确而强烈，否定句语气较灵活缓和。例如："我没有失败/我胜利了"，虽然表达了同一个意思，但前一句在语气上明显比后一句弱了很多。

否定句有单重否定句和双重否定句。单重否定句只有一次否定。例如：

这时，在我周围，已不是一个严寒的冰雪之夜，眼前蓦地看见千百万盏灯火的海洋。

(曹禺《我们的春天》)

这三千里江山已不再是孤零零的半岛，而是保卫人类和平的前哨。

(杨朔《三千里江山》)

单重否定句比起肯定句来，虽然语意轻些、弱些，但是，如果它同肯定句并用，互为衬托，对比鲜明，那么，所表达的意思就会更加明确，语气会更强烈。例如：

他们不是喝血者，不是寄生虫，不是强盗，也不是懦夫；他们是真正的人，大写的人。

(秦牧《花蜜和蜂刺》)

上例连用四个否定句，是为了衬托后面的肯定句，从而使"真正的人，大写的人"的意义和语气大大增强。

双重否定句最常见的是先后连用两次否定，也可以用一个否定词再加上否定意义的动词或反问语气。双重否定句表示的是肯定的意思，又常常比一般的肯定句的语气更强烈。例如：

男子倘要这么突然的飞黄腾达，单靠原来的男性是不行的，他至少非变狗不可。

(鲁迅《关于妇女解放》)

这个句子使用了"非……不可"，突出强调了"他必然要变狗"这个肯定的意思。

也有的双重否定不是加强肯定的语气，而是使语意委婉含蓄，寓有言外之意。例如：

他一天到晚只知道怎样把最后的力气放在手上脚上，心中成了块空白。到了夜晚，头一挨地他便像死了过去，而永远不再睁眼也并非一定是件坏事。

(老舍《骆驼祥子》)

这里"并非一定是件坏事"不同于"一定是件好事"，语气要委婉些，而且还有一些言外之意，如"至少可以帮他忘掉现实的痛苦"。

在话语表达中，能根据特定情境和表达的需要选好这两种句式，无疑会增强表达效果的。

此外，陈述句和反问句、主动句和被动句、口语句式和书面语式、常式句和变式句等也都有各自的表达效果。例如：

难道你就不想到白杨树的朴质、严肃、坚强不屈,至少也象征北方的农民?

(茅盾《白杨礼赞》)

用反问的语气,比直接使用陈述句语气上得到强化,突出了白杨树的"朴质、严肃、坚强不屈"的性格品质。

有个农村叫张家庄。张家庄有个张木匠。张木匠有个好老婆,外号叫"小飞蛾"。小飞蛾生了个女儿叫"艾艾",算到一九五零年正月十五元宵节,虚岁二十,周岁十九。庄上有个青年叫"小晚",正和"艾艾"搞恋爱。故事就是出在他们两个人身上。

(赵树理《登记》)

这段文字基本用口语的形式写就,没有任何修饰语句,句式简洁、明快、清晰、利落,且富有浓郁的乡土气息与生活气息。

在话语表达中,只要能随情设句,随境选句,求得情境的贴切,就能增强话语的表达效果和艺术力量。

思考和练习三

1. 如何理解句式选择的总原则?
2. 将下列长句改写成短句。

张大夫看见这名大约半年前曾来门诊、当时劝他住院治疗、说工作太忙走不开、坚持不肯住院、如今由人搀扶、面部浮肿、目光呆滞、瘦得像变了个人、走路摇摇晃晃的病人,马上意识到病人病情一定很严重了,立即招呼他坐下。

3. "我们打败了大连队。"变换句式为:

A、主动句:我们把大连队打败了。

B、被动句:大连队被我们打败了。

C、反问句:难道我们不是把大连队打败了吗?

将它们填入下列句子,看该用哪种句式好。

(1) _____,要取代我们去参加超霸杯的希望破灭了。

(2) 大连队从八一队招来了两个边锋,满以为能夺冠,但是,_____,获得了优胜杯。

(3) _____难道我们不是手捧着金杯吗?弱者不一定不能战胜强者。

4. 下面是一个整散句结合的典型例子。请将这段文字中的整句找出来,并体会整散句的不同特点。

"我们生活在一个开辟人类新历史的光辉时代。在这样的时代,人们对许许多多的事物都产生了新的联想、新的感情。不是有许多人在讴歌那光芒四射的朝阳、四季常青的松柏、庄严屹立的山峰、澎湃翻腾的海洋吗?不是有好些人在赞美挺拔的白杨、明亮的灯火、奔驰的列车、崭新的日历吗?睹物思人,这些东西引起人们多少丰富和充满感情的想象!"

第五节　辞格的运用(上)

学习要点：掌握比喻、比拟、借代、夸张的分类和修辞效果；辨析比拟和比喻、借喻和借代、夸张和比喻。

辞格是人们在长期的语言实践中所创造出来的，能增强语言表达效果的、具有固定格式的话语形式。汉语的辞格多种多样，各具特点，下面介绍一些常用的辞格。

一、比喻

比喻也叫譬喻，俗称"打比方"，就是为把要表现的事物或情境描绘得更加生动、形象，更易理解，将两种不同性质但彼此有相似点的事物，用一事物来比方另一事物的一种修辞格。例如：

问君能有几多愁？恰似一江春水向东流。

(李煜《虞美人》)

上例以东流的江水来比方人物的愁情，极写愁之绵绵不绝。

书本就像降落伞，打开来才能发生作用。

上例用降落伞来比喻书本，书本与降落伞原本是迥然不同的两样东西，其间并无任何关联，但是却有一点微妙的相似，那就是"打开来才能发生作用"。这样比直接说书本打开才能发生作用显得新鲜、生动、别致，更让人容易理解。

古典主义是低眉的菩萨，浪漫主义是怒目的金刚。

(傅东华《什么是古典主义》)

"古典主义"与"浪漫主义"都是文艺理论上的抽象概念，而且是相对的。把"古典主义"比作"低眉的菩萨"，把"浪漫主义"比作"怒目的金刚"，使这两个抽象的概念以及二者的相对性以具体的形象跃然纸上，从中不难理解这两种流派。

比喻通常由本体、喻体和喻词三部分构成。本体是所要表现的事物或情境即被比喻的事物；喻体是用来打比方的事物或情况；喻词是连接本体和喻体的词语，它是比喻关系的标志性词语。

根据本体、喻体和喻词的异同和隐现，比喻分为明喻、暗喻、借喻三类。

(一)明喻

明喻是比喻中最基本、最易识别和掌握的一种。明喻的本体、喻体都出现，中间用"像、好像、仿佛、犹如、如同、似的、一般、一样"等比喻词。明喻的基本格式是"甲(本体)像乙(喻体)"。例如：

马作的卢飞快，弓如霹雳弦惊。

(辛弃疾《破阵子·为陈同甫赋壮词以寄之》)

上例用"霹雳"比喻"弓"，极写弓箭速度的迅疾、有力。

第六章 修辞

叶子出水很高,像亭亭的舞女的裙。

(朱自清《荷塘月色》)

上例以"舞女的裙"为喻体,形象且极富动态变化地表现了荷叶的千姿百态。

芦柴棒手脚着地,很像一只在肢体上附有吸盘的乌贼。

(夏衍《包身工》)

上例以动物作喻体来比人,更深刻地表现了包身工非人的悲惨境遇。

我看到那个司机高高翘起的屁股,屁股上有晚霞。司机的脑袋我看不见,他的脑袋正塞在车头里。那车头的盖子斜斜翘起,像是翻起的嘴唇。

(余华《十八岁出门远行》)

作者敢于运用一些奇特的喻体,体现出一种独特的用意和审美价值趋向。

陆地上空的云块这时候像山冈般耸立着,海岸只剩下一长条绿色的线,背后是些灰青色的小山。海水此刻呈现蓝色,深的简直发紫了。

(海明威《老人与海》)

上例用"山冈"比喻天空的"云块",更突出了云块浓重的质感。

比喻词"一样、似的、一般、般"等有时单独放在喻体后面,例如:"这是一种小钟儿似的黑色的花。"有时与前面的"像"、"如"组合成"像……似的、如……一般"等格式,例如:"白茫茫的云海,就像几万匹马向前跑着一样,顺着丹江,一直往东滚着。"

明喻的喻词也可以是"有"或"想"、"想到"等。例如:

写散文,很有点冰糖葫芦的味道,需要用一根细棍,把所有的冰糖葫芦串起来。

(《文学报》)

有些成语看似简约,其实本体、喻体和比喻词俱全,是典型的明喻。例如"大笔如椽"、"光阴似箭"、"门庭若市"、"味同嚼蜡"等。

(二)暗喻

暗喻也叫隐喻,是用喻词"是"、"成为"、"当作"、"变成""做"等来连接本体和喻体表示相似关系的比喻。暗喻的本体喻体都出现,有时也不用比喻词。暗喻比起明喻来,本体和喻体的关系更为紧密,它直接指出本体就是喻体,相似点得到更多的强调。基本格式是"甲(本体)是乙(喻体)"。例如:

美感的记忆,是人生最可珍的产业,认识美的本能是上帝给我们进天堂的一把秘钥。

(徐志摩《曼殊斐儿》)

空中,半空中,天上,自上而下全是那么清亮,那么蓝汪汪的,整个的是块空灵的蓝水晶。

(老舍《济南的冬天》)

那又浓又翠的景色,简直是一幅青绿山水画。

(杨朔《荔枝蜜》)

还有一种同位式的暗喻,本体和喻体之间是一种同位关系,意义上是一种复指关系。

297

例如：

千声万声呼唤你，母亲延安就在这里。

(贺敬之《回延安》)

本体"延安"与喻体"母亲"构成同位关系。

这种同位关系的暗喻，还经常用到一种形式，那就是将本体和喻体中间用逗号或破折号隔开。例如"你(本体)，浪花里的一滴水(喻体)"、"锡兰(本体)——美丽的珍珠(喻体)、科伦坡(本体)——绿色的芒果(喻体)"。

有些成语中，本体、喻体都出现，但没有比喻词，是典型的暗喻。例如"一字一珠"(一个字就像一粒珍珠)、"枪林弹雨"(枪支像树林，子弹像下雨)等。

(三) 借喻

借喻是一种不出现本体，直接叙述喻体，用喻体来代替本体的比喻。它是比喻中最高级的形式，本体和喻体关系十分密切，在特定的语境中，不需借助喻词来识别，就可从喻体联想到本体。例如：

我似乎打了一个寒噤；我就知道，我们之间已经隔了一层可悲的厚障壁了，我也说不出话。

(鲁迅《故乡》)

上例以"厚障壁"来比喻隐掉的本体——"我"和闰土之间形成的感情隔膜。

风过去了，只剩下垂直的雨道，扯天扯地的垂落，地上溅起无数的箭头，房屋上落下万千条瀑布。

(朱自清《春》)

上句中直接出现了喻体"箭头"和"瀑布"，而本体"雨"没有出现。

有些成语中只有喻体，没有本体和比喻词，是典型的借喻。例如"冰消瓦解"、"鳞次栉比"。前者以"冰的融化，瓦的分解"，比喻事物完全消失或崩溃；后者以"鱼鳞的梳齿"比喻房屋等建筑物一幢接一幢排列着。

以上明喻、暗喻、借喻是比喻的三种基本类型。根据本体、喻体和喻词三者结合的情况，比喻又有若干变化形式，即比喻的变式，如缩喻、引喻、较喻、反喻、倒喻、曲喻、四喻、互喻、博喻、类喻等。例如：

我的思想感情的潮水，在放纵地奔流着。

(魏巍《谁是最可爱的人》)

希望的肥皂泡虽然破灭了，载在敞口船里的米总得粜出。

(叶圣陶《多收了三五斗》)

上两例中本体分别为"思想感情"和"希望"，喻体分别为"潮水"和"肥皂泡"。本体、喻体都出现，而比喻词没有出现，本体和喻体之间构成一种修饰与被修饰的关系，这是比喻中的缩喻形式。

莫道不销魂，帘卷西风，人比黄花瘦。

(李清照《醉花荫》)

我们四川还有人用牛粪作燃料,至于那些又臭又长的文章,恐怕连牛粪也不如。

(郭沫若《谈写文章》)

这两句分别把"人"比作"黄花",把"又臭又长的文章"比作"牛粪"。虽然通过一个"比",但本体和喻体并不是平等的,本体强于喻体,这是较喻。

雨是最寻常的,一下就是三两天,可别恼。看,像牛毛,像花针,像细丝,密密地斜织着。家屋顶上全笼着一层薄烟。

(朱自清《春》)

层层的叶子中间,零星的点缀着些白花,有袅娜地开着的,有羞涩的打着朵儿的;正如一粒粒的明珠,又如碧天里的星星,又如刚出浴的美人。

(朱自清《荷塘月色》)

这两例皆连用几个喻体共同说明一个本体,这是博喻。

另外还有反喻、类喻、非喻等。

比喻在说话写文章中起着非常重要的作用。20 世纪的中国修辞大师秦牧在《譬喻之花》中说道:"精彩的譬喻,像是童话中的魔术棒,碰到哪儿,哪儿就产生奇特的变化,它也像是一种什么化学药剂,把它投进浊水里面,顷刻之间,一切杂质都沉淀了,水也澄清了。"

比喻具体来说有以下两个作用。

(1) 它可以把未知的事物变成已知的,把深奥的道理说得浅湿。

(2) 它可以把抽象的事说得很具体,把平淡的事物说得很生动。

运用比喻,应当注意以下五个方面。

(1) 相似点是比喻的生命,没有相似点是构不成比喻的。例如:"这天黑沉沉的,好像要下雨了。"虽然有"好像",但"天黑"和"下雨"不存在相似关系,不能构成比喻。

(2) 本体、喻体不能是本质相同的事物。例如:"他的长相很像父亲。"说明的是二人的长相,属本质相同,不能构成比喻。

(3) 应当用通俗易懂、具体形象的事物或道理来比喻陌生的抽象的事物或深奥的道理。

(4) 比喻要力求新鲜,切忌陈陈相因。

(5) 比喻要注意时代性、民族性和思想性。

二、比拟

比拟是借助想象力把甲事物模拟作乙事物来写的修辞方式。刘勰在《文心雕龙》一书中说,比拟就是"或喻于声,或方于貌,或拟于心,或譬于事"。比拟重在于拟,即利用本体与拟体之间的相似或相近性,运用联想与想象的思维,使语言表达生动、形象、新鲜。比拟包括把物当作人来写(拟人)、把人当作物来写(拟物)和把此物当作彼物来写(拟物)三种形式。事实上,前一种形式是把事物"人化",后两种形式则是把人"物化"或"把甲物乙物化"。

(一)拟人

把没有思想感情的生物或非生物当作人来写，赋予它们以人的思想感情和声情笑貌，就是拟人。这种人格化的写法，可以把没有生命的东西写得栩栩如生，也可以把有生命的东西写得可憎可爱，引起人们的共鸣。例如：

羌笛何须怨杨柳，春风不度玉门关。

(王之涣《出塞》)

本无生命的笛子在此也可以心生幽怨之情了。

盼望着，盼望着，东风来了，春天的脚步近了。一切都像刚睡醒的样子，欣欣然张开了眼。山朗润起来了，水涨起来了，太阳的脸红起来了。小草偷偷地从土里钻出来，嫩嫩的，绿绿的。园子里，田野里，瞧去，一大片，一大片，满是的。

(朱自清《春》)

朱自清把风、春天、小草、太阳等非人的事物都赋予了人的动作情态，写得栩栩如生。以上几例是把物当作人来写，使它们具有与人一样的情感，有欢乐有忧愁。

他想得心烦，怕去睡觉——睡眠这东西脾气怪得很，不要它，它偏会来。请它，哄它，千方百计勾引它，它拿身分躲得影子都不见。与其热枕头上反来复去，还是甲板上坐坐吧。

(钱钟书《围城》)

这里把看不见摸不着的"睡眠"形象化，极写它与人作对的情状。

真理可能顷刻被遮掩，真理它却永不会弯腰。

(臧克家《臧克家诗选·胜利的狂飙》)

这里赋"真理"以生命，表现它的刚直。

年啊，年啊，你不过是一个日月更新的计算日程吧，怎得能以排山倒海的气势，包揽乾坤的自信，福荫天下的仁慈，腆着大腹，张着哈哈大口，将十多亿炎夏裹进你的大红袍中去沉醉几日？

(苏叶《吃的悲哀》)

"年"这个时间概念在这里也变成了"仁慈"、"自信"的人了。
以上几例则赋抽象的事物以生命和情态，使它们不再空洞，而是变得形象可感。

(二)拟物

拟物是把人当作物，把甲物当作乙物来写。例如：

所以诗人在冬夜，只合围炉话旧，这就有点近于"蛰伏"了。

(茅盾《冬天》)

那把大的荷叶下面，有一个人的脸，下半截身子长在水里。

(孙犁《荷花淀》)

指导员讲得真来劲儿，嘎子竖起耳朵听。

(徐光耀《小兵张嘎》)

以上是把人当作会飞的鸟类、可以生长的植物、可以装卸的东西来写，使语言别有一番情态。

楼房在夜里呈现出银灰色，静静地蜷伏在雾气沼沼的地平线上。

(李英儒《野火春风斗古城》)

作为一个中国人，可以让这种使人微醉的感情有发酵的去处。

(秦牧《社稷坛抒情》)

我就这样从早晨里穿过，现在走进了下午的尾声，而且还看到了黄昏的头发。

(余华《十八岁出门远行》)

对于遥远不可知的未来，我很恐惧，我怕爱情会用完，会变淡。

(苏玄玄《天鹅》)

以上几例则属于以物拟物，把楼房拟作会蜷伏的动物、把感情拟作可以发酵的工业东西、把时间拟作可见可感触的东西、把爱情拟作能够用完甚至会变淡的东西。像这样使不同的物体融合在一起，生动传神，多彩多姿。

比拟这种修辞方式，从词的用法的角度来讲，就是改变了词的搭配关系。这种方法的选用可以使语言生动活泼，绚丽多姿，更加鲜明地表现人们喜怒爱憎的感情色彩。运用这种手法，一定要注意事物的特征，要有真情实感，要适合语境和文体。

三、借代

借代也叫换名，是用相关的事物来代替所要表达的事物的修辞方式。其中，没有直接说出的人或事物的本名叫本体，用来代替的词语叫借体。这种修辞手段是说话写文章的时候经常用的。例如：节省笔墨；白费唇舌；三个臭皮匠，凑成一个诸葛亮等。文学作品中也多有运用。例如：

钱这个东西，不可说，不可说。一说起阿堵物，就显着俗。

(梁实秋《钱》)

至于用"龙井"代称浙江杭州龙井所产的绿茶，用"绍兴"代称浙江绍兴所产的酒，几乎成为众所周知的固定名称了。

在这里，我们可以看到，借代的本体和借体密切相关。按照本体与借体之间的不同关系，借代可以分为以下几类。

(一)借特征代

借特征代是指不直接指明人或事物，借人或事物的特征来代替人或事物。例如：

风尘碌碌，一事无成，忽念及当日所有之女子，一一细推了去，觉其行止见识皆出于我之上；何堂堂之须眉，诚不若彼一填裙钗！实愧则有余，悔则无益之大无可奈何之日也！

(曹雪芹《红楼梦》)

古代男子留胡须，女子着裙钗，这些当然就成了区分男女的主要特征。

红眼睛原知道他家里只有一个老娘……

(鲁迅《药》)

这句中人物阿义的眼睛老是红的。

芦柴棒，去烧火！

(夏衍《包身工》)

这句中人物受尽折磨，她的体型极瘦，像"芦柴棒"一样。

黄浦江汽笛声声，霓虹灯夜夜闪烁，西装革履与黄袍马褂摩肩接踵，四方土语与欧语交相斑驳，你来我往，此胜彼败，以最迅捷的频率日夜更替。

(余秋雨《上海人》)

在这里，以"西装革履"、"黄袍马褂"、"土语"、"欧语"等鲜明的特征代指不同的人群。

这样的借代，不但可以使语言更加生动活泼，而且使人物形象特征更加突出。

(二)借具体代抽象

借具体代抽象是指用具体的事物来代替抽象的性质、状态等。例如：

枪杆子里面出政权。

(毛泽东《1927"八七会议"讲话》)

这里用"枪杆子"指代抽象的"武装革命"。

你们杀死一个李公朴，会有千百万个李公朴站起来！

(闻一多《最后一次讲演》)

这里用一个具体的人及其姓名，指代一个与他具有同样精神品质的群体。

有时正好相反，是用抽象的性质、状态等来代替具体的现象，例如：

人有悲欢离合，月有阴晴圆缺，此事古难全。但愿人长久，千里共婵娟。

(苏轼《水调歌头》)

"婵娟"原为色态美好的样子，是一个抽象的词，在此代替具体的"明月"。这种抽象代替具体的借代比直接说"千里共明月"更有情有趣有韵。

(三)借部分代整体

借部分代整体是指不直接指明人或事物，而以人或事物的部分来代替全体。例如：

吟罢低眉无写处，月光如水照缁衣。

(鲁迅《无题》)

这里借衣装来代人物。

老麦为避开这些四个轮子，把自己的两个轮子随后一扔，进了一条小马路。

(林斤澜《头像》)

用汽车的一部分"四个轮子"来代替汽车，用自行车的一部分"两个轮子"来代替自行车。

有时正好相反,会用全体来代替部分。例如:
宋人多数不懂诗是要用形象思维的,一反唐人规律,所以味同嚼蜡。

(毛泽东《给陈毅同志谈诗的一封信》)

上例中的"宋人"、"唐人"分别代替宋代诗人和唐代诗人。

(四)材料借代

材料借代是指用构成事物的材料来代替事物。例如:
此地有崇山峻岭,茂林修竹,又有清流激湍,映带左右。引以为流觞曲水;虽无丝竹管弦之盛,一觞一咏,亦足以畅叙幽情。

(王羲之《兰亭集序》)

这里用制作乐器的材料"丝竹管弦"来代指乐器。
人生自古谁无死,留取丹心照汗青。

(文天祥《过零丁洋》)

汉代以前,史籍书册都是用竹制作而成,使用之前要先用火烤,使竹脱水,就像流汗,故用"汗青"指代"史册"。

(五)工具借代

工具借代是指借工具代替与工具相关的人或事物。例如:
因为当初我们都曾梦想成为文学家,而且还说过酸溜溜的话:要握莎士比亚的笔,不舞拿破仑的剑。

(逯耀东《三人行》)

用"握莎士比亚的笔"借代写出与莎翁媲美的作品,用"舞拿破仑的剑"借代指挥大军征服四方。

(六)借特称代泛称

借代称代泛指是指不直接指明人或事物,而以特定的称呼来代替一类人或事物。例如:
我明白这是某某队派来接我的"解差"。管他是董超,还是薛霸,反正得开步走,到草料场劳动去。

(丁玲《牛棚小品》)

这句中"董超"、"薛霸"是《水浒传》里押解林冲的解差,以特定的董超、薛霸代一切普通的解差,同时也暗含了自己是像林冲一样的落难英雄之意。

(七)借标记或产地代

借标记或产地代指借人或事物的标记或产地来代替人或事物。例如:
他小子在外面灌什么,甭当我不知道,茅台他够不上,专喝"啤的",有瓶的不喝零的，有"青岛"不喝"北京"！

(张辛欣、桑晔《北京人·温垫烫汤》)

先生，给现洋钱——袁世凯，不行吗？

(叶圣陶《多收了三五斗》)

以上两例用"茅台"、"青岛"、"北京"、"袁世凯"分别代替酒和钱。

除了上述种种借代方式外，还有用作者代作品、结果代替原因等。例如：

林先生早已汗透棉袍。虽然累得那么着，林先生心里却很愉快。

(茅盾《林家铺子》)

"汗透棉袍"是累的结果，这里指代特别累。

使用借代的修辞手法，可以起到以简代繁、以实代虚、以奇代凡、以事代情的作用，使语言寓于变化，形象生动。

运用这种修辞手段的关键是要抓住事物最典型的特征，对于所借代的事物一般应在一定的语言环境中有所交代。使用相关的借代必须注意借代的明确性和代表性，让人一看就知道这是指代什么。借代的借体和本体事物不能同时出现，另外还必须注意思想性和语体特点。

借代和我们前面所说的借喻都是两事物发生关系，本体不出现，直接借别的事物代本体。但二者又有本质的区别，以下进行简单介绍。

(1) 构成的基础不同：构成借喻的基础是相似点，要求喻体跟本体在某方面相似。例如："辛勤的园丁，我们向您致敬！"辛勤的园丁与老师在培养(育)这方面是相似的。构成借代的基础是相关性，要求借体跟本体有某种联系。例如"方头说……"是用特征来代替本体的。

(2) 作用不同：借喻重在喻，用喻体打比方；借代着重在"代"，干脆用借体来代本体。

(3) 借喻往往可以改为明喻或暗喻，借代却不能换成明喻或暗喻。例如"辛勤的园丁，我们向您致敬"可以说成"老师就是辛勤的圆丁"或"老师就像辛勤的圆丁"；但"方头说……"就不能说"他像方头"。

四、夸张

夸张也就是故意"说过头话"，是为达到某种表达需要，在客观实际的基础上，发挥丰富的想象力，故意将事物的形象、特征、作用、程度等加以扩大或缩小，来强调和渲染所要表现的事物，给人以突出的印象的修辞方式。

夸张是我国古典诗文中常用的修辞方式，也常跟比喻结合起来使用。例如庄子《逍遥游》："北冥有鱼，其名为鲲，鲲之大，不知其几千里也。化而为鸟，其名为鹏。鹏之背，不知其几千里也，怒而飞，其翼若垂天之云。"李白的著名诗句："白发三千丈"、"两岸猿声啼不住，轻舟已过万重山"都算得极尽夸张之事。

根据所表现的内容，夸张可分为扩大夸张、缩小夸张和超前夸张三类。

(一)扩大夸张

扩大夸张就是把表现对象的特征、作用、性质和程度故意加以夸大。例如：

蜀道之难，难于上青天。

(李白《蜀道难》)

活受罪！隔壁绍兴戏唱完了，你就打鼾，好厉害！屋顶没给你鼻子吹掉就算运气了。我到天亮才睡熟的。

(钱钟书《围城》)

我笑得那石头裂开了嘴，我笑得那大树折断了腰，我笑得那刘三爷门前的旗杆喀喳一声栽倒了！

(贺敬之《笑》)

使用扩大夸张，将对象的特征无限放大，使语言平添了无限情致，更易给接受者留下难以磨灭的印象。

(二)缩小夸张

缩小夸张就是把表现对象的特征、作用、性质等故意加以缩小。例如：

五岭逶迤腾细浪，乌蒙磅礴走泥丸。

(毛泽东《七律·长征》)

沉默。监房突然像沉入无底的黑夜的深渊中，就是落下一根针也仿佛可以听见。

(杨沫《青春之歌》)

一个浑身黑色的人，站在老栓面前，眼光正像两把刀，刺得老栓缩小了一半。

(鲁迅《药》)

三颗粮食，收不收有什么关系？

(赵树理《三里湾》)

可是当兵一当三四年，打仗总打了百十回吧，身上一根汗毛也没碰断。

(刘白羽《无敌三勇士》)

缩小夸张虽然表达方向正好跟扩大夸张相反，但它所收到的表达效果却完全一样。

扩大夸张和缩小夸张都属于程度夸张。

(三)超前夸张

超前夸张主要是表现两事物的关系的，是把后出现的事物故意说在先出现的事物之前，或同时出现，以加深印象。例如：

转轴拨弦三两声，未成曲调先有情。

(白居易《琵琶行》)

"请"字儿不曾出声，"去"字儿连忙答应；可早莺莺根前，"姐姐"呼之，诺诺连声。

(王实甫《西厢记》)

以上两例都把事物出现的先后次序颠倒，把后出现的"情"、"去"等从时间上放在

前面,而把先出现的"曲调"、"请"等移后。这种夸张,表面上似乎不合理,但是通过这样的渲染,可以使表达的内容得到强调。

夸张的修辞方法使用范围极广。在成语、俗语中也有广泛的应用。例如:"排山倒海"、"羊肠小道"、"家徒四壁"、"怒发冲冠"、"余音绕梁"、"刻骨铭心"、"树叶掉下来也怕砸了头"、"喝凉水都塞牙"、"跳进黄河也洗不清"、"一朝被蛇咬,十年怕井绳"等。

夸张的句子在文学作品中经常使用,这是因为它比老老实实的描述给人的印象更强烈而鲜明,可以引起人们丰富的想象,使人们受到艺术的感染。夸张犹如放大镜,使人们把客观事物看得更真切,并能启发人们的想象,引起人们的共鸣。它能显示强烈的讽刺作用,使语言意味隽永,妙趣横生;写到欢乐处,字字含笑,妙语连珠;写到悲戚处,则声声泣下,感人肺腑。

使用夸张应当注意以下几个方面。

(1) 夸张当然不是有意说假话,而是要根据表情达意的需要,起到源于真实、超出真实以及情理之中、意料之外的效果。夸张一定要以客观实际为基础,抓住并突出事物的本质,而不应脱离现实生活,一味追求离奇的怪诞,因为夸张不是镜花水月,而是现实生活的回声和升华。李白写幽燕的酷寒有"燕山雪花大如席,片片吹落轩辕台"的名句,鲁迅以此为例,说明夸张必须源于现实,他说:"燕山雪花大如席,是夸张,但燕山究竟有雪花,就有一点诚实在里面,使我们立刻知道燕山原来有这么冷。如果说广州雪花大如席,那就变成笑话了。"(《漫谈漫画》)这说明夸张不能失去生活的基础和生活的根据,不然就变成浮夸。例如:脚下地球当球玩,大洋海水能喝干。

(2) 夸张时要使人一听一看就知道是夸张,而不是写实。也就是说,夸张不能和事实距离过近,否则让人误以为是写实,这样不仅达不到表达效果,反而会弄巧成拙。例如李白的诗"白发三千丈,缘愁似个长"是好的夸张,因为它渲染了主观的感受,强调了愁的深沉和难以排解,但若要改成"白发七八寸"或"白发二三尺",效果可想而知。

(3) 夸张还要注意语体的适应性。有些语体如公文体和科技体是不能运用夸张的。

思考和练习五

1. 分析下列各句,看其使用了什么辞格,有怎样的修辞效果。

(1) 究其实这还不是最深的春色。且请看那一树,齐着华庭寺的廊檐一般高,油光碧绿的树叶中间托出千百朵重瓣的大花,那样红艳,每朵花都像一团烧得正旺的火焰。

(2) "老栓,你有些不舒服么?——你生病么?"一个花白胡子的人说。

"没有。"

"没有?——我想笑嘻嘻的,原也不像……"花白胡子便取消了自己的话。

(3) 玻璃窗上的冰花已给太阳晒化了,窗外的积雪还是厚厚地盖在地上,对面的屋顶也是白皑皑的。冬天全没有离开大地的意思,好像要长久赖下去似的。

(4) 从黄山发出最高音的是瀑布流泉。有名的"人字瀑"、"九龙瀑"、"百丈瀑"

并非常常可以看到，但急雨过后，水自天上来，白龙骤下，风声瀑声，响彻天地之间，"带得风声入浙川"，正是它一路豪爽之气。

2. 以下列句子为例，说明借代和借喻的区别。

(1) 也许在读一些书的时候，你虽尽力去记，末了却是忘掉了，但是不必以为无所获得，"入过宝山的人，绝不会空手回的"。

(2) 靠屋的西南角，有一张床，床中间放着一盏灯，床上躺着两个人：一个是小个子，尖嘴猴。一个是塌眼窝。床边还坐着一个，伸着脖子好像个鸭子，一个肘靠着尖嘴猴的腿，眼睛望着塌眼窝。

3. 结合下面两个例子，说说比喻和比拟有什么区别？
(1) 建筑是凝固的音乐。
(2) 荷叶下面，有一个人的脸，下半截身子长在水里。

4. 运用比喻应该注意什么？

5. 运用夸张应该注意什么？

6. 成语是汉语宝库中的一朵奇葩，有不少成语的构成形式都运用了丰富多彩的修辞格。说明下面这些成语都用到了哪些修辞格，分析一下修辞格对于成语表达的作用。

大笔如椽　　味同嚼蜡　　枪林弹雨　　字字珠玑
冰消瓦解　　鳞次栉比　　排山倒海　　羊肠小道
大动干戈　　不入虎穴，焉得虎子　　流水不腐，户枢不蠹

第六节　辞格的运用(下)

学习要点：掌握双关、移就、拈连、仿词、对偶、排比、顶真、回环、通感等辞格的分类特点和修辞效果；辨析移就和拟人、排比和对偶、顶真和回环。

一、双关

双关可通俗地理解为"一是二"，是依靠语言环境的帮助，利用语言的声音或意义上的联系，使一句话同时关系到两个事物，并产生"言在此意在彼"的表达效果的一种修辞手法。双关往往是字面上说的是一种意思，暗含的则是另一种意思。

古代的文学作品中常常运用这种修辞。刘禹锡"东边日出西边雨，道是无晴(情)却有晴"、李商隐"春蚕到死丝(思)方尽"等就是使用双关修辞的经典；熟语中的歇后语多是利用双关形成的特定形式。例如：

纸糊的琵琶——弹(谈)不得

冻豆腐——难拌(办)

一二三五六——没四(事)

可见，双关主要是利用了汉语中多义词、同音词多的特点而形成的。根据构成双关的条件，双关分为谐音双关、语义双关和对象双关三类。

现代汉语

(一)谐音双关

谐音双关是指利用音同或音近的条件，巧妙地赋予词语非同已往的意义。例如：

我失骄杨(杨开慧)君失柳(柳直荀)，
杨柳青飏直上重霄九。

(毛泽东《蝶恋花·答李淑一》)

清末李鸿章有个远房亲戚，此人是个胸无点墨的花花公子。大清三年参加考试，答非所问，最后竟在卷上东倒西歪地写上：

"我是李鸿章中堂大人的亲妻(戚)，想以此入选。"考官见卷不禁好气又好笑，于是提笔批曰："所以我不敢娶(取)你"。

(《新民晚报》1988年7月23日)

据说金圣叹在判处死刑后，与儿子分别时念一句上联："莲(怜)子心中苦"，其子对下联："梨(离)儿腹中酸"，两人以谐音形式互相委婉表达了难以割舍的亲情。

(二)语义双关

语义双关，是指巧妙利用词语的多义性，使它同时表达两种不同的意义。例如：

我倒不如躲到肃杀的严冬中去吧，——但是，四面又明明是严冬，正给我非常的寒威和冷气。

(鲁迅《风筝》)

"严冬"表面指寒冷的冬天，双关意义则指冷酷的现实社会。

夜正长，路也正长，我不如忘却，不说的好吧。

(鲁迅《为了忘却的纪念》)

这其中的"夜"实际指黑暗的社会，"路"实际指人生之路。

黑夜，静寂得像死一般的黑夜，但是，黎明的到来，是无法抗拒的。

(夏衍《包身工》)

这里的"黑夜"、"黎明"都已超出了自然意义，而象征了眼前的社会现实以及作者对未来的预期。

人一到西非，气氛就有点不同，团中人自我解嘲地说："渐入差境。"因为以往所到各国都是非洲的黄金地带，此后要开始尝试非人生活了。

(郭敏学《非洲七十日》)

"非人生活"的意思，一方面指向"非洲人的生活"，一方面指向"艰苦得简直就不是人过的生活"。

(三)对象双关

对象双关，是指一句话或一段文字关系到两个对象或两层意思。例如：

黄河远上白云间，一片孤城万仞山。
羌笛何须怨杨柳，春风不度玉门关。

(王之涣《凉州词》)

第六章 修辞

这里暗用"羌笛"之怨,双关表达了边疆将士的思乡之怨。

根土婶正在喂鸡,发现屋里气氛不对头,猜想余望苟又出了什么馊主意。她把鸡食盆一摔,借着骂鸡,嚷了起来:"你这只瘟鸡,天都黑了,不往自己窝里钻,还满地乱窜,叫黄鼠狼叼去才好呢!"

(邓友梅《烟壶》)

根土婶表面在骂鸡,其双关对象不言自明,当然是骂余苟望其人了,这正是所谓"指桑骂槐"。

恰当地运用双关,一方面可使语言幽默,饶有风趣;另一方面也能适应某种特殊语境的需要,使表达含蓄曲折、生动活泼,以增强文章的表现力。

运用双关时要注意以下两点。

(1) 语音双关要注意语音的相同、相近,关顾两重意思;语义双关必须注意,起双关作用的词语或句子的两重意思有明显的联系,它的实际含义既要含而不露,又要使人体会得到寻味得出才好。

(2) 注意双关的思想性、战斗性,不要单纯追求风趣和含蓄,用双关构成反语时,尤应注意思想健康。

二、移就

移就,就是把适用于甲事物的词移过来修饰乙事物的一种修辞方式。

有时,移就把描写人的感受或感情的词语移作与人相关连的事物的修饰语,例如:

啊啊!农家夫妇的幸福,读书阶级的飘零!我女人经过的悲哀的足迹,现在由我一步步地践踏过去!若是有情,怎的不哭呢?

(郁达夫《还乡记》)

西湖的夏夜总是热蓬蓬的,水像沸着一般,秦淮河的水却尽是这样冷冷的绿着。

(朱自清《桨声灯影里的秦淮河》)

上面两例中把表现人的神态的"悲哀"、"冷冷"移过来形容"足迹"、"河水的绿",使事物增添了情感色彩,并与人物在特定环境中的特定心理感受相吻合。

有时,移就会把具有事情色彩的色彩词语移作没有事情色彩的事物的修饰语。例如:

太阳刚刚升起,向日葵朝它扬起脸来,向日葵的花瓣荡漾着金黄的幸福,一阵手风琴声来自围墙院里。

(刘白羽《新世界的歌》)

这里用色彩词语"金黄"来修饰"幸福"。

吴荪甫突然冷笑着高声大喊,一种铁青色的苦闷和失望,在他酱紫色的脸皮上泛出来。

(茅盾《子夜》)

这里用色彩词语"铁青色"来修饰"苦闷"与"失望"。

移就说到底是一个精选词语的问题,是词语搭配中的一种创造性的运用,是远距离形象的组合。从形式上看,它总是修饰语同中心词的关系。这种超常关系的搭配使人感到含蓄、别致，富有美感，可以收到出人意料、动人心魄的艺术效果。

三、拈连

在叙述甲乙两个关联事物的时候，利用上下文的联系，巧妙地把适用于甲事物的词语，临时顺势用于乙事物，这种修辞方法叫拈连。例如：

他飘飘然地飞了大半天，飘进土谷祠，照例应该躺下便打鼾。

(鲁迅《阿 Q 正传》)

"飞"和"飘"都不是形容人走路的词语，在这里巧妙地用于描写阿 Q，表现了阿 Q 在调戏小尼姑之后得意的、飘飘然的心情。

讲古人拿出一只八角大碗，斟满了一碗酒，一怂众人议论这则新闻，他只顾眯着眼睛，咕噜咕噜畅饮起来。俄倾酒尽，嘴唇还久久吸动着，他品尝着香醇的酒味，品尝着众人甜蜜的笑声，品味着新的生活。

(杨羽仪《沸腾的墟日》)

如果按照一般的搭配，"品尝笑声"与"品尝生活"是难以说通的，这里把适用于"酒味"的"品尝"顺势用于"笑声"与"生活"，使上下文联系紧密、自然，增强语言的生动性、深刻性。

拈连可分为全式拈连和略式拈连两类。

(一)全式拈连

全式拈连是指甲乙两事物都出现，拈连词语不可少，它像锁链一样，使前后拈连在一起。例如：

铃子叮叮当当的摇着，一切低起头在书桌边办公的同事们，思想都为这铃子摇到午饭的馒头上去了。

(沈从文《到北海去》)

这里把用于铃子的"摇"顺势拈用于思想，表现铃声对大家的影响。

母亲月白色的绸衫和蓝色的长裙从那一夜起，便永远飘扬在了父亲的眼睛里。

(方方《祖父在父亲心中》)

这里把用于形容衣服的"飘扬"，顺势拈连到情感记忆当中，读来使人感到亲切、感人。

她一出丑，我就丢人。总之，她有差错，我就遭殃。哎，我离开离出了是非！旅行旅出了祸殃！

(莫里哀《喜剧六种》)

"离"、"旅"，本来是用于"开"、"行"的，这里顺势拈来连在"是非"、"祸殃"上，使不搭配的结构，在超语言常规的用法上，巧妙自然地拈连起来，生动别致地表现了作者的感受。

(二)略式拈连

略式拈连是指甲事物省略，或甲事物中的拈连词语省略，乙事物则必须出现，但借助上下文，省略的内容还是清楚的。例如：

然而，在有"人"的心者的眼中、脑中，红红的被屠杀者的血，是永远洗涤不去的。

(郑振铎《六月一日》)

这里省略了甲事物"衣物"，直接将拈连词"洗涤"用于人的"眼"和"脑"，表现了对被屠杀者的深深的悼念和对屠杀者的憎恨。

这架飞机该有多大的重量啊！它载着解放区人民的心，载着全中国人民的希望，载着我们国家的命运。

(方纪《挥手之间》)

这里省略了甲事物，即飞机所载之人。

我只是伫立凝望，觉得这一条紫藤萝瀑布不只在我眼前，也在我心上流过。

(宗璞《紫藤萝瀑布》)

这里省略了甲事物中的拈连词语"流过"。

这种把适用于甲事物的词顺势拈用到乙事物上的方法可以使抽象的事物具体化、形象化，有时还可以造成幽默诙谐的情调，给人一种移花接木的情趣。

运用这种修辞手法时要注意应用时上下文要连接自然，即要选好拈连词。一般来说，拈连用的主要是动词，这个动词总是处于谓语的位置上，构成主谓或动宾的形式。拈连词用于甲事物是一般的用法，用的意思是它本来的意思；用于乙事物时，是一种临时用法，往往不是固定的词汇意义。另外，略式拈连一般不宜用于比较庄重严肃的语体。

四、仿词

为了增强语言的表现力，达到非比寻常的表达效果，在特定的环境里，可更换现成词语中的结构成分，临时仿造出新的词语来，这种修辞方式叫作仿词。例如：

如有一个阔人说要读经，嗡的一阵一群狭人也说要读经，岂但读而已哉，据说还可以"救国"哩。

(鲁迅《这个和那个》)

这句中的"狭人"这个词语是仿照"阔人"创造出来的，明显带有强烈的讽刺效果。

常见的仿词有语素更换与成语翻新两种。

(一)语素更换

语素更换是根据上下文，针对当中的某一词语，用更换语素的方法，仿造一个新的临时词语。更换的语素可以是意义相对、相反或连类而及的。例如：

无论你做的事是文化还是武化。

(鲁迅《〈这回是第三回〉案语》)

这里从反义角度，根据"文化"而仿造出"武化"一词，意义诙谐且所指明确。

现代汉语

满心"婆理"而满口"公理"的绅士们的名言暂且置之不论不议之列,即使真心人所大叫的公理,在现今的中国,也还不能救助好人,甚至于反而保护坏人。

(鲁迅《论"费厄泼赖"应该缓行》)

这是从熟语"公说公有理、婆说婆有理"中仿造出的"公理"和"婆理",用来指观点对立的两方面,其中更包含了双关意义,讽刺那些不按社会公共道德规范讲话和做事的人。

虽然未庄只有钱赵两姓是大屋,此外十之九是浅闺,但闺中究竟是闺中,所以也算得一件神异。……后来这终于从浅闺里传进深闺里去了。

(鲁迅《阿Q正传》)

这是由"深闺"仿造出"浅闺",形象指代贫民居所,对比鲜明。从说理到记叙,足见鲁迅先生运用仿词手法之驾轻就熟。

我不知道上了多少石级,一级又一级,是乐趣也是苦趣,好像从我有生命以来就在登山似的,迈前脚,拖后脚,才不过走完慢十八盘。

(李健吾《雨中登泰山》)

这里的"苦趣"与"乐趣"相映成趣。

那几年,我不就改造成家庭妇男了吗?不信,你们问文婷,我什么不干?什么不会?

(谌容《人到中年》)

这里仿词"家庭妇男"饶有趣味地表现了男子观念与地位的变化。

这种更换语素的词语仿用,多数是原有的词和仿造的词在上下文对照出现,有时原有词语也可以不出现,如前面例句中仿词"家庭妇男"的原词"家庭妇女"就没出现,但其仿词的特点十分醒目。

词语的仿用,是在一定的语境中的灵活应用,可以达到一定的修辞效果。一般地说,这种仿造的词语只是临时的修辞手法,离开了特定的语言环境,就不能独立成词。它与生造词语有着本质的区别。生造词语是一种生拼硬造,不仅没有修辞作用,而且令人费解,破坏语言的规范。

(二)成语翻新

成语是一种固定结构,其中的成分本来是不能更换的,但是为了修辞的需要,也可以在一定的语言环境里,利用已有的成语,临时翻新,这就是成语翻新。这种新翻的成语,同样是利用意义的相对、相反或连类而及构成的。例如:

俗话说得意忘形。我呢,得意忘路了。归途中,我竟不知不觉地走进了一片望不到边的芦苇滩上。

(《小说月报》1980年第7期)

这里仿"得意忘形"而造出"得意忘路"。

龙二井又有油和水的矛盾,这是它的特殊性。周队长说,要促使矛盾转化,就要捞水,把水捞干。我们想一不做,二不休,搞它个水落油出。

(电影文学剧本《创业》)

第六章 修辞

原成语"水落石出"尽管没出现,但仿成语"水落油出"却一目了然。

以上的仿词都是从意义方面仿造的,叫义仿;还可以用谐音(音同或音近)的方法来仿词,即音仿。例如:

11月,广州还是秋高气爽,北国名城哈尔滨早已草木皆"冰"了。

笑话选集——笑"画"选集。

居高临下——居高"淋"下。

望而生畏——望"儿"生畏。

自由恋爱——自由"乱"爱。

除了词语的仿用外,还有句子、段落或篇章的仿用。有的书把句子、段落或篇章的仿用叫仿调。仿调大都在文中表现讽刺、诙谐或幽默的味道,常能深刻有力地突出事物的本质,显示出新鲜而有风趣的表达活力。例如:

我在店里也坐不稳,特别看不惯那种趾高气扬和大吃大喝的行为,一桌饭菜起码有三分之一是浪费的,泔脚桶里倒满了鱼肉和白米。朱门酒肉臭倒变成店门酒肉臭了。

(陆文夫《美食家》)

这里仿杜甫《奉先咏怀》中的名句:"朱门酒肉臭,路有冻死骨。"且使原诗句的意义发生了一些变化。

她叮咛自己"爱情虽可贵,道德更要紧;感情如野马,缰绳要收紧"。她默默表示,对俞刚"虽不能当面祝贺来道喜,暗中已奉上一片心,愿你们破镜重圆情更深,你事业更上一层楼"。

(吴干浩《对心灵善的追求》)

这里仿自匈牙利诗人裴多菲的名句:"生命诚可贵,爱情价更高;若为自由故,二者皆可抛。"

运用仿词时必须注意:仿词的意义要明确,仿词与被仿词的成分在结构形式上一般要求一致。例如:"新闻"可仿造成"旧闻",如仿造成"旧消息"则不伦不类了。

五、对偶

用一对字数相等、结构相同、意义对称的短语或句子来表达相同、相关或相反的意思,就是对偶。古典诗词中多用对偶,散文中也不乏其例。

从对偶格律的要求来看,对偶有严对宽对之分。

严对,又叫工对,它要求上下句字数相等、结构相同、词性一致、平仄相协,而且用字不重复。例如:

青山横北部,白水绕东城。

(平平平仄仄,仄仄仄平平)

(李白《送友人》)

无边落木萧萧下,不尽长江滚滚来。

(平平仄仄平平仄,仄仄平平仄仄平)

(杜甫《登高》)

宽对，顾名思义，对偶的要求不很严格，对严式对偶五条要求只要有一部分达到就可以，不强求平仄相协、词性相对，个别字也允许重复，结构也可以不完全相同(但要相近)。宽对并不一味追求形式，但在句式上仍要整齐匀称。例如：

　　文章做到极处，无有他奇，只是恰好；人品做到极处，无有他异，只是本然。

(洪自诚《菜根谭》)

从对偶上下句的关系上看，对偶又可分为正对、反对和串对(流水对)三种。

(一)正对

正对是指上下句意思相似、相近、相补、相衬的对偶形式。也就是说，正对要求构成对偶的上下联内容相关，从两方面说明同一个事理或描写一种情景，两联从内容上相互补充、互相映衬，能加深人们对事物的认识。例如：

　　墙上芦苇，头重脚轻根底浅；山间竹笋，嘴尖皮厚腹中空。

(解缙撰联)

　　四十年的文章，透明如玻璃；五十年的婚姻，稳固如金石。

(余光中《赠何凡、林海音》)

　　你说它朴素，它像朝霞一样绚烂；你说它瑰丽，它像露珠一样晶莹。

(闻捷《红装素裹》)

(二)反对

反对是指上下句在意思上相反或相对的对偶形式。反对的对比作用十分鲜明，它往往把两种相反的语句组合在一起，相互映衬，显得非常突出。可见，反对应用得好与掌握丰富的反义词语是分不开的。例如：

　　忧劳可以兴国，逸豫可以亡身。

(欧阳修《五代史伶官传序》)

　　横眉冷对千夫指，俯首甘为孺子牛。

(鲁迅《自嘲》)

　　青山有幸埋忠骨；白铁无辜铸佞臣。

(杭州西湖岳王庙)

(三)串对

串对也叫流水对，是指上下句所表达的意思是相关相连的，具有承接、递进、因果、假设、条件等关系的对偶形式。串对的句式整齐但不呆板，意义连贯通畅，如行云流水。例如：

　　读书破万卷，下笔如有神。

(杜甫《奉赠韦左丞丈二十二韵》)

　　身无彩凤双飞翼，心有灵犀一点通。

(李商隐《无题》)

春种一粒籽，秋收万颗粮。

(李绅《古风》)

山重水复疑无路，柳暗花明又一村。

(陆游《游山西村》)

对偶这种修辞方式整齐匀称，读起来朗朗上口、铿锵悦耳，可增强语言的感染力，又便于记忆和传诵，因此，在现代汉语中运用极为广泛。对偶不仅在文学作品、政论文章大量运用，而且在有些文章的标题、题词、格言、谚语、对联中也在运用。成语中也不乏使用对偶的例子。例如"出生入死"、"大刀阔斧"、"深入浅出"、"水深火热"、"欢天喜地"等。

六、排比

用三个或三个以上结构相同或相似、内容相关、语气一致的短语、句子排列成串来表达相关意义，加强语势，强调内容，加重感情的修辞手法叫排比。

排比在语意上是相关的，它一般都是同范围、同性质的事物；在结构上是相似的和并列的，一般要重复某些词语；在数量上，一般是三个以上的语言成分；在语言成分上必须是词语或句子，甚至段落。例如：

我们自古以来，就有埋头苦干的人，有拼命硬干的人，有为民请命的人，有舍身求法的人。

(鲁迅《中国人失去自信力了吗》)

排比从构成成分看，有词语的排比和句子的排比等形式。

(一)词语的排比

词语的排比也叫成分排比，即一个句子中的一些成分组成排比关系。例如：

延安的歌声，它是黑夜的火把，雪天的煤炭，大旱的甘霖。

(吴伯箫《歌声》)

她留恋这个世界。她爱太阳，爱土地，爱劳动，爱清朗朗的大马河，爱大马河畔的青草和野花……

(路遥《人生》)

(二)句子的排比

句子的排比有以下几种情况。

(1) 单句、分句排比，即由几个单句或者一个复句的各个分句构成排比。例如：

他真是手之舞之足之蹈之，有时掩面，有时顿足，有时狂笑，有时太息。

(梁实秋《记梁任公先生的一次演讲》)

绿色是多宝贵啊！它是生命，它是希望，它是慰安，它是快乐。

(陆蠡《囚绿记》)

315

他们的品质是那样地纯洁和高尚，他们的意志是那样地坚韧和刚强，他们的气质是那样的淳朴和谦逊，他们的胸怀是那样地美丽和宽广！

(魏巍《谁是最可爱的人》)

　　我十分憎恨地主，憎恨资本家，憎恨一切卖国军阀；我真诚地爱我阶级兄弟，爱我们的党，爱我中华民族。

(方志敏《可爱的中国》)

　　(2) 复句排比，即由几个复句构成排比关系。例如：
　　如果我们能够研制出一种类似鹰眼的搜索、观测技术系统，就能够扩大飞行员的视野，提高他们的视敏度。如果能研制出具有鹰眼视觉原理的"电子鹰眼"，就有可能用于控制远程激光制导武器的发射。如果能给导弹装上小巧的"鹰眼系统"，那么它就可以像雄鹰一样，自动寻找、识别、追踪目标，做到百发百中。

(王谷岩《眼睛与仿生学》)

　　漓江的水真静啊，静得让你感觉不到它在流动；漓江的水真清啊，清得可以看见江底的沙石；漓江的水真绿啊，绿得仿佛那是一块无瑕的翡翠。

(陈淼《桂林山水》)

　　他暗暗地使天地变异，却不敢毁灭一个地球；暗暗地使生物衰亡，却不敢长存一切尸体；暗暗地使人类流血，却不敢使血色永远鲜浓；暗暗地使人类受苦，却不敢叫人类永远记得。

(鲁迅《淡淡的血痕中》)

　　(3) 为了追求语言形式上的匀称和声音韵律上的往复美，有时句子的排比不能满足表达的要求，就发展为段落的排比。段落排比在散文和诗歌中用得较多，它语言整齐、条理清晰，读起来散中见整、音流婉转，有一种回环往复的韵味。

　　排比的使用范围很广，这与排比富有表现力是分不开的：用来说理，可以把道理说得绵密紧凑，透辟周详；用来叙事，可以叙述得有条不紊，细致入微；用来状物，可以把事物刻画得有声有色，栩栩如生；用来抒情，可以把感情渲泄得气韵贯通，畅快淋漓。当然，排比的主要作用还在于"壮文势"。由于排比句式整齐，一气呵成，读起来连贯通畅，真如长江大河，一泻千里，气势颇盛。

七、顶真

　　用前一语句的结尾的词语作后一句子的开头的词语，使前后两句首尾蝉联，上递下接，这种组织句子的修辞手法叫作顶真，也叫蝉联、联珠、顶针。例如《荀子》："不闻不若闻之，闻之不若见之，见之不若知之，知之不若行之。"儿歌中所谓"连锁体"，就是用顶真的手法创作的。例如：
　　小调皮，做习题；习题难，画小雁；小雁飞，画乌龟；乌龟爬，画小马；小马跑，画小猫；小猫叫，吓一跳。学文化，怕动脑，看你怎么学得好？
　　顶真的修辞使得这首儿歌谐音相接、颇具情趣，充满了跳跃灵动的生气。

第六章 修辞

相传古时候一为富不仁的财主过寿,有个好拍马屁者送联祝寿,但只有上联。一个穷秀才见到后,悄悄对出了下联,叫一小孩送于财主。

上联:寿禄比南山,山不老,老福人,人杰年丰,丰衣足食,食的珍肴美味,位列三台,台享荣华富贵,贵有稀客,客多是理,理正言顺也;

下联:晦气如东海,海真大,大贪鬼,鬼面兽心,心术不端,端是财痞杂种,终必一死,死无下葬墓地,地伏饿狼,狼撕其身,身败名裂哉!

上下联都是采用顶真法创制,联语像一条环环相扣的链子,上联把富翁捧上了天,下联却把富翁骂得狗血喷头,令人拍手称快。

文学作品中也有不少使用顶真手法的好例子。例如:

有个农村叫张家庄,张家庄有个张木匠,张木匠有个好老婆,外号叫个"小飞蛾"。"小飞蛾"生了个女儿叫"艾艾",算到一九五零年阴历正月十五元宵节,虚岁二十,周岁十九。

(赵树理《登记》)

这里使用口语形式,纯短句组合,再加上顶真修辞格的使用,使整个叙述平中见奇,趣味横生。

顶真在形式上,有词语的顶真、词组的顶真、句子的顶真。

(一)词语的顶真

虽我之死,有子存焉;子又生孙,孙又生子;子又有子,子又有孙。子子孙孙,无穷匮也。

(《愚公移山》)

在雨中哀怨,哀怨又彷徨。

(戴望舒《雨巷》)

宅中有园,园中有屋,屋中有院,院中有树,树上见天,天中有月,不亦快哉!

(林语堂《来台后二十四快事》)

(二)词组的顶真

打人便要费力气,费力气就要多吃饭,多吃饭便要费钱,费钱就是破坏他的哲学,老张又何尝爱打人呢?

(老舍《老张的哲学》)

茵茵牧草绿山坡,山坡畜群似云朵,云朵游动笛声起,笛声悠扬卷浪波。

(古月《草原春早》)

竹叶烧了,还有竹枝;竹枝断了,还有竹鞭;竹鞭砍了,还有深埋在地下的竹根。

(袁鹰《井冈翠竹》)

谈到这儿,老人又慨叹地说:"这真是座活山啊。有山就有水,有水就有脉,有脉就有苗,难怪人家说下面埋着聚宝盆。"

(杨朔《香山红叶》)

有时词和词组同时使用也可以构成顶真，如：

　　　　楚山秦山皆白云，
　　　　白云处处长随君。
　　　　长随君，君入楚山里，
　　　　云亦随君渡湘水。
　　　　湘水上，女罗衣，
　　　　白云堪卧君早归。

(李白《白云歌》)

这首诗构成顶真的既有词"君"，又有词组"白云"、"长随君"、"湘水"。

一见面就是寒暄，寒暄之后就说我"胖了"，说我"胖了"之后即大骂其新党。

(鲁迅《祝福》)

这里词"寒暄"与词组"说我胖了"同时使用顶真手法。

(三)句子的顶真

咱们做的事越多，老百姓就来的越多；老百姓来的越多，咱们的力量变越大；咱们的力量越大，往往做的事情就越多。

(欧阳山《高干大》)

顶真一般都有是上句子的末尾词语作下句的开头，但也有比较宽松的顶真。例如：

就如游公园似的，随随便便去，因为随随便便，所以不吃力，因为不吃力，所以会觉得有趣。

(鲁迅《而已集·读书杂感》)

我愿意是树，如果你是树上的花；
我愿意是花，如果你是露水；
我愿意是露水，如果你是阳光；
这样我们就能结合在一起。

(裴多菲《我愿意是树》)

顶真在说话写文章中起着非常重要的作用，反映事物之间的联系上有以下几方面的作用。

(1) 它用来叙事写景，可以交代清楚事物之间在时间或空间上的关系。
(2) 用来说理抒情，则可阐明事物之间的内在联系，使人感到一目了然，严密周详。
(3) 顶真在语言形式上前后衔接紧密，句式又比较匀称整齐，读起来环环相扣，明快流畅，情趣横生。

八、回环

运用相同词语回环往复的巧妙配合，表达两种事物或现象的相互依存或者相互排斥的辩证关系的一种修辞手法叫作回环。通俗点讲，回环就是前后句中重复使用相同的词语，

第六章 修辞

只不过颠倒了位置。它的基本格式是"甲乙，乙甲"。例如：

"信言不美，美言不信；善者不辩，辩者不善；知者不博，博者不知。

（《老子》）

回环在民间谚语中很常用，如"来者不善，善者不来"、"好事不瞒人，瞒人无好事"、"难者不会，会者不难"、"开水不响，响水不开"、"真的假不了，假的真不了"等。

有一种回环前后两句所用的词完全相同，但顺序正好相反。例如：

客上天然居，居然天上客。

（乾隆、纪晓岚《题香山大佛寺》）

月光恋爱着海洋，海洋恋爱着月光。

（刘半农《叫我如何不想她》）

还有一种回环则前后两句所用词并不完全相同，但构成回环的词在前后句出现的顺序仍然相反。例如：

文章是案头之山水，山水是地上之文章。

（张潮《幽梦影》）

舞台小天地，天地大舞台。

（柯灵《戏外看戏》）

回环有词组的回环与句子的回环之分。例如：

想眺望故乡的山岗，我爬到了阿里山上，只见茫茫云海，云海茫茫。想寻觅故乡的小溪，我沿着淡水河来到海滨，只隔着汪洋一片，一片汪洋。

（佚名《故乡》）

这里由词组"茫茫云海"与"云海茫茫"、"汪洋一片"与"一片汪洋"构成回环。以下几例则属于句子回环的情况。

近来呀，我越帮忙，她越跟我好；她越跟我好，我越帮忙。这不就越来越对劲儿了吗？

（老舍《女店员》）

长相知，才能不相疑；不相疑，才能长相知。

（曹禺《王昭君》）

还有一种宽式回环可以不那么严格，中间可以穿插一些别的成分。例如：

远远的街灯明了，好像闪着无数的明星。天上的明星现了，好像点着无数的街灯。

（郭沫若《天上的街市》）

虽然两个"街灯"和两个"明星"之间穿插了别的词语，但就句子的主干而言，用的仍然是回环的手法。

看见了甘蔗林，我怎能不想起青纱帐！北方的青纱帐啊，你至今还这样令人迷恋；想起了青纱帐，我怎能不神往甘蔗林的风光！南方的甘蔗林哪，你竟如此翻动战士的衷肠。

（郭小川《青纱帐——甘蔗林》）

这里也是用了宽式回环，一唱三叹，表达了对青纱帐、甘蔗林的深情。

使用回环的修辞手法，就是要通过回环往复的形式，表现两种事物或现象间的相互依存或相互排斥的辩证关系，以加深读者、听者对客观实际的认识和理解，达到其应有的修辞效果。

回环不同于顶真，它们在首尾衔接这一点上很相似，又有根本的不同：顶真反映是事物间的带有"延展性"的上递下接的关系；回环反映的是带有"循环性"的相互依存的关系。这就决定了它们在结构上的不同特点：顶真是从一事物到另一事物的顺连而下，一环套一环犹如一根链条，通常有三项或更多的项构成；回环则是从甲事物到乙事物，再由乙事物到甲事物，犹如一个车轮，回环往复不再延伸下去，所以只能是两项。

九、通感

人们通过视觉、听觉、触觉、味觉和嗅觉等五官感知外界事物时，在一般情况下，彼此不能交错，但在特殊的表达需求下，却可以借助特定的生理、心理契机，打破五官感知界限，使其互相沟通、互相补充、互相转化，这种修辞现象，这叫通感，也叫移觉。在通感中，颜色似乎会有温度，声音似乎会有形象，冷暖似乎会有重量。例如：

歌台暖响，春光融融；舞殿冷袖，风雨凄凄。

(杜牧《阿房宫赋》)

前句将春光与声响相比，属于听觉与视觉的互相沟通；后句将风雨与舞姿相比，属于视觉与触觉的互相沟通。二句合起来，形象地写出了阿房宫内的歌舞之盛。

我在蒙胧中，又隐约听到远处的爆竹声联绵不断，似乎合成一天音响的浓云……

(鲁迅《祝福》)

这里将听觉对象的"爆竹声"与具有视觉形象的"浓云"沟通，更突出了爆竹声的繁密和强烈。

微风过处，送来缕缕清香，仿佛远处高楼上渺茫的歌声似的。

(朱自清《荷塘月色》)

"缕缕清香"属嗅觉范围，"渺茫的歌声"属听觉范围，但二者在许多方面有相似之处，如时断时续、若有若无、清淡缥缈、沁人心脾等，这就为感觉的互相移植提供了充分的条件。

方鸿渐看唐小姐不笑的时候，脸上还依恋着笑意，像音乐停止在袅袅空中的余音。许多女人会笑得这样甜，但她们的笑容只是面部肌肉的柔软操……

(钱钟书《围城》)

这里把视觉的"笑"写成听觉感觉到的"余音"和味觉感觉到的"甜"。出神入化地刻画了唐小姐笑意的甜蜜、柔美和不同寻常。

香气似乎也是浅紫色的。

(宗璞《紫藤萝瀑布》)

这里把属于嗅觉的、无形的"香气"化为形象可感的颜色，具体表现了花香给作者的那种缥缈轻柔的感受。

音符一个个像花开了,像星星亮了,像满山野杨梅红了,又甜,又酸,又涩。

(韩少功《风吹唢呐声》)

这里把听觉的"音符"转为视觉感觉到的"亮"和味觉感觉到的"甜、酸、涩",使人看了就感到新颖别致而又耐人寻味。

十、错综

为了避免语句的平板和单调,使叙述波澜起伏、生动活泼,把本来可以使用相同的词语和整齐匀称的句式来表达的语言形式有意地加以变化,使词面相异,句式参差,错落有致的修辞,就叫错综。例如:

人们纷纷回到自己的屋里,抱着膝盖坐在床上。这里的夜是最寂寞的,没有报纸,没有广播,没有电视,甚至没有电。只好聊天,只好睡觉,只好想家,只好让一些奇怪的小虫子咬。

(王小平《摄像机后面的故事》)

这例中"没有报纸,没有……甚至没有电"与"只好聊天,只好……只好让一些奇怪的小虫子咬",都是最后一句从形式上比前几句长。短句形式整齐而紧凑,长句词气舒缓而内容丰富,整齐中有变化。

常见的错综有略微变动词面、调换词语的顺序、变换句子长短、改换句式等。例如:

方墩太太的办法是:丈夫有一块钱便应交给太太十角。

(老舍《离婚》)

这里把"一块钱"说成"十角",虽然意思没有改变,但字面上不同,故意在相同中制造出变化来。

区长他们把菜端来,两头都放了一大盆肉,还配搭两碟子凉菜——一碟子是粉条豆腐白菜,一碟子是白菜豆腐粉条。

(袁静等《新儿女英雄传》)

这里用不同的语序表达相同的意思,使原本缺乏变化的内容得到强化。

话不多,暖人;酒不多,醉人;罐头不多,却留下永久甜甜的回忆。

(肖复兴《姜昆走麦城》)

这里构成排比句式的最后一句,形式上比前两句长了许多。这同样是作者有意寻求的一种错综感。

射箭要看靶子,弹琴要看听众,写文章做演说倒可以不看读者不看听众么?

(毛泽东《反对党八股》)

这里前两句是陈述句,而后一句是疑问句,句式发生了变化。

我们以我们的祖国有这样的英雄而骄傲,我们以生在这个英雄的国度而自豪。

(魏巍《谁是最可爱的人》)

上句中用"祖国"与"骄傲",下句中就改为了"国度"和"自豪",这样,词语就不单调重复,显得波澜起伏、生动活泼。

错综运用得好，可以使语句结构整中见散，同中有异，不仅避免了行文上的单调平板，而且使语言善于变化，增加文章的波澜。

思考和练习六

1. 举例说明移就和拟人有什么区别？
2. 举例说明排比和对偶有什么区别？
3. 举例说明顶真和回环有什么区别？
4. 说说下面的句子都用了什么辞格。

(1) 你曾以你的意趣，你的深情，升我于最高之天。而那个女人呢，却是以她的痴狂，她的愚昧，堕我于最深之渊。

(2) 用我们的口语去表现那些颜色，那些图案，真费了我不少苦涩的推敲。我从陈旧的诗文里选择一些可以重新燃烧的字。

(3) 吴荪甫突然冷笑着高声大喊，一种铁青色的苦闷和失望，在他酱紫色的脸皮上泛出来。

(4) 人一到西非，气氛就有点不同，团中人自我解嘲地说："渐入差境。"因为以往所到各国都是非洲的黄金地带，此后要开始尝试非人生活了。

(5) 她一出丑，我就丢人。总之，她有差错，我就遭殃。哎，我离开离出了是非！旅行旅出了祸殃！

(6) 俗话说得意忘形。我呢，得意忘路了。归途中，我竟不知不觉地走进了一片望不到边的芦苇滩上。

(7) 春天的樱花，夏天的紫藤，秋天的黄菊，冬天的腊梅以及成千上万种各色的鲜花上缀着日本人民的生活。

(8) 我们的悲伤又转为仇恨，又由仇恨变为愤怒，这愤怒就像火一样烧遍我的全身，不，我不能害怕。

(9) 春在人里，
人在春里，
人和春融在一起。

(10) "眉子！未经本人许可，私拆信件是非常不文明的行为！"竹子一本正经地说。

"臭毛病！看又看不坏，什么非'长'非'短'的！再说，你写这个不就是让人看的吗？"

第七节　辞格的综合运用

学习要点：掌握辞格综合运用的几种形式。

人们在运用语言时，各种修辞格往往是综合起来运用的。辞格的综合运用，可以使几种辞格同时发挥作用，使语言更生动更丰富。

辞格的综合运用可分兼用、套用和连用三种。

一、兼用

辞格的兼用是指一种表达形式兼有多种辞格，也叫"兼格"。兼格从这一角度看是甲格，从另一角度看是乙格，一身多用，你中有我，我中有你，浑然一体，修辞效果突出。例如：

君不见，柳条儿见了我笑弯了腰啊，石狮子见了我笑出了泪啊，小燕子见了我笑斜了翅膀啊。

(郑愁予《雨说》)

这里几个"笑"既是拟人手法，同时又构成排比关系。

桃树、杏树、梨树，你不让我，我不让你，都开满了花赶趟儿。红的像火，粉的像霞，白的像雪。

(朱自清《春》)

这里"你不让我，我不让你"既是拟人又是回环，"红的像火，粉的像霞，白的像雪"既是排比，又是明喻。

黄河，你千百年来坚韧地浇灌着华北大地，养育着华夏子孙，就如一位慈祥、坚韧的伟大母亲护养着她生养的儿女！

这里运用了比拟和比喻辞格，既亲近了与母亲河——黄河的关系，又形象地描写出她给华夏大地带来的福祉。

二、套用

辞格的套用是指一种辞格里又包含着其他辞格，分层组合，形成大套小的包容关系。例如：

大理花多，多得园艺家定不出名字来称呼。大理花艳，艳得美术家调不出颜色来点染。大理花娇，娇得文学家想不出词句来描绘。大理花香，香得外来人一到这苍山下，洱海边，顿觉飘飘然，不酒而醉。

(茅盾《春城飞花》)

这里以排比形式表达了大理花的无与伦比，各排比分项又分别用顶真形式赞美了大理花的品种、花色、花形、花香几方面，而各顶真形式的蝉联部分再以夸张形式对上述几方面给以渲染。整段文字的辞格结构形式是：排比(第一层次)包容着顶真(第二层次)，顶真再含着夸张(第三层次)。

春天像刚落地的娃娃，从头到脚都是新的，它生长着。春天像小姑娘，花枝招展的，笑着走着。春天像健壮的青年，有铁一般的胳膊和腰脚，它领着我们上前去。

(朱自清《春》)

这里按人的成长变化顺序把"春天"分别比喻为"刚落地的娃娃"、"小姑娘"、"健壮青年",又分别给以人格化的动作,赞美了春天的新生,她的可爱与活力。整段文字的辞格结构形式是:层递(第一层次)套着比喻(第二层次),比喻中又套着比拟(第三层次)。

史学家是凸面镜,汇集无数的光线,凝结起来,制造一个实的焦点;史剧家是凹面镜,汇集无数的光线,扩展出去,制造一个虚的焦点。

(郭沫若《历史·史剧·现实》)

上句使用了两种辞格:前后两句构成了对偶,使表达形式整齐匀称,而其中又各为一个比喻,形象地摹画出史学家与史剧家的不同特点。

三、连用

连用指的是几种修辞格先后连接在一起使用。连用不像兼用那样难解难分,也不像套用那分层包孕,它是几种辞格比较灵活的配合运用。例如:

矮小而年高的垂柳,用苍翠的叶子抚摸着快熟的庄稼;
密集的芦苇,细心地护卫着脚下偷偷开放的野花。

(郭小川《团泊洼的秋天》)

比拟连用,把"垂柳"当作人来写,让它来"抚摸着快熟的庄稼";接着把"芦苇"写成"护卫着脚下偷偷开放的野花"。连用两个比拟,使"垂柳"与"芦苇"这两种植物充满了生机和活力。

辞格的连用可以分为同格连用和异格连用两种情况。

(一)同格连用

同格连用是指同一个辞格接连地出现,共同描述一个对象。例如:

海在我们脚下沉吟着,诗人一般。那声音仿佛是朦胧的月光和玫瑰的晨雾那样温柔;又像是情人的蜜语那样芳醇;低低的,轻轻的,像微风拂过琴弦;像花飘零在水面上。

(鲁彦《听潮》)

这里连用四个比喻来描绘海水沉吟的声音,将这种似有似无、迷离恍惚而又真切可感的韵致和轻灵的气息勾勒于纸上。

(二)异格连用

异格连用是指不同的辞格并列地连续出现,描写一个共同的话题。例如:

今年三月间,我出差到扬州,经过六公路时,汽车像喝醉酒似的歪歪扭扭,跌跌撞撞,只听得车轮下面发出咯喳咯喳声音。那不是路在呻吟,路在呼痛吗?

(风章《路在呼喊》)

先把"汽车"比喻成"像喝醉酒似的"然后把"路"当作人来写,赋予人的"呻吟"和"呼痛"。

思考和练习七

1. 举例分析辞格的综合运用形式及其修辞效果。
2. 从综合运用的角度分析下列各句的辞格。

(1) 弯弯小桥，不时荡过轻吟低唱，不时露出舒心的笑容。因而，我稚小的心灵，曾将心声献给小桥：你是一弯银色的新月，给人间普照光辉；你是一把闪亮的镰刀，割刈着欢笑的花果；你是一根晃悠悠的扁担，挑起了彩色的明天！

(2) 当你在积雪初融的高原上走过，看见平坦的大地上傲然挺立这么一株或一排白杨树，难道你就只觉得树只是树，难道你就不想到它的朴质，严肃，坚强不屈，至少也象征了北方的农民；难道你竟一点儿也不联想到，在敌后的广大土地上，到处有坚强不屈，就像这白杨树一样傲然挺立的守卫他们家乡的哨兵！难道你又不更远一点想到这样枝枝叶叶靠紧团结，力求上进的白杨树，宛然象征了今天在华北平原纵横决荡用血写出新中国历史的那种精神和意志。

(3) 这平铺着，厚积着的绿，着实可爱。她松松的皱缬着，像少妇拖着的裙幅；她轻轻地摆弄着，像跳动的初恋的处女的心；她滑滑的明亮着，像涂了明油一般，有鸡蛋清那样软，那样嫩，令人想着所曾触过的最嫩的皮肤；她又不杂些儿尘滓，宛然一块温润的碧玉，只清清的一色——但你却看不透她！

参 考 文 献

1. 黄伯荣，廖序东．现代汉语(增订三版)上、下册．北京：高等教育出版社，2002
2. 黄伯荣，廖序东．现代汉语教学参考与自学辅导．北京：高等教育出版社，1998
3. 黄伯荣，廖序东．现代汉语(增订四版)上、下册．北京：高等教育出版社，2007
4. 黄伯荣，廖序东．现代汉语教学与自学参考(增订四版)上、下册．北京：高等教育出版社，2007
5. 胡裕树．现代汉语．上海：上海教育出版社，1995
6. 胡裕树．现代汉语使用说明．上海：上海教育出版社，1997
7. 林祥楣．现代汉语．北京：语文出版社，1991
8. 陆俭明．现代汉语基础．北京：线装书局，2000
9. 邢福义．现代汉语．北京：高等教育出版社，1993
10. 张拱之．现代汉语．北京：高等教育出版社，1996
11. 张斌．现代汉语．北京：语文出版社，2000
12. 温端政．汉语语汇学．北京：商务印书馆，2006
13. 温端政．汉语语汇学教程．北京：商务印书馆，2006
14. 辛菊．现代汉语．北京：中国社会科学出版社，2004
15. 辛菊，维琦．现代汉语技能训练．太原：山西高校联合出版社，1992
16. 宋欣桥．普通话水平测试员实用手册．北京：商务印书馆，2000
17. 国家语言文字工作委员会普通话培训中心编制．普通话水平测试实施纲要．北京：商务印书馆，2004
18. 谭永祥．汉语同义熟语词典．福州：福建教育出版社，1989
19. 温端政．语典的兴起及其对文化传承的贡献．辞书研究，2007，第6期
20. 温锁林．现代汉语语用平面研究．北京：北京图书馆出版社，2001
21. 吕叔湘．现代汉语八百词．北京：商务印书馆，1980
22. 邢福义．现代汉语语法修辞专题．北京：高等教育出版社，2002
23. 陈光磊．修辞论稿．北京：北京语言文化大学出版社，2001
24. 胡明扬．语言学概论．北京：语文出版社，2000
25. 唐朝阔，王群生．现代汉语．北京：高等教育出版社，2006
26. 刘叔新．现代汉语理论教程．北京：高等教育出版社，2002
27. 宁金华．语言文字差错释例．北京：新华出版社，1999
28. 张觉．现代汉语规范指南．上海：汉语大词典出版社，2002